# TAILLEZ

*tous les*

# ARBRES, ARBUSTES D'ORNEMENT

JEAN-YVES PRAT • DENIS RETOURNARD

# TAILLEZ

***tous les***

# ARBRES, ARBUSTES D'ORNEMENT

ESPÈCE PAR ESPÈCE

GESTE PAR GESTE

*Illustré par Marie-Claude Eyraud*

Éditions RUSTICA

Mise en couleurs : Magali Eyraud-Bailliot
Maquette de couverture : Alain LESCORNEZ et Jean-Noël ZAWALSKI
Maquette et réalisation : Inéluctable, Paris
Photogravure : SBL, Paris


ISBN : 2-84038-034-X
N° d'éditeur : 48025

# SOMMAIRE

# INTRODUCTION

La taille est une opération très importante pour le jardin. Elle permet, par la suppression de certaines parties d'une plante, de favoriser la végétation, la floraison, et pour certaines espèces, la fructification. D'aucuns, pourtant, mettent en question l'utilité de la taille, se fondant sur l'observation de certains sujets qui, sans aucune intervention humaine, poussent et fleurissent en toute harmonie. Il est vrai que la nature elle-même fait office de jardinier, taillant à sa manière les végétaux grâce à l'action du vent et du gel. Mais pouvons-nous réellement compter sur ces facteurs très aléatoires pour contrôler la vie des arbres et arbustes d'ornement que nous avons soigneusement choisis pour embellir notre jardin ?
La taille va nous permettre d'accélérer et de moduler ce processus naturel pour améliorer la beauté de nos plantes en favorisant leur mise à fleurs ou en dirigeant leur forme, tout en veillant à les garder en bonne santé et en pleine vigueur. Si cette opération peut paraître un peu délicate au début pour le néophyte, elle devient souvent une véritable passion une fois ses principes élémentaires bien assimilés.

# LE RÔLE DE LA TAILLE

Le rôle de la taille peut se résumer en 3 points principaux : garder l'arbre ou l'arbuste en bonne santé, maintenir la forme ou la silhouette de la plante et obtenir le maximum d'effet décoratif dans le minimum d'espace.

## ■ *GARDER LES VÉGÉTAUX EN BONNE SANTÉ*

C'est l'un des aspects les plus importants de la taille. Mieux vaut prévenir que guérir, la plupart des maladies pouvant être évitées par des soins réguliers. De nombreuses

maladies se développent en effet facilement sur les branches abîmées des arbres et des arbustes, elles s'étendent par la suite vers les parties saines, entraînant parfois la mort du sujet. Toutes les branches cassées, ou dont l'écorce est abîmée, sont donc à considérer comme de futurs foyers d'infection. Coupez de façon systématique toutes les branches mortes, cassées ou frottées, au niveau d'une partie saine et en bonne santé.
Lorsque l'on observe de près un arbre ou un arbuste, on remarque que les plus belles fleurs et les plus belles feuilles sont réparties au sommet et à l'extérieur de la plante. Au cœur de celle-ci, où la lumière ne pénètre pas et où l'air humide est propice au développement de maladies cryptogamiques, les pousses sont plutôt faibles et effilées. Les branches vigoureuses et en bonne santé ne produisent pas seulement les meilleures fleurs et les meilleures feuilles mais, comme le soleil leur parvient aisément, leur bois s'aoûte mieux et elles sont plus résistantes au froid et aux maladies. En taillant il faut donc veiller à bien dégager le centre de la touffe et à enlever toutes les branches fines, faibles ou qui se croisent, en ne gardant que les plus belles et les plus vigoureuses. Encouragez le sujet à produire régulièrement de nouveaux rameaux depuis la base, ou tout au moins des branches basses, pour pouvoir remplacer les vieilles branches endommagées qui doivent être enlevées.

## MAINTENIR LA FORME DES VÉGÉTAUX

Dans nos jardins, beaucoup d'arbres et d'arbustes sont plantés en isolé pour être vus de tous côtés. Quand ils font partie d'un groupe ou d'un massif plus important, ils ont besoin d'être bien formés et bien proportionnés. Une taille est donc nécessaire. Coupez à leur base les branches très droites qui détruisent la silhouette et la symétrie naturelle de la plante.
Lorsque vous taillez un végétal pour lui maintenir une silhouette, n'oubliez pas qu'il y aura une réaction immédiate, mais aussi une réaction à plus long terme. Si la taille est mal faite, cette réaction peut produire exactement l'effet inverse de celui recherché. En effet, il faut savoir qu'un arbre ou un arbuste se développe grâce à ses bourgeons à bois, qui sont disposés tout au long des branches. Leur croissance est alimentée par la sève, dont le flux dépend du diamètre de la branche. Lors de la taille annuelle, toutes les coupes sont faites par rapport aux bourgeons à bois. On parle de taille sévère ou de taille légère selon l'importance du rameau supprimé et donc du nombre plus ou moins important de bourgeons amputés. La quantité de sève qui circule dans la branche après la taille reste toujours la même, puisqu'elle dépend du diamètre du rameau, mais, à la suite

d'une taille sévère, la sève n'est répartie qu'entre 2 ou 3 bourgeons, tandis qu'à la suite d'une taille légère, 6 ou 7 bourgeons, et parfois plus, doivent se la partager. Par conséquent, une taille sévère provoque une pousse vigoureuse, alors qu'une taille légère n'entraîne qu'une faible repousse.

Si on se trouve en présence d'un arbuste présentant des branches fortes et vigoureuses sur le devant et des branches fines et touffues à l'arrière, instinctivement on réduit les grandes pousses au niveau des plus faibles. Mais cela produit l'effet inverse de celui recherché, car, ainsi rabattues, les branches vigoureuses produisent des rameaux encore plus forts qui accentuent le déséquilibre avec les branches plus faibles. La bonne taille consiste à supprimer les branches faibles dans l'espoir de faire démarrer 1 ou 2 branches fortes. Celles-ci pourront rétablir un certain équilibre avec les autres branches que l'on ne taillera que très légèrement afin que leur croissance soit relativement courte. En taillant de la sorte, il faut parfois plus d'une année pour rétablir la forme et l'équilibre d'un arbuste négligé.

## OBTENIR UN EFFET DÉCORATIF MAXIMUM

Contrairement à ce que beaucoup pensent, les fleurs ne sont pas le seul élément décoratif chez un arbre ou un arbuste d'ornement. N'oubliez pas la forme ou la couleur du feuillage (particulièrement chez les espèces panachées), la beauté des fruits, la couleur des rameaux et tout simplement la silhouette, qui sont souvent moins éphémères que la floraison. Une taille bien pensée valorise ces caractères (la taille de rabattage, par exemple, pratiquée tous les ans sur les cornouillers favorise la pousse de rameaux aux couleurs vives).

# LE MATÉRIEL INDISPENSABLE

Lorsque l'on est mal équipé, la taille risque vite de devenir une véritable corvée. Un bon matériel permet d'effectuer les travaux rapidement et dans de bonnes conditions. Tailler ne nécessite cependant pas une panoplie très importante d'outils, un bon jardinier se débrouille très bien avec un simple sécateur. C'est seulement lorsque l'on doit intervenir sur de vieux sujets que l'on a besoin d'outils plus forts comme une scie. Une grande quantité d'outils sont présents sur le marché, les principaux sont :

**La serpette** : autrefois c'était le seul instrument de taille, il ne sert plus maintenant que pour parer et lisser les plaies rugueuses laissées par une scie.

**Le sécateur** : à condition qu'il soit de bonne qualité et bien entretenu, il permet d'obtenir une très bonne taille, mais si les lames sont émoussées, ou pis, si elles sont tordues pour avoir voulu couper du bois trop gros ou trop dur, il est impossible de ne pas écraser les tissus. On trouve 2 types de sécateurs. Le premier a une lame en D qui vient s'appuyer sur une enclume d'un métal moins dur en maintenant la branche fermement et en coupant de façon très nette. Le second a une lame incurvée et convexe qui vient couper contre (et non pas sur) une contre-lame fixe. Quel que soit le type de sécateur utilisé, le rameau doit être positionné pour être coupé par la base de la lame, à l'endroit où il est maintenu le plus fermement. Si on utilise la pointe de l'outil, il est très difficile de pratiquer une coupe bien nette et le risque que les lames se tordent est plus important.

*Comment utiliser un sécateur ?*

Le sécateur classique se compose de 2 pièces A et B formant une cisaille, l'une d'elles seulement (A) est coupante. La lame d'appui (B) écrase les cellules, c'est la lame mobile (A) qui tranche le rameau. Le sécateur doit être tenu de façon à ce que la pièce non coupante appuie sur la portion de bois destinée à tomber.

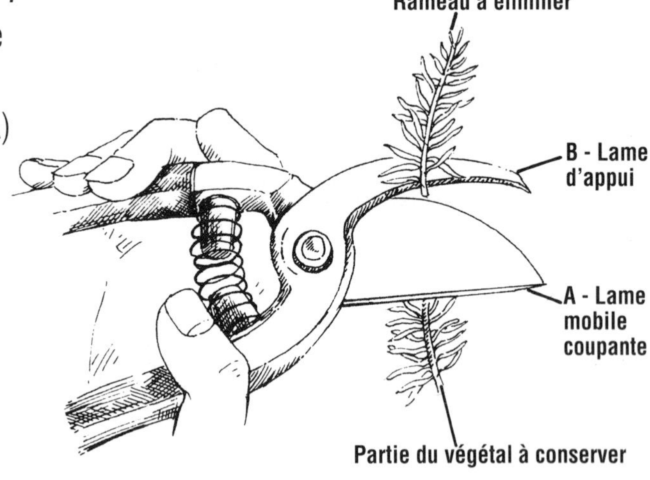

**La scie** : c'est l'outil le mieux adapté pour couper des branches de diamètre important. De nombreuses sortes de scies existent avec des lames droites ou incurvées et avec différentes inclinaisons de dents. Une scie pliable, c'est-à-dire dont la lame se replie dans la poignée, est aussi très utile pour des coupes importantes, de plus elle se transporte facilement sans risque de blessure, ni de déchirer les vêtements.

**La tronçonneuse électrique ou thermique** : de différentes tailles, les tronçonneuses permettent de sectionner de grosses branches. Faites preuve d'une grande prudence et évitez de travailler dans des positions instables. Réglez régulièrement la tension de la chaîne.

**L'ébrancheur** : c'est pratiquement un sécateur géant avec des lames du même type et de la même forme, mais dont les poignées sont allongées de 40 ou 45 cm. Cela augmente la puissance et permet de couper net même des branches assez grosses, dans la mesure toutefois où elles entrent entre les mâchoires de l'ébrancheur.

**L'échenilloir** : cet outil, composé d'un long manche de 2 à 7 m muni d'une lame courbe, d'un sécateur ou d'une scie d'élagage, permet de tailler les branches élevées sans échelle.

**La cisaille à main** : c'est l'outil traditionnel pour procéder à la tonte des haies. Le manche est déporté par rapport au plan des lames pour éviter de se blesser aux mains pendant le travail. La coupe avec une cisaille à main demande un peu de savoir-faire. Elle s'effectue à petits coups secs, en élevant légèrement la pointe de l'outil au moment de la fermeture, la cisaille « rebondissant » sur la partie taillée.

**La cisaille à moteur électrique, thermique ou sur batterie** : le maniement à force de bras étant fastidieux, on tend de plus en plus à utiliser des appareils à moteur, mais prenez garde à la vitesse de ces engins qui occasionnent parfois des tailles malencontreuses difficiles à rattraper. Cependant, les haies poussant en permanence, les interventions sont nombreuses et importantes et justifient l'achat d'un taille-haie à moteur.

## *L'ENTRETIEN DES OUTILS*

La sève étant un élément agressif par son acidité qui a tendance à faire rouiller les métaux les plus tenaces, passez un chiffon huileux sur les lames de vos outils après utilisation. Vous les débarrasserez des souillures, et éviterez ainsi de propager d'éventuelles maladies, tout en les protégeant de la rouille.

# QUAND ET COMMENT TAILLER

Bien que la taille puisse s'exécuter en toute saison, l'époque la plus favorable pour la pratiquer est celle du repos de la végétation, du début du mois de novembre à la fin mars. Évitez toutefois les périodes de fortes gelées. Pour les tailles modérées, pincements, tailles en vert, émondages, pratiquez de mai à juillet. La taille des arbustes à fleurs ne doit pas être un obstacle à la floraison, taillez donc après celle-ci.

## *DEUX PÉRIODES POSSIBLES*

Si la floraison est hivernale et printanière, les boutons à fleurs des arbustes se trouvent sur le bois de l'année précédente ou vieux bois, et sont présents sur les arbustes après leur floraison, à la fin du printemps. Si l'on taille avant, on supprime des boutons floraux. Si les arbustes ont une floraison estivale et automnale, les boutons à fleurs se forment sur le bois de l'année même ou nouveau bois. On les taille à la fin de l'hiver, et toujours avant le départ de la végétation, ou encore après la floraison.

## *COMMENT OPÉRER*

Sur des rameaux, faites des coupes situées à environ 4 à 6 mm au-dessus d'un œil. Évitez que les rameaux se déchirent, faites toujours une première coupe à la scie au bas du rameau avant de scier celui-ci sur le côté ou la partie supérieure. De bons outils facilitent bien les choses pour faire des coupes nettes et permettent donc de prévenir les maladies. Les grandes plaies doivent être enduites de mastic ou de peinture fongique.

# LA TAILLE DE PLANTATION

## ■ *LES ARBRES CADUCS*

### *Habiller les racines*

La taille de plantation permet d'assurer la reprise des arbres. De nombreuses racines ont été mal sectionnées ou cassées lors de l'arrachage en pépinière. Aussi, avant la plantation, il faut réparer ces dégâts en « habillant » les racines, c'est-à-dire en les taillant légèrement.

Supprimez toutes les racines blessées ou en mauvais état, rafraîchissez les coupes et les plaies, raccourcissez les racines trop longues en essayant de garder un maximum de chevelu.

Raccourcissez les racines jusqu'au point où la coupe fait apparaître le cœur de la racine bien vivante (de couleur blanche). Pour les racines un peu fortes, ayez soin d'orienter la coupe en biais, de façon que la racine repose bien à plat sur le sol (pour faciliter la naissance des radicelles).

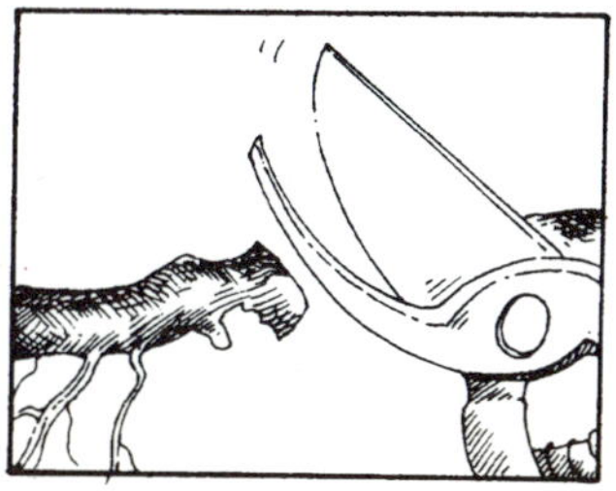

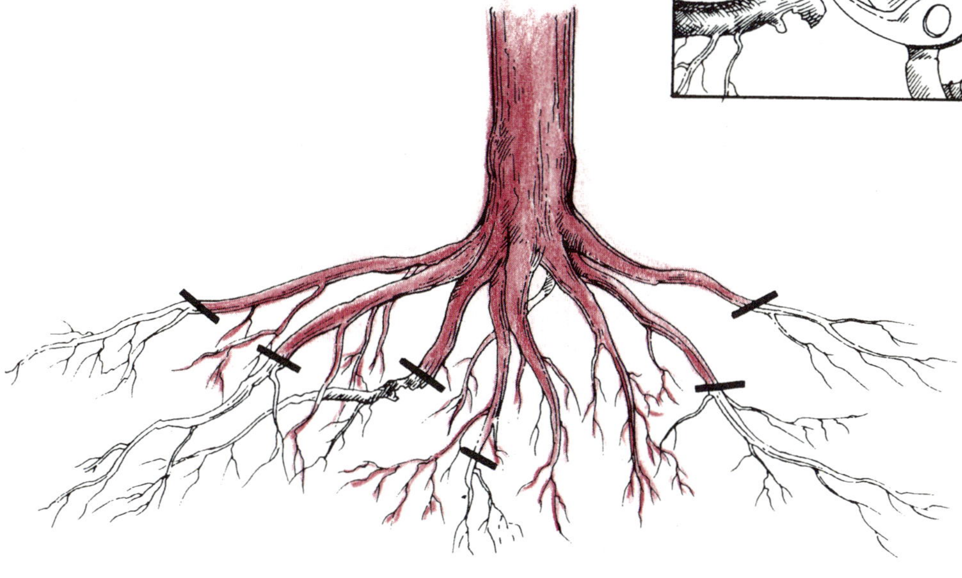

## *Tailler la partie aérienne*

Pour assurer la reprise et un développement ultérieur normal, l'arbre a besoin qu'un équilibre soit établi entre la masse des racines et la masse aérienne des branches. Au moment de l'arrachage, puis de l'habillage, une partie plus ou moins importante des racines a été supprimée. Évaluez cette suppression. Selon le diamètre des racines restantes, on peut préjuger de la longueur supprimée. Il faut procéder alors à une amputation d'égale valeur dans la ramure. Équilibrez la partie aérienne de l'arbre par rapport au système racinaire en supprimant les branches cassées, défectueuses, mal placées et en surnombre. Cet équilibre initial de l'arbre est souvent négligé, il est pourtant essentiel.

### ■ *Les formes à ramure creuse*

Taillez (d'environ 1/3) les branches principales sur un œil extérieur et si possible au même niveau. Taillez court les petites branches inférieures.

### ■ *Les formes avec un axe*

Sur les arbres à forme pyramidale, conservez la prédominance de la flèche en la taillant légèrement, voire même pas du tout. Taillez les branches inférieures plus sévèrement (d'environ 1/3).

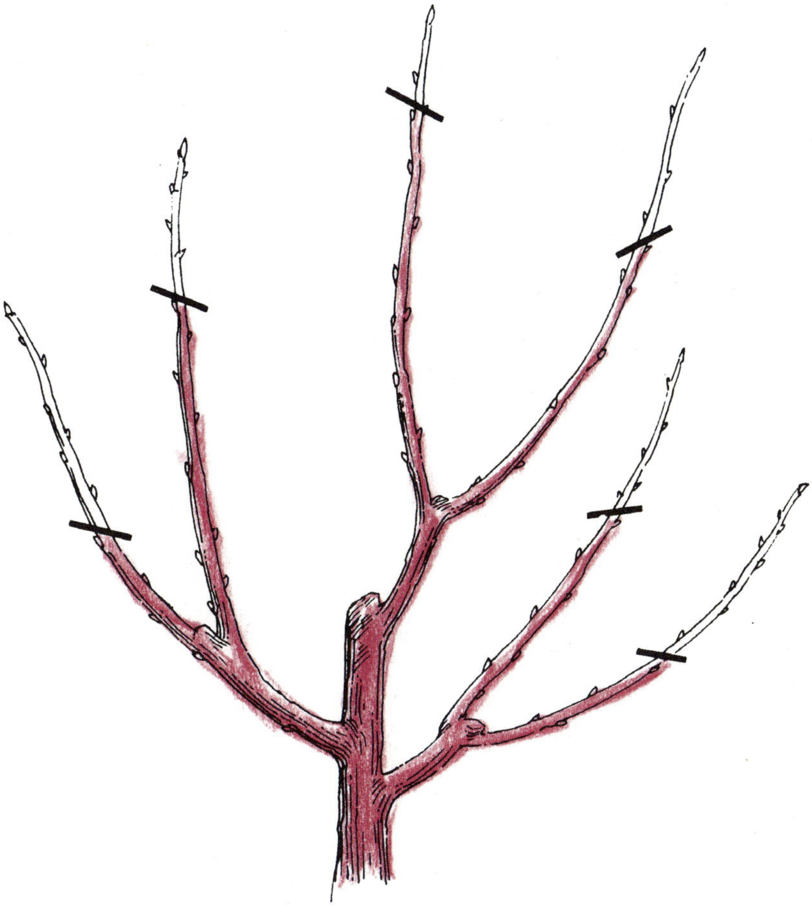

## ■ *LES CONIFÈRES*

Débarrassez la plante en motte de son emballage : panier, tontine, corbeille, conteneur ou pot. Il arrive, notamment dans les pots en matière plastique, que les racines, trop à l'étroit, se soient mises à pousser en contournant la surface inférieure du pot. Séparez-les alors délicatement de la motte afin qu'elles puissent s'étaler dans le trou de plantation. Si cette opération doit compromettre l'intégrité de la motte, griffer les racines avec une serpette. Cette lacération provoquera la naissance de jeunes radicelles bien situées pour s'étendre.

## LES ARBUSTES

Les arbustes sont commercialisés sous différentes formes :

- arbustes cultivés en conteneur, cette technique permet de planter plus tardivement après le départ de la végétation, elle est surtout réservée aux arbustes à feuillage persistant et à ceux à la motte fragile ;
- arbustes livrés en motte, méthode utilisée pour les arbustes à feuillage persistant, les caducs de reprise difficile ou les sujets vigoureux et ramifiés ;
- arbustes livrés à racines nues.

Pour les arbustes caducs de reprise facile livrés sous ces 2 dernières formes, vous devrez planter avant le départ de la végétation, dernière limite fin mars. Au moment de la plantation, effectuez une taille de plantation, ou habillage, pour assurer une meilleure reprise et une bonne formation de la ramure, tout en établissant un équilibre entre la masse des racines et le volume aérien des branches.

### *Les arbustes à racines nues*

Supprimez au sécateur toutes les racines blessées ou cassées et raccourcissez celles trop longues en conservant un maximum de chevelu et en coupant jusqu'au point où la coupe fait apparaître le cœur de la racine bien vivante. Effectuez les coupes obliquement de façon à ce qu'elles reposent bien à plat sur le sol lorsque l'arbuste sera planté et pour faciliter la naissance des radicelles. Rééquilibrez ensuite la partie aérienne de l'arbuste proportionnellement au système radiculaire. Supprimez les branches cassées, chétives, mal placées ou en surnombre et taillez les branches conservées de moitié environ.

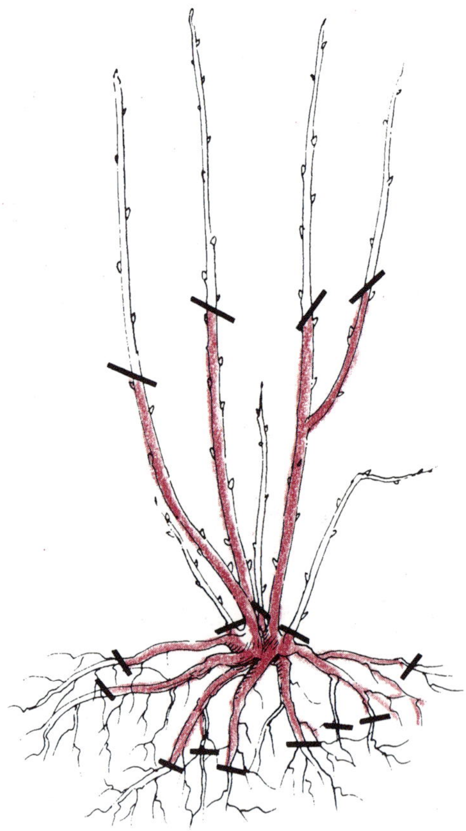

### ■ *Les arbustes en motte ou en conteneur*

Pour ces 2 formes, le système racinaire a été beaucoup moins mutilé lors de l'arrachage en pépinière, mais il est quand même nécessaire de réduire la partie aérienne proportionnellement au volume de la motte pour assurer une meilleure reprise et commencer la formation.

# LA TAILLE DE TRANSPLANTATION

La transplantation, courante pour les pépiniéristes, est une opération à laquelle l'amateur procède trop rarement. Pourtant les raisons de déplacer un arbre planté depuis quelques années ne manquent pas. Gagnez du temps sur un abattage suivi d'une nouvelle plantation en déplantant et en replantant. L'époque la plus favorable est l'automne. Attendez que les premières pluies aient mis fin au durcissement du sol. La déplantation concerne avant tout les conifères et les arbres à feuillage persistant. Certains caducs exigeants, comme le bouleau, le tulipier et le charme entre autres, sont déplantés en motte. Utilisez si possible pour ce travail une bêche à forme spéciale que l'on appelle louchet. Elle a une lame plus longue et plus étroite que la bêche traditionnelle.

## ■ LES CONIFÈRES ET ARBRES PERSISTANTS

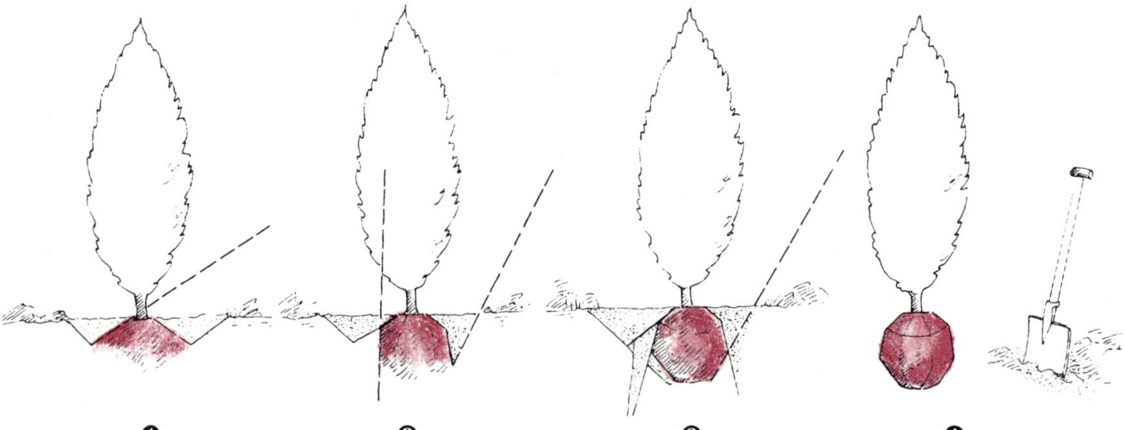

❶ ❷ ❸ ❹

❶ Enlevez à la bêche, tout autour de la plante, la terre de surface dépourvue de racines.
❷ Creusez ou détourez une fente étroite autour de l'arbre.
❸ Tranchez ensuite les racines du dessous de la motte.
❹ Une fois la motte bien dégagée circulairement, sortez-la. Il ne faut pas avoir à exercer de traction sinon elle se désagrégera, surtout en sol léger.

## ■ LES ARBRES A RACINES NUES

Pour déplacer un arbre de taille déjà importante planté depuis plusieurs années, procédez à un cernage au moins 1 an à l'avance.

❶

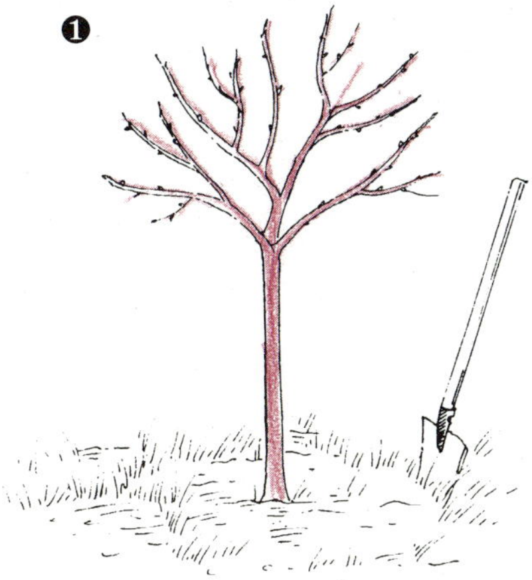

❷

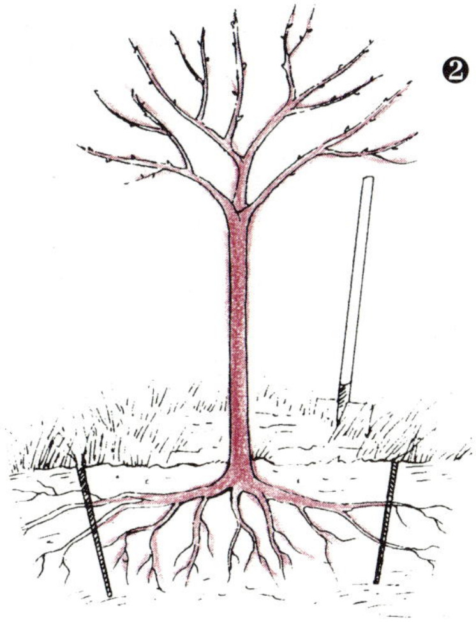

❶ Coupez à l'aide d'une bêche bien tranchante les racines principales autour de l'arbre en rapport avec le développement du sujet. Environ 8 à 10 fois la circonférence prise à 1 m (par exemple, pour un sujet de 8/10 cm de circonférence à 1 m du sol, on creuse une tranchée de 80 cm de diamètre).

❷ Les racines sont ainsi sectionnées à une longueur convenable. Tranchez-les sur une profondeur de bêche au moins et coupez si possible quelques racines sous la motte.

❸ Les racines se ramifieront et la reprise sera ainsi assurée.

❹ L'année suivante, lors de l'arrachage, taillez la partie aérienne comme pour une plantation, mais de façon plus légère.

❸

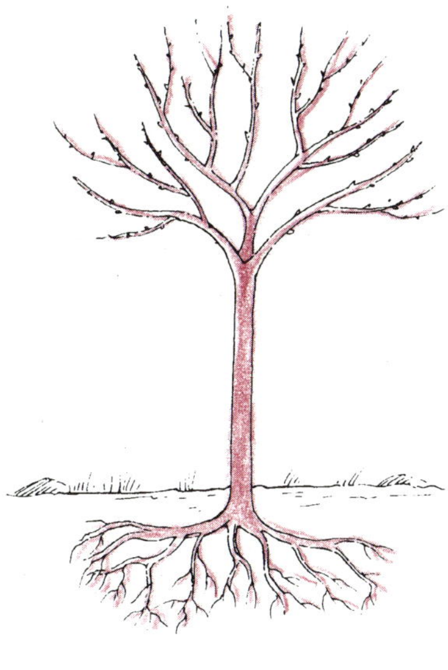

❹

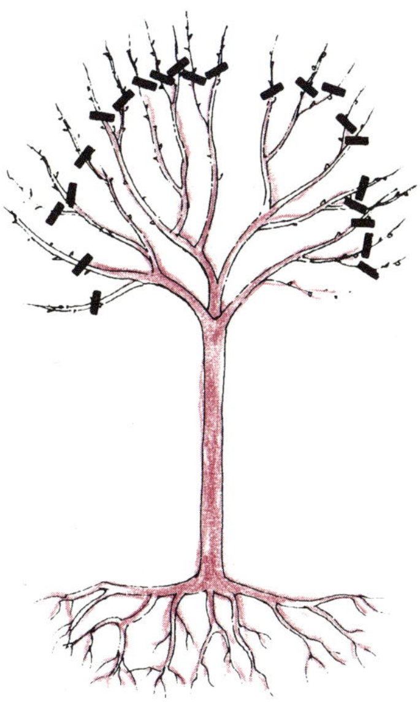

# LA TAILLE DE FORMATION

La taille de formation est en fait une opération légère qui s'applique à de jeunes sujets en vue de les former. Elle s'effectue sur de jeunes rameaux avec un sécateur ou une petite scie, ce qui permet une cicatrisation aisée. Si la taille de formation a été bien conduite aucune opération d'élagage lourd ne sera plus nécessaire, sauf accident.
La taille de formation des arbustes doit nécessairement être courte et ne pas tenir compte du mode de floraison, car il s'agit d'obtenir un buisson vigoureux bien ramifié de la base.
Les arbres peuvent prendre différentes formes selon l'effet que l'on désire atteindre. Cependant les conditions de réussite sont toujours plus facilement remplies, et l'effet ou la forme mieux atteints, lorsque l'on choisit des essences dont on n'aura, pour ainsi dire, qu'à maintenir la forme et le développement normal. Les opérations utiles consistant alors simplement à aider la nature, à régulariser le développement naturel.

## LES ARBRES

### *LA FORMATION NATURELLE DES ARBRES CADUCS A FLÈCHE CENTRALE*

La conduite sous une forme naturelle doit être retenue aussi souvent que possible. Elle permet de limiter les interventions futures à des opérations de surveillance et d'entretien. Laissez l'arbre se développer de façon naturelle. Une taille de formation adaptée peut tout de même s'avérer utile. Régularisez le port de l'arbre, équilibrez les différentes branches, supprimez les branches mal orientées ou gênantes, pouvant s'avérer dangereuses pour l'avenir. Sélectionnez les branches charpentières et taillez de façon à équilibrer la couronne. Gardez à l'arbre sa silhouette caractéristique. Il est bien sûr possible de relever la couronne, une fois la hauteur désirée atteinte, pour faciliter principalement la circulation autour de l'arbre. Ce type de formation est à employer sur l'aubépine, le copalme, le magnolia à grandes fleurs, l'érable, le pavier rouge, l'ailante, le bouleau, le brachychiton, le mûrier, le charme, le micocoulier, le kaki, le frêne, le gleditschia, le tulipier, le chêne rouge d'Amérique, le tilleul, le sophora, l'orme de Sibérie...

## 1re année

❶ et ❷ De novembre à janvier : reprenez le plant issu de semis, pincez la racine pivotante pour stimuler l'implantation de racines traçantes qui favoriseront les transplantations futures. Plantez et tuteurez. Par la suite, palissez la flèche centrale au fur et à mesure de son développement.

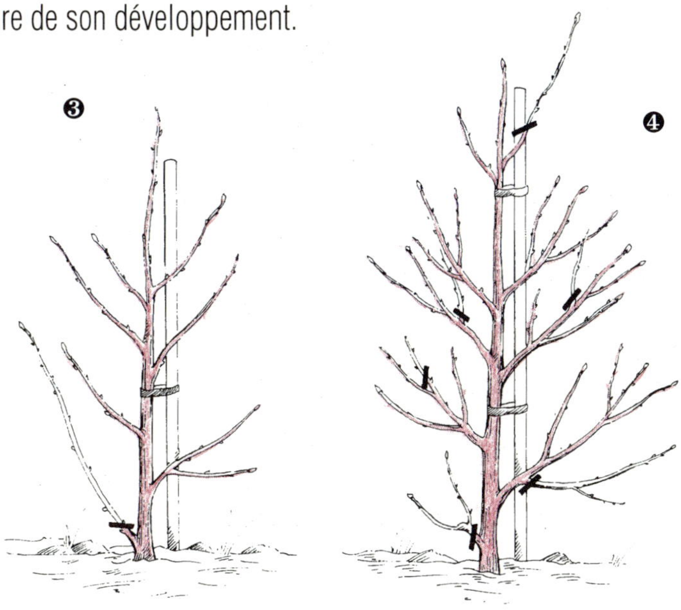


## 2e année

❸ De novembre à janvier : si des pousses latérales se sont développées, supprimez-les à la base. Continuez le palissage de la flèche centrale au cours de la saison suivante.

## 3e année

❹ De novembre à janvier : taillez les pousses faibles de la base au ras de la tige centrale. Supprimez le bois mort ou malade. Coupez la végétation superflue ou mal placée qui déséquilibre la forme. Veillez à la prédominance de l'axe central (la flèche) qui forme le tronc en supprimant par des pincements ou par la taille les bourgeons concurrents. Surveillez les attaches et évitez les étranglements.

❺

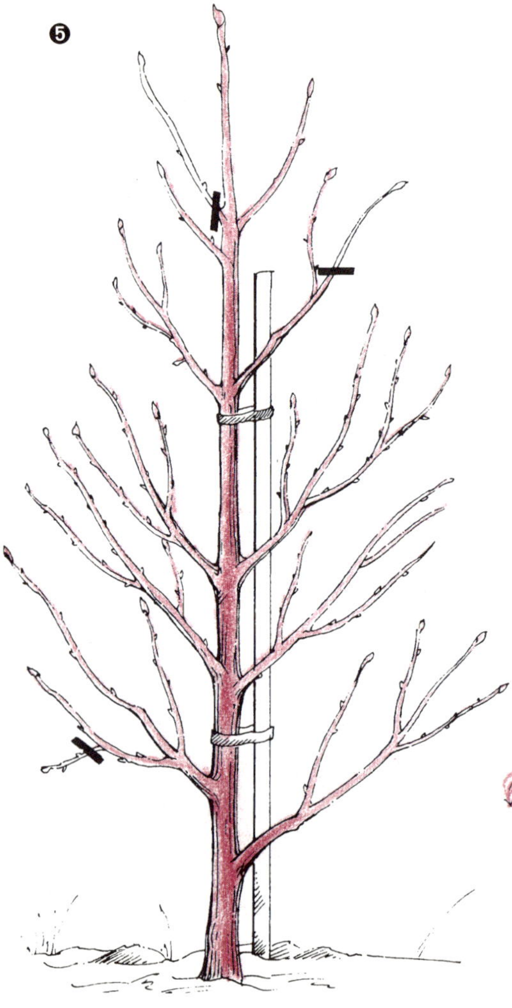

❻

***4e année***

❺ De novembre à janvier : taillez toute la végétation en trop, branches concurrentes à l'axe central, départs trop fougueux de branche latérale, bois mort.

***5e année et suivantes***

❻ Évitez toute concurrence avec l'axe central en supprimant la végétation qui pourrait gêner. Surveillez le tuteurage, le supprimer si besoin.

## LA FORMATION DES ARBRES PLEUREURS

Le port naturel d'un arbre pleureur est déterminé génétiquement et il n'est en principe nul besoin de l'aider à prendre sa forme. Laissez aller l'arbre à son développement naturel. Les rameaux et le feuillage retomberont gracieusement sans aide et constitueront ainsi de belles salles d'ombrage si les arbres sont plantés isolément sur une pelouse. Néanmoins, si l'arbre pleureur n'a pas subi de taille en pépinière, une légère taille de formation peut tout de même présenter certains avantages. Gardez à l'arbre sa silhouette caractéristique tout en régularisant son port et équilibrez les différentes branches maîtresses. L'aspect pleureur ne prendra toute sa splendeur que si la couronne de branches charpentières est assez haute. Ce type de formation est à employer sur les « pleureurs » comme le sophora, l'orme de montagne, le faux poivrier, le filao, le saule, le poirier, le hêtre...

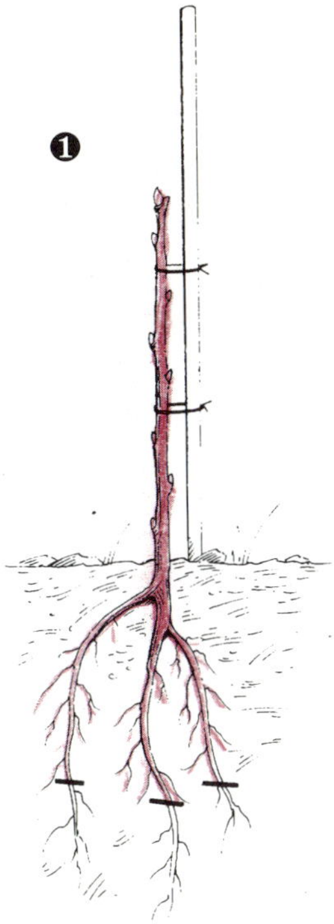


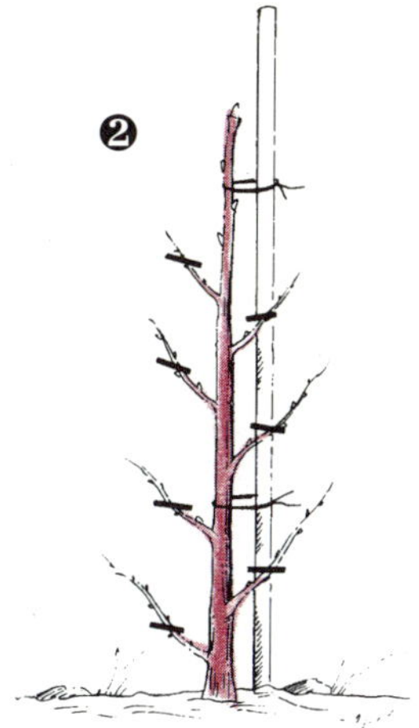

***1re année***

❶ En septembre-octobre : reprenez le plant issu de semis, pincez la racine pivotante pour favoriser l'implantation de racines latérales et plantez en tuteurant le jeune arbre.

***2e année***

❷ En février-mars : surveillez que l'axe central ait la prédominance. Supprimez les pousses latérales qui se sont développées, soit en les coupant dès la base, soit en les limitant à 1/3 de leur longueur. Palissez la flèche centrale au fur et à mesure de son développement. Surveillez les attaches et évitez les étranglements.

***3e année***

❸ En février-mars : continuez le palissage de la flèche centrale et supprimez à la base les pousses latérales qui se sont développées. Coupez la végétation superflue ou mal placée qui déséquilibre la forme.

## *4e année*

❹ et ❺ En février-mars : les branches ont tendance à se courber vers le sol, rabattez la flèche à 2 ou 3 yeux pour renforcer cette tendance naturelle. Taillez toute la végétation en trop (branches concurrentes à l'axe central).

❺

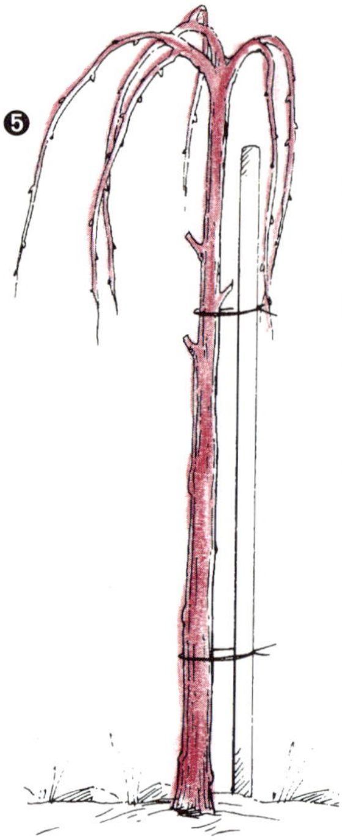

❹

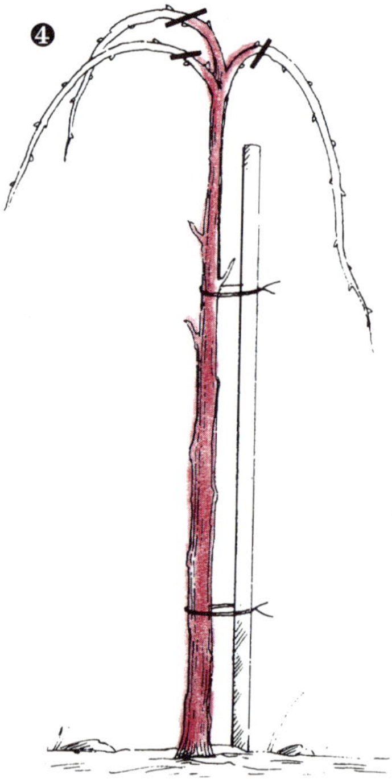

❼

❻

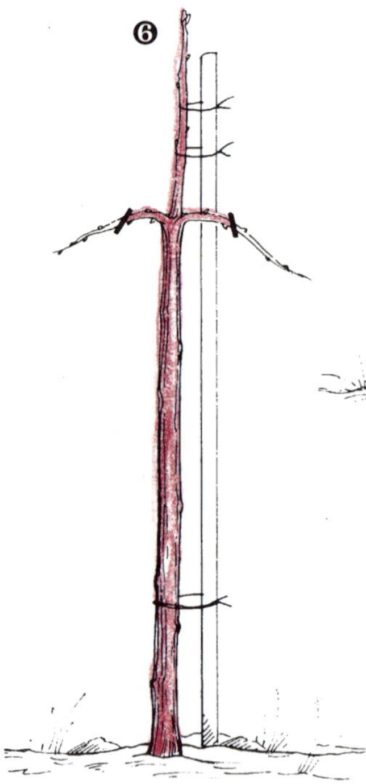

❻ et ❼ Si l'arbre ne développe pas spontanément de pousses terminales, accolez au tuteur la pousse centrale la plus longue. Continuez à rabattre chaque année les pousses jusqu'à ce que l'arbre ait atteint la hauteur souhaitée.

Les arbres pleureurs sont mis en valeur par un tronc élancé. Sur les arbres greffés, éliminez les rejets du porte-greffe qui pourraient apparaître.

## LA FORMATION DES ARBRES CADUCS EN CÉPÉE

D'un très bel effet ornemental, cette forme, couramment employée autrefois, retrouve aujourd'hui une certaine vogue grâce à son côté naturel « forestier ». L'exemple le plus commun est celui du bouleau, mais bien d'autres espèces peuvent être cultivées ainsi à condition qu'elles puissent prendre tout leur développement. Plantez presque obligatoirement de façon isolée sur une pelouse, ou aux extrémités de massifs d'arbustes. Favorisez le développement de plusieurs tiges, si possible de même vigueur.
Ce type de formation est à employer principalement sur l'érable, l'ailante, l'aulne, le bouleau, le charme, le châtaignier, le gainier, le virgilier à bois jaune, le noisetier, le févier, le cytise, le lagerstroemia, le magnolia, le nothofagus, le cerisier,le prunier, le saule...

❶

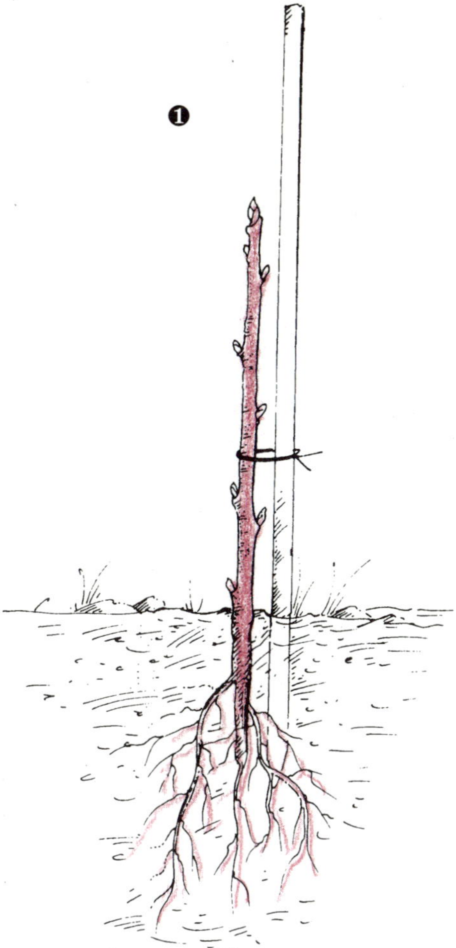

**2e année**

❷ De novembre à janvier : rabattez l'arbre en supprimant très court le tronc sur les 2 ou 3 premières ramifications (environ 30 à 50 cm).

❷

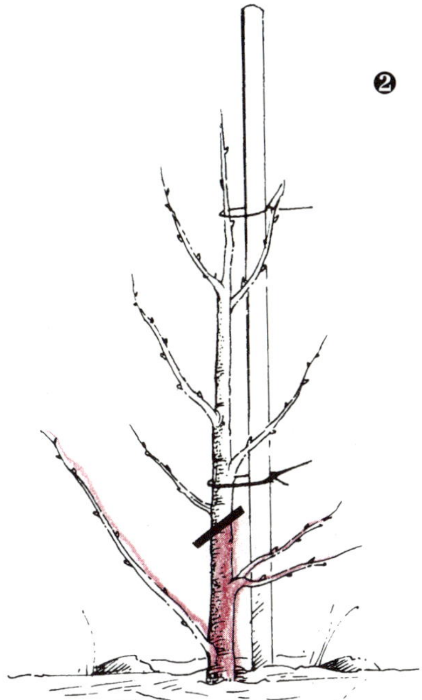

**1re année**

❶ De novembre à janvier : plantez le jeune plant et tuteurez.

### *3e année*

❸ De novembre à janvier : la taille sévère a favorisé de nombreux départs, épointez très légèrement les plus grands départs (plus sévèrement le plus central) afin de favoriser des ramifications pour étoffer la forme.

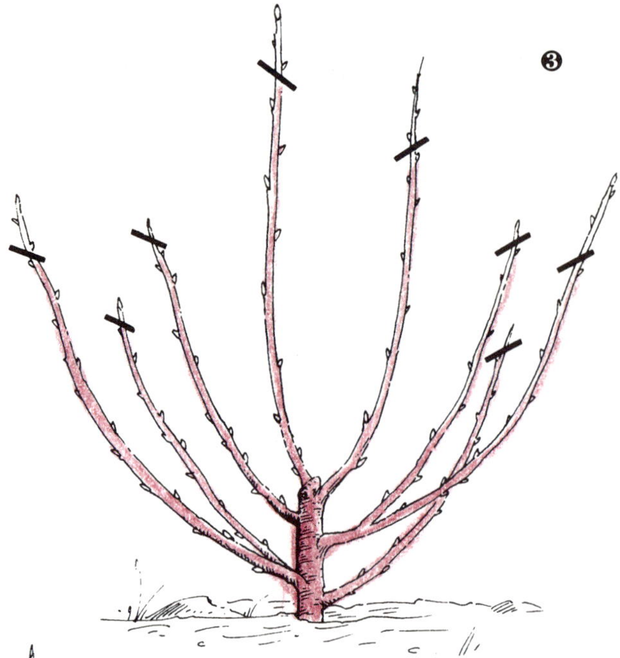

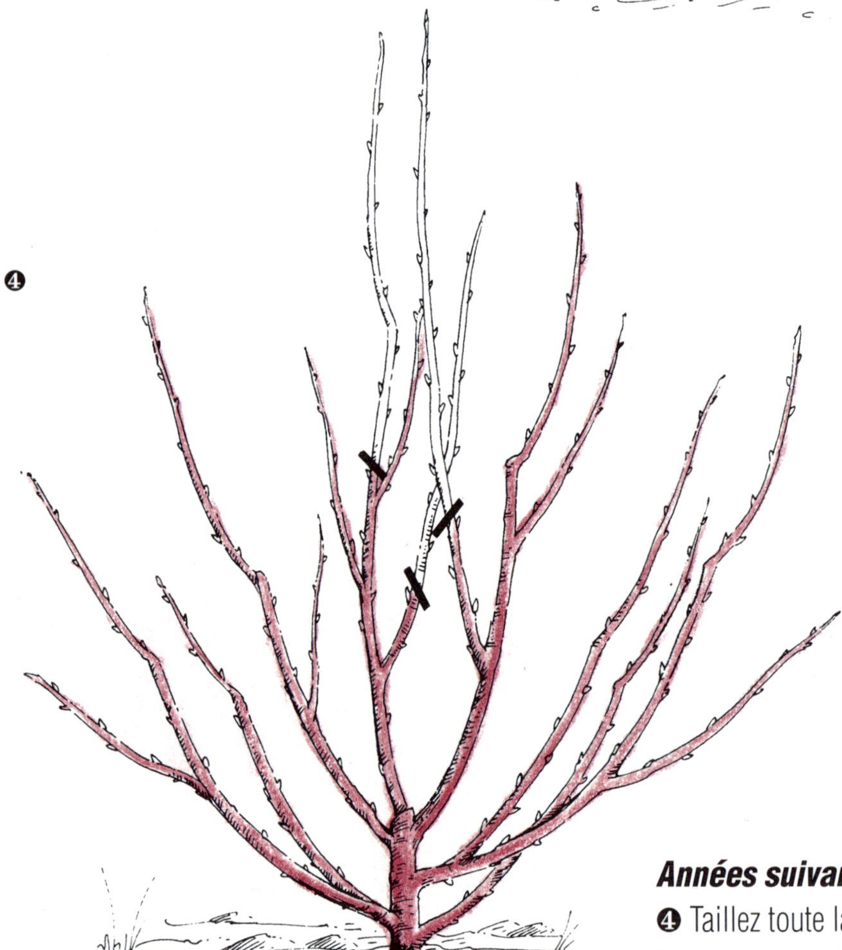

### *Années suivantes*

❹ Taillez toute la végétation trop fougueuse proche de « l'axe » pour maintenir la forme.

## ■ LA FORMATION DES ARBRES CADUCS HAUTE-TIGE

❶

### *1re année*

❶ De mars à août : après la plantation, palissez la flèche centrale au fur et à mesure de son développement.

❷

### *2e année*

❷ De novembre à janvier, taillez les pousses faibles de la base soit au ras du tronc, soit des 2/3 de leur longueur. Supprimez le bois mort ou malade. Veillez à la prédominance de l'axe central qui forme le tronc en supprimant les bourgeons concurrents.

❹

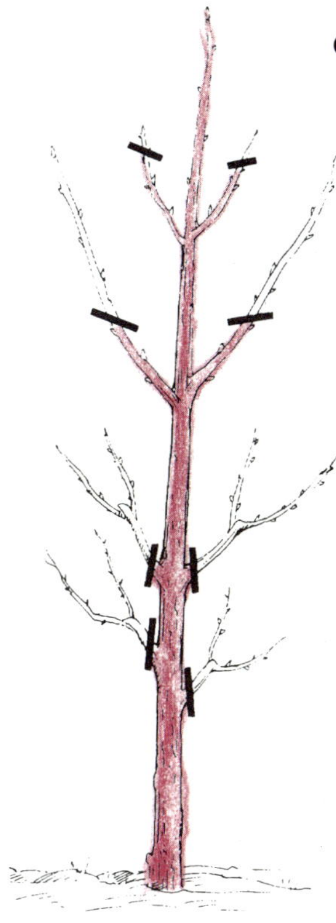

❸

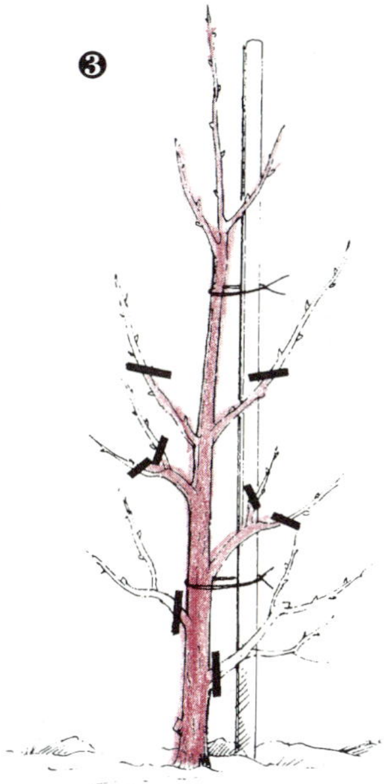

### *3e année*

❸ De novembre à janvier : taillez toute la végétation en trop, ainsi que les départs vigoureux. Commencez à supprimer les branches les plus basses pour monter le tronc progressivement.

### *4e année*

❹ De novembre à janvier : supprimez les branches basses au ras du tronc, rabattez les premières branches hautes pour établir la charpente. Vous pouvez supprimer le tuteurage.

### ■ A forme à cime arrondie

La plupart des arbres se prêtent bien à cette forme, qu'ils prennent d'ailleurs presque tous en vieillissant. Maintenez le développement du rameau central pour favoriser l'allongement nécessaire des branches latérales. S'il n'y a pas de prolongement unique, si la charpente est formée de plusieurs branches latérales, maintenez le développement proportionnel de ces branches pour obtenir la régularité de la forme. Si vous redoutez une trop grande hauteur, comme pour les platanes, il suffit, lorsque ces arbres atteignent la hauteur voulue (5 ou 6 m), de couper le prolongement de la tige afin de forcer le développement de plusieurs branches latérales bien placées. Elles constitueront alors l'ensemble de la charpente, qui s'élèvera moins, étant constituée de plusieurs branches principales. Maintenez l'équilibre nécessaire dans le développement de ces branches, pour la formation régulière de la tête de l'arbre.

Ce type de formation est à employer principalement sur l'érable champêtre, l'érable à feuilles de frêne, le marronnier d'Inde, l'arbre de Judée, le frêne commun, le platane, le tilleul de Hollande...

***5e année et suivantes***

## ■ *A forme ovoïde*

Les arbres à rameaux latéraux peu érigés, redressés, se prêtent assez bien à cette forme. Maintenez, selon le besoin, le développement du prolongement de la tige afin que les branches latérales aient toujours environ les 2/3 de la longueur de la tige centrale. Après élévation de la couronne jusqu'à la hauteur recherchée, choisissez les charpentières et taillez tout en maintenant la prédominance de la flèche centrale. Les branches inférieures devront être taillées en temps utile pour en forcer la ramification, qui devra être maintenue dans une direction redressée.

Ce type de formation est à employer principalement sur l'arbre aux mouchoirs, le hêtre commun, le savonnier, l'érable, le marronnier, le bouleau, le frêne, le charme, le chêne rouge d'Amérique, le peuplier blanc...

***5e année et suivantes***

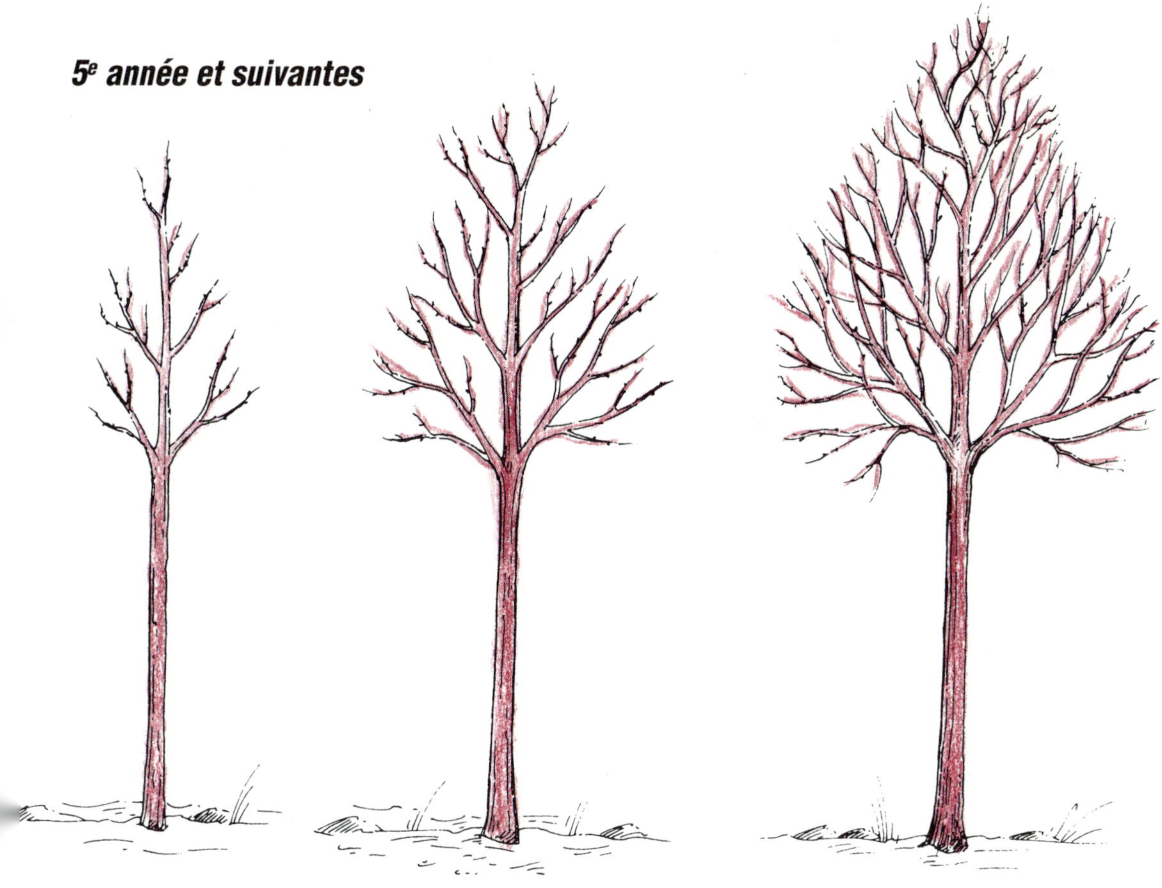

## ■ *A forme pyramidale*

Les jeunes sujets des espèces qui conviennent pour former une pyramide doivent présenter une tige simple ayant un développement prédominant sur les rameaux latéraux. Pour une bonne formation, maintenez la prédominance du prolongement de la tige ou de la flèche, empêchez sa bifurcation et assurez le développement régulier et progressif des branches latérales. Les plus anciennes seront toujours les plus longues, les plus fortes, les plus ramifiées, et auront une direction plus horizontale. Toutes les branches devront avoir environ de la moitié aux 2/3 de la longueur de la tige, mesurées à partir de leur point d'insertion. Toutefois la longueur de ces branches est variable en raison de l'écartement de plantation des arbres et des dimensions en largeur et hauteur qu'on veut imposer à cette forme. Quand l'arbre est établi coupez si besoin les branches les plus basses si elles sont gênantes pour effectuer les travaux de jardinage.
Ce type de formation est à employer principalement sur l'aulne glutineux, le platane, le tilleul de Hollande, le marronnier, le magnolia acuminé, le houx, le liquidambar...

### *5^e^ année et suivantes*

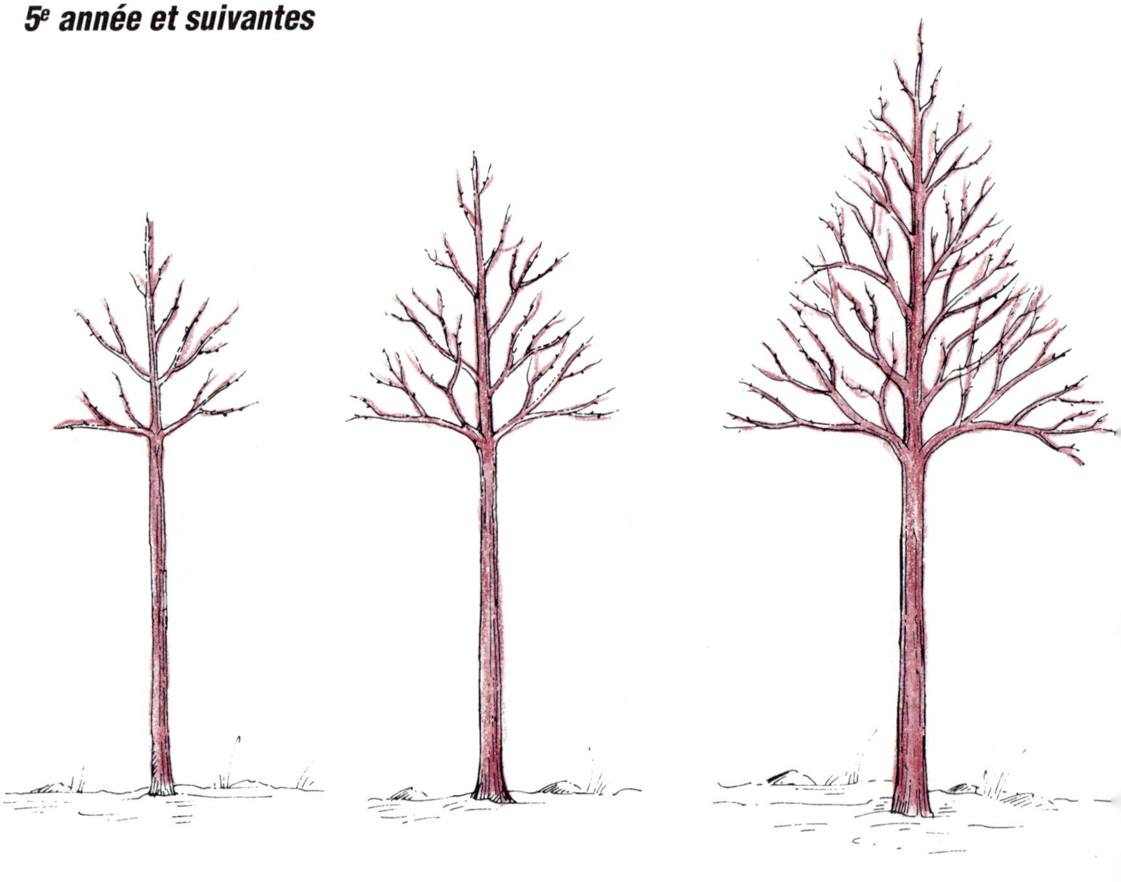

## ■ A forme parasol

Pour obtenir des arbres à forme parasol, affaiblissez à l'aide de tailles suffisantes le prolongement de la tige et des rameaux rapprochés du centre, afin de favoriser le développement des branches latérales inférieures qui se dirigent obliquement et qui doivent atteindre la longueur nécessaire pour constituer la forme voulue. Ce type de formation est à employer principalement sur l'acacia rose de Constantinople, le paulownia, l'érable, l'albizzia, le catalpa, le gainier, le plaqueminier...

### *5e année et suivantes*

## ■ A forme creuse

Les arbres ainsi taillés ont une ramure évasée et un centre bien dégagé. Rabattez l'axe central sur les premières branches latérales. Sélectionnez 3 ou 4 branches latérales régulièrement espacées et supprimez les autres. Ce seront les branches charpentières de l'arbre. Raccourcissez-les de moitié sur un œil tourné vers l'extérieur. Par la suite rabattez les rameaux latéraux qui se sont formés sur les charpentières pour assurer à l'arbre adulte une charpente équilibrée.

Ce type de formation est à employer principalement sur le parrotie de Perse, l'albizzia, le paulownia, le mélia, le zelkova, le sorbier, le saule, le robinier, le prunier, le cerisier, le pommier et le poirier décoratifs...

❶

❷

***5e année***

❶ De novembre à janvier : rabattez la flèche sur un bourgeon et une branche vigoureuse à 40 cm environ au-dessus de la hauteur de tronc désirée.

***6e année***

❷ En novembre-décembre : établissez une charpente en creux de 5 à 6 branches environ, le plus régulièrement espacées. Supprimez toute la végétation superflue et les pousses trop vigoureuses qui pourraient reconstituer un axe principal.

***7e année et suivantes***

❸ En novembre-décembre : coupez toutes les jeunes branches qui menacent la symétrie de la couronne de l'arbre ou qui viennent à l'intérieur de la forme.

❸

## LA FORMATION DES CONIFÈRES

Bien que la forme des conifères soit rigide et n'appelle généralement pas de modifications, il est néanmoins possible de tailler certaines espèces. Cette taille sera légère, que les sujets soient plantés en isolé ou en haie. En effet, à part l'if, les conifères repercent mal sur le vieux bois qui ne comporte que très peu d'yeux susceptibles de donner de nouvelles pousses. Si on les taille trop sévèrement, ils ne se régénèrent donc pas ou très mal.

Si la taille d'entretien est délicate, une taille de formation peut se révéler nécessaire quand l'extrémité du conifère porte 2 flèches. Les conifères ne présentent en général qu'une flèche, mais par un effet de concurrence, ou suite à un accident, une bifurcation peut apparaître. On peut laisser l'arbre tel quel, mais il est également possible de supprimer au printemps l'une des 2 flèches en gardant la plus vigoureuse. L'arbre reprendra alors vite une forme régulière. Certains conifères développent plusieurs flèches parallèles. Conservez-les toutes, mais par grand vent ou chute de neige ceinturez les branches pour éviter l'éclatement de la forme.

❶

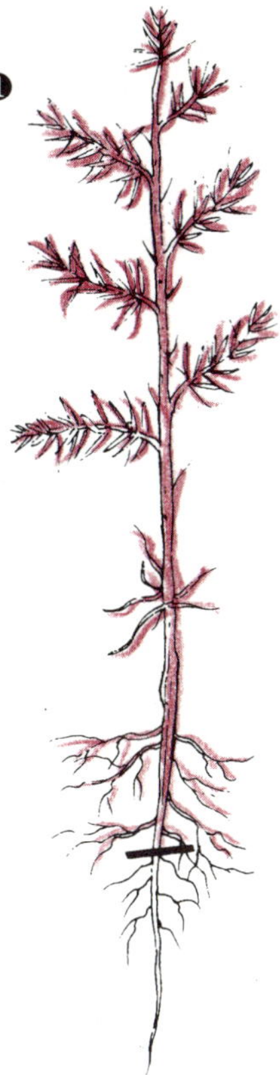

❷

### 1re année

❶ En septembre-octobre ou février-mars : reprenez le plant issu de semis, pincez la racine pivotante pour favoriser l'implantation de racines latérales pour une formation de motte qui facilitera les transplantations futures. Plantez.

### 2e année

❷ En février-mars : si 2 pousses terminales se font concurrence, supprimez au printemps, en la taillant au ras du tronc, la plus faible des 2.

### 3e année et suivantes

❸ Continuez à surveiller que l'axe central ait la prédominance. Supprimez, à la base, le bois mort ou malade. En situation ventée, il est préférable de procéder à un haubanage, soit en plaçant un tuteur en biais, soit en attachant 3 fils disposés en triangle au tuteur et reliés au sol par des piquets.
Par la suite, surveillez les attaches et évitez les étranglements.

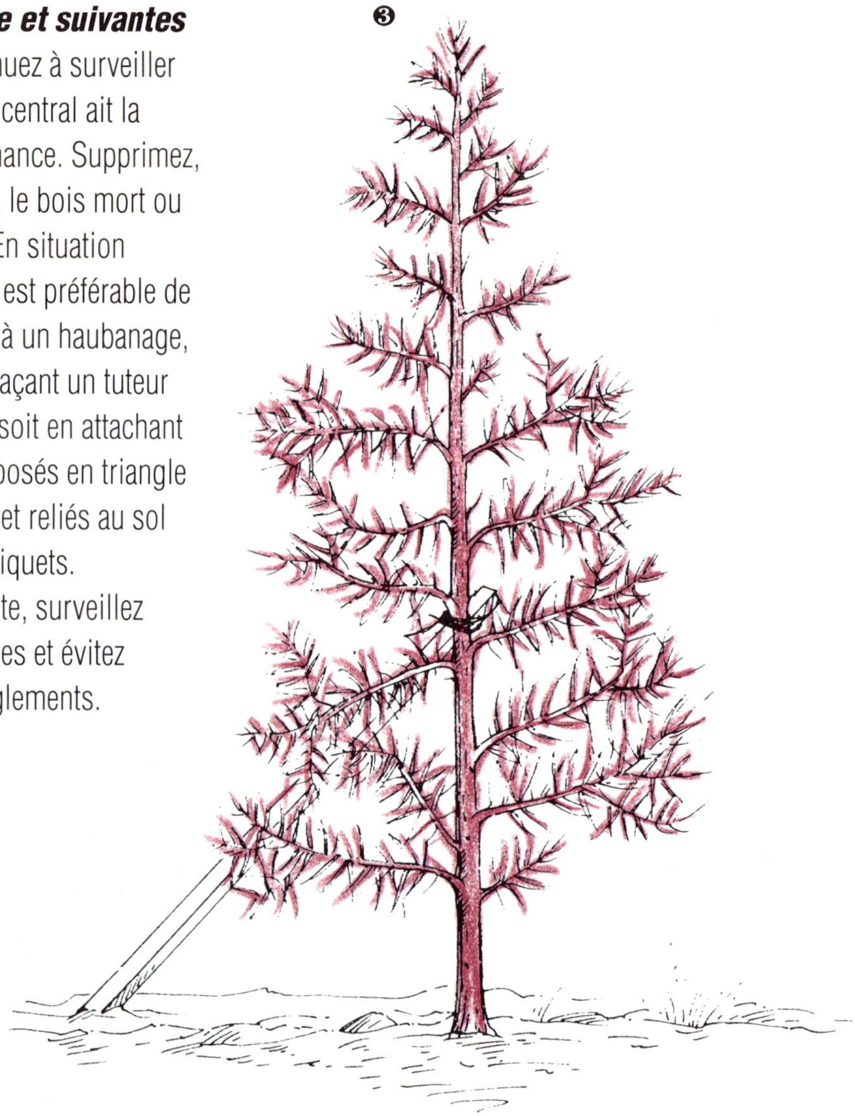

## ■ LA FORMATION DES ARBRES EN HAIE

Les haies ne restent bien denses, bien touffues et ne gardent une silhouette nette que si elles sont régulièrement taillées. Comme le disent les vieux jardiniers, c'est la taille qui fait la haie et le tailleur qui la maintient. Soyez patient, une haie moyenne (4 m) demande plus de 2 heures d'entretien par mètre de longueur.
Une haie est d'autant plus belle que la taille est régulière. Elle ne doit pousser que de 20 à 50 cm en hauteur au maximum chaque année. Si vous laissez pousser les arbres trop

rapidement, leur base se dégarnit. Si vous voulez regarnir la base d'une vieille haie, rabattez-la d'au moins 50 % de sa hauteur. Pratiquez cette opération de préférence au printemps. Les végétaux présenteront d'abord un aspect désolant, puis ils repartiront pour une seconde jeunesse.

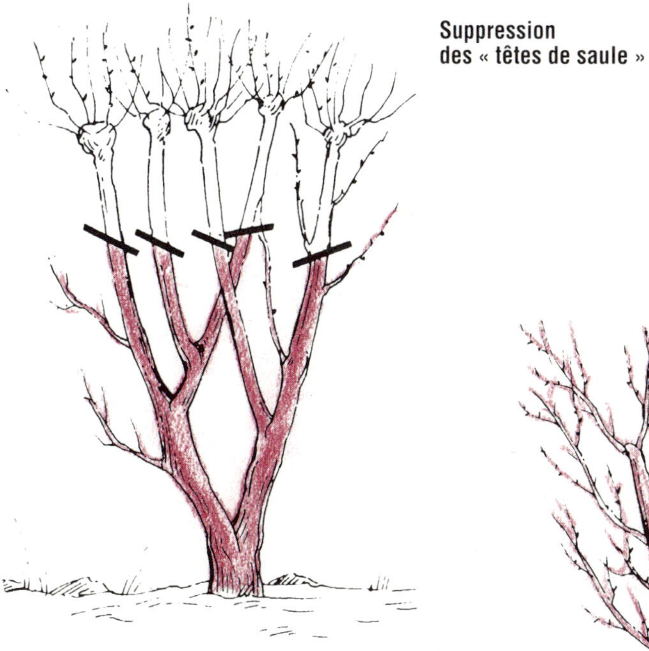


**Rajeunissement d'une haie**

**Deux ans plus tard, de jeunes rameaux ont regarni la base de l'arbre**

La technique de taille, quelle que soit la forme que vous désirez obtenir, demande des précautions pour son exécution et un certain coup de main. Les érables *(Acer campestre, A. carpinifolium, A. monspessulanum, A. negundo)*, le caragana, le charme, le faux cyprès, le noisetier, l'aubépine, les cyprès de l'Arizona et de Lambert, le hêtre pourpre, le févier, le tamaris, l'if et les thuyas sont les espèces qui se prêtent le mieux à la formation en haie.

## ■ *Les haies libres*

Travaillez essentiellement au sécateur. Supprimez le bois mort et les branches qui se développent vers l'intérieur afin d'alléger l'ensemble de l'arbre. Complétez la taille en limitant la hauteur. Évitez de faire des « trous ». Pour cela évaluez l'importance de la branche que vous supprimez.

## ■ *Les haies régulières*

Le travail est assez proche de celui mis en œuvre pour les haies libres, mais les interventions sont plus fréquentes, au moins 2 fois par an. Délimitez avec le plus de précision possible la hauteur et l'épaisseur de la haie (les professionnels emploient des rayons laser pour cela). La ligne formée doit être le plus parfaitement horizontale.

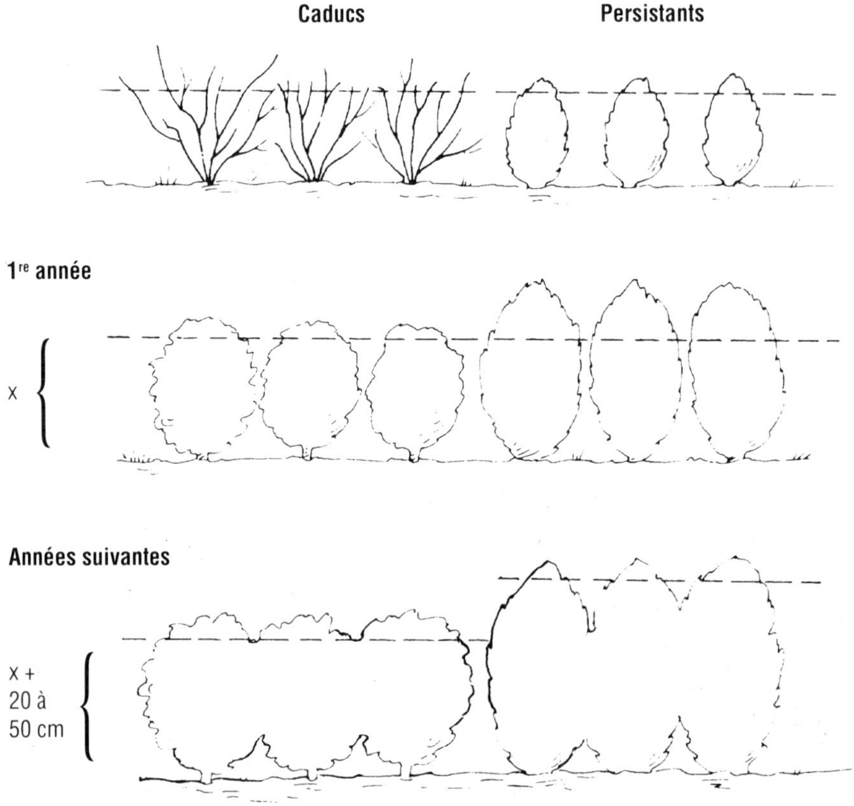


### • *Les haies régulières de conifères*

Beaucoup d'amateurs pensent qu'ils doivent tailler leurs haies de conifères en juin. Or, à ce moment-là, les ramilles nouvelles sont très fraîches et les nuances qu'elles offrent ont une douceur dont il serait bien dommage de se priver. Les vieux jardiniers amoureux des reflets de leurs haies de conifères ne les taillent qu'à la mi-juillet. Ainsi profitent-ils plus longtemps de l'agrément des verts pâles et des glauques argentés. Ils rabattent les ramilles avant la pousse d'août. Prenez bien garde de ne pas exécuter cette tonte trop tard, car les plaies de taille doivent avoir le temps de cicatriser avant l'hiver afin que le gel ne puisse pas pénétrer dans la ramure.

La taille commence l'année de la plantation. A la plantation, égalisez grossièrement les faces de la haie. Les années suivantes, supprimez 20 à 30 % de la pousse de l'année. La haie sera encore plus belle, plus touffue, si vous pouvez lui laisser chaque année quelques centimètres de plus en dessus et surtout sur les 2 faces. Mais, en conséquence, vous serez obligé de faire un sérieux rabattage tous les 10 ans.

• *Les haies régulières de feuillus*

A la plantation tout d'abord, rabattez les rameaux trop vigoureux ainsi que 20 à 25 % de la hauteur pour assurer une bonne reprise. Les pousses des arbres à feuilles caduques ou persistantes vont surtout se développer en tête, au détriment de la base qui risque de se dégarnir. Si vous hésitez à tailler sévèrement, vous aurez au bout de quelques années une haie « haute-tige » complètement dégarnie de la base, erreur difficilement rattrapable. Après cette coupe courte, la végétation reprendra de plus belle. Laissez-la s'exprimer ainsi chaque année, jusqu'à ce qu'elle atteigne la hauteur désirée. Effectuez la taille d'entretien au printemps, fin mai, puis fin septembre.

• *La forme idéale*

La taille idéale pour une haie est d'être plus large en bas qu'en haut, ainsi la lumière parvient jusqu'aux branches du bas et permet la formation d'une haie dense.

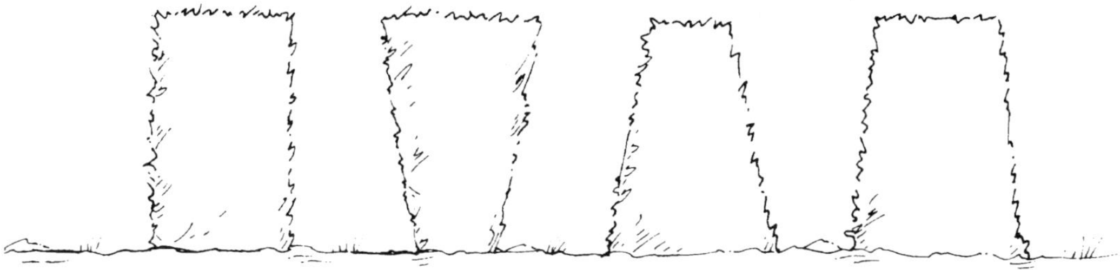

| | | | |
|---|---|---|---|
| **Aussi large que haute : la lumière ne parvient pas en bas** | **Déséquilibre : trop large en haut** | **Déséquilibre : trop large en bas** | **Solution harmonieuse : à peine plus large en bas qu'en haut** |

# LES ARBUSTES

La taille de formation d'un arbuste commence dès la plantation lors de l'habillage de la plante. La durée peut être de 1, 2 ou 3 ans, suivant la vitesse de croissance de l'espèce et de la forme recherchée. Cette taille a pour but de bien ramifier la plante à sa base pour constituer une bonne ossature. Elle est donc nécessairement courte et on ne peut donc tenir compte du mode de floraison pendant les premières années de végétation de l'arbuste.

## ■ LA FORMATION DES TOUFFES BUISSONNANTES

### ■ *Les arbustes à feuilles caduques*

❶

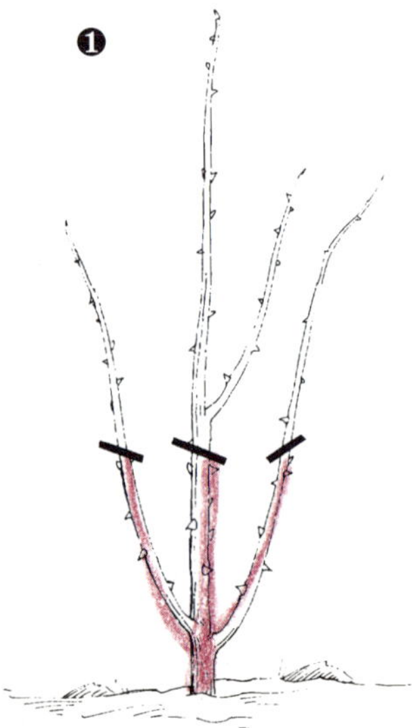

❷

***1re année***

❶ De novembre à mars : après la plantation, taillez les branches de moitié environ pour provoquer des ramifications.

***2e année***

❷ En février-mars : l'arbuste présente des pousses plus vigoureuses d'un côté amorçant une dissymétrie pour son aspect futur. Taillez les branches les plus fortes plus courtes que les plus faibles pour rétablir l'équilibre. Réduisez la ramure de moitié et des 2/3 pour les branches les plus vigoureuses. Taillez également les nouvelles pousses issues de la base et supprimez celles trop chétives au pied de l'arbuste.

### *3e année*

❸ En février-mars : la taille de formation est en principe terminée. Si l'arbuste présente encore une asymétrie ou une ossature un peu faible, renouvelez l'opération de l'année précédente en taillant plus long les branches les plus faibles.

❸

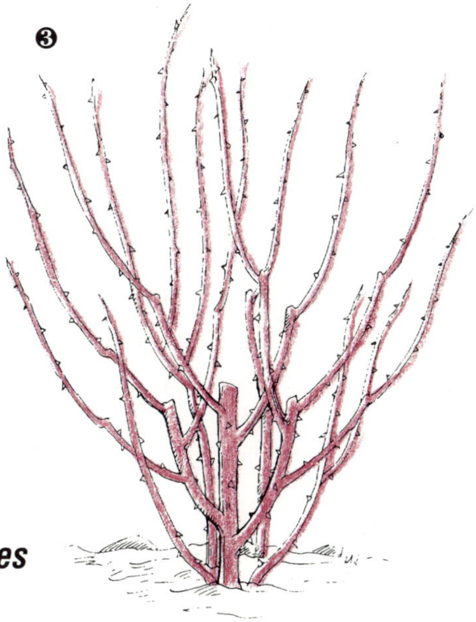

## ■ *Les arbustes à feuilles persistantes*

### *1re année*

❶ De novembre à mars : après la plantation, taillez les branches de moitié environ pour provoquer des ramifications.

### *2e année*

❷ En mars : taillez les branches obtenues dans l'année en les réduisant de moitié environ et en taillant les plus basses un peu plus long. Cette taille permettra la pousse de nouvelles branches à la base de la touffe et la ramification des branches supérieures. Effectuez une taille plus courte si des rameaux vigoureux provoquent une dissymétrie de l'arbuste.

❶

❷

❸

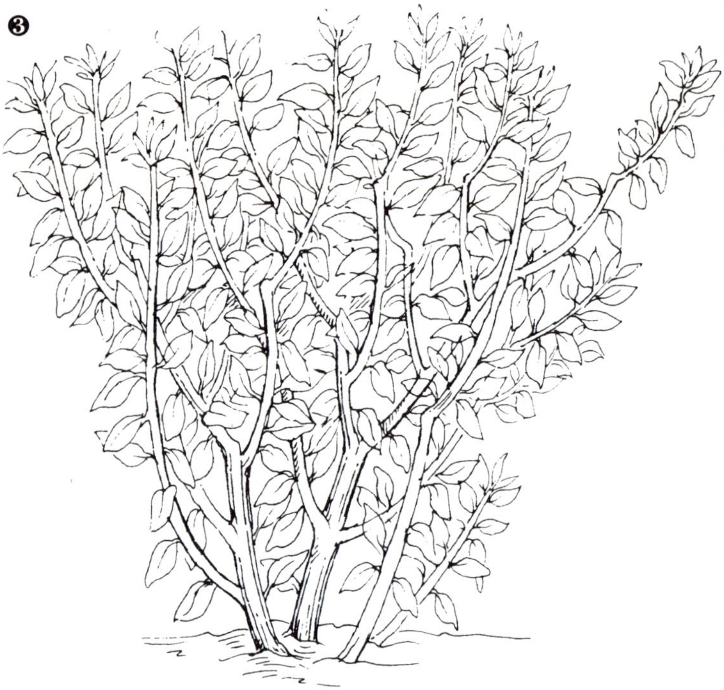

### *3e année*

❸ La formation de l'arbuste est terminée. Ne taillez pas et laissez-le prendre sa forme naturellement.

## LA FORMATION DES ARBUSTES EN HAIE

❶

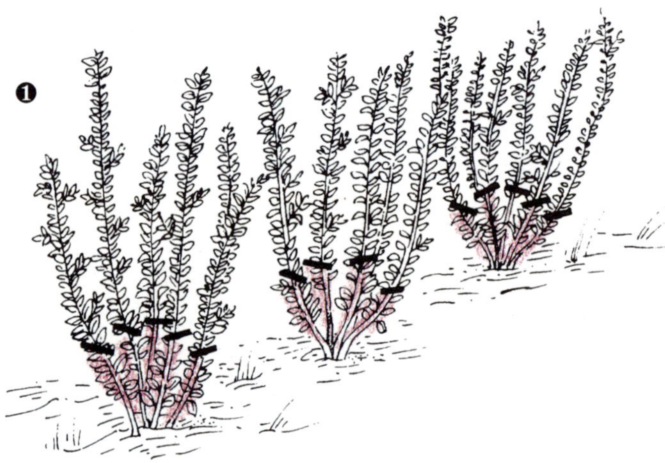


### *1re année*

❶ De novembre à mars : après la plantation, rabattez les rameaux à 25-30 cm du sol pour éviter qu'ils ne se développent en hauteur au détriment de la base qui risque de se dégarnir. Il est important que vous obteniez une haie dense à la base dès les premières années de végétation.

❷

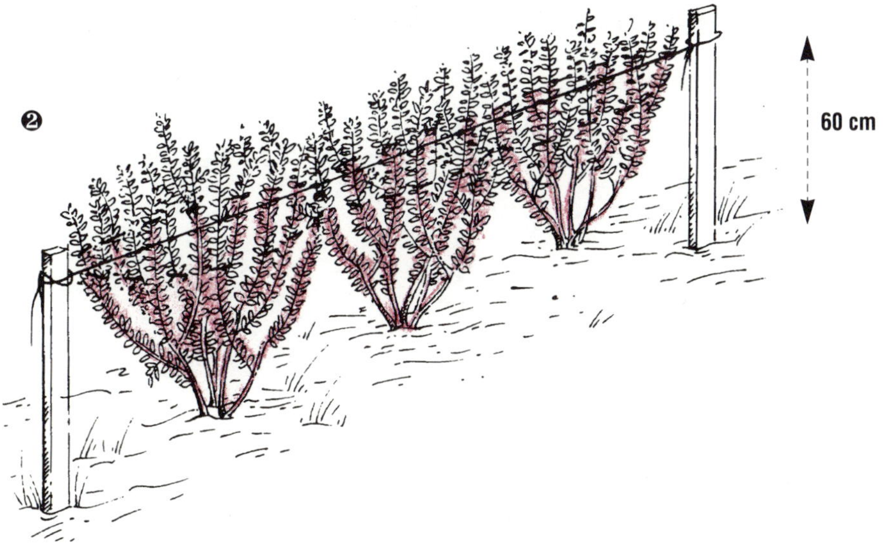


❷ De juin à juillet : le rabattage sévère après la plantation a permis la pousse de rameaux vigoureux et ramifiés. Taillez en hauteur à environ 60 cm du sol, et en épaisseur, pour permettre une densification de la végétation à la base de la haie avant l'hiver.

❸

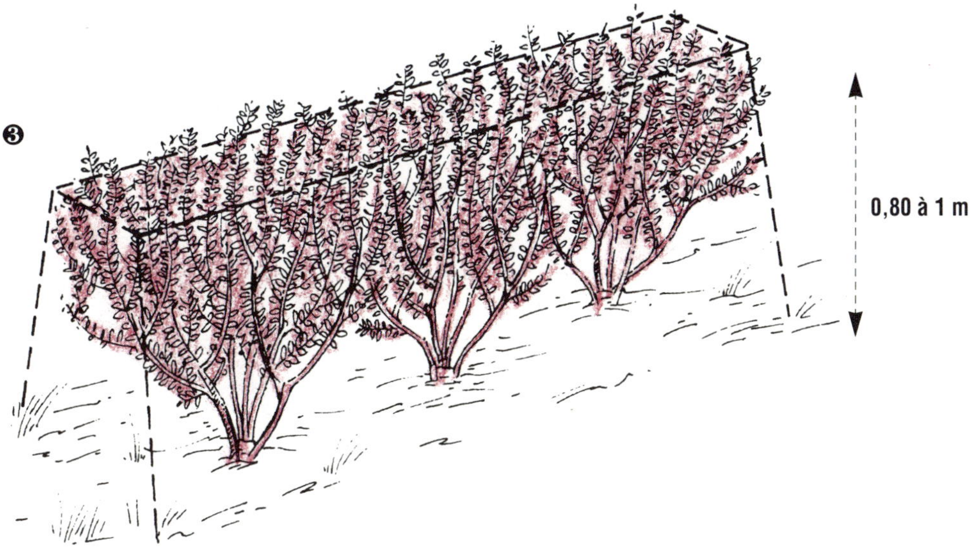


## *2e année*

❸ En mars : la végétation de la haie s'épaissit, limitez en hauteur à environ 0,80 à 1 m du sol et taillez en épaisseur, plus large en bas qu'en haut.

En été : renouvelez l'opération de l'année précédente et montez et élargissez votre haie en allongeant la taille progressivement jusqu'à la hauteur désirée.

## LA FORMATION DES ARBUSTES SUR TIGE

### *1re année*

❶ Après la plantation d'un jeune plant, taillez à 2 ou 3 yeux les rameaux latéraux. Ne taillez pas le prolongement afin de permettre son allongement par le bourgeon terminal.

❷ Pendant l'été, des pousses latérales se développent le long du jeune tronc. Ces tire-sève permettent son grossissement. Pincez-les à 10 cm environ pour limiter leur développement.

❶

❷

❸

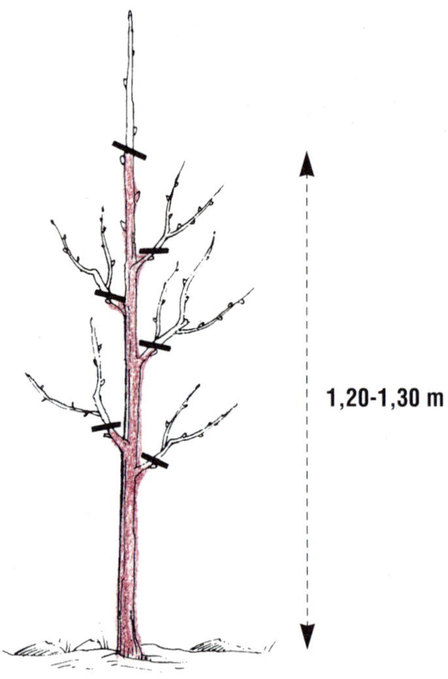


### *2e année*

❸ Si le tronc est trop faible et n'atteint pas 1,20 m à 1,30 m, renouvelez l'opération de l'année précédente pour le renforcer, sinon commencez la formation de la ramure en taillant le prolongement sur 3 yeux à la hauteur voulue. Taillez également les pousses latérales sur le tronc à un œil.

❹ En cours de végétation, 3 pousses se développent en tête. Pincez les tire-sève à 10 cm.

❹

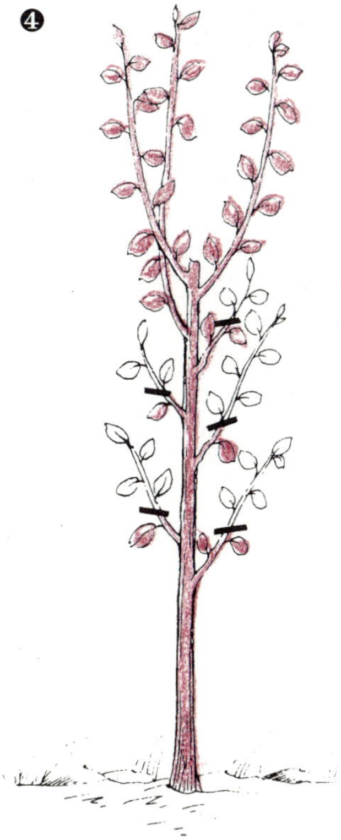


❺

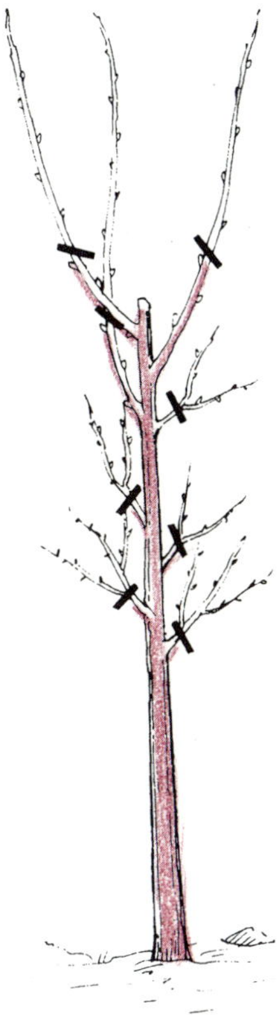

❻

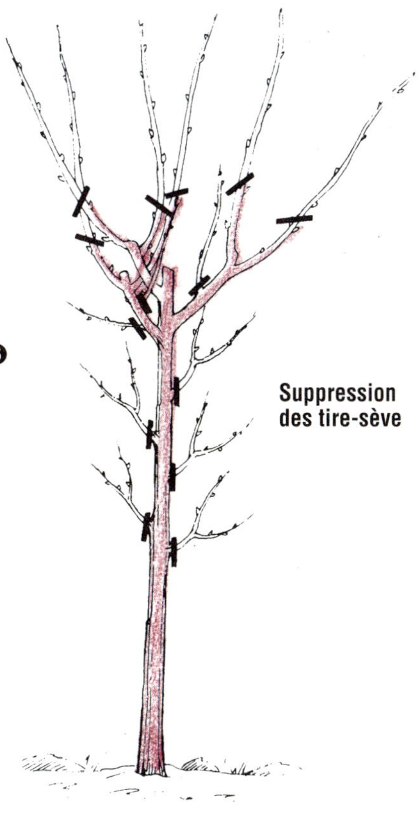


***3e année***

❺ Taillez les branches charpentières obtenues à 2 ou 3 yeux et les tire-sève à un œil.

En cours de végétation, pincez les tire-sève à 10 cm.

***4e année***

❻ Taillez chaque charpentière à 2 yeux pour rediviser la ramure et supprimez les rameaux latéraux sur le tronc.

***Années suivantes***

La formation de la ramure est achevée. Appliquez la taille d'entretien.

## LA FORMATION DES ARBUSTES PALISSÉS

Certaines espèces peuvent être palissées en espalier pour cacher un mur disgracieux. Cette plantation nécessite l'installation d'une armature composée de fils de fer tendus ou d'un treillage.

❶

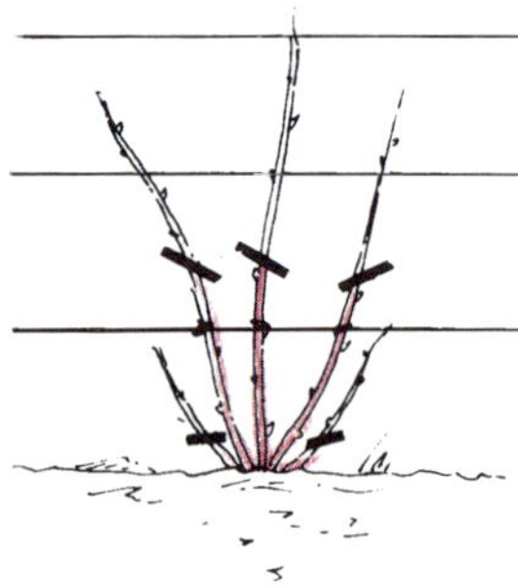

❷

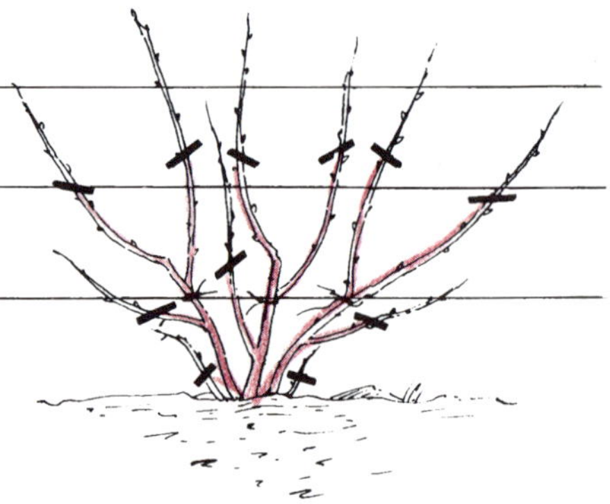

***1re année***

❶ Après la plantation, choisissez les branches les plus vigoureuses et taillez-les de moitié environ. Palissez-les en éventail sur l'armature.

En cours de végétation : palissez les pousses issues des branches conservées en formant toujours un éventail.

***2e année***

❷ En mars : taillez à nouveau les branches de moitié environ pour provoquer des ramifications.

❸

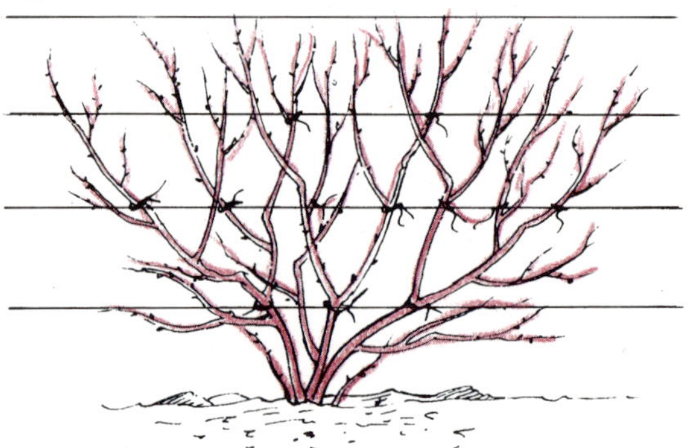

❸ En cours de végétation : palissez les branches de façon à couvrir un maximum de surface.

***Années suivantes***

La taille d'entretien peut commencer en respectant les dates de floraison des arbustes.

# LA TAILLE D'ENTRETIEN

## LES ARBRES

Les arbres doivent être l'objet de soins constants. Ces soins leur permettent de « se bien porter » et de conserver une silhouette esthétique.

### L'ÉLAGAGE

L'élagage est une opération de chirurgie pour les arbres. Il consiste à effectuer des coupes importantes sur du bois vivant de branches maîtresses ou secondaires, afin de diminuer le volume de la ramure et de ramener l'arbre à des proportions raisonnables.

#### *Le but*

Au fur et à mesure qu'ils avancent en âge, les arbres prennent une grande ampleur. Les branches maîtresses devenues trop longues peuvent se casser brusquement, sans cause apparente, un jour de grand vent, de givre en hiver, ou de grande chaleur en été. Plus la ramure d'un arbre prend du volume, plus la sève tend à délaisser les branches basses au profit des jeunes pousses lointaines. Moins alimentées, ces branches deviennent du bois mort, lequel tombe, dégarnissant la frondaison. En procédant à une taille sévère, un rapprochement, on limite le nombre de pousses à nourrir tout en conservant le même système radiculaire. Cette opération a pour effet de donner une nouvelle jeunesse à un vieil arbre, ses jeunes pousses deviennent plus vigoureuses, ses feuilles plus grandes et parfois plus saines.

#### *Quelle périodicité*

Tous les arbres ne supportent pas l'élagage. Certains s'en remettent même très mal. Il est donc préférable d'effectuer une telle intervention fréquemment sur du bois de faible grosseur, plutôt que de devoir rabattre des branches de gros diamètre. Agissez après la chute des feuilles, soit de fin novembre à mars.

### *Comment opérer*

L'élagage est un travail délicat, à pratiquer à 2 au moins. Un élagueur se charge d'effectuer les coupes aux endroits que lui indiquera une personne restée au sol. Il faut en effet donner une forme agréable à la ramure en fonction du port naturel de l'essence. Or ce n'est qu'à une certaine distance de l'arbre que l'on se rend compte de cette forme idéale. Ne pratiquez jamais de coupe horizontale, cela aurait pour effet de faciliter les infiltrations des eaux de pluie dans le corps de l'arbre et de provoquer, à plus ou moins longue échéance, son pourrissement. Les coupes seront effectuées en biseau. Par ailleurs, on recommande de terminer les plaies occasionnées par l'opération d'élagage à la serpe. Employez du mastic à greffer ou du goudron de Norvège qui faciliteront la cicatrisation et élimineront la possibilité d'un développement cryptogamique. Il existe également du mastic qui facilite le développement du bourrelet de cicatrisation.

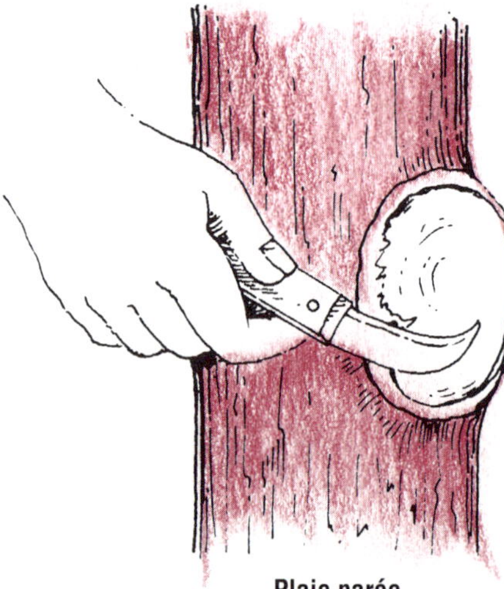

**Plaie parée à la serpette**

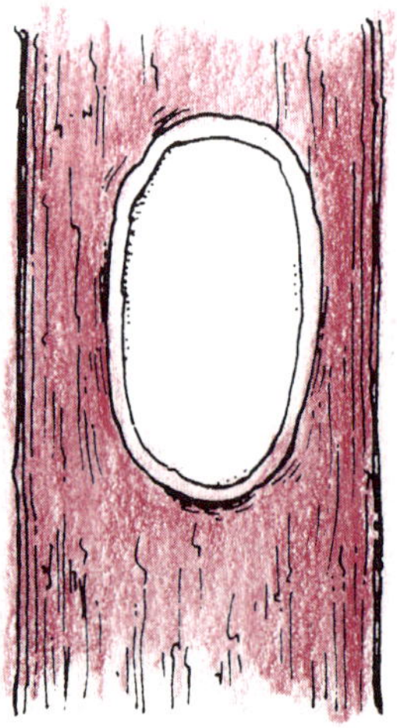

**Bon profilage**

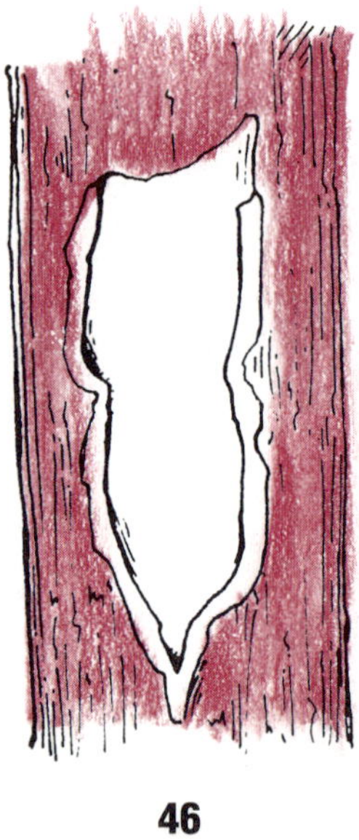

**Mauvais profilage : évitez les festons et les plaies trop effilées**

### *Et les conifères ?*

Les conifères, cèdres, sapins et autres pins, ne s'élaguent pas. Pour eux, il faut de l'espace et de la lumière. Ces arbres doivent pousser librement. Tout au plus, peut-on les remonter quelque peu en coupant, toujours en hiver et au ras du tronc, des branches basses traînant sur le sol et pouvant étouffer une végétation secondaire prévue sous leur ramure.

## ■ *LES OPÉRATIONS D'ÉLAGAGE*

Voici les différentes interventions pouvant être nécessaires.

■ ***Le démontage :*** cette opération consiste à tronçonner les branches d'un arbre de telle sorte qu'il ne reste plus que le tronc. Elle n'est guère effectuée qu'en vue de l'abattage lorsque l'arbre n'a pas pu être abattu d'une pièce. On se sert souvent du tronc comme d'un bras de levier pour faciliter le dessouchage.

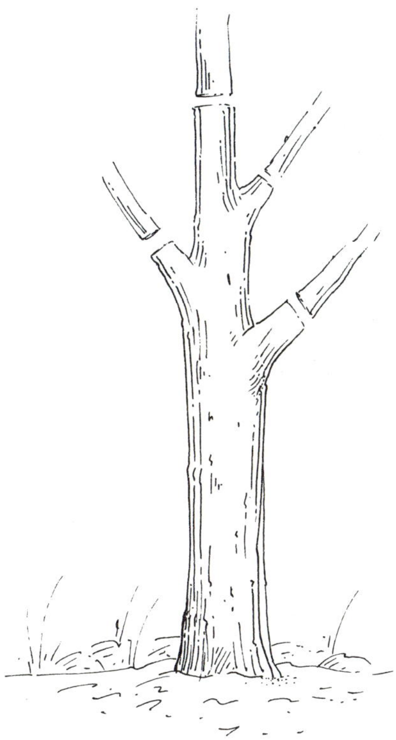

■ ***L'étêtage, rabattage, écimage :*** cette opération consiste à enlever une partie de la tête de l'arbre. Elle n'est utile que lorsque l'arbre a eu sa flèche brisée. Cette intervention est très dangereuse pour l'arbre, provoquant fréquemment des dépérissements et toujours des plaies creuses et des pourritures. La coupe doit absolument être effectuée juste au-dessus d'une grosse branche et l'arbre rééquilibré par rapprochement.

■ ***Le rapprochement :*** il consiste à raccourcir toutes les branches principales de l'arbre, y compris la tête, afin de limiter son développement. C'est le type d'élagage sévère pratiqué systématiquement dans la plupart des alignements urbains. Il n'est en général justifié que par sa facilité et son coût modeste. Il doit être réservé aux espèces reperçant bien sur le vieux bois, mais il provoque toujours des plaies creuses et des pourritures.

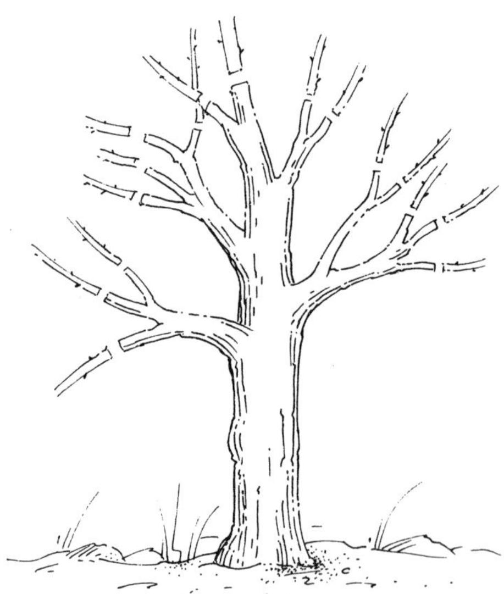

■ ***Le ravalement :*** c'est une façon d'élaguer intermédiaire entre l'écimage et le rapprochement.

■ ***L'émondage :*** il consiste à enlever les pousses qui se développent sur le tronc des arbres ou autour des coupes importantes, après un rapprochement par exemple. Si l'émondage est pratiqué régulièrement, il se forme des « têtes de saule » dues au développement des bourrelets cicatriciels après chaque émondage. L'émondage est donc en fait un élagage d'entretien, d'autant plus doux qu'il est fréquent.

■ ***L'éclaircissage ou allégement :*** certaines espèces (comme les tilleuls par exemple) ont tendance à émettre de nombreux rameaux qui se gênent, se concurrencent et empêchent une bonne aération et un ensoleillement suffisant du cœur de l'arbre. Il s'agit de supprimer à leur base une partie de ces rameaux et éventuellement de raccourcir les rameaux restants. C'est un mode d'élagage doux qui permet aussi de rétablir l'équilibre ramure-racines dans les alignements urbains.

**Avant**

**Après**

■ ***Le curetage :*** il s'agit de retirer toutes les parties pourries, et cela très largement, jusqu'au bois sain. On est parfois surpris de l'ampleur de la cavité qui en résulte, mais il faut garder à l'esprit que tout foyer de pourriture conservé pourrait être le germe du développement futur de la maladie. Dès lors que l'on creuse dans le bois, la dimension du trou n'a aucune incidence sur la vie propre de l'arbre, seule sa résistance mécanique est diminuée. L'opération est effectuée avec une tronçonneuse, une fraise ou une curette selon le cas. Les parois de la cavité doivent être travaillées très proprement, si possible à la gouge ou au couteau, et même à la meule ou à la ponceuse, pour les obtenir le plus lisses possible. Les rainures, trous et aspérités sont en effet propices à la rétention d'humidité, source principale de pourriture.

## LA CHIRURGIE ARBORICOLE

Si la taille d'élagage se limite à l'ablation des branches, la chirurgie arboricole est une opération plus profonde, nécessaire dans les cas où apparaît un foyer de pourriture, dans une ancienne plaie de taille mal cicatrisée par exemple. Certains symptômes peu apparents peuvent parfois entraîner une intervention de ce type : champignons sur le tronc ou les branches, décollement de l'écorce, etc.

Il s'agit souvent d'opérations assez importantes nécessaires à la sauvegarde de beaux sujets isolés. De ce fait, c'est le problème de l'arbre dans son ensemble qui doit être examiné et pas seulement le traitement local de la plaie. La chirurgie arboricole ne relève pas d'une technique, propre à telle ou telle école, appliquée systématiquement. Chaque arbre est un cas particulier et les pratiques doivent traduire la réflexion préalable qu'il inspire. Ces travaux ne relèvent donc pas de la simple compétence d'un bûcheron élagueur, mais bien d'un spécialiste.

Les interventions ont un coût extrêmement élevé et doivent être opérées à bon escient pour des sujets remarquables, grands arbres isolés dans les parcs, essences rares, très vieux arbres. Le traitement d'un arbre nécessite couramment de 50 à 100 heures de travail et parfois plus !

## PRÉSENCE ET CHOIX D'UN TIRE-SÈVE

La cicatrisation de la plaie de coupe ne pourra se faire correctement que si la sève élaborée, porteuse de substances nécessaires, peut parvenir jusqu'à la plaie. Le déplacement de cette sève cicatrisante s'effectue dans le sens feuilles-racines (sève descendante), la sève élaborée descendant d'une branche ou d'un tronc ne « remontera » jamais le long des branches latérales. En cas de blessure sur une branche, la seule chance de cicatrisation d'une plaie réside donc dans la présence d'un fournisseur de sève élaborée situé immédiatement sous la blessure. Celui-ci pourra d'autant mieux jouer son rôle qu'il est vigoureux. On admet que ce tire-sève idéal, en général une branche ou un rameau, mais parfois un simple bourgeon, doit avoir un diamètre au moins égal à la moitié de l'organe sectionné.

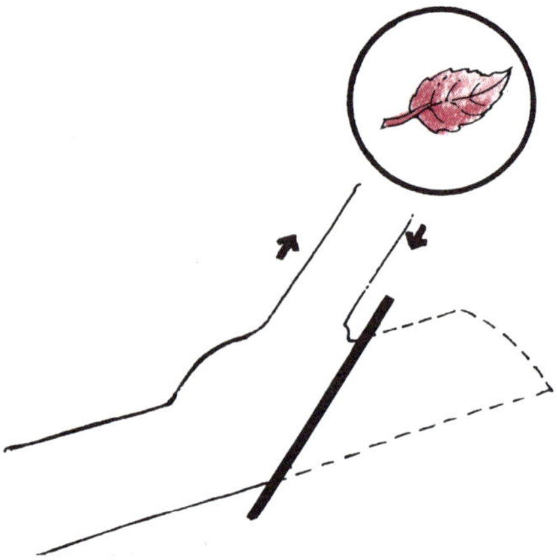

**Le tire-sève doit être situé à l'extrémité afin qu'aucune zone ne se situe en dehors du flux de sève cicatrisant**

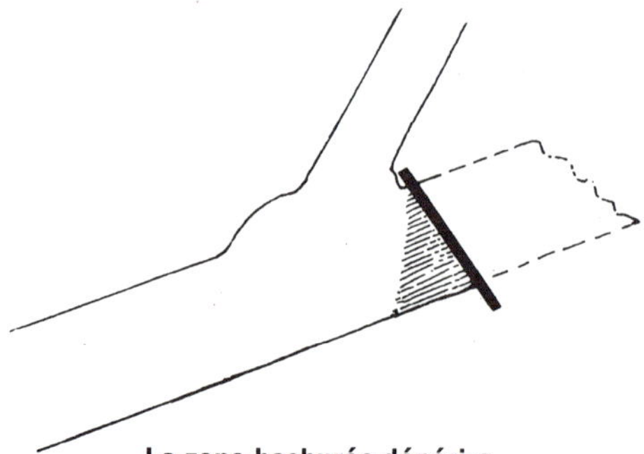

**La zone hachurée dépérira et formera un moignon**

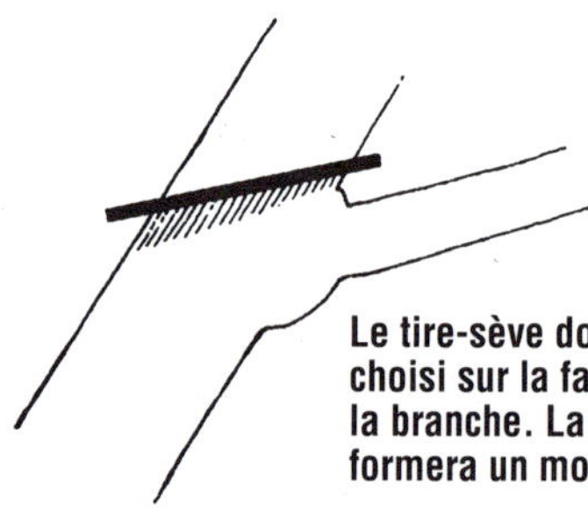

**Le tire-sève doit si possible être choisi sur la face supérieure de la branche. La partie hachurée formera un moignon**

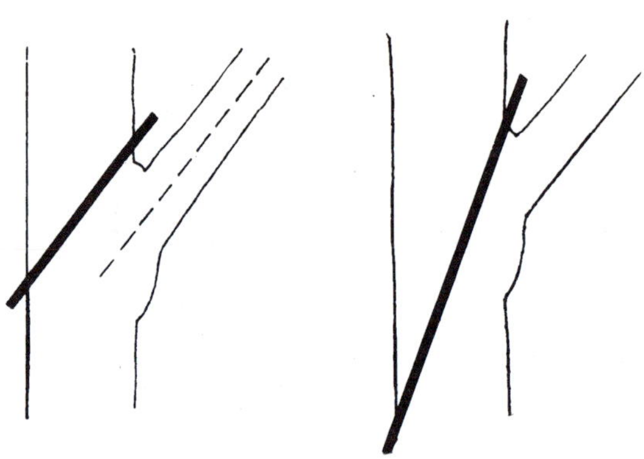

**Pour les branches verticales, la coupe doit être inclinée, mais sans risquer de diminuer trop la résistance mécanique du rétrécissement**

## UN LIEU DE COUPE PRÉCIS ET RAISONNÉ

A l'insertion d'une branche sur l'organe porteur, on peut observer, de façon plus ou moins marquée selon les végétaux, des rides et des craquelures à la partie supérieure et un renflement à la partie inférieure. Il faut considérer que ces 2 zones appartiennent à l'organe porteur et non à la branche. Lors de la coupe d'une branche, l'élagueur devra respecter absolument cette zone d'insertion, à la fois parce qu'elle appartient à l'organe conservé et parce que c'est elle qui va être à l'origine de la formation du bourrelet cicatriciel.

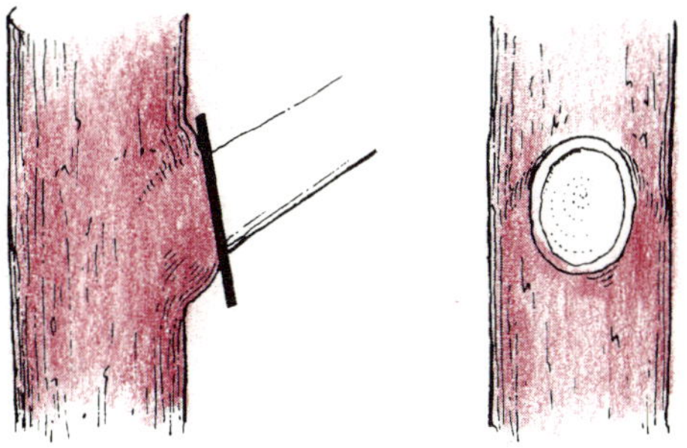

**Bonne coupe :**
**bourrelet de cicatrisation régulier**

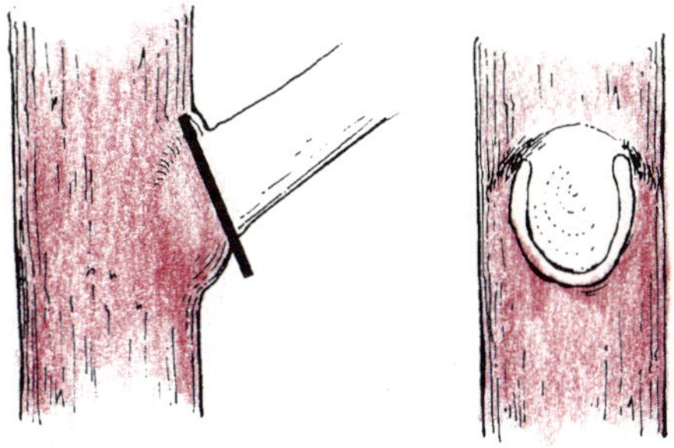

**Mauvaise coupe :**
**le bourrelet cicatriciel ne se forme pas dans la partie supérieure**

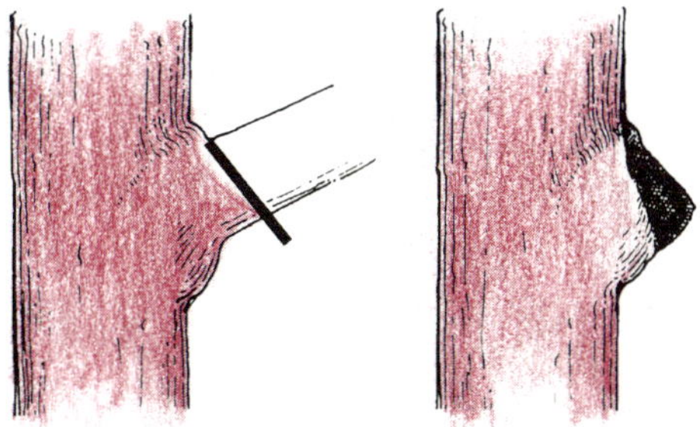

**Mauvaise coupe :**
**formation d'un demi-chicot dans la partie inférieure**

**Mauvaise coupe :**
**le bourrelet cicatriciel ne se forme pas dans la partie inférieure**

## ■ COMMENT ABATTRE UN ARBRE ?

Sécurité avant tout ! L'abattage des arbres exige du matériel adéquat et le respect des règles de sécurité.

– Vérifiez l'inclinaison de l'arbre et si possible le poids des branches latérales.
– Assurez-vous que rien ne se trouve sur la trajectoire de chute.
– Coupez toutes les branches basses.
– N'abattez pas l'arbre par grand vent. Sa chute risque d'être contrariée.
– Dégagez vos zones de recul.
– Respectez la règle des 3 coupes :

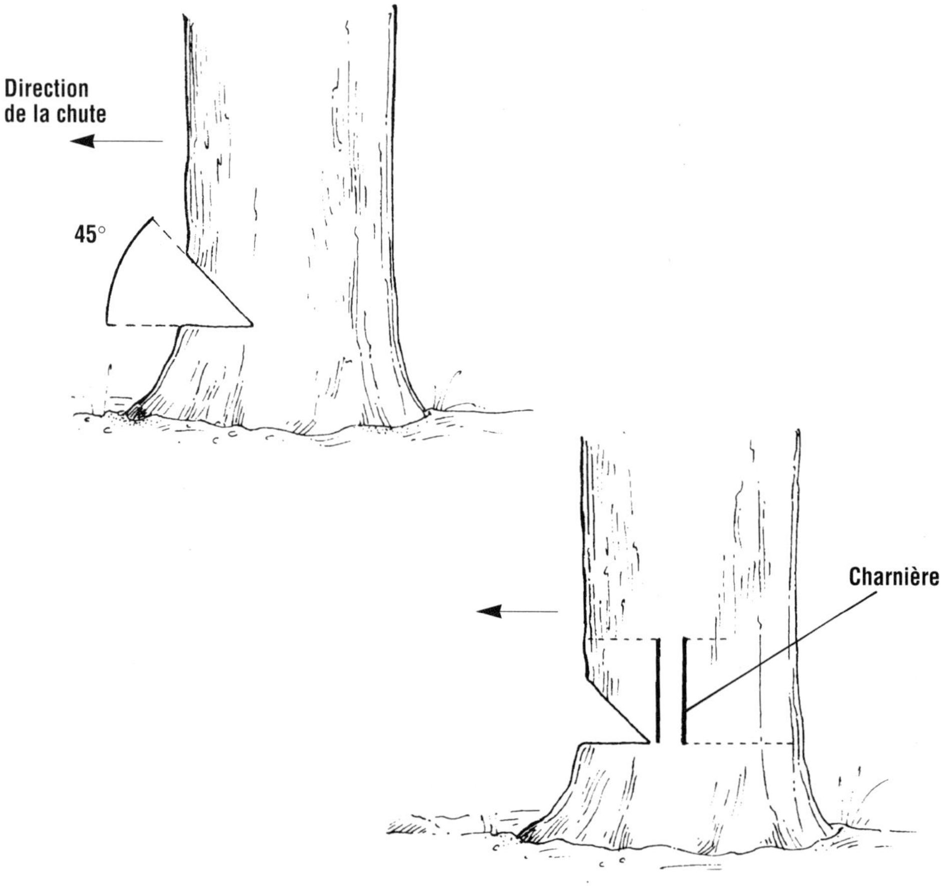


1re coupe : coupez à 45° jusqu'à 1/4 du diamètre de l'arbre.
2e coupe : coupez horizontalement pour rejoindre la 1re coupe. Enlevez le coin ainsi formé.
3e coupe : coupez horizontalement au-dessus de la précédente coupe.
– Reculez de 5 pas quand l'arbre tombe pour éviter son éventuel recul.

## L'ÉLAGAGE DES RACINES

L'élagage des racines est une opération rarement pratiquée, elle est pourtant très importante si vous avez un jardin potager, une pelouse, un massif d'arbustes situés au voisinage immédiat d'un arbre important. Les racines des arbres étendent leur chevelu jusqu'à une vingtaine de mètres au moins dans vos cultures. Quand l'été arrive, l'eau appelée par les feuilles est pompée par les racines avec une telle avidité que l'on ne comprend rien au dessèchement subit des légumes. Arrosages et fumures disparaissent dans le sol comme en un gouffre insondable.

Creusez à la limite de la culture une tranchée profonde afin de sectionner toutes les racines. Il est recommandé de prendre la même précaution à proximité d'une haie. Soignez les plaies ainsi provoquées comme pour les branches. Rebouchez ensuite la tranchée, et les cultures retrouveront ainsi leur fécondité au moins pour un certain nombre d'années.

# LES ARBUSTES

Cette taille diffère selon les espèces d'arbustes. Pour certains elle est même pratiquement inexistante et consiste seulement en un nettoyage de bois mort. Pour la majorité, cependant, une taille appropriée et effectuée au bon moment permet une végétation plus rigoureuse et une floraison plus abondante.

Il faut tailler vos arbustes en fonction :
– de leurs intérêts décoratifs (feuillage, floraison, fructification, couleur du bois) ;
– de leur situation, en les limitant dans la surface et le volume qui leur sont attribués ;
– de leur mode de floraison : s'ils fleurissent sur le bois de l'année ou sur celui de l'année précédente ;
– de leur époque de floraison (au printemps, en été ou en hiver) ;
– de leur utilisation (buissons sur tige, en haie libre ou haie taillée, palissés en espalier, art topiaire).

## ■ LES ARBUSTES A FEUILLAGE DÉCORATIF

**Avant** **Après**

Sur ces espèces (aucuba, laurier-sauce, laurier-cerise...), effectuez une taille légère en mars ayant pour but de régulariser la forme, de l'éclaircir et d'éliminer le bois mort ou les branches trop dégarnies.

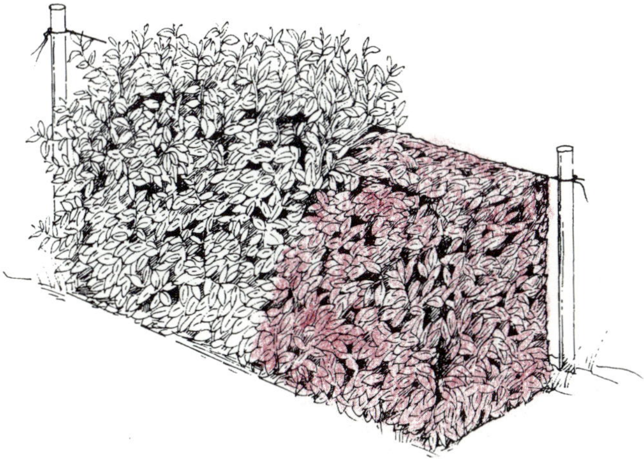

Pour les haies *(Lonicera nitida,* troènes, *Elæagnus...),* taillez après la pousse de printemps du début mai à mi-juin et une seconde fois fin août-début septembre.
Ne taillez pas les haies d'arbustes à feuillage large, tel le laurier-cerise, avec des cisailles électriques ou mécaniques, les feuilles seraient disgracieusement mutilées rendant votre haie peu esthétique. Préférez une taille au sécateur, travail certes plus long, mais de meilleure qualité.

## LES ARBUSTES A RAMEAUX DÉCORATIFS

Taillez sévèrement en mars pour obtenir des rameaux vigoureux d'une couleur encore plus éclatante *(Cornus alba).*

Pour les espèces à floraison printanière fleurissant sur le bois des années précédentes (forsythia, *Ribes,* weigélia, seringat, *Spiræa arguta...),* taillez dès la fin de la floraison.

**Arbuste à floraison printanière**

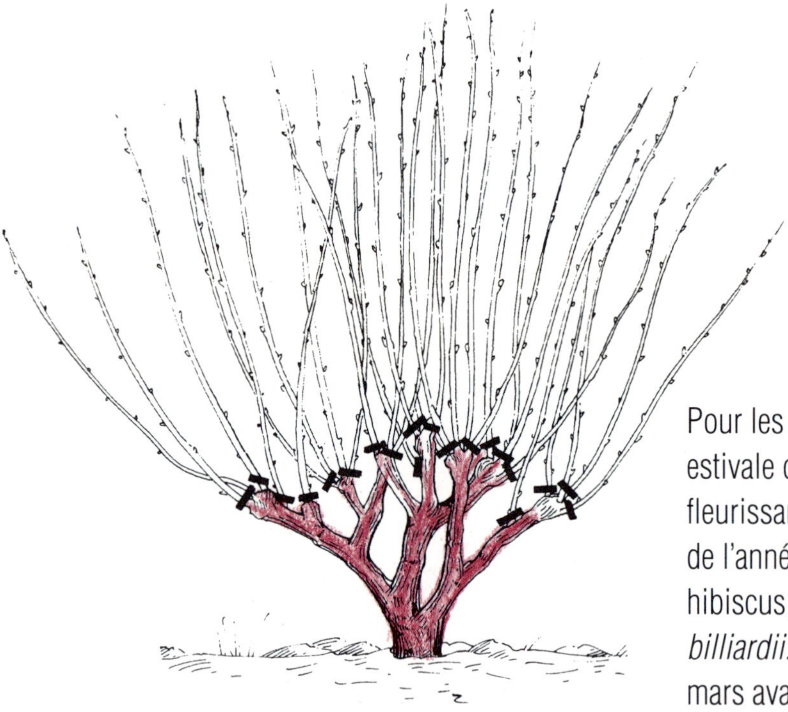

**Arbuste à floraison estivale ou automnale**

Pour les espèces à floraison estivale ou automnale fleurissant sur les pousses de l'année (buddléia, hibiscus, *Spiræa billiardii...),* taillez en février-mars avant le démarrage de la végétation.

## ■ LA TAILLE DE RESTAURATION DES ARBUSTES

Certains arbustes deviennent, faute de tailles ou de soins réguliers, trop volumineux, trop hauts, ils se dégarnissent de la base et fleurissent de moins en moins. Vous pouvez bien sûr décider de les arracher pour replanter des jeunes sujets, mais il est souvent possible d'effectuer une taille sévère de rajeunissement de la charpente.

### *La 1re année de la taille de restauration*

❶

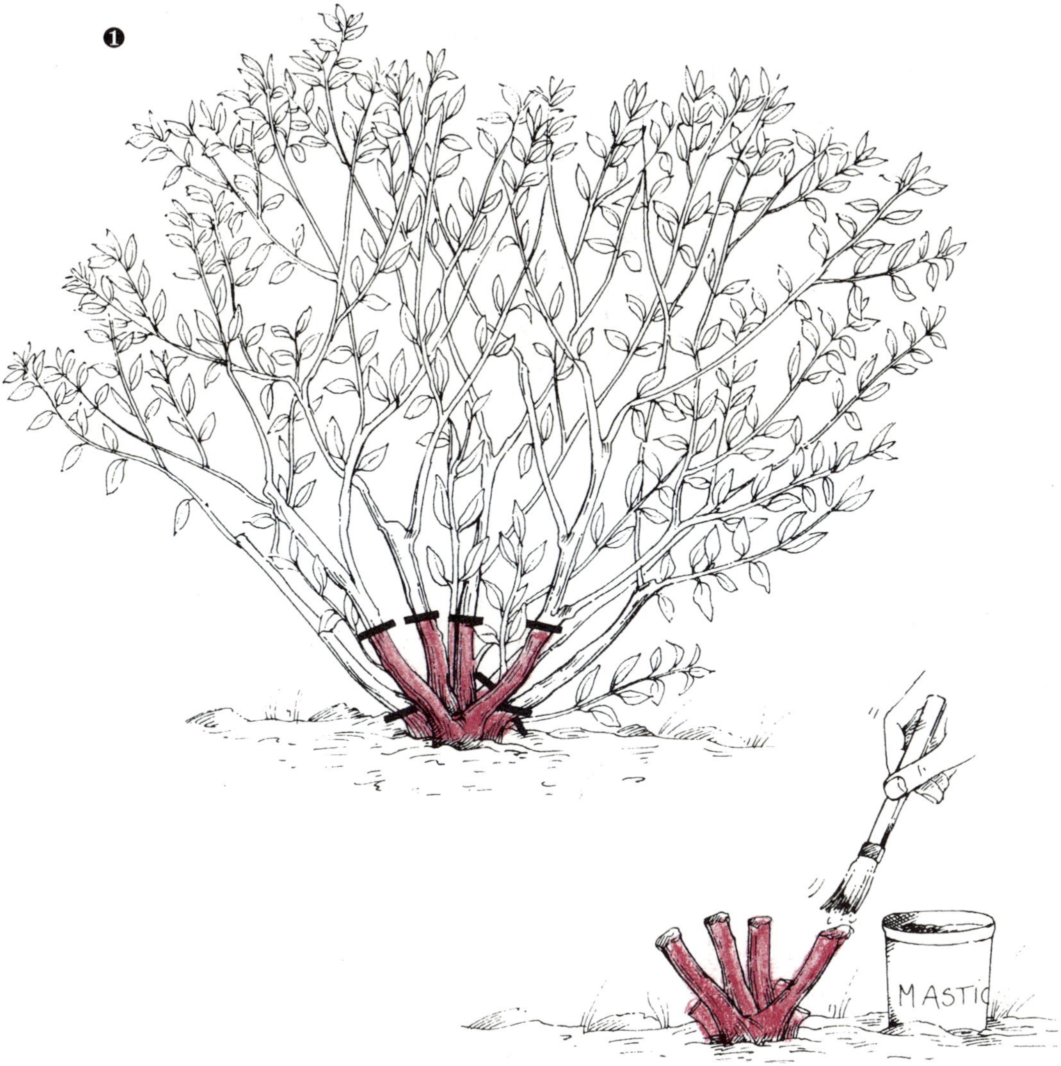


❶ De novembre à début mars : rabattez les grosses branches à 30 cm du sol et supprimez les rameaux grêles. Enduisez les plaies de taille avec un mastic cicatrisant ou de l'écorce artificielle.

## *L'année suivante*

❷

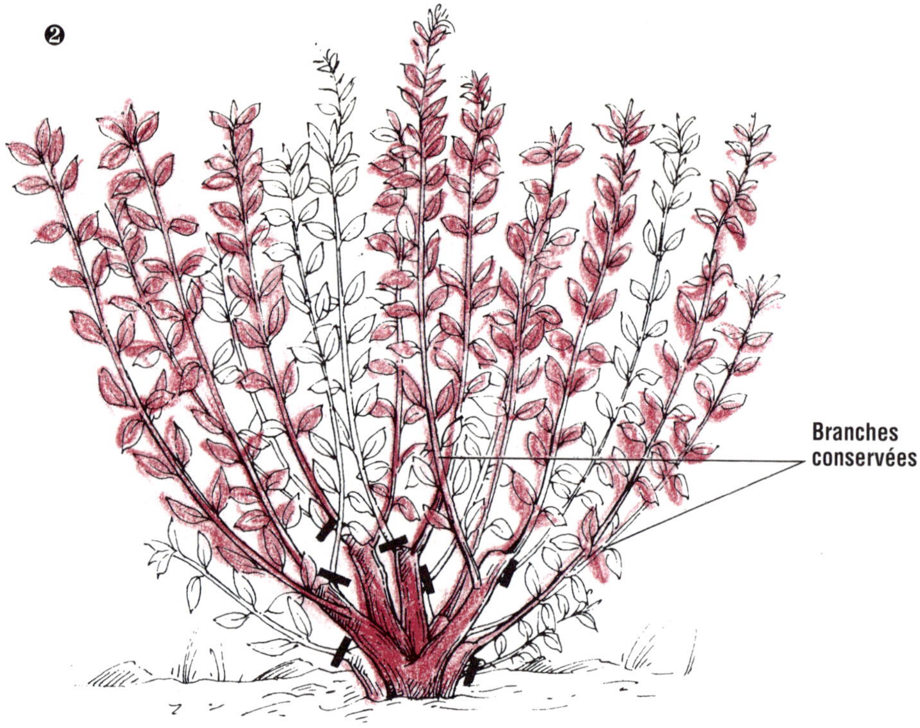


❷ De novembre à début mars : sélectionnez les rameaux vigoureux qui se sont développés durant la saison en conservant les mieux placés permettant de redonner une forme bien équilibrée à l'arbuste. Supprimez toutes les pousses grêles ou mal placées.

## *Les années suivantes*

Recommencez une taille de formation pour obtenir des ramifications.

# LES TAILLES SYMÉTRIQUES DITES A LA FRANÇAISE

Les principales formes adoptées par les amateurs sont celles en rideau, en marquise, simple ou double, en carré ou sphériques.

**Rideau** **Marquise double** **Marquise simple**

Pour assurer l'uniformité d'une plantation dans de telles formes, prenez des jeunes sujets présentant les mêmes caractères généraux et « bien nés », donc favorables à la formation en jeunes arbres-tiges.

Les distances de plantation à observer pour les arbres qui seront soumis aux formes symétriques doivent être déterminées en fonction de la hauteur qu'on voudra laisser prendre ou imposer à la charpente de ces arbres et en fonction de la vigueur de l'essence, de la nature et de l'étendue du sol.

Les arbres plantés trop rapprochés se maintiennent difficilement en bon état pendant longtemps : ou ils végètent, ou, s'ils sont vigoureux, les tailles sont trop importantes et provoquent un dépérissement. Les arbres plantés trop espacés garnissent incomplètement et pendant trop longtemps l'emplacement qui leur est donné. Au moment de la plantation, placez les jeunes arbres de manière à ce que leurs premières branches charpentières déjà développées soient bien dans la direction favorable pour l'établissement de la forme voulue.

## ■ ÉTABLISSEMENT ET ENTRETIEN

Pratiquez les premières opérations de taille assez tôt, alors que les arbres sont encore jeunes. Ces premières tailles ont pour but d'enlever les branches inutiles, mal placées, qui prennent une mauvaise direction, et de provoquer, de forcer, le développement des branches nécessaires, bien placées dans la direction voulue, et les ramifications utiles.
Pour établir les formes en rideau ou en marquise, les premières tailles se font assez près de la tige, à 15 ou 20 cm, en dedans et en dehors de la ligne de plantation, de manière à bien obtenir les premières ramifications nécessaires au bon établissement de la charpente des jeunes arbres.
Les arbres soumis aux formes à la française, pour être bien tenus lorsqu'ils sont assez vigoureux, doivent être taillés au minimum tous les 2 ans en mai-juin.

### *Les 4 premières années*

Procédez comme pour la formation des arbres sur tige.

### *A partir de la 4e ou 5e année*

❶

❶ De novembre à janvier : sélectionnez des charpentières, supprimez les branches basses pour former le tronc à la hauteur voulue (passage de voitures, piétons, etc.). Favorisez les ramifications à proximité du tronc. Dans la partie haute sélectionnez des charpentières assez longues.

## *A partir de la 5e ou 6e année*

❷ De novembre à janvier : continuez à favoriser le développement des charpentières et des ramifications proches du tronc. Laissez s'allonger les charpentières longues et favorisez leur ramification loin du tronc. Supprimez les prolongements.

## *A partir de la 6e ou 7e année et suivantes*

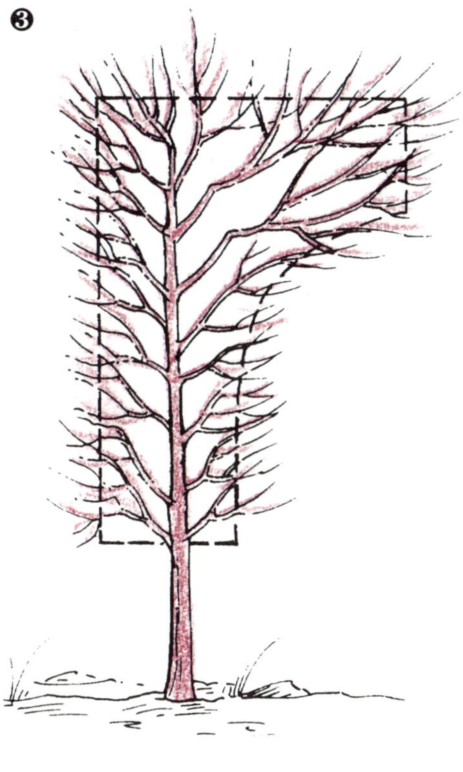

❸ En janvier : taillez définitivement l'arbre pour lui donner la forme de la marquise. Pratiquez une taille d'entretien régulière en février-mars tous les 2 ans pour ne couper que du bois jeune en respectant la forme au plus près.

## ■ LA TAILLE DE RAJEUNISSEMENT

Après une période plus ou moins longue qui peut varier de 10 à 20 ans de tailles sur un même point pour maintenir les dimensions voulues aux arbres, il se forme à l'extrémité des branches taillées des nodosités (« têtes de saule ») qui rendent ces arbres disgracieux, surtout pendant l'hiver alors que les feuilles ne les dissimulent plus. Rajeunissez alors ces sujets par le rapprochement des branches, c'est-à-dire l'enlèvement des extrémités sur une longueur qui peut varier de 15 à 25 cm selon le besoin. Ce rapprochement provoque le développement de nouveaux rameaux. Les tailles suivantes sont pratiquées de manière à laisser peu à peu reprendre à l'arbre ses dimensions premières.

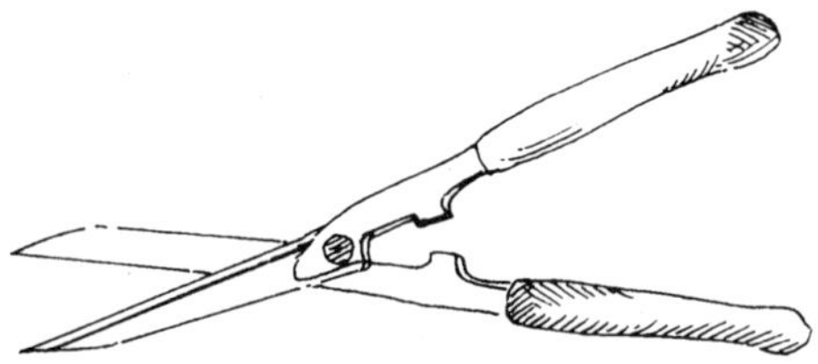

# L'ART TOPIAIRE

L'art topiaire est un art très ancien puisque Cicéron en parlait déjà. Il consiste à tailler des arbustes comme des sculptures. Les formes géométriques comme les cubes, les cônes, les pyramides, les boules peuvent avoir leur place dans nos jardins. Pour les formes compliquées, la taille ne suffit pas, il faut avoir recours à des carcasses de fil de fer sur lesquelles les rameaux sont palissés. Ainsi, au bout de 2 ou 3 ans, il ne reste plus qu'a égaliser pour obtenir la forme désirée.

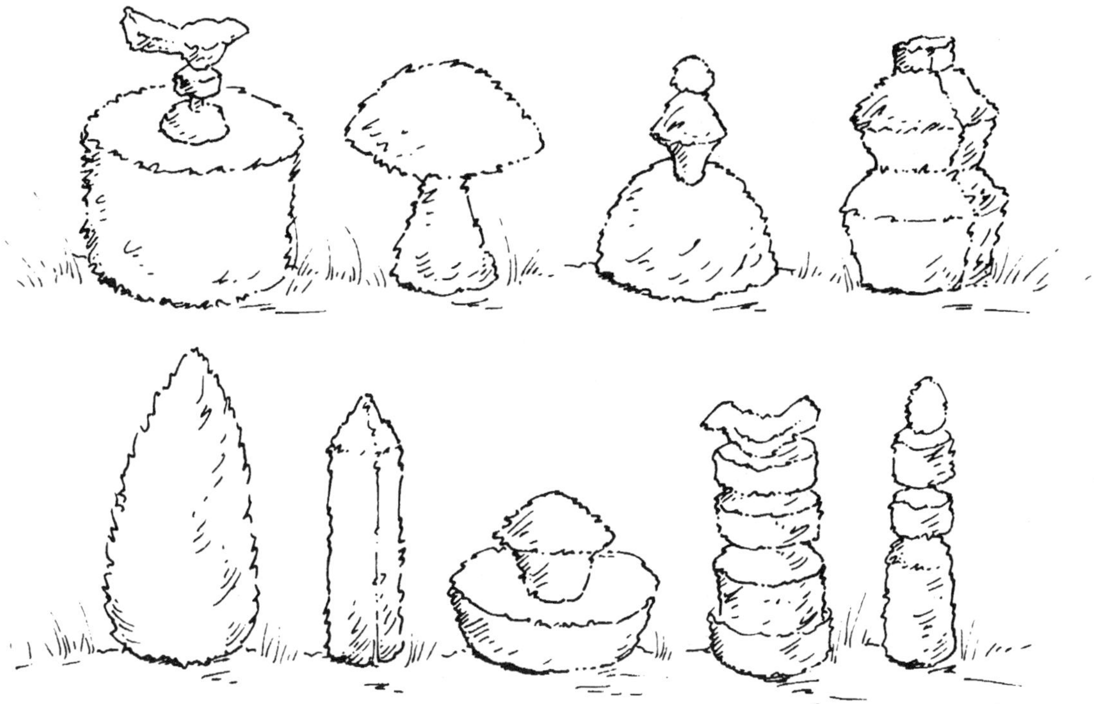

**Différentes formes utilisées en art topiaire**

## LA PRÉPARATION DE LA FORME

Partez d'un croquis pour établir une structure de base avec du gros fil de fer recuit n° 16. A l'aide d'une pince, modulez la forme selon l'ampleur souhaitée. Le volume sera donné par un cerclage de fil de même diamètre, l'ensemble étant attaché par du fil de fer plus fin n° 8. La structure doit pouvoir résister au vent et à la traction exercée par l'arbuste, au moins pendant les premières années.

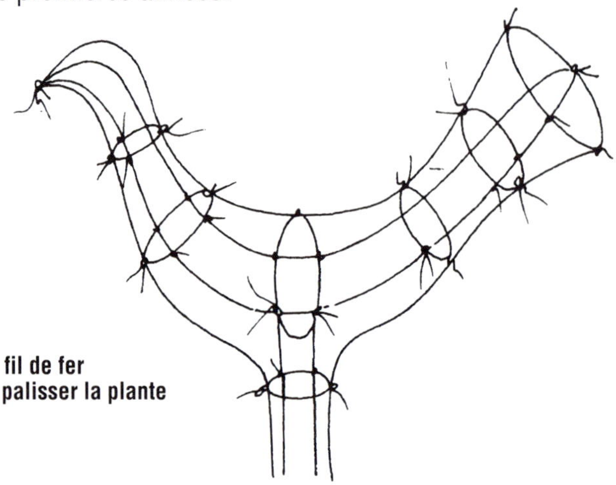

**Forme en fil de fer servant à palisser la plante**

## LA TAILLE DE FORMATION

Dès la plantation, veillez à obtenir de très nombreuses branches dirigées dans tous les sens à partir du pied. Ce résultat peut être facilité en procédant à une taille de renforcement. Les tailles légères successives vont faire se ramifier les arbustes en branches et l'on arrivera ainsi progressivement au volume désiré. Palissez dès le printemps et en cours de saison en suivant l'allongement des branches sur le moule métallique spécialement étudié.

**1re année de formation d'une topiaire en forme de mouton**

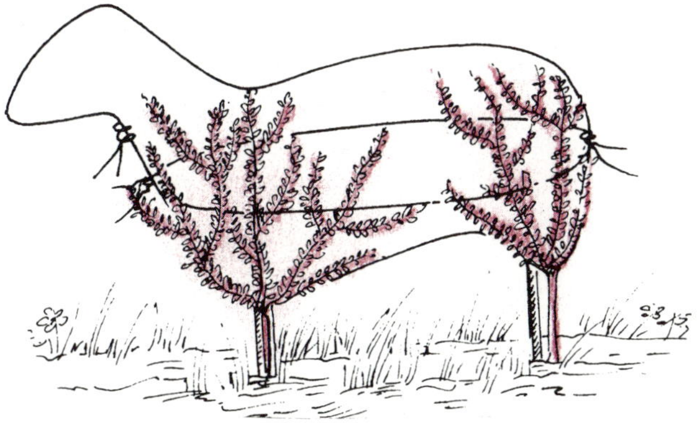

**Années suivantes**

**Forme achevée**

## ■ *LA TAILLE D'ENTRETIEN*

Une fois formée, entretenez la plante par des tailles régulières. Cet art demande plus de persévérance, de régularité et de sens artistique que de technicité. Ne vous laissez pas dépasser par la végétation, taillez chaque fois que les pousses atteignent 5 cm. N'hésitez pas à utiliser un gabarit en tôle ou en carton, ou encore un dendroscope, pour faciliter le travail.

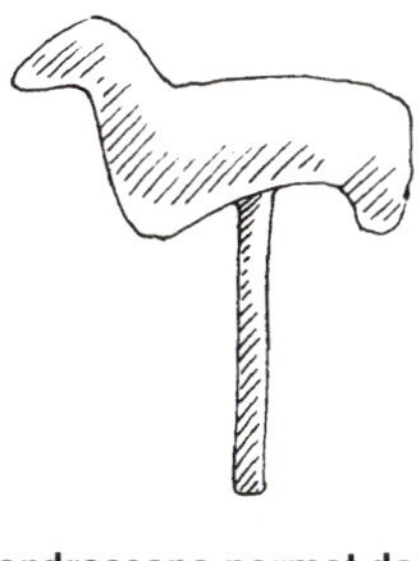

**Le dendroscope permet de vérifier la régularité de la forme**

# COMMENT LIRE LES FICHES

Nom latin

Nom français

Classement et famille botanique

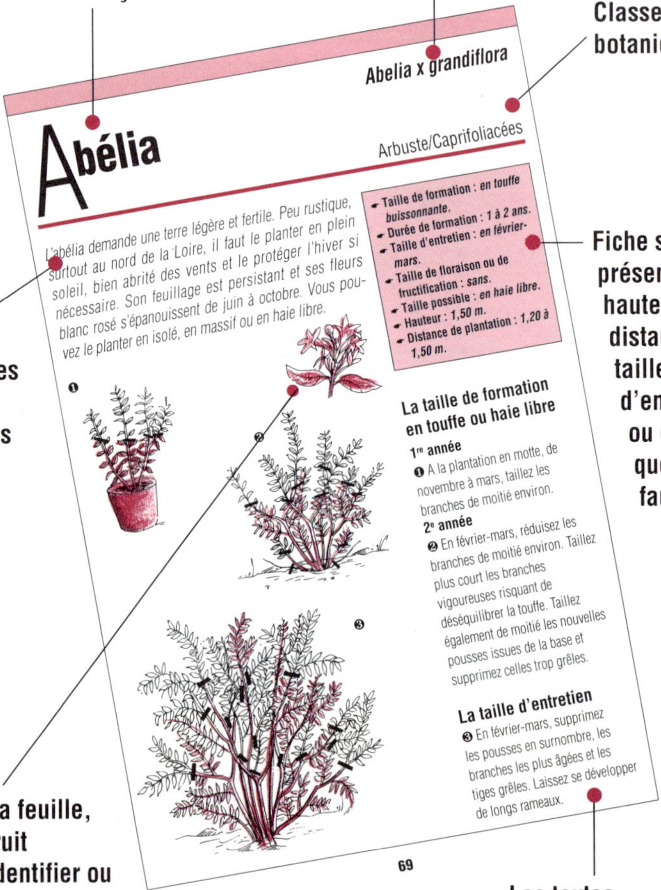

Abelia x grandiflora

# Abélia

Arbuste/Caprifoliacées

L'abélia demande une terre légère et fertile. Peu rustique, surtout au nord de la Loire, il faut le planter en plein soleil, bien abrité des vents et le protéger l'hiver si nécessaire. Son feuillage est persistant et ses fleurs blanc rosé s'épanouissent de juin à octobre. Vous pouvez le planter en isolé, en massif ou en haie libre.

- **Taille de formation :** ***en touffe buissonnante.***
- **Durée de formation :** ***1 à 2 ans.***
- **Taille d'entretien :** ***en février-mars.***
- **Taille de floraison ou de fructification :** ***sans.***
- **Taille possible :** ***en haie libre.***
- **Hauteur :** ***1,50 m.***
- **Distance de plantation :** ***1,20 à 1,50 m.***

**La taille de formation en touffe ou haie libre**

**1re année**

❶ A la plantation en motte, de novembre à mars, taillez les branches de moitié environ.

**2e année**

❷ En février-mars, réduisez les branches de moitié environ. Taillez plus court les branches vigoureuses risquant de déséquilibrer la touffe. Taillez également de moitié les nouvelles pousses issues de la base et supprimez celles trop grêles.

**La taille d'entretien**

❸ En février-mars, supprimez les pousses en surnombre, les branches les plus âgées et les tiges grêles. Laissez se développer de longs rameaux.

69

Fiche synoptique de présentation de la plante : hauteur à l'âge adulte, distance de plantation, tailles de formation, d'entretien, de floraison ou de fructification, ainsi que les périodes où il faut intervenir

Présentation des principales caractéristiques de la plante et conditions de culture

Gros plan sur la feuille, la fleur ou le fruit permettant d'identifier ou de reconnaître la plante

Les textes détaillent chacune des étapes de la taille et renvoient à un dessin explicatif

# Abélia

***Abelia x grandiflora***

Arbuste/Caprifoliacées

*L'abélia demande une terre légère et fertile. Peu rustique, surtout au nord de la Loire, il faut le planter en plein soleil, bien abrité des vents et le protéger l'hiver si nécessaire. Son feuillage est persistant et ses fleurs blanc rosé s'épanouissent de juin à octobre. Vous pouvez le planter en isolé, en massif ou en haie libre.*

- **Taille de formation :** ***en touffe buissonnante.***
- **Durée de formation :** ***1 à 2 ans.***
- **Taille d'entretien :** ***en février-mars.***
- **Taille de floraison ou de fructification :** ***sans.***
- **Taille possible :** ***en haie libre.***
- **Hauteur :** ***1,50 m.***
- **Distance de plantation :** ***1,20 à 1,50 m.***

❶

❷

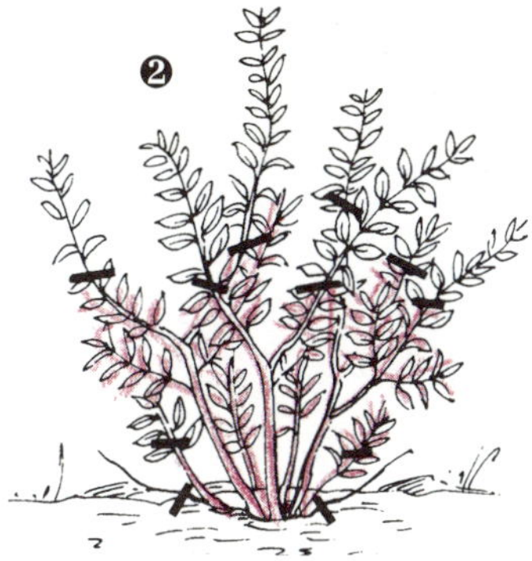

❸

## La taille de formation en touffe ou haie libre

### 1re année

❶ A la plantation en motte, de novembre à mars, taillez les branches de moitié environ.

### 2e année

❷ En février-mars, réduisez les branches de moitié environ. Taillez plus court les branches vigoureuses risquant de déséquilibrer la touffe. Taillez également de moitié les nouvelles pousses issues de la base et supprimez celles trop grêles.

## La taille d'entretien

❸ En février-mars, supprimez les pousses en surnombre, les branches les plus âgées et les tiges grêles. Laissez se développer de longs rameaux.

# Acacia rose de Constantinople

*Albizzia julibrissin*

Arbre/Légumineuses

*L'acacia rose de Constantinople est aussi appelé arbre de soie à cause de ses étranges fleurs roses, groupées en amas lumineux et soyeux. Son feuillage est caduc. Vous pouvez le planter en Ile-de-France, et même plus au nord, en situation ensoleillée. La taille d'entretien est réduite, sauf pour respecter son port en « parasol oriental ».*

- **Taille de formation :** ***en parasol.***
- **Durée de formation :** ***8 à 10 ans.***
- **Taille d'entretien :** ***élagage de décembre à février.***
- **Taille de floraison ou de fructification :** ***sans.***
- **Taille possible :** ***en cépée.***
- **Hauteur :** ***10 m maximum.***
- **Distance de plantation :** ***10 m.***

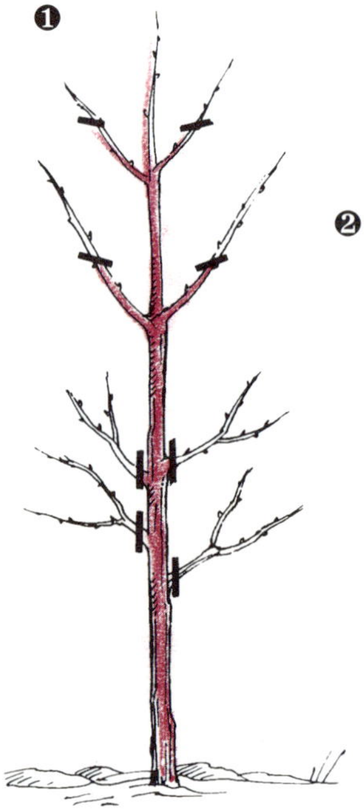

❶

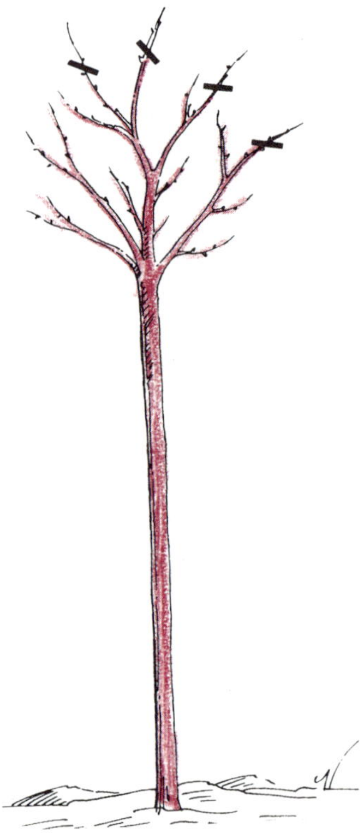

❷

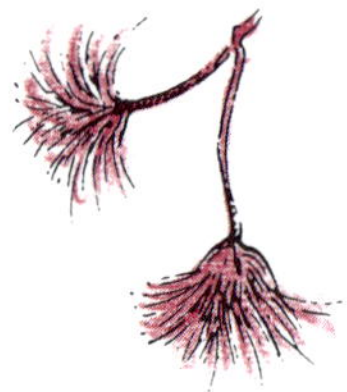

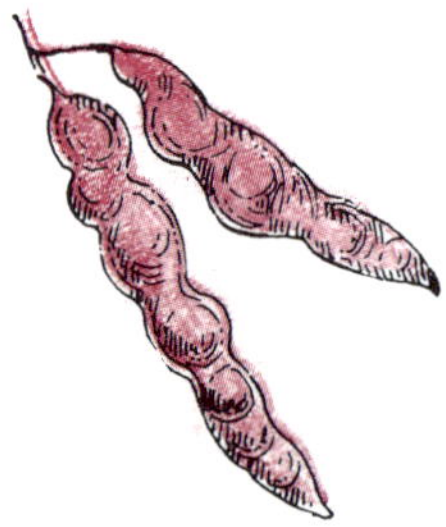

## La taille de formation en parasol

❶ Les premières années, taillez les pousses faibles de la base au ras du tronc en septembre pour monter celui-ci progressivement. Supprimez en décembre le bois mort ou malade. Rabattez en février les premières branches hautes pour établir la charpente.

❷ Par la suite, affaiblissez le prolongement de la tige et des rameaux du centre pour favoriser le développement des branches latérales inférieures.

❸

## La taille d'entretien

❸ Coupez en décembre les départs trop vigoureux au ras des branches maîtresses. En février, taillez les « mèches folles » pour respecter la forme.

❶

❷

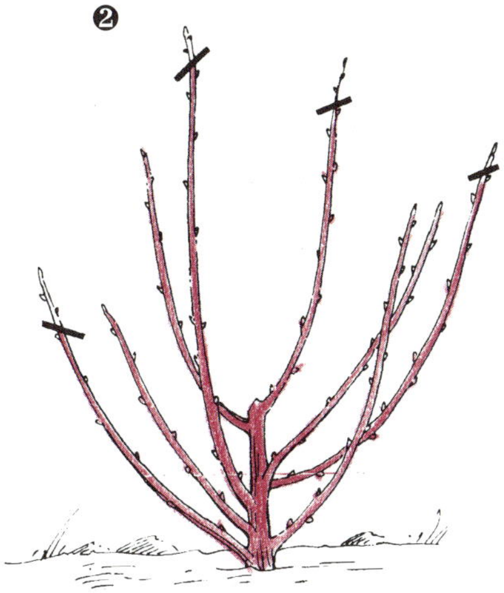

## La taille de formation en cépée

❶ L'année suivant sa plantation, rabattez l'arbre en supprimant très court le tronc en février.

❷ En mars, épointez légèrement les plus grands départs pour favoriser l'apparition des ramifications.

Les années suivantes, taillez la végétation trop fougueuse pouvant déséquilibrer la forme.

# Ajonc commun

*Ulex europæus*

Arbrisseau/Légumineuses

*L'ajonc doit être planté en terrain sableux, acide et en plein soleil. Les feuilles, persistantes, sont situées à l'aisselle de fortes épines groupées. Ses fleurs jaunes paraissent fin mars. Plantez-le en bordure de mer ou en haie basse infranchissable.*

- **Taille de formation :** ***en touffe buissonnante.***
- **Durée de formation :** ***2 ans.***
- **Taille d'entretien :** ***rabattage des tiges tous les 4 ou 5 ans après la floraison.***
- **Taille de floraison ou de fructification :** ***après la floraison.***
- **Taille possible :** ***en haie basse.***
- **Hauteur :** ***1 à 2 m.***
- **Distance de plantation :** ***1 m.***

❶

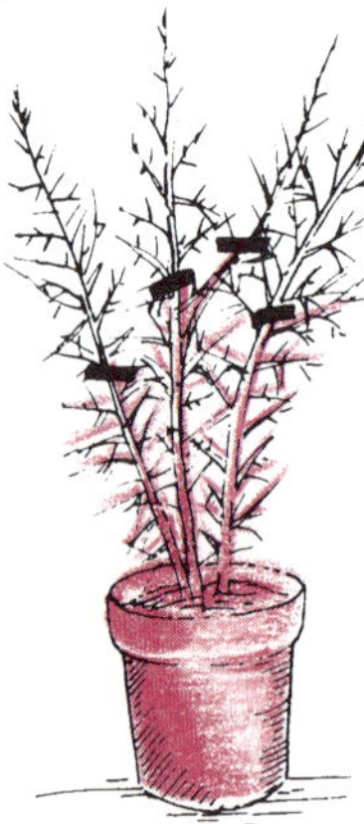

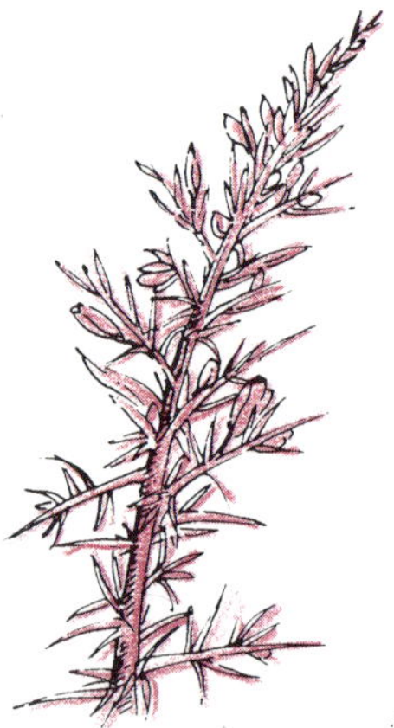

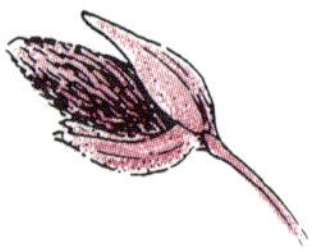

❷

## La taille de formation

**1re année**

❶ A la plantation en motte, de novembre à mars, taillez les branches de moitié pour ramifier la plante.

**2e année**

Ne taillez plus, laissez l'arbuste prendre sa forme naturelle.

## La taille d'entretien

❷ Après la floraison en avril, tous les 4 ou 5 ans, rabattez les branches à 15 cm du sol pour redensifier la végétation à la base. L'année suivant la taille, supprimez les rameaux en surnombre pour rééquilibrer la touffe.

# Araucaria du Chili

*Araucaria araucana*

Conifère/Pinacées

*La silhouette insolite de ce conifère, avec son feuillage étrange et ses branches redressées, donne au jardin une touche d'exotisme. L'araucaria du Chili se contente de la plupart des sols, à la condition que ceux-ci ne soient pas trop calcaires. Plantez-le en automne si le sol est léger et au printemps s'il est lourd.*

- **Taille de formation :** ***naturelle.***
- **Durée de formation :** ***5 à 10 ans.***
- **Taille d'entretien :** ***en février-mars.***
- **Taille de floraison ou de fructification :** ***sans.***
- **Taille possible :** ***sans.***
- **Hauteur :** ***10 à 20 m.***
- **Distance de plantation :** ***10 à 15 m.***

❶

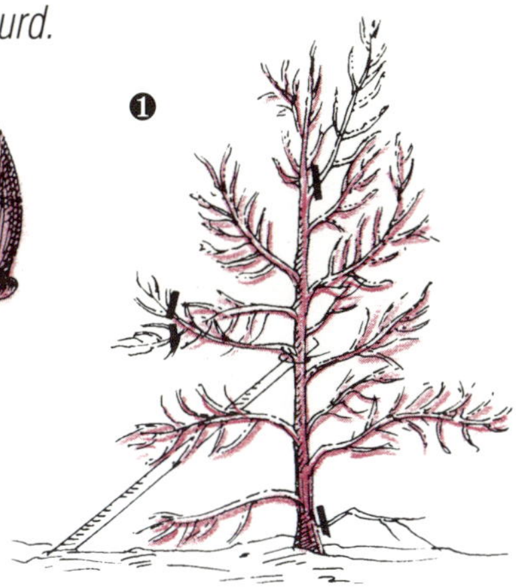

❷

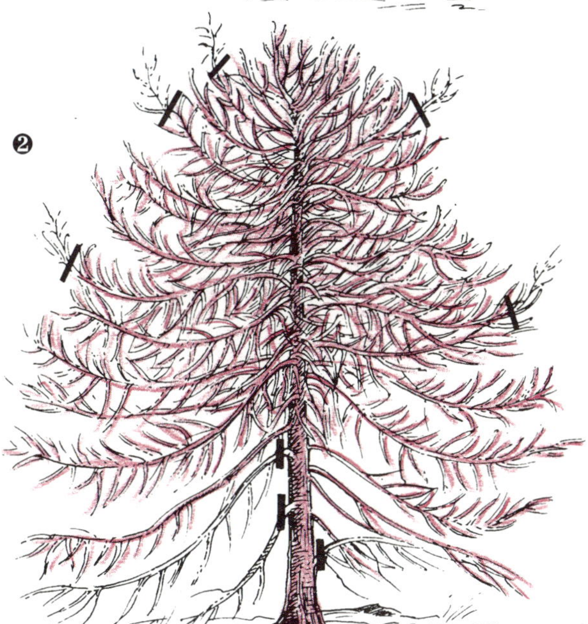

## La taille de formation naturelle

❶ Les premières années, si 2 pousses-terminales se font concurrence, supprimez en février-mars la plus basse en la taillant au ras du tronc. Par la suite, continuez à surveiller que l'axe central ait la prédominance et supprimez, à la base, le bois mort ou malade. Il est parfois préférable d'haubaner l'arbre. Surveillez les attaches.

## La taille d'entretien

❷ La taille n'est pas nécessaire. En février-mars, il est possible d'épointer les pousses latérales pour régulariser la silhouette. Ne taillez jamais la flèche. Supprimez au ras du tronc les branches inférieures qui touchent le sol et qui pourraient vous gêner.

# Arbre de Judée

*Cercis siliquastrum*

Arbre/Légumineuses

*L'arbre de Judée aime le soleil, les sols légers, sableux et calcaires. Il est rustique à Paris, mais parfois les gelées détruisent sa floraison hâtive. Son feuillage est caduc. Sa pousse est très rapide dans les premières années. Il supporte bien la taille et il peut même être palissé le long d'un mur. Son tronc, souvent penché, empêche malheureusement son utilisation pour les alignements.*

- **Taille de formation :** ***sur tige à cime arrondie.***
- **Durée de formation :** ***8 à 10 ans.***
- **Taille d'entretien :** ***élagage de décembre à janvier.***
- **Taille de floraison ou de fructification :** ***sans.***
- **Taille possible :** ***sans.***
- **Hauteur :** ***8 à 12 m.***
- **Distance de plantation :** ***10 m.***

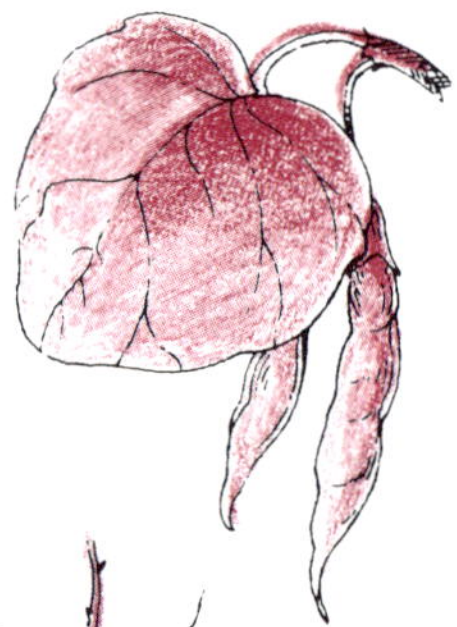

❶

❷

## La taille de formation sur tige à cime arrondie

❶ Après la plantation, palissez la flèche centrale au fur et à mesure de son développement. Les premières années, de novembre à janvier, taillez les pousses faibles de la base soit au ras du tronc, soit des 2/3. Supprimez le bois mort. Veillez à la prédominance de l'axe central en supprimant les bourgeons concurrents. Taillez toute la végétation en trop, ainsi que les départs vigoureux.

❷ Les années suivantes, de novembre à janvier, commencez à supprimer les branches les plus basses pour monter le tronc progressivement. Rabattez les premières branches hautes pour établir la charpente. Vous pouvez supprimer le tuteurage.

❸

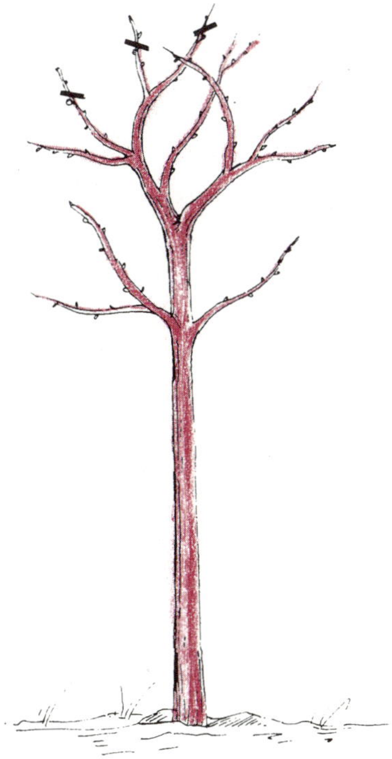

❸ Maintenez le développement du rameau central pour favoriser l'allongement nécessaire des branches latérales. S'il n'y a pas de prolongement unique, si la charpente est formée de plusieurs branches latérales, maintenez le développement proportionnel de ces branches en vue de la régularité de la forme.

❹

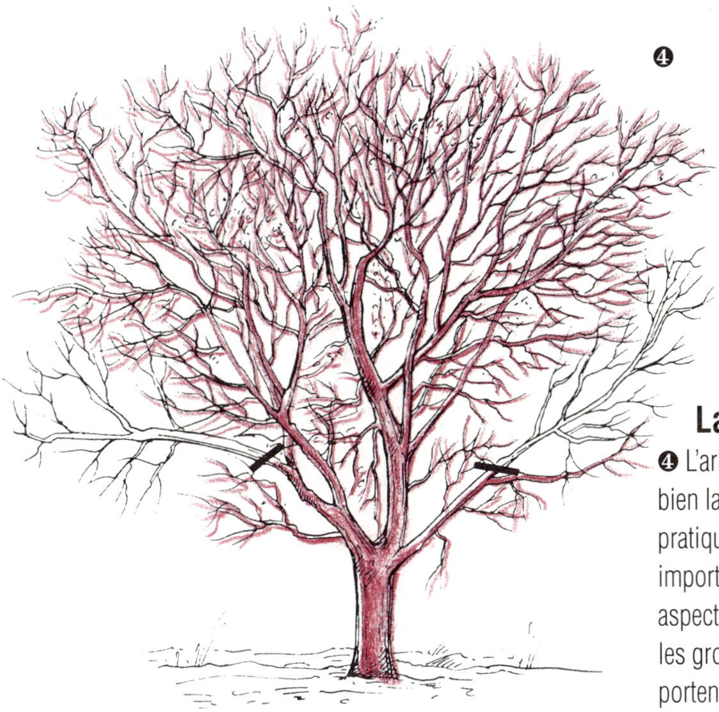

## La taille d'entretien

❹ L'arbre de Judée supporte assez bien la taille, mais évitez de pratiquer des tailles trop importantes qui défigurent son aspect tourmenté. Ne coupez pas les grosses branches verticales qui portent les rameaux rougeâtres et qui vont s'infléchir avec l'âge.

# Arbre aux mouchoirs

***Davidia involucrata***

Arbre/Nyssacées

*Une fois que sa curieuse floraison est passée, l'arbre aux mouchoirs (ou davidia) redevient un arbre discret, rustique, qui préfère les situations légèrement ombragées. La floraison dure 2 semaines environ et est composée de bractées blanches semblables à d'énormes pétales (10 cm de long pour 5 cm de large). Le feuillage est caduc.*

- **Taille de formation :** ***sur tige type ovoïde.***
- **Durée de formation :** ***10 ans.***
- **Taille d'entretien :** ***élagage de décembre à janvier.***
- **Taille de floraison ou de fructification :** ***sans.***
- **Taille possible :** ***naturelle.***
- **Hauteur :** ***10 à 15 m.***
- **Distance de plantation :** ***5 à 10 m.***

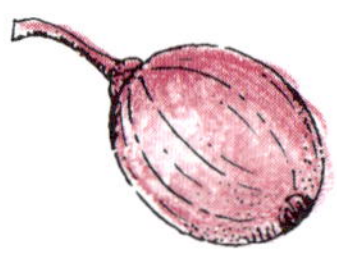

❶

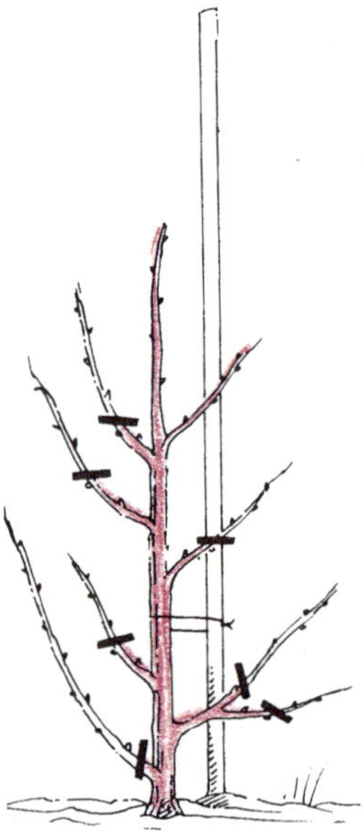

❷

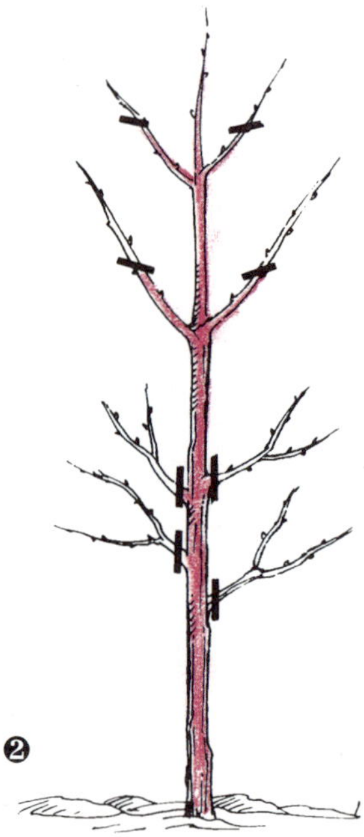

## La taille de formation sur tige (type ovoïde)

❶ Les premières années, palissez la flèche centrale au fur et à mesure de son développement. Durant le repos végétatif, taillez les pousses faibles de la base au ras du tronc ou des 2/3. Veillez à la prédominance de l'axe central qui forme le tronc en supprimant les bourgeons concurrents.

❷ Par la suite, en hiver, taillez toute la végétation en trop et les départs vigoureux. Commencez à supprimer les branches les plus basses pour monter le tronc progressivement. Rabattez les premières branches hautes pour établir la charpente.

❸ Pour parfaire la forme ovoïde, maintenez le développement du prolongement de la tige afin que les branches latérales aient toujours environ les 2/3 de la longueur de la tige centrale.

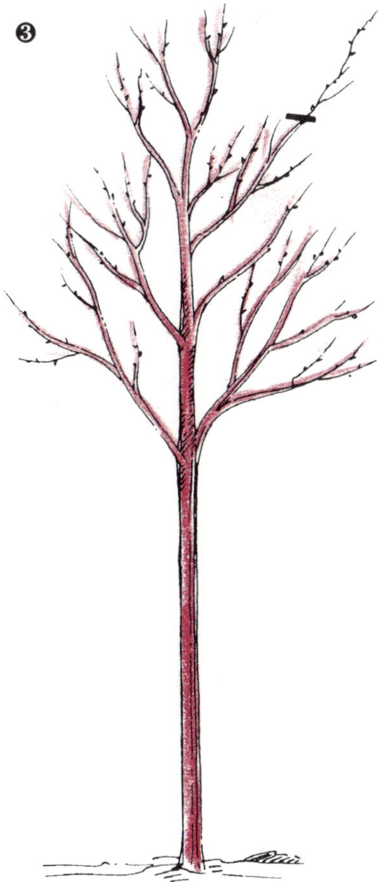

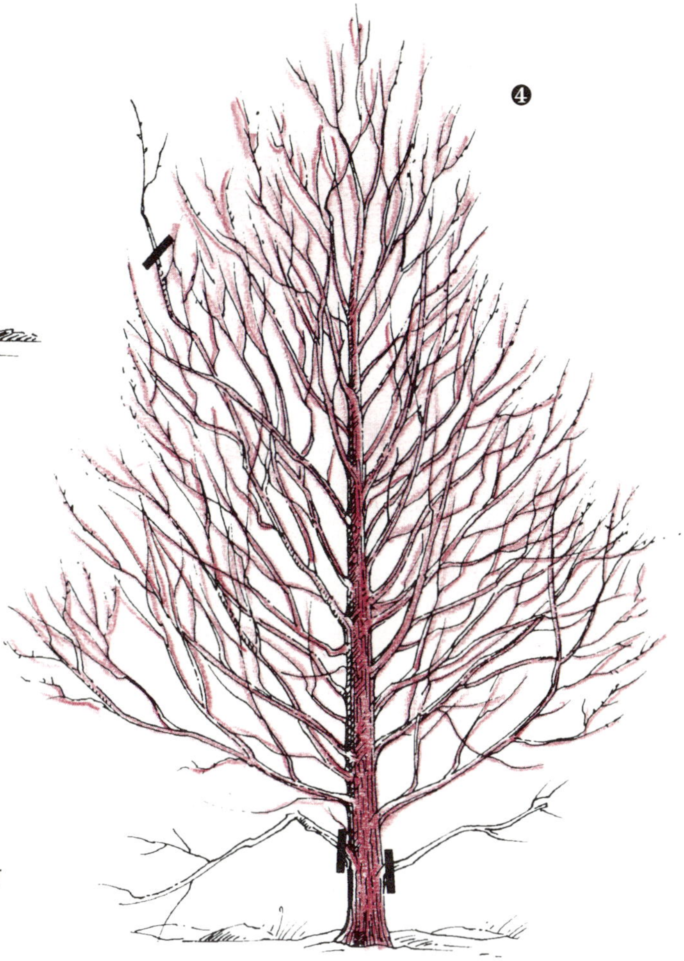

## La taille d'entretien

❹ La croissance du davidia est moyenne et interdit par sa cicatrisation lente les tailles sévères. La taille, à pratiquer de décembre à janvier, doit se limiter à la coupe du bois mort et des branches accidentées.

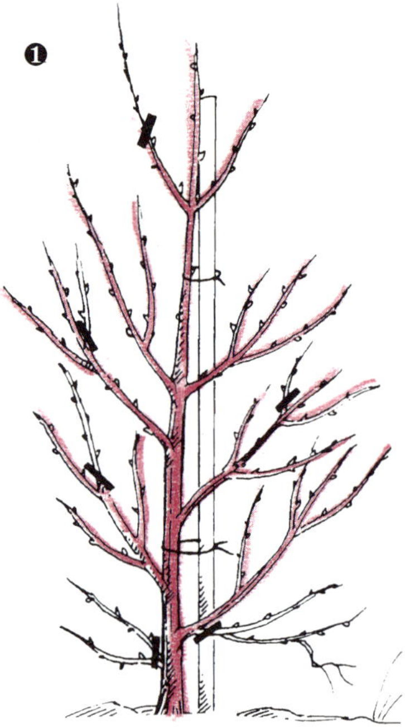

## La taille de formation naturelle

❶ Les premières années, palissez la flèche centrale au fur et à mesure de son développement. Si des pousses latérales trop faibles se sont développées à la base, supprimez-les durant le repos de la végétation. Veillez à la prédominance de l'axe central qui forme le tronc en supprimant les bourgeons concurrents.

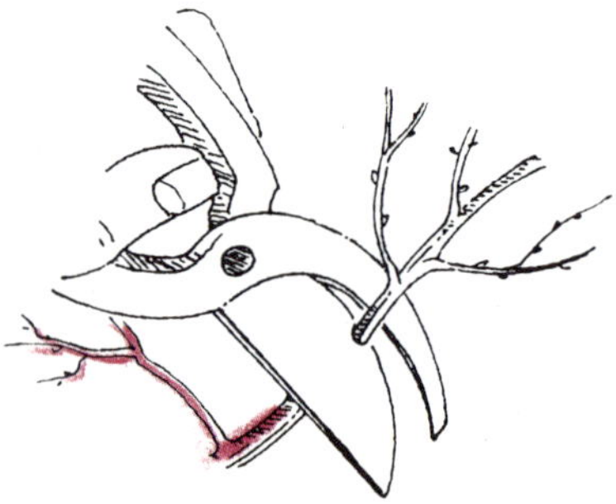

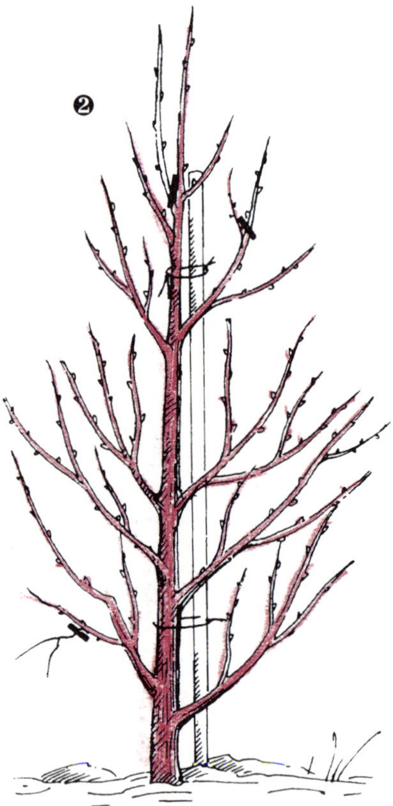

❷ Les années suivantes, en hiver, taillez toute la végétation en trop et les départs vigoureux. Taillez les branches qui pourraient faire concurrence à l'axe central. Supprimez le bois mort ou malade.

# Arbre aux papillons (Buddleia)

***Buddleia davidii***

Arbuste/Loganiacées

*Le buddleia est peu exigeant quant à la nature du sol, il se développe même sur des remblais légèrement calcaires. Il demande une exposition ensoleillée. Le feuillage est caduc et les fleurs bleues, violettes, blanches ou roses, odorantes, s'épanouissent de juin à septembre. Plantez-le en isolé ou en massif.*

- **Taille de formation :** ***en touffe buissonnante.***
- **Durée de formation :** ***2 ans.***
- **Taille d'entretien :** ***taille sévère en mars.***
- **Taille de floraison ou de fructification :** ***sans.***
- **Taille possible :** ***sans.***
- **Hauteur :** ***2 à 3 m.***
- **Distance de plantation :** ***3 à 4 m.***

❶

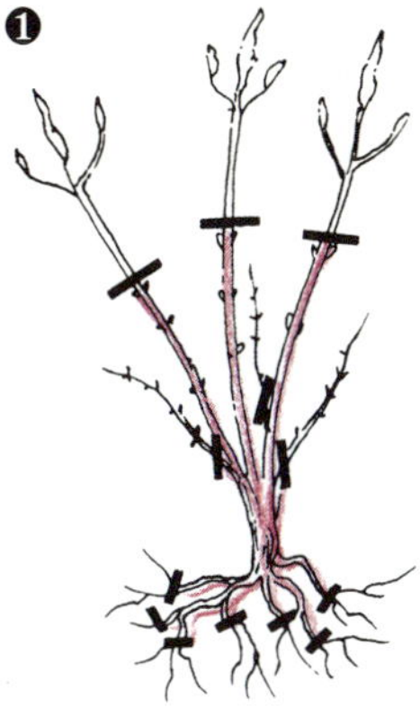

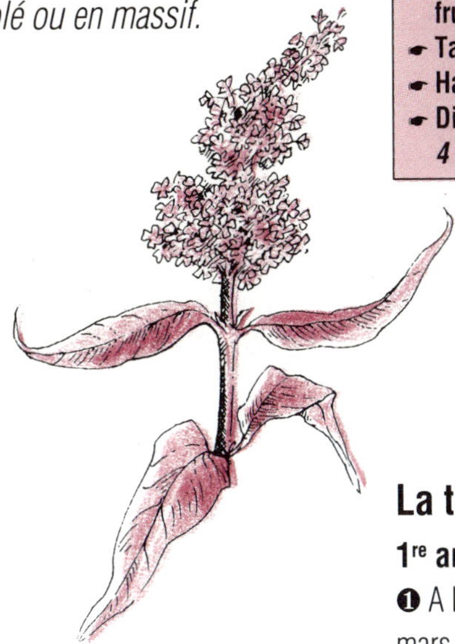

❷

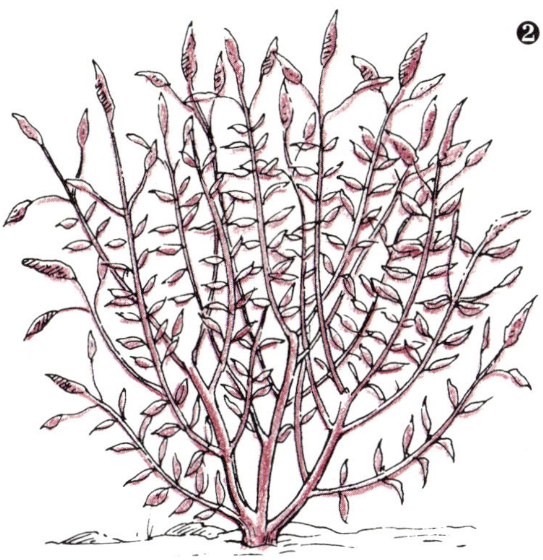

## La taille de formation

### 1re année

❶ A la plantation, de novembre à mars, habillez les racines pour les arbustes à racines nues et taillez les rameaux principaux à la moitié de leur longueur au-dessus de 2 yeux opposés. Supprimez les pousses faibles.

❷ De longs rameaux se sont développés du printemps jusqu'à l'été, depuis les points de taille, mais également issus d'yeux situés plus bas. Ils fleuriront de juin à septembre. Coupez éventuellement les fleurs fanées après la floraison.

❸

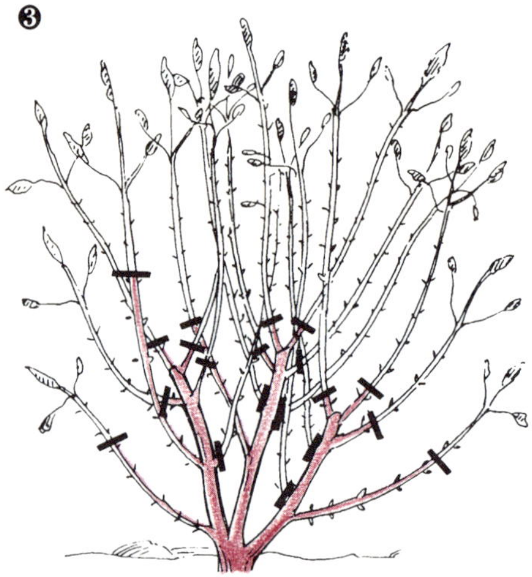

## 2e année

❸ Rabattez, en mars, les pousses de l'année précédente à 5-6 cm du vieux bois au-dessus de 2 yeux opposés et taillez celles issues de la base à la même hauteur. Supprimez les branches se dirigeant vers l'intérieur de la touffe. En fin d'été, coupez éventuellement les fleurs fanées.

❹

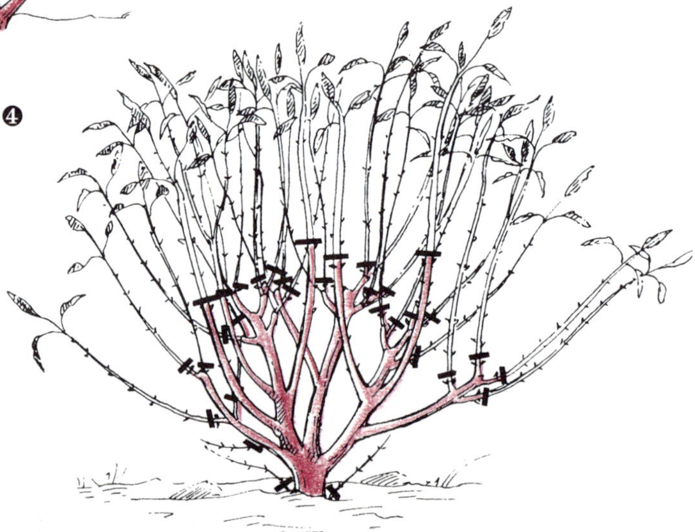

❺

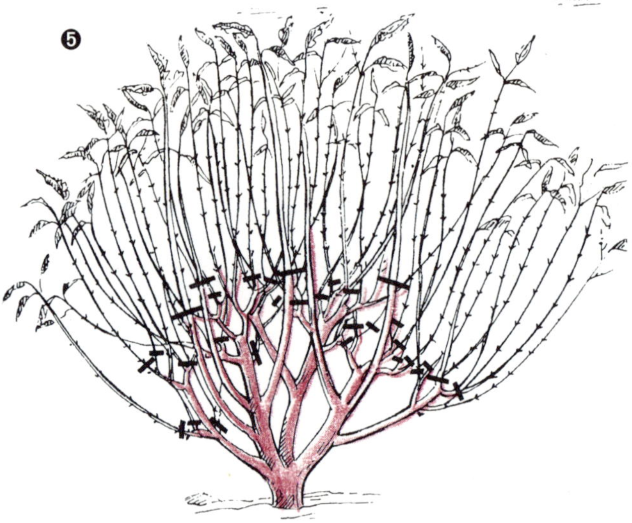

# La taille d'entretien

## 3e année

❹ En mars, taillez de la même façon que l'année précédente.

## 4e année et suivantes

❺ En mars, poursuivez la taille des années précédentes et commencez à éliminer les branches les plus vieilles si la charpente devient trop enchevêtrée. Supprimez également le bois mort.

# Arbre à perruques

***Cotinus coggygria***

Arbrisseau/Anacardiacées

*L'arbre à perruques affectionne les sols légers et secs, même calcaires, et une exposition ensoleillée. Son feuillage est caduc et ses fleurs roses en panaches duveteux paraissent en juillet. Plantez-le en isolé sur une pelouse ou en fond de massif.*

- **Taille de formation :** ***en touffe buissonnante arrondie.***
- **Durée de formation :** ***2 ans.***
- **Taille d'entretien :** ***taille de tiges trop longues en mars.***
- **Taille de floraison ou de fructification :** ***sans.***
- **Taille possible :** ***sans.***
- **Hauteur :** ***3 m.***
- **Distance de plantation :** ***3,50 à 4 m.***

❶

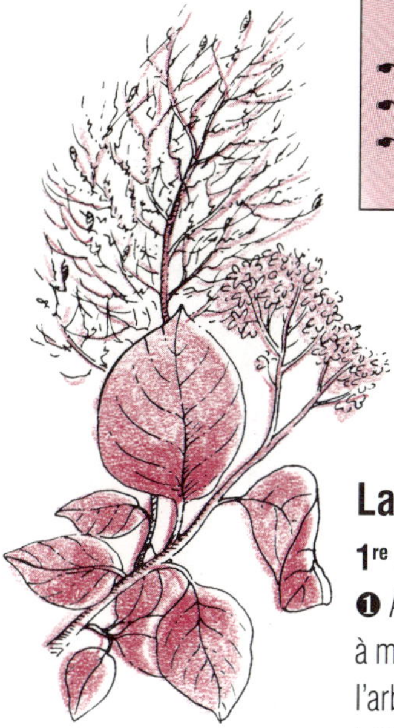

❷

## La taille de formation

### 1re année

❶ A la plantation, de novembre à mars, habillez les racines si l'arbuste est livré à racines nues et taillez les branches principales des 2/3 environ (40 cm) pour obtenir des ramifications. Supprimez les pousses grêles de la base.

### 2e année

❷ En février-mars, taillez les rameaux de la saison précédente à 5-10 cm environ des branches charpentières en taillant plus court les plus vigoureux pour rééquilibrer la touffe. Supprimez toutes les pousses faibles ou mal placées.

❸

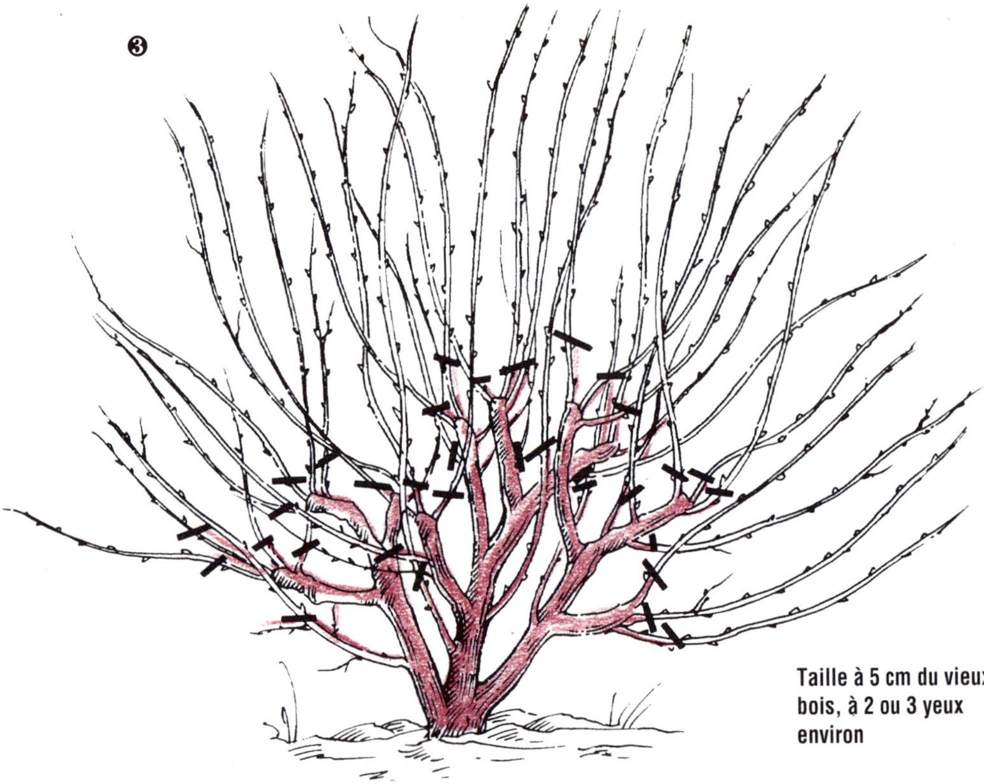


Avant

❹

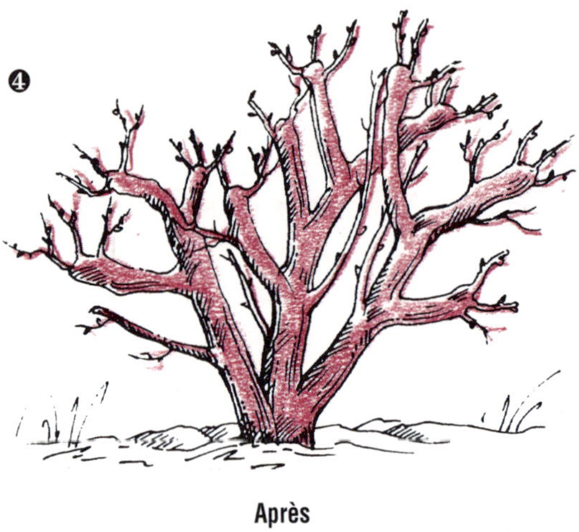

Après

## La taille d'entretien

❸ et ❹ Chaque année, en février-mars, taillez les nouvelles pousses à 5 cm environ du vieux bois. Supprimez les plus vieilles branches au profit de jeunes repercements issus de la base ou du vieux bois. Taillez ces derniers des 2/3 de leur longueur pour les ramifier. Les années suivantes, taillez-les à 5 cm des branches charpentières.

# Arbre aux 40 écus (Ginkgo)

*Ginkgo biloba*

Conifère/Ginkgoacées

*Cette espèce très rustique est probablement la plus ancienne du règne végétal. En Chine, l'arbre aux 40 écus atteindrait 1000 ans. Les branches longues sont peu ramifiées, ses jolies feuilles en forme d'éventail se transforment en pluie d'or à l'automne. Son feuillage est caduc. Le ginkgo n'est pratiquement jamais malade.*

- **Taille de formation :** ***naturelle.***
- **Durée de formation :** ***20 ans.***
- **Taille d'entretien :** ***de novembre à janvier.***
- **Taille de floraison ou de fructification :** ***sans.***
- **Taille possible :** ***sans.***
- **Hauteur :** ***25 à 30 m.***
- **Distance de plantation :** ***15 à 20 m.***

❶

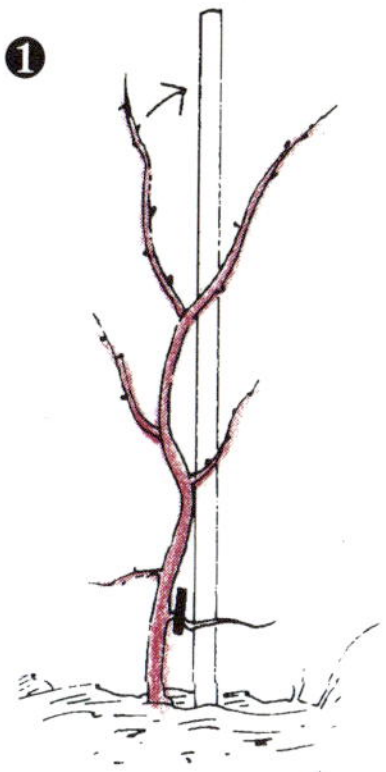

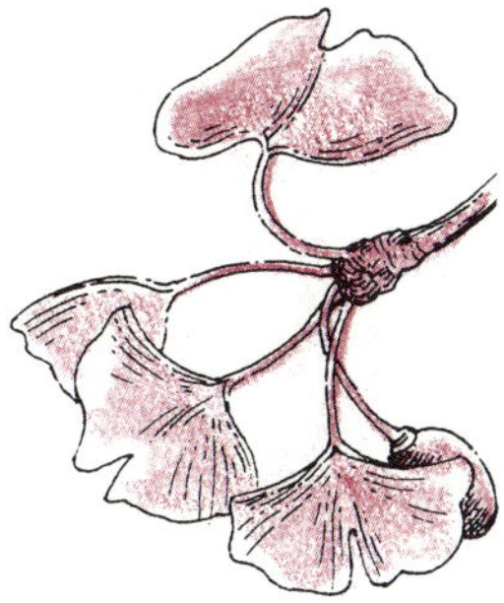

❷

## La taille de formation naturelle

❶ Les jeunes sujets développent souvent des flèches doubles donnant une silhouette irrégulière à l'arbre, évitez de supprimer les pousses concurrençant la pousse terminale pour monter le tronc, agissez de préférence par tuteurage. Par la suite, continuez à surveiller que l'axe central ait la prédominance. De novembre à janvier, supprimez à la base le bois mort ou malade.

## La taille d'entretien

❷ Évitez le plus possible la taille, supprimez simplement durant le repos végétatif les pousses mal placées, car sa croissance étant très lente, le ginkgo cicatrise très mal.

# Aristoloche

***Aristolochia***

Grimpante/Aristolochiacées

*Cet arbuste vigoureux à tiges volubiles présente des rameaux glabres restant vert foncé. Les feuilles, caduques, ont 15 à 25 cm de longueur sur une largeur à peu près égale. Si les fleurs attirent les insectes, leur parfum semble moins agréable à l'homme. Cette plante peu délicate et rustique prospère même à l'ombre d'un arbre. Plantez-la en bonne terre de jardin.*

- **Taille de formation :** ***palissage.***
- **Durée de formation :** ***4 à 6 ans.***
- **Taille d'entretien :** ***en octobre-novembre.***
- **Taille de floraison ou de fructification :** ***sans.***
- **Taille possible :** ***sans.***
- **Hauteur :** ***10 m.***
- **Distance de plantation :** ***5 à 10 m.***

❶

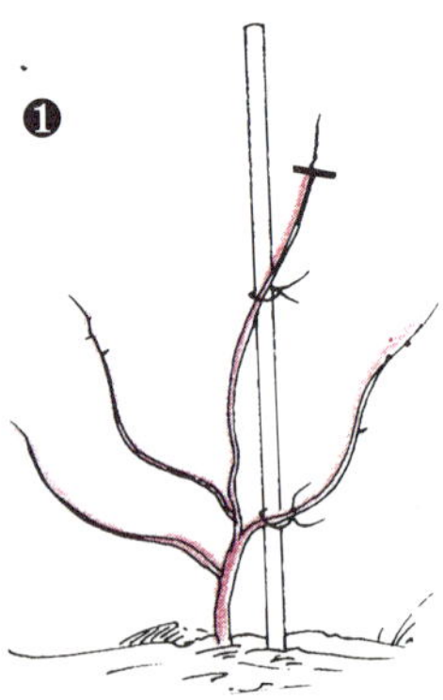

## La taille de formation

❶ A la plantation, évitez de tailler le jeune pied. La reprise sera facile grâce à la très grande vigueur de la plante. Au besoin équilibrez la végétation en supprimant les jeunes tiges mal placées ou plus simplement en pinçant une extrémité pour permettre la ramification. Palissez les jeunes pousses en cours de croissance.

❷

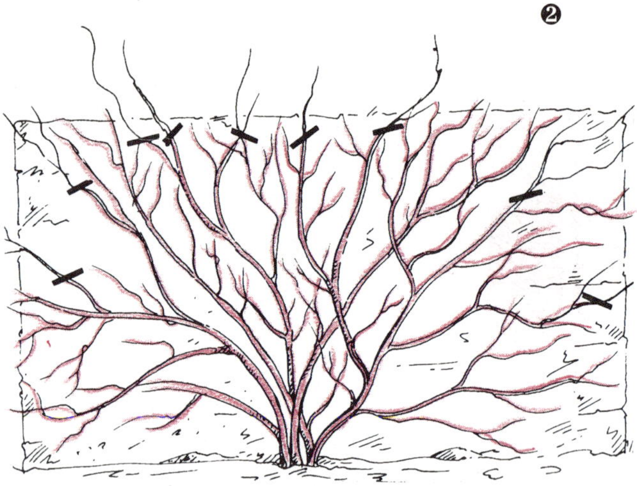

## La taille d'entretien

❷ Nettoyez pour équilibrer la végétation, supprimez les tiges qui se croisent ou poussent en dehors des limites souhaitées et continuez le palissage. Taillez pour éclaircir après la floraison, même si elle est discrète, en octobre-novembre ; les tiges peuvent être rabattues de moitié.

# Aubépine

***Cratægus oxyacantha***

Arbre/Rosacées

*On rencontre l'aubépine dans les bois, les haies et les lieux incultes, poussant dans tous les terrains, même médiocres. Son enracinement traçant provoque des drageonnages et des rejets de souche après recépage. Son feuillage est caduc. Cette plante étant vecteur de maladies, comme le feu bactérien, il devient difficile de se la procurer chez les pépiniéristes.*

- **Taille de formation : *naturelle.***
- **Durée de formation : *5 à 10 ans.***
- **Taille d'entretien : *élagage de septembre à février.***
- **Taille de floraison ou de fructification : *sans.***
- **Tailles possibles : *sur tige, en cépée et haie.***
- **Hauteur : *6 m.***
- **Distance de plantation : *5 m (en haie 0,80 à 1 m).***

❶

❷

❸

## La taille de formation naturelle

❶ Les 1res années, palissez la flèche centrale au cours de son développement. De novembre à janvier, supprimez à la base les pousses latérales trop faibles. Veillez à la prédominance de l'axe qui forme le tronc en supprimant les bourgeons concurrents.

❷ Les années suivantes, taillez les départs vigoureux qui pourraient faire concurrence à l'axe central. Supprimez le bois mort ou malade.

## La taille d'entretien

❸ L'aubépine supporte très bien les tailles importantes, mais contentez-vous de conserver sa silhouette et ses dimensions par des tailles annuelles légères.

## La taille de formation sur tige

❶

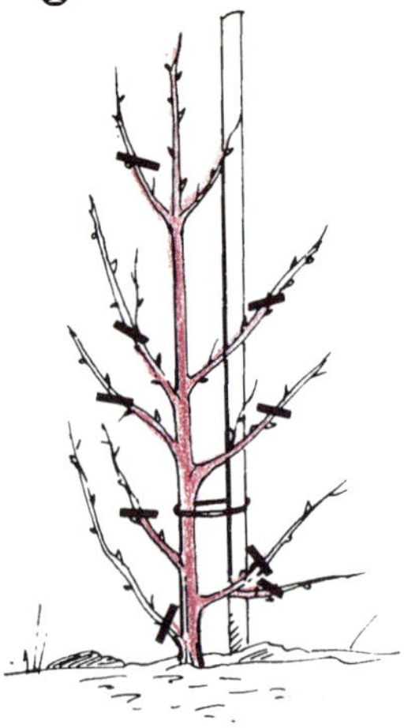

❷

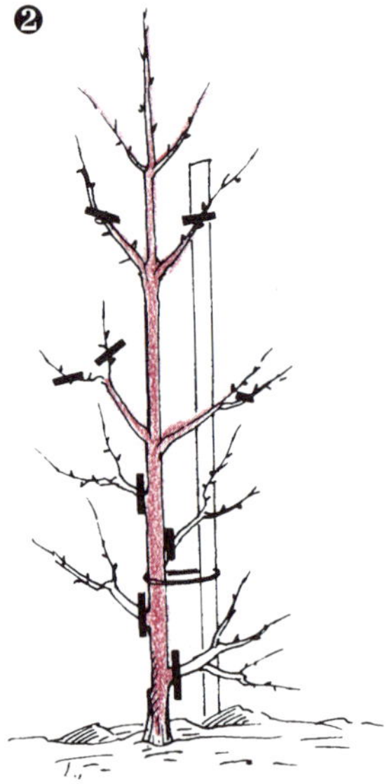

❶ Après la plantation, palissez la flèche centrale au fur et à mesure de son développement. Par la suite, de novembre à janvier, taillez les pousses latérales qui se développent.

❷ Les années suivantes, continuez le palissage de la flèche centrale en cours de végétation. Taillez, de novembre à janvier, les pousses faibles de la base au ras de la tige centrale. Supprimez le bois mort ou malade. Coupez la végétation superflue ou mal placée qui déséquilibre la forme. Supprimez par pincement ou par la taille les bourgeons concurrents à l'axe. Surveillez les attaches et évitez les étranglements.

## La taille de formation en cépée

❶

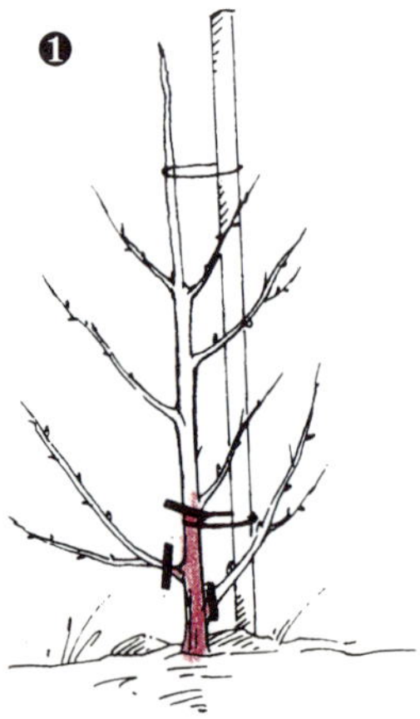

❷

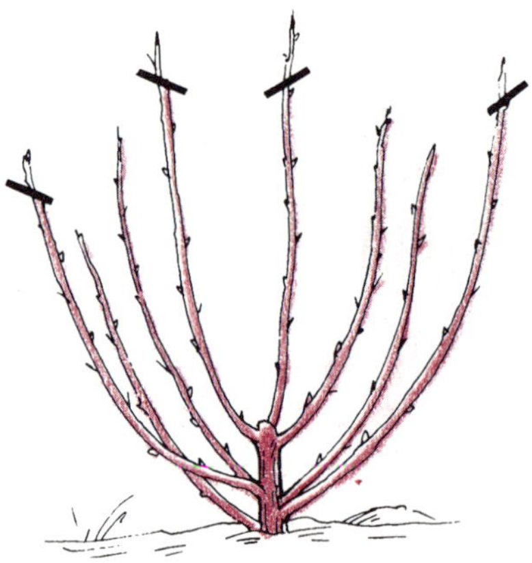

❶ Favorisez le développement de plusieurs tiges et de rejets en recépant le jeune plant à la base (entre 10 et 20 cm) en septembre.

❷ L'année suivante, en septembre, taillez les départs pour favoriser la ramification de la touffe.

❶

❷

## La taille des haies

❶ Dès la plantation, en novembre, taillez à la base les rameaux vigoureux. Régularisez la forme en supprimant environ 20 cm de hauteur à l'ensemble du plant.

❷ et ❸ Pendant les premières années, taillez sévèrement pour faciliter de nombreux départs et commencer la formation de la haie. Une fois la hauteur atteinte progressivement, taillez régulièrement, en septembre ou en février, pour contenir la haie dans des proportions raisonnables (3 à 5 m maximum).

❸

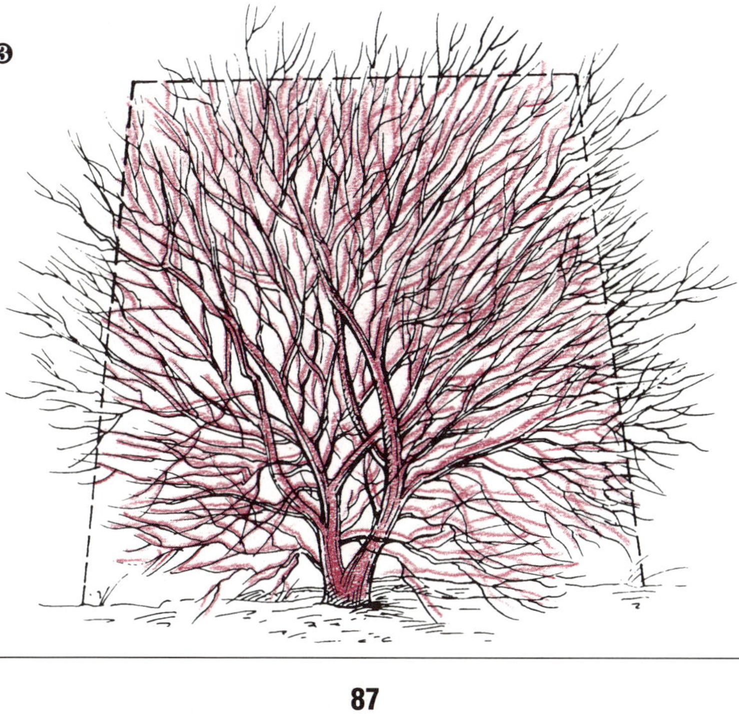

# Aucuba du Japon

***Aucuba japonica***

Arbuste/Cornacées

*L'aucuba affectionne une bonne terre de jardin humifère et fraîche et une exposition à mi-ombre. L'espèce étant dioïque, il faut planter un pied femelle et un pied mâle pour obtenir une fructification. Une floraison insignifiante a lieu en mars, suivie de baies rouges. Le feuillage est persistant. Plantez-le en isolé, en massif ou en haie.*

- **Taille de formation :** ***en touffe buissonnante.***
- **Durée de formation :** ***2 à 3 ans.***
- **Taille d'entretien :** ***taille légère et nettoyage en février.***
- **Taille de floraison ou de fructification :** ***sans.***
- **Taille possible :** ***en haie.***
- **Hauteur :** ***2 à 3 m.***
- **Distance de plantation :** ***2 m.***

❶

❷

❸

## La taille de formation

❶ et ❷ Opérez en hiver après la plantation en motte. Taillez en rabattant les rameaux d'un tiers environ pour permettre leur ramification.

## La taille d'entretien

❸ En février, effectuez une taille légère. Supprimez les branches mortes. Taillez les branches âgées, trop fourchues et dégarnies à la base afin d'aérer, d'éclaircir la plante et de réduire son volume.

## La taille des haies

Préférez la plantation de l'aucuba en haie libre. Taillez fin septembre de la même façon qu'un arbuste isolé. Taillez au sécateur plutôt qu'à la cisaille qui entraînerait une mutilation du feuillage et un résultat peu esthétique.

# Aulne glutineux

***Alnus glutinosa***

Arbre/Bétulacées

*Cet aulne est indifférent au climat, mais il est exigeant en ce qui concerne la lumière et l'eau. Il supporte très bien les sols asphyxiés. Plantez-le en sol lourd. Sa faculté à rejeter vigoureusement de souche permet une conduite en cépée, avec un recépage périodique (tous les 5 ans environ). Son feuillage est caduc.*

- **Taille de formation :** ***en pyramide.***
- **Durée de formation :** ***5 ans.***
- **Taille d'entretien :** ***élagage de novembre à février.***
- **Taille de floraison ou de fructification :** ***sans.***
- **Taille possible :** ***en cépée.***
- **Hauteur :** ***15 à 25 m.***
- **Distance de plantation :** ***5 à 10 m.***

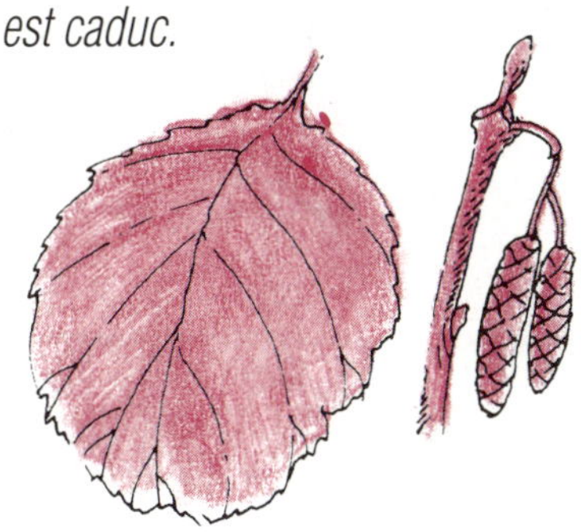

❶

❷

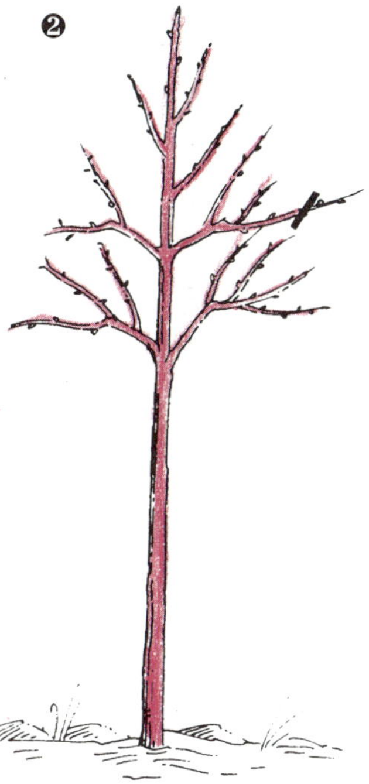

## La taille de formation sur tige en pyramide

❶ Les premières années, veillez à la prédominance de l'axe central qui forme le tronc en supprimant les bourgeons concurrents. De novembre à janvier, supprimez les branches basses pour monter le tronc progressivement. Rabattez ensuite les premières branches hautes pour établir la charpente.

❷ Par la suite, maintenez la prédominance de la tige sur les rameaux latéraux. Empêchez sa bifurcation. Assurez le développement régulier et progressif des branches latérales en taillant les pousses qui pourraient déséquilibrer la forme pyramidale de la charpente.

❸

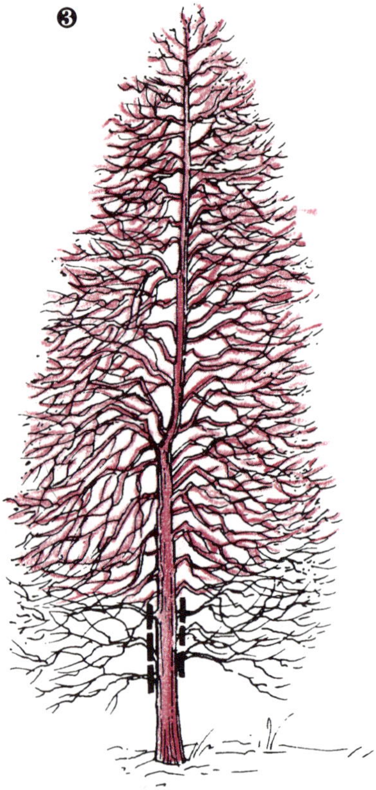

## La taille d'entretien

❸ La croissance fougueuse de cet arbre permet une cicatrisation très rapide des plaies, même importantes. Quand l'arbre est bien établi, coupez si besoin, de novembre à février, les branches les plus basses si elles sont gênantes pour effectuer les travaux de jardinage.

❶

❷

## La taille de formation en cépée

❶ L'année de plantation, en recépant à la base dès le mois de novembre, ou au plus tard en février, vous favoriserez plusieurs départs qui donneront naissance aux tiges de la cépée.

❷ L'année suivante, favorisez de nouveaux départs dans la partie basse et de nombreuses ramifications en taillant l'extrémité des pousses en février.

Par la suite, vous pouvez receper l'arbre régulièrement, tous les 5 ans environ, pour maintenir la forme.

# Azalée

***Rhododendron japonicum/Azalea japonica***

Arbuste/Éricacées

Azalea japonica *ne supporte pas le calcaire et réclame une terre acide, d'un pH de 4,5 à 5,2, légère, fraîche et humifère. Si ce sol fait défaut, il faut la planter en terre de bruyère. Elle demande une exposition ombragée. Son feuillage est caduc. Plusieurs espèces d'azalées à feuillage caduc ont donné un grand choix d'hybrides et de cultivars offrant une gamme étendue de coloris. Leur floraison a lieu en mai. Plantez-les en massif.*

- **Taille de formation : *en touffe buissonnante.***
- **Durée de formation : *2 ans.***
- **Taille d'entretien : *déconseillée, recépage des plantes dégarnies.***
- **Taille de floraison ou de fructification : *en juin.***
- **Taille possible : sans**
- **Hauteur : *1,20 à 2,50 m.***
- **Distance de plantation : *1,50 m.***

❶

❷

**Rabattez les charpentières à 20-30 cm du sol sur un nœud ou un bourgeon apparent**

## La taille de formation

Les premières années, ne taillez pas. Supprimez simplement les branches cassées et taillez celles risquant de déséquilibrer la touffe.

## La taille d'entretien

❶ L'azalée à feuilles caduques ne se taille pratiquement pas. Coupez simplement le bois mort. Après la floraison, supprimez à la main les fleurs fanées pour favoriser la formation des boutons floraux pour l'année suivante.

❷ Si un sujet devient inesthétique, effectuez une taille sévère sur les branches charpentières, en mars, en les rabattant à 20-30 cm du sol. Au printemps suivant, ne conservez que les rameaux bien placés et vigoureux.

# Azalée de l'Inde

***Rhododendron indicum/Azalea indica***

Arbuste/Éricacées

Azalea indica *ne supporte pas le calcaire et réclame une terre acide, légère, fraîche et humifère. A défaut, il faut la planter en terre de bruyère. Elle demande une exposition ombragée. Son feuillage est persistant. Plusieurs espèces d'azalées à feuillage persistant ont donné un grand choix d'hybrides et de cultivars offrant une gamme étendue de coloris. Leur floraison a lieu en juin. Plantez-les en massif.*

- **Taille de formation :** ***en touffe buissonnante.***
- **Durée de formation :** ***2 ans.***
- **Taille d'entretien :** ***déconseillée, recépage des plantes dégarnies.***
- **Taille de floraison ou de fructification :** ***fin juin.***
- **Taille possible : sans**
- **Hauteur :** ***1 à 1,80 m.***
- **Distance de plantation :** ***1 à 1,50 m.***

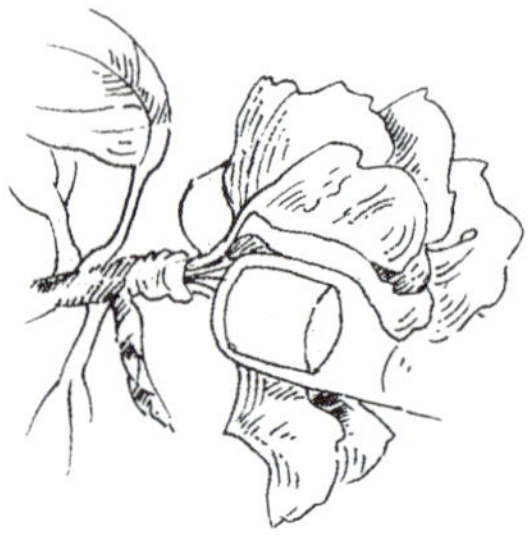

**Après la floraison, supprimez à la main toutes les fleurs fanées**

**Taille de restauration en mars sur les plantes dégarnies à la base sur un nœud ou un bourgeon apparent**

## La taille de formation

Les premières années, laissez l'arbuste prendre sa forme naturelle. Taillez simplement les branches cassées et celles risquant de déséquilibrer la touffe.

## La taille d'entretien

L'azalée à feuilles persistantes ne se taille pratiquement pas. Coupez simplement le bois mort. Après la floraison, supprimez à la main toutes les fleurs fanées pour favoriser la formation des boutons floraux pour l'année suivante.
Si un sujet devient trop dégarni à la base, rabattez les branches charpentières, en mars, à 20-30 cm du sol. Au printemps suivant, supprimez les rameaux inutiles.

# Baguenaudier

***Colutea arborescens***

Arbrisseau/Légumineuses

*Le baguenaudier affectionne les sols sains légèrement acides et secs et demande une exposition ensoleillée ou mi-ombragée. Son feuillage est caduc et ses fleurs jaunes s'épanouissent de mai à juillet. Il présente des fruits en gousse vert pâle teinté de rouge. Plantez-le en isolé.*

- **Taille de formation :** ***en touffe buissonnante.***
- **Durée de formation :** ***2 ans.***
- **Taille d'entretien :** ***taille de rajeunissement en février.***
- **Taille de floraison ou de fructification :** ***sans.***
- **Taille possible :** ***sans.***
- **Hauteur :** ***3 à 4 m.***
- **Distance de plantation :** ***à planter en isolé.***

❶

❷

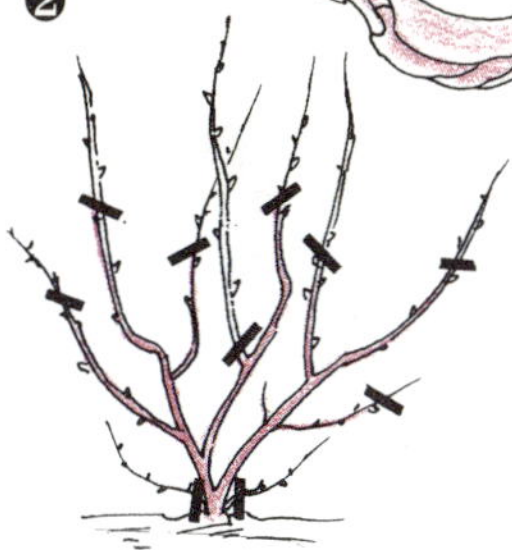

❸

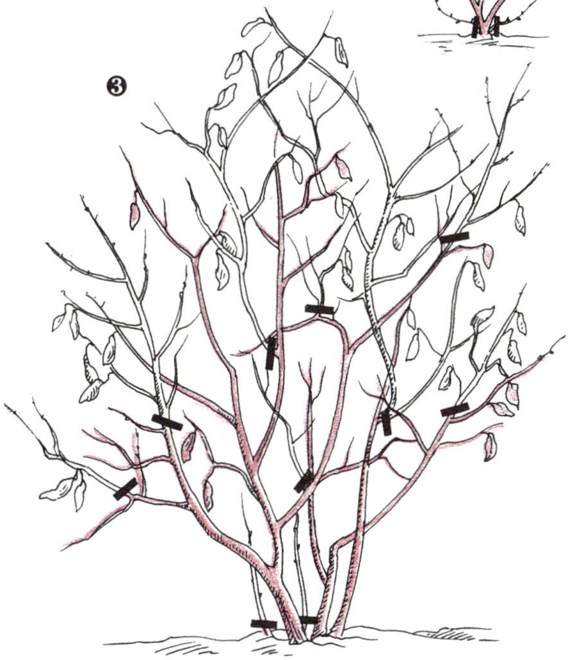

## La taille de formation

### 1re année

❶ A la plantation, de novembre à mars, habillez les racines si l'arbuste est livré à racines nues et taillez les branches des 2/3 pour ramifier la plante.

### 2e année

❷ En février-mars, taillez les branches des 2/3 et supprimez celles trop grêles ou mal placées.

## La taille d'entretien

❸ En février-mars, taillez légèrement. Supprimez les vieilles branches dégarnies. Rééquilibrez l'arbuste en rabattant les branches trop longues, mal placées. Revenez sur les départs bien formés situés plus bas. Coupez les rejets trop faibles.

# Berberis

## *Berberis stenophylla*, *B. thunbergii* 'Atropurpurea'

Arbuste/Berbéridacées

*Le berberis demande une bonne terre de jardin humide en profondeur et il doit être planté en situation ensoleillée. Le feuillage est persistant pour* Berberis stenophylla *et caduc pour* Berberis thunbergii *'Atropurpurea'. Leurs fleurs jaune d'or s'épanouissent en avril. Vous pouvez les planter en isolé, en massif ou en haie.*

- **Taille de formation : *en touffe buissonnante.***
- **Durée de formation : *1 à 2 ans.***
- **Taille d'entretien : *après la floraison.***
- **Taille de floraison ou de fructification : *après la floraison fin avril-début mai.***
- **Tailles possibles : *en haie libre ou haie taillée.***
- **Hauteur : *1,50 m.***
- **Distance de plantation : *1,50 à 2 m (0,60 m pour la haie).***

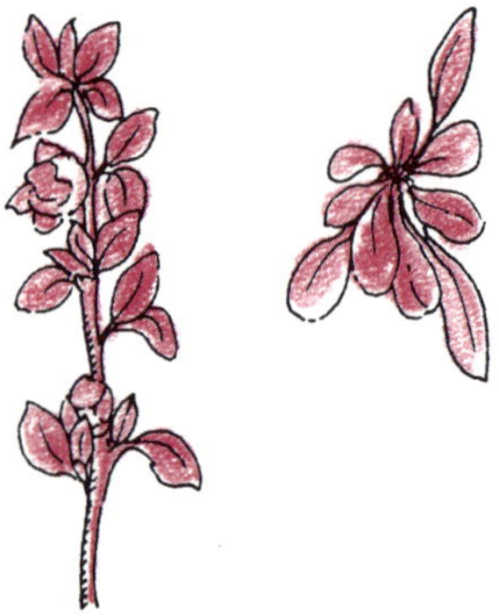

***B. thunbergii* 'Atropurpurea'**

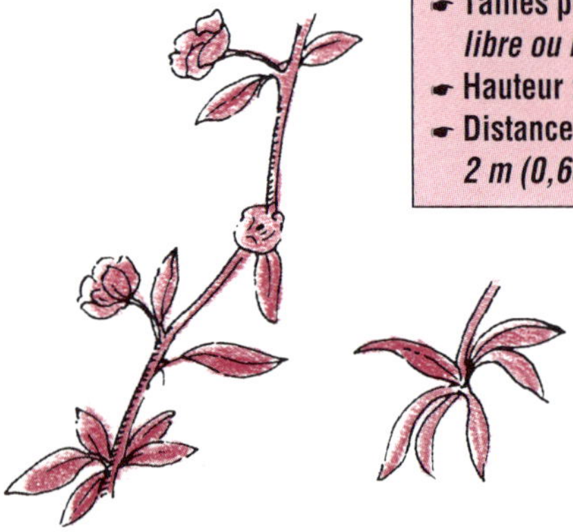

***B. stenophylla***

## La taille de formation

### 1re année

❶ A la plantation en motte, taillez les branches de moitié environ pour provoquer des ramifications.

### 2e année

❷ Réduisez les nouvelles branches de moitié environ. Taillez plus court les branches vigoureuses risquant de déséquilibrer la touffe. Taillez également de moitié les nouvelles pousses issues de la base et supprimez celles trop grêles ou mal placées.

❸

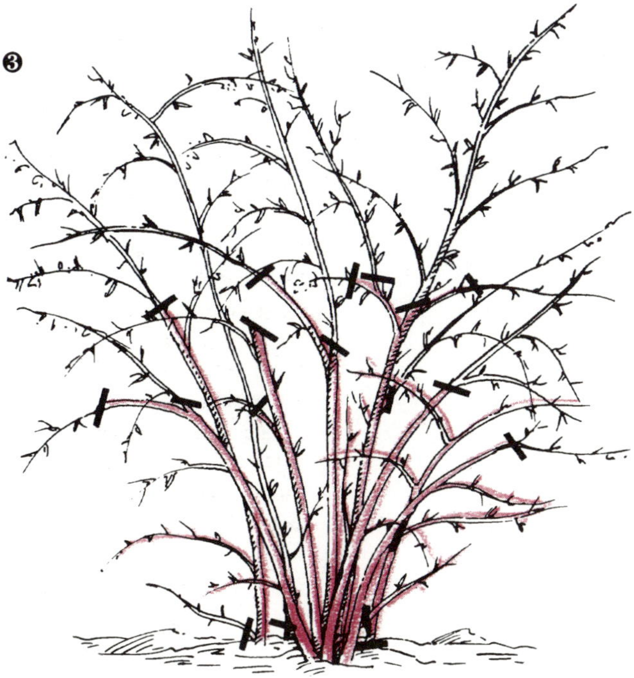

## La taille d'entretien

❸ Fin avril ou début mai après la floraison, éclaircissez la touffe en supprimant les rameaux disgracieux trop longs et les branches les plus âgées pour permettre le développement de nouveaux rameaux florifères.

## La taille des haies

### Les haies libres

Taillez les haies libres après la floraison comme les touffes buissonnantes.

### Les haies taillées

❹ Pour les haies taillées, effectuez une taille à la cisaille après la floraison fin avril et une seconde en juillet-août.

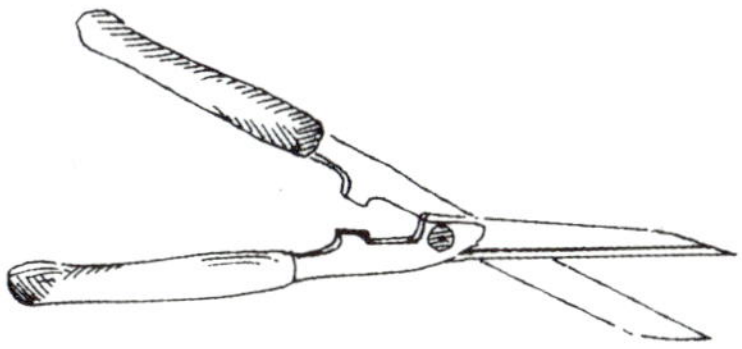

❹

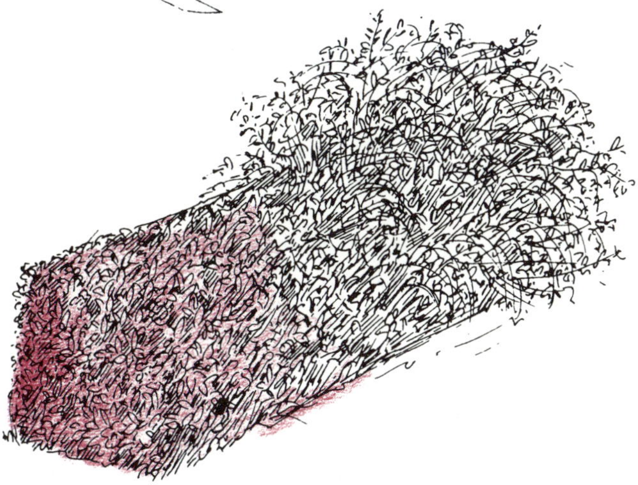

# Bignone

**_Campsis (Tecoma)_**

Grimpante/Bignoniacées

*Plante grimpante caduque, cet arbuste sarmenteux se fixe aux murs à la façon du lierre grâce à ses pousses garnies de crampons. Il préfère les sols profonds et perméables, une exposition chaude et ensoleillée. Ses fleurs en trompettes sont regroupées en grosses grappes. Cultivez* Campsis grandiflora *'Thunbergii' aux fleurs écarlates et* C. radicans *'Yellow Trumpet' aux fleurs jaune orangé à jaune pur ou 'Praecox' aux fleurs rouges.*

- **Taille de formation :** ***palissage.***
- **Durée de formation :** ***2 à 4 ans.***
- **Taille d'entretien :** ***en mars.***
- **Taille de floraison ou de fructification :** ***en mars.***
- **Taille possible :** ***en arbre.***
- **Hauteur :** ***5 à 10 m.***
- **Distance de plantation :** ***10 m minimum.***

❶

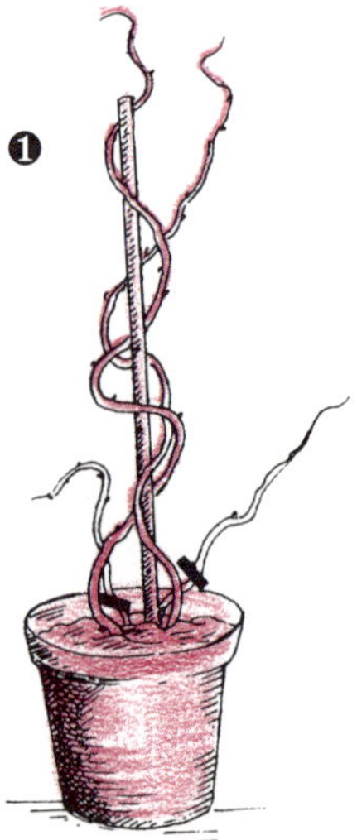

❷

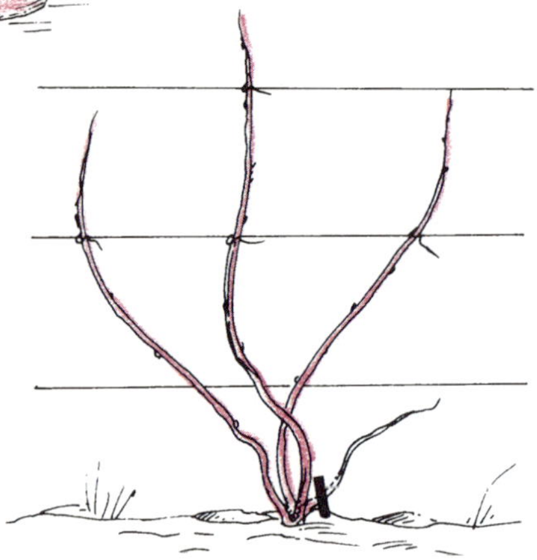

## La taille de formation

❶ A la plantation, en novembre, supprimez les rameaux les plus grêles.

❷ Par la suite, établissez la charpente en palissant les ramifications les plus longues et les plus flexibles qui porteront d'autres rameaux plus courts, les coursonnes, sur lesquelles se formeront les fleurs. Si besoin supprimez les rameaux trop grêles encore présents.

## La taille d'entretien

❸ Lorsque la charpente est établie, supprimez les gourmands dès leur apparition et coupez, chaque année en mars, les pousses grêles. Taillez très court. Après avoir limité le nombre de pousses de l'année précédente, rabattez celles qui ont été conservées sur les 2 yeux de la base.

❸

❶

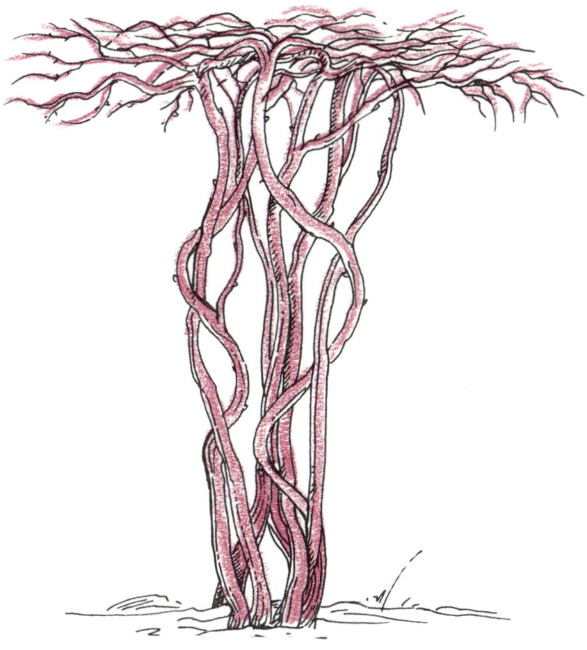

## La taille de formation en arbre

❶ Pour se passer de palissage, il est possible de former la bignone comme un « arbre tige ». Mêlez les rameaux les uns aux autres et tuteurez les premières années. Ensuite taillez court.

# Bois gentil

***Daphne mezereum***

Arbuste/Thyméléacées

*Le bois gentil demande un sol siliceux, un peu calcaire, et une exposition semi-ombragée. Son feuillage est caduc et ses fleurs roses s'épanouissent en février-mars. Des fruits rouge orangé, toxiques, paraissent en milieu d'été. Plantez-le en massif et en rocaille.*

❶

❷

❸

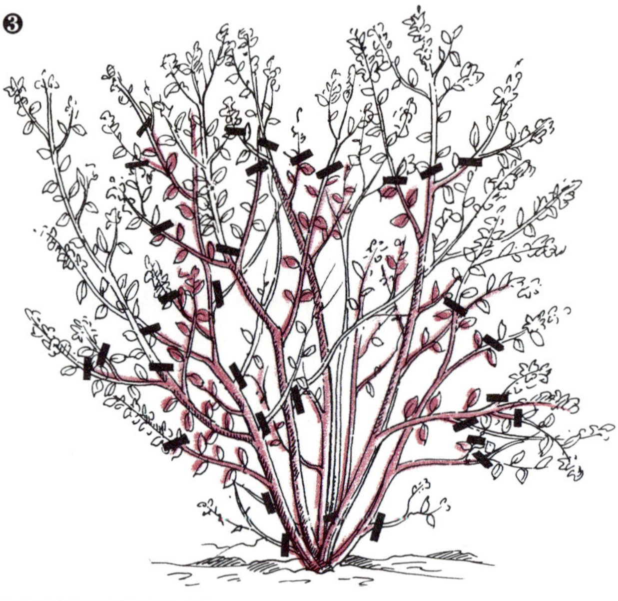

- **Taille de formation :** ***en touffe buissonnante.***
- **Durée de formation :** ***2 ans.***
- **Taille d'entretien :** ***après la floraison.***
- **Taille de floraison ou de fructification :** ***après la floraison fin mars.***
- **Taille possible :** ***sans.***
- **Hauteur :** ***1 m.***
- **Distance de plantation :** ***2 m.***

## La taille de formation

### 1re année

❶ Ne taillez l'arbuste qu'après la floraison, fin mars, en rabattant les branches de moitié environ.

### 2e année

❷ Après la floraison, fin mars, taillez les branches ayant fleuri des 2/3 au-dessus de jeunes bourgeons.

## La taille d'entretien

❸ Après la floraison, fin mars, réduisez la touffe en rabattant les branches les plus anciennes et trop longues sur des rameaux latéraux situés plus bas et en taillant ceux-ci des 2/3. Supprimez le bois mort, les rameaux encombrant le centre de la touffe et ceux trop grêles. Taillez également de moitié les nouvelles pousses issues de la base.

# Boule-de-neige

***Viburnum opulus* 'Roseum'**

Arbuste/Caprifoliacées

*Le boule-de-neige affectionne les sols profonds et frais, même un peu calcaires, et supporte la mi-ombre. Son feuillage est caduc. Ses fleurs, stériles, en boules blanches, paraissent en mai-juin. Plantez-le en isolé ou en massif.*

- **Taille de formation :** ***en touffe buissonnante.***
- **Durée de formation :** ***2 ans.***
- **Taille d'entretien :** ***en mars.***
- **Taille de floraison ou de fructification :** ***en juin.***
- **Taille possible : sans**
- **Hauteur :** ***3 à 4 m.***
- **Distance de plantation :** ***2,50 à 3 m.***

❶

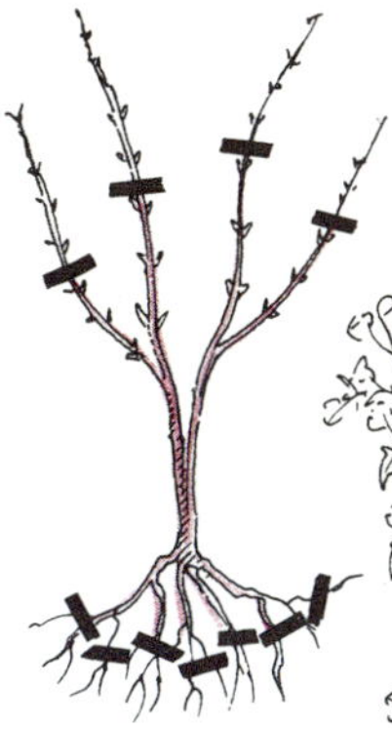

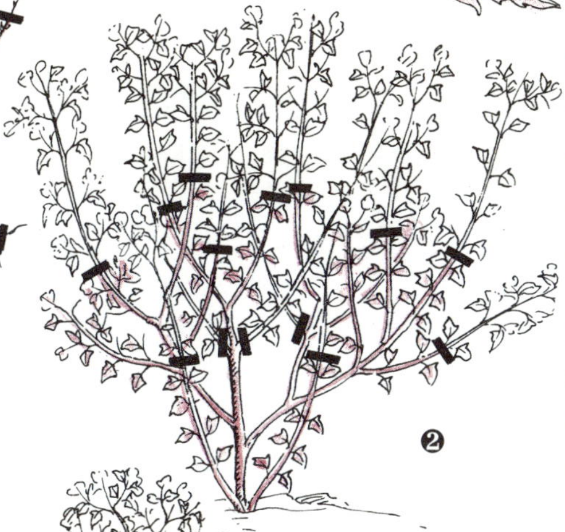

❷

❸

**Avant** **Après**

## La taille de formation

### 1re année

❶ A la plantation, habillez les racines et taillez les branches des 2/3. La floraison est sacrifiée au bénéfice de la formation.

### 2e année

❷ Après la floraison, taillez les branches des 2/3 pour continuer à ramifier la touffe. Taillez de moitié les rameaux issus de la base.

## La taille d'entretien

❸ Après la floraison, en juin, rabattez les branches défleuries en taillant au-dessus de jeunes pousses situées plus bas. Supprimez, en mars, les trop vieilles branches, de moins en moins florifères, au profit de jeunes pousses issues de la base. Coupez le bois mort.

# Bouleau commun

***Betula verrucosa***

Arbre/Bétulacées

*Très répandu en Europe, on trouve le bouleau disséminé un peu partout en plaine et en montagne. Il résiste aux chaleurs et aux grands froids. Il aime les terres superficielles à cause de son enracinement faible. Sa croissance est rapide, ainsi que sa formation, en outre son écorce est très décorative. Son feuillage est caduc. On peut l'utiliser, éventuellement, en alignement pour constituer des rideaux libres.*

- **Taille de formation : *en cépée.***
- **Durée de formation : *5 ans.***
- **Taille d'entretien : *élagage de novembre à janvier.***
- **Taille de floraison ou de fructification : *sans.***
- **Tailles possibles : *naturelle, sur tige.***
- **Hauteur : *15 à 25 m.***
- **Distance de plantation : *10 à 20 m.***

❶

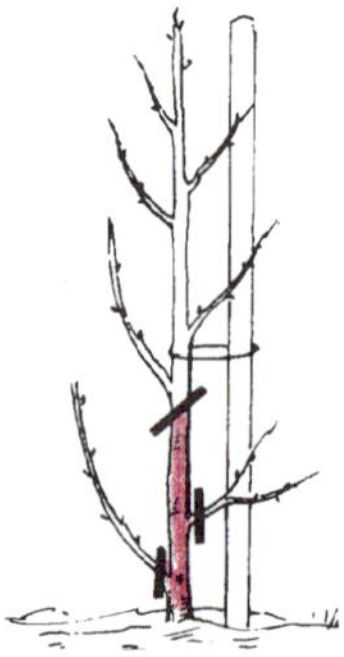

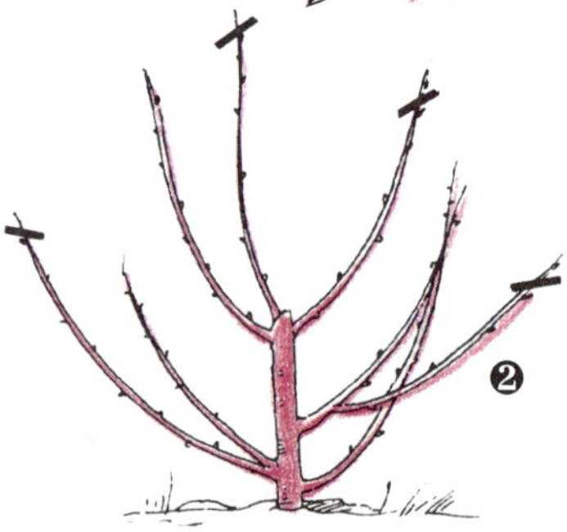

❷

❸

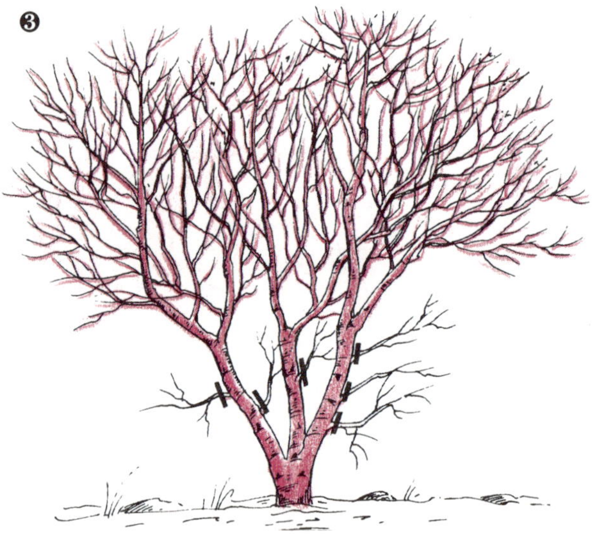

## La taille de formation en cépée

❶ Coupez à la base, en novembre-décembre, le jeune plant à environ 30 cm de hauteur pour favoriser le développement de plusieurs tiges.

❷ Pincez en juin, ou taillez en février, les nouvelles pousses très légèrement pour favoriser des départs dans la partie basse et pour renforcer les ramifications de la cépée.

## La taille d'entretien

❸ Ne taillez pas la flèche ou les flèches, sinon le tronc ou les axes auront du mal à se reformer et l'arbre sera déséquilibré. Supprimez régulièrement les petites ramilles de la base qui sèchent, ce qui mettra en évidence le tronc et son écorce remarquable.

❶

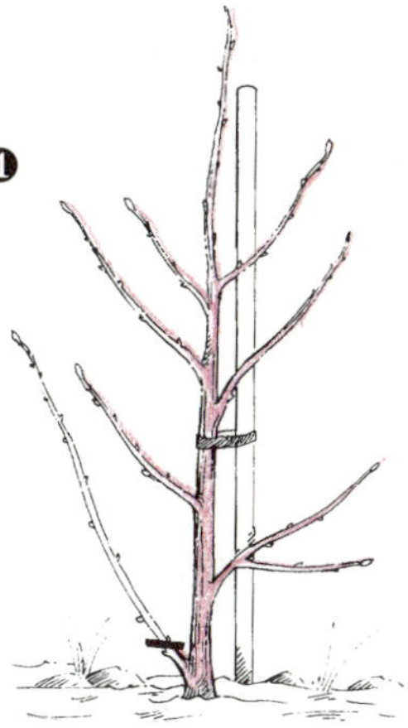

❷

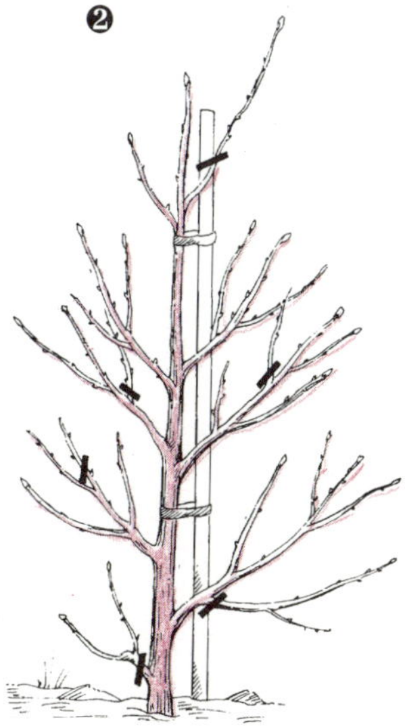

## La taille de formation naturelle

❶ L'année suivant la plantation, palissez la flèche centrale au fur et à mesure de son développement. Si des pousses latérales se sont développées, supprimez-les à la base de novembre à janvier.

❷ Les années suivantes, continuez le palissage de la flèche centrale au cours de la saison. De novembre à janvier, taillez les pousses faibles de la base au ras de la tige centrale. Supprimez le bois mort ou malade. Coupez la végétation superflue ou mal placée qui déséquilibre la forme.

## La taille de formation sur tige

❶ Les premières années, de novembre à janvier, taillez les pousses faibles de la base et assurez la prédominance de l'axe central en supprimant les bourgeons concurrents. Palissez la flèche centrale en cours de végétation.

❷ Par la suite, de novembre à janvier, supprimez les branches les plus basses au ras du tronc et rabattez les premières branches hautes pour former la charpente. Vous pouvez supprimer le tuteurage.

❶

❷

# Buis

***Buxus sempervirens***

Arbrisseau/Buxacées

*Toutes les terres de jardin conviennent au buis en exposition ensoleillée ou à mi-ombre. Le feuillage est persistant. Son odeur est assez désagréable. Plantez le buis en isolé, massif ou en formes taillées.*

- **Taille de formation :** ***en buisson compact.***
- **Durée de formation :** ***croissance lente, 3, 4, 5 ans et plus suivant les formes.***
- **Taille d'entretien :** ***en février et en mai-juin et août-septembre pour les haies.***
- **Taille de floraison ou de fructification :** ***sans.***
- **Tailles possibles :** ***bordures, haie taillée, boule, topiaire.***
- **Hauteur :** ***3 à 5 m.***
- **Distance de plantation :** ***3 m (en haie 0,60 à 0,80 m).***

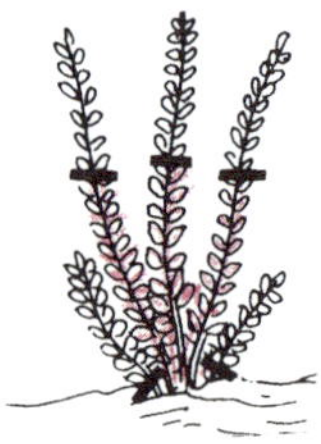

❶

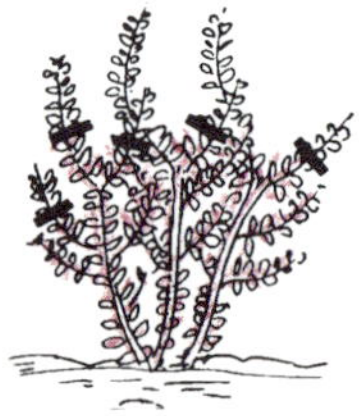

❷

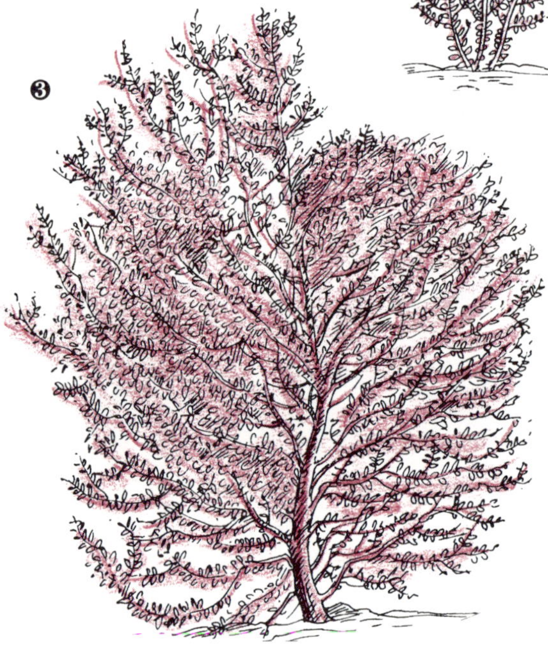

❸

**Avant** **Après**

## La taille de formation en touffe buissonnante

### 1re année

❶ Après la plantation en motte, de novembre à mars, taillez en rabattant les rameaux de moitié.

### 2e année

❷ Renouvelez l'opération l'année suivante, en février-mars, pour rendre la touffe plus compacte.

### 3e année

Laissez l'arbuste se développer.

## La taille d'entretien

❸ Effectuez une taille de remise en forme, en février-mars, en coupant les rameaux trop longs au-dessus de jeunes départs et supprimez le bois mort.

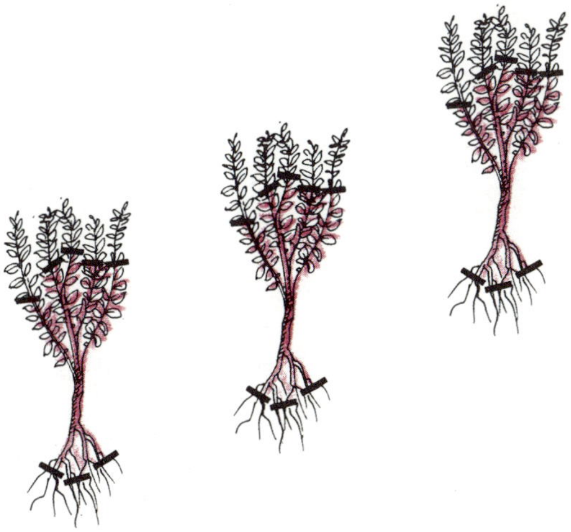

❶

## La taille de formation pour bordures

### 1re année

❶ De novembre à mars, avant de planter côte à côte en tranchée, préparez les jeunes plants de buis en habillant les racines et en taillant de moitié la partie aérienne. Effectuez une taille également en juin pour densifier la base.

### Années suivantes

❷ En mai ou début juin, taillez la jeune bordure à la cisaille, au-dessus et sur les côtés, pour permettre une pousse dense à la base. En août-septembre, effectuez une seconde taille. Renouvelez les opérations les années suivantes. La formation de la bordure demandera 2-3 ans ou plus suivant la hauteur et la largeur à obtenir.

❷

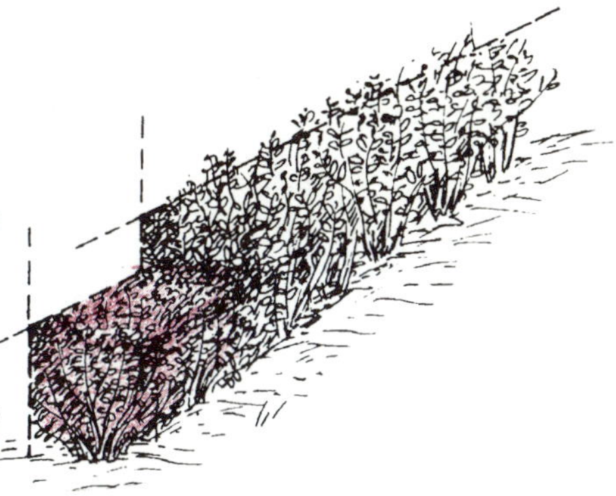

## La taille d'entretien

❸ En mai ou début juin, placez un fil de fer horizontal à l'aplomb de votre bordure et tendu à la hauteur définitive de celle-ci. A la cisaille, taillez d'abord la face supérieure, puis le devant à l'aplomb du fil de fer et terminez par l'arrière en tenant compte de la largeur définie de la bordure en vous aidant d'un gabarit ou d'un mètre.

En août-septembre, effectuez une seconde taille de la même façon si vous désirez obtenir une bordure parfaitement taillée et dense.

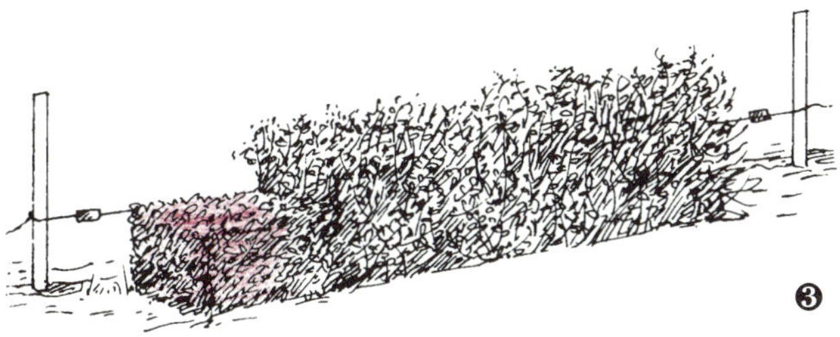

❸

❶

❷

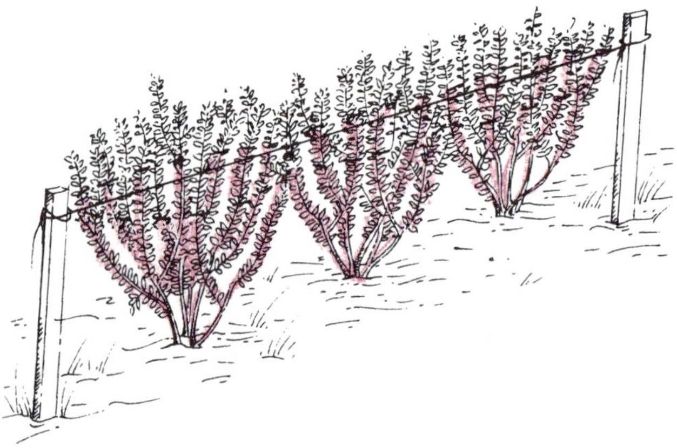

❸

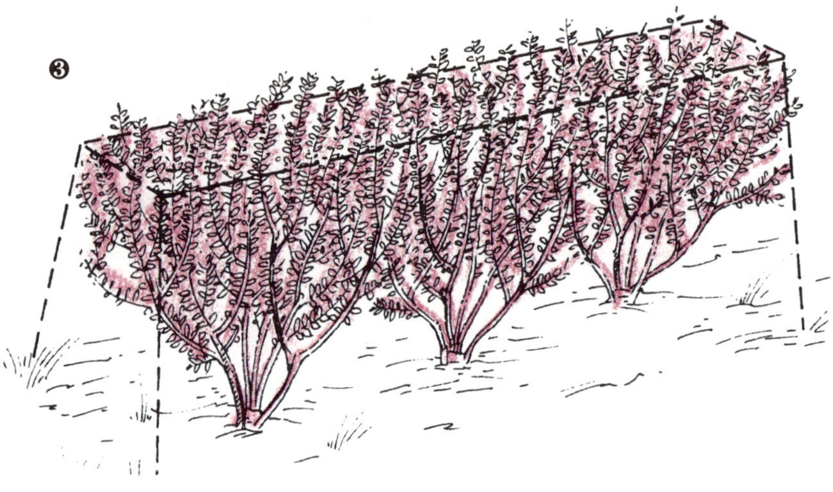

## La taille de formation en haie

### 1re année

❶ De novembre à mars, après la plantation en motte, rabattez les rameaux à 25-30 cm du sol pour obtenir des ramifications.

❷ En été, de juin à juillet, taillez à 50-60 cm du sol et en épaisseur pour permettre une densification de la végétation à la base de la haie avant l'hiver.

### Années suivantes

❸ En mai-juin, après la pousse du printemps et en août-septembre, taillez en allongeant progressivement la taille en hauteur et en largeur, jusqu'à l'obtention de la hauteur désirée.

## La taille d'entretien

Effectuez 2 tailles à la cisaille, la première en mai ou début juin, la seconde en août-septembre.

❶

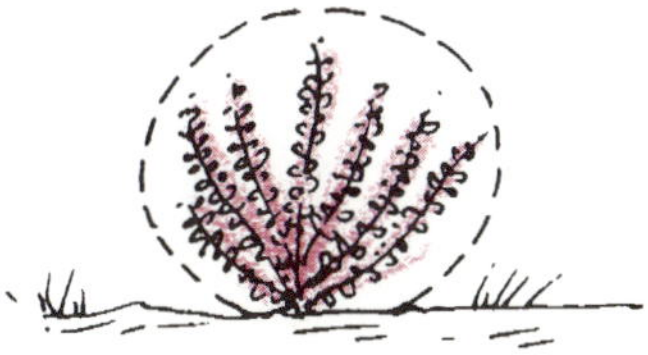

## La taille de formation en boule

❶ Après la plantation en motte, de novembre à mars, taillez les branches à 25-30 cm du sol en commençant à donner une forme de boule. Taillez à nouveau assez court en juin-juillet.

❷ à ❹ Les années suivantes, taillez en mai ou début juin et en août-septembre. Allongez suivant la vigueur des pousses jusqu'à obtenir une boule parfaite. Cette formation peut durer 4-5 ans et plus suivant le volume de la boule à obtenir.

❷

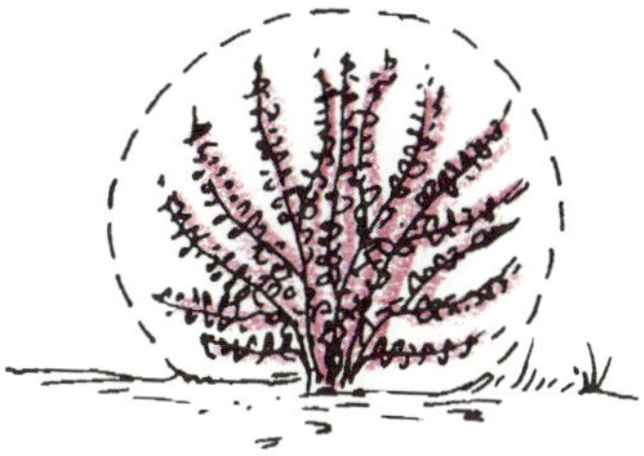

❸

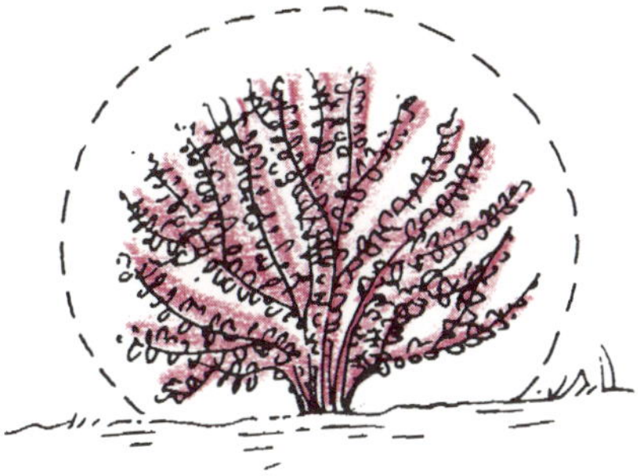

## La taille d'entretien

❺ Taillez plusieurs fois en cours de la saison dès que les pousses atteignent 5 cm pour garder une forme impeccable.

❹

❺

**Topiaire en forme de mouton**

## La taille de formation pour topiaire

De novembre à mars, après montage des armatures ou des carcasses de fil de fer et la plantation en motte, taillez les branches d'un tiers et dirigez-les dans tous les sens à partir du pied en les palissant. Taillez à nouveau en juin-juillet pour densifier la base tout en palissant. Les années suivantes, continuez la même taille pour obtenir un maximum de ramifications et arriver ainsi progressivement au volume désiré. Palissez dès le printemps et en cours de saison en suivant l'allongement des branches sur le moule métallique spécialement étudié.

## La taille d'entretien

La formation terminée, entretenez la forme par des tailles régulières sans vous laisser dépasser par la végétation. Taillez dès que les pousses atteignent 5 cm. Vous pouvez vous aider d'un dendroscope (ci-dessous) pour contrôler la régularité de la forme.

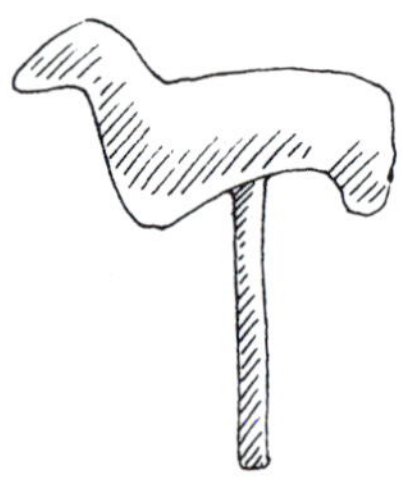

# Buisson ardent

*Pyracantha coccinea*

Arbuste/Rosacées

*Toutes les espèces de pyracanthas prospèrent dans tous les terrains sains, fertiles et bien drainés, même un peu calcaires. Ils demandent une exposition ensoleillée. Leur feuillage est persistant et leurs fleurs blanches, paraissant en juin, sont suivies de fruits rouges, jaunes ou orangés suivant les espèces et cultivars. Plantez-les en massif, en haie basse ou palissés en espalier.*

- **Taille de formation :** ***en touffe buissonnante.***
- **Durée de formation :** ***2 ans (3 à 4 ans pour les haies et en espalier).***
- **Taille d'entretien :** ***en mars (juin et fin août pour les haies).***
- **Taille de floraison ou de fructification :** ***sans.***
- **Tailles possibles :** ***en haie et palissé contre un mur.***
- **Hauteur :** ***3 m et plus.***
- **Distance de plantation :** ***1,50 à 2 m.***

❶

❷

❸

**Avant** **Après**

## La taille de formation en touffe buissonnante

### 1re année

❶ A la plantation en motte, de novembre à mars, taillez les branches de moitié environ.

### 2e année

❷ En mars, réduisez les nouvelles branches de moitié. Taillez plus court les branches vigoureuses. Taillez également les nouvelles pousses issues de la base. Supprimez celles trop grêles.

## La taille d'entretien

❸ En mars, éclaircissez la touffe en supprimant les rameaux disgracieux et les branches âgées.

# BUISSON ARDENT

❶

❷

❸

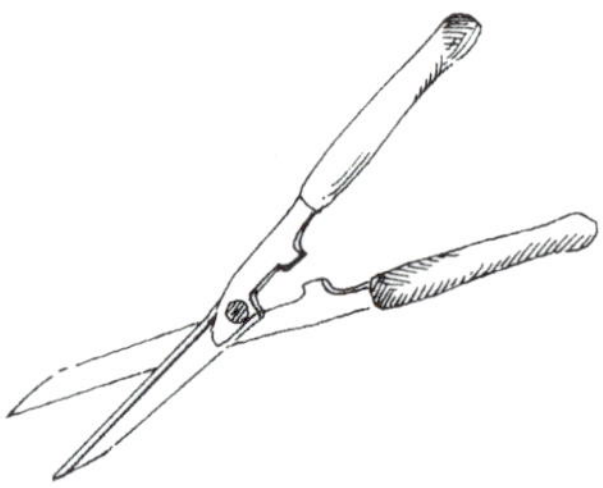

❹

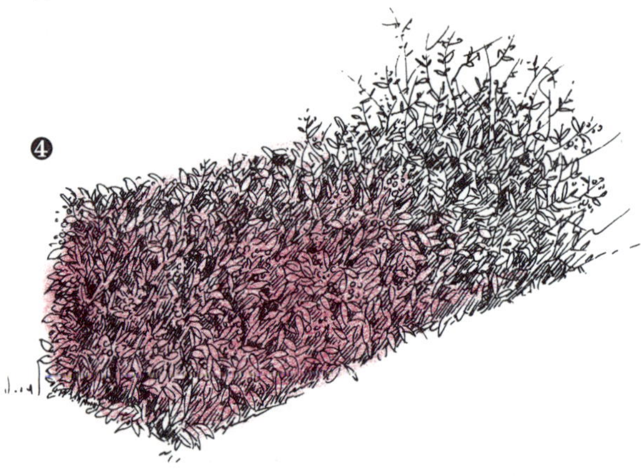

## La taille de formation en haie

### 1re année

❶ Après la plantation en motte, de novembre à mars, rabattez les branches de moitié pour obtenir des ramifications et densifier la base.

❷ En juin, taillez à 60-80 cm du sol et en épaisseur pour densifier la végétation à la base.

### 2e année et suivantes

❸ En mars, taillez les nouveaux rameaux des 2/3 en allongeant progressivement la taille en hauteur et en largeur.

## La taille d'entretien

❹ Effectuez à la cisaille une première taille en juin et une seconde fin août.

## La taille sur arbuste palissé contre un mur

Les premières années, taillez en mars en procédant de la même façon que pour les touffes.
Une fois la surface du mur suffisamment garnie, commencez la taille d'entretien.

## La taille d'entretien

En mars, supprimez les rameaux trop longs et les branches les plus âgées pour permettre le développement de nouvelles branches plus bas. Palissez les nouvelles pousses à mesure qu'elles se développent.

# Callicarpa

***Callicarpa bodinieri* 'Giraldii'**

Arbuste/Verbénacées

*Le callicarpa préfère les sols humifères non calcaires et frais et demande une exposition ensoleillée et une situation abritée. Le feuillage est caduc. Les fleurs rose lilas s'épanouissent de juillet à septembre. Des fruits violets apparaissent en octobre-novembre. Plantez le callicarpa en isolé ou en massif.*

- **Taille de formation : *en touffe buissonnante.***
- **Durée de formation : *2 ans.***
- **Taille d'entretien : *en mars.***
- **Taille de floraison ou de fructification : *sans.***
- **Taille possible : *sans.***
- **Hauteur : *3 m.***
- **Distance de plantation : *1,50 à 2 m.***

❶

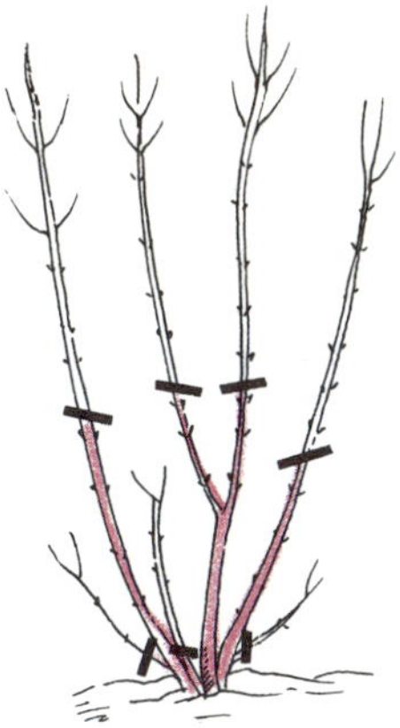

❷

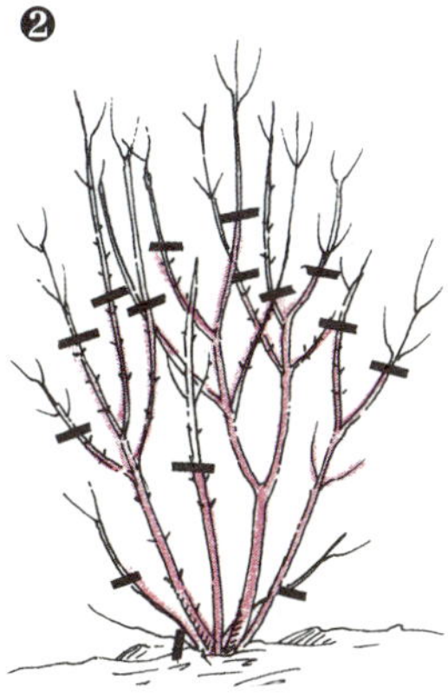

❸

## La taille de formation

### 1re année

❶ Après la plantation, de novembre à mars, taillez les branches de moitié environ au-dessus de 2 yeux opposés pour provoquer des ramifications.

### 2e année

❷ En février-mars, réduisez les branches de moitié environ. Taillez plus court les branches vigoureuses risquant de déséquilibrer la touffe.
Taillez également les nouvelles pousses issues de la base et supprimez celles mal placées.

## La taille d'entretien

❸ Éclaircissez l'arbuste en mars en supprimant les branches les plus âgées et les pousses grêles. Conservez les nouvelles pousses vigoureuses.

# Camélia

*Camellia japonica*

Arbuste/Théacées

*Le camélia demande une exposition mi-ombragée et une terre siliceuse et non calcaire. Si le sol ne convient pas, il faut le planter dans de la terre de bruyère. Le feuillage est persistant et les fleurs roses, rouges ou blanches s'épanouissent en mars-avril. Plantez-le en isolé, en massif, ou encore en pot ou en bac.*

- **Taille de formation :** ***en touffe buissonnante.***
- **Durée de formation :** ***croissante très lente, 3 ans et plus.***
- **Taille d'entretien :** ***sans, restauration possible.***
- **Taille de floraison :** ***taille légère après la floraison fin avril.***
- **Taille possible :** ***sans.***
- **Hauteur :** ***3 à 6 m.***
- **Distance de plantation :** ***2 à 3 m.***

❶

❷

## La taille de formation

### 1re année

❶ De novembre à mars, à la plantation en motte, taillez les branches principales à la moitié de leur longueur environ pour ramifier la plante et permettre le démarrage d'yeux situés plus bas, qui donneront naissance à de nouvelles branches. Taillez au-dessus d'un œil à la base d'une feuille.

### 2e année

❷ En mars, réduisez les branches de moitié environ. Taillez plus court les branches vigoureuses risquant de déséquilibrer la touffe. Taillez également de moitié les nouvelles pousses issues de la base.

### 3e année

❸ Laissez le camélia fleurir et taillez après la floraison fin avril. Continuez de tailler de moitié les branches supérieures pour obtenir des ramifications.
Les années suivantes, laissez la plante prendre sa forme naturellement et la floraison s'installer.

## La taille d'entretien

❹ Après la floraison, effectuez une taille légère en supprimant le bois mort et les rameaux dégarnis et aérez le centre de l'arbuste si sa ramure est trop compacte.

## La taille de restauration

❺ Si la plante est trop dégarnie et ne fleurit plus qu'en extrémité des branches, procédez éventuellement, en février-mars, à une taille de rajeunissement en rabattant les plus grosses branches à 30 cm du sol, soit en taillant sur un jeune repercement, soit au-dessus d'un nœud.

**L'année suivante**

Sélectionnez les pousses les mieux placées afin de redonner une forme à l'arbuste et supprimez celles en surnombre.

# Caryoptéris

*Caryopteris incana*

Arbuste/Verbénacées

*Le caryoptéris s'accommode de toute bonne terre de jardin, même calcaire, et d'une exposition ensoleillée. Son feuillage est caduc et ses fleurs violet clair paraissent en septembre-octobre. Plantez-le en isolé ou en massif.*

- **Taille de formation :** ***en touffe buissonnante.***
- **Durée de formation :** ***2 ans.***
- **Taille d'entretien :** ***en mars.***
- **Taille de floraison ou de fructification :** ***sans.***
- **Taille possible :** ***sans.***
- **Hauteur :** ***1,50 à 2,50 m.***
- **Distance de plantation :** ***1,50 à 2 m.***

❶

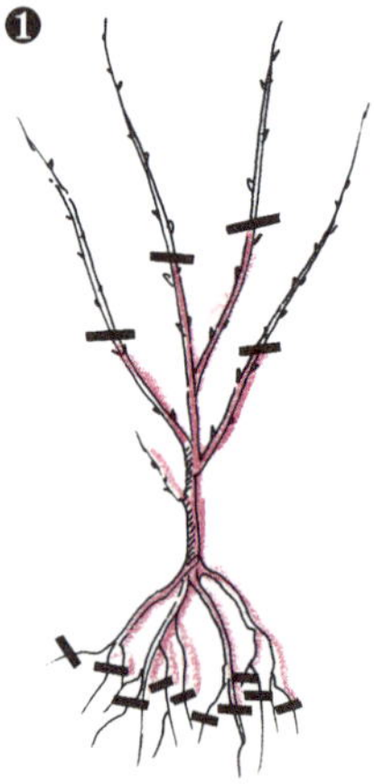

❷

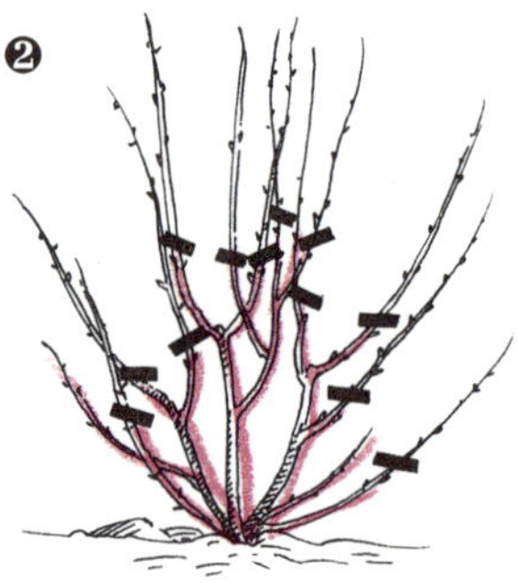

❸

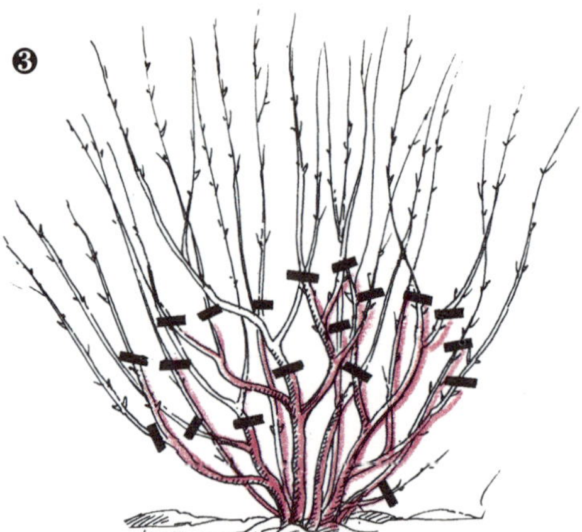

## La taille de formation

### 1re année

❶ A la plantation, de novembre à mars, habillez les racines et taillez les branches des 2/3 au-dessus d'un œil extérieur.

### 2e année

❷ En mars, taillez les branches ayant fleuri très courtes sur 2 yeux au-dessus de leur point de départ. Taillez de moitié environ les rameaux issus de la base.

## La taille d'entretien

❸ En mars, taillez les branches ayant fleuri sur 2 ou 3 yeux au-dessus de leur point de départ. Supprimez les plus vieilles branches si la charpente est trop enchevêtrée. Revenez sur des départs situés plus bas en les taillant sur 2 ou 3 yeux. Taillez des 2/3 les pousses issues de la base.

# Catalpa commun

***Catalpa bignonioides***

Arbre/Bignoniacées

*Quand le catalpa vieillit, son tronc et ses branches deviennent tortueux. C'est un arbre qui résiste bien à la pollution. Dans les régions froides, il faut le protéger contre les vents violents. Le catalpa fleurit en été longtemps après les autres arbres. Son feuillage est caduc. Le début de sa formation en parasol est particulière.*

- **Taille de formation :** ***en parasol.***
- **Durée de formation :** ***5 à 10 ans.***
- **Taille d'entretien :** ***élagage de novembre à janvier.***
- **Taille de floraison ou de fructification :** ***sans.***
- **Taille possible :** ***en cépée.***
- **Hauteur :** ***8 à 12 m.***
- **Distance de plantation :** ***10 m.***

❶

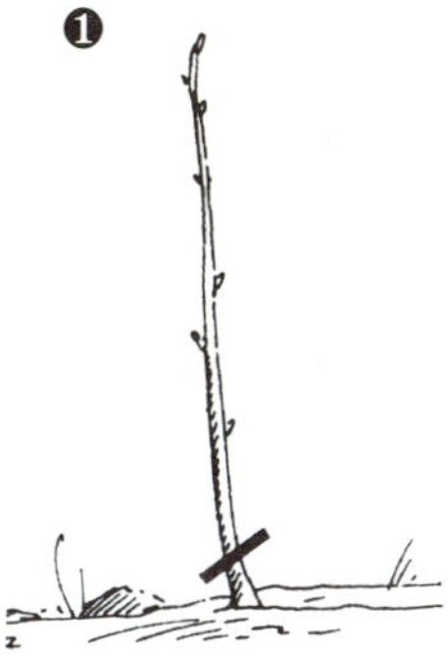

❷

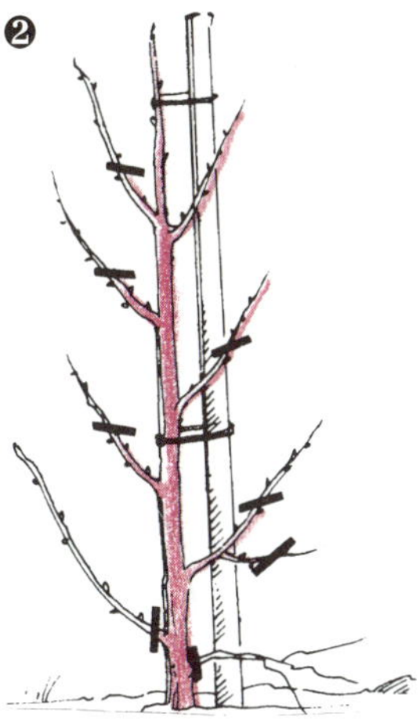

❸

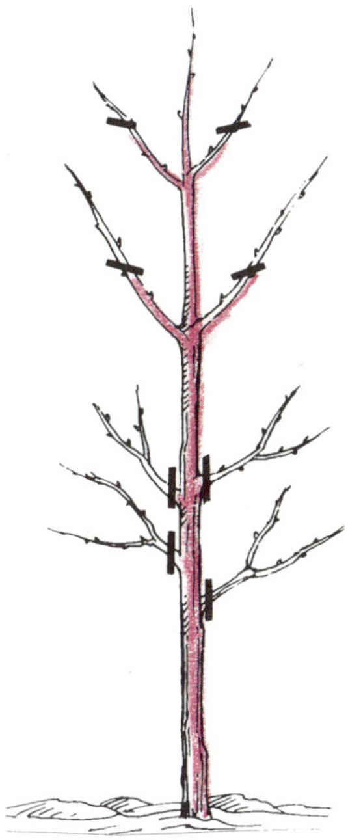

## La taille de formation en parasol

❶ Les 2 ou 3 premières années, en novembre, recépez le scion jusqu'à obtenir une tige de grande vigueur.

❷ Par la suite, palissez la flèche centrale au fur et à mesure de son développement. Taillez, de novembre à janvier, les pousses faibles de la base. Veillez à la prédominance de l'axe central en supprimant les bourgeons concurrents, taillez toute la végétation en trop et les départs vigoureux.

❸ Les années suivantes, supprimez le tuteurage. Durant le repos végétatif, commencez à supprimer les branches les plus basses pour monter le tronc, puis rabattez les premières branches hautes pour établir la charpente.

❹

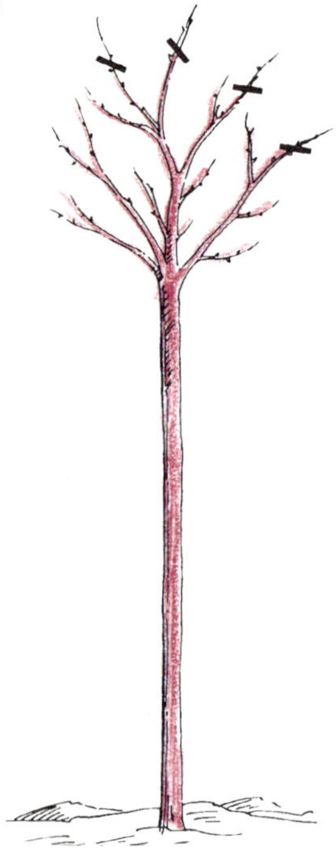

❹ Pour finir la formation en parasol, affaiblissez, en les taillant, le prolongement de la tige et les rameaux rapprochés du centre, afin de favoriser le développement des branches les plus extérieures.

## La taille d'entretien

❺ Le catalpa ne supporte pas très bien la taille, malgré sa végétation fougueuse, particulièrement dans sa jeunesse. Évitez de pratiquer des tailles formant de larges plaies qui auront du mal à cicatriser. Les tailles trop importantes défigurent sa forme majestueuse. Intervenez de novembre à janvier.

❺

❶

❷

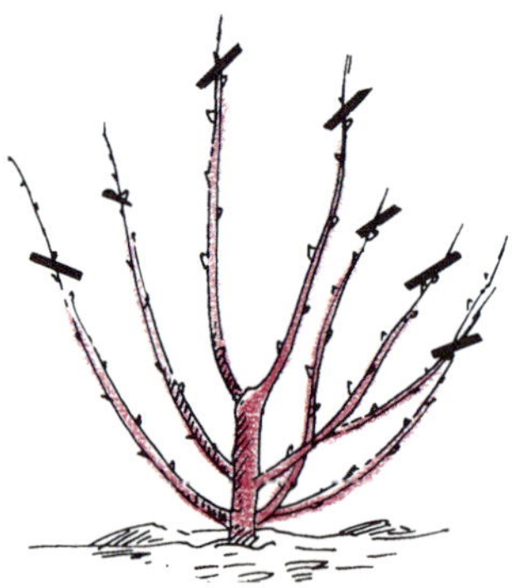

## La taille de formation en cépée

❶ En novembre, coupez à la base le jeune plant à 15-20 cm.

❷ Taillez en janvier les nouvelles pousses très légèrement pour favoriser des départs dans la partie basse et pour renforcer les ramifications de la cépée. Par la suite, surveillez les départs trop fougueux pour maintenir la forme.

# Céanothe

***Ceanothus x delilianus***

Arbuste/Rhamnacées

*Le céanothe demande une terre légère humifère et non calcaire et une exposition chaude et abritée. Le feuillage est caduc et les fleurs bleues s'épanouissent de juillet à septembre. Plantez-le en massif.*

- **Taille de formation :** ***en touffe buissonnante.***
- **Durée de formation :** ***1 à 2 ans.***
- **Taille d'entretien :** ***en mars.***
- **Taille de floraison ou de fructification :** ***sans.***
- **Taille possible :** ***sans.***
- **Hauteur :** ***1 à 1,50 m.***
- **Distance de plantation :** ***1,50 à 2 m.***

❶

❷

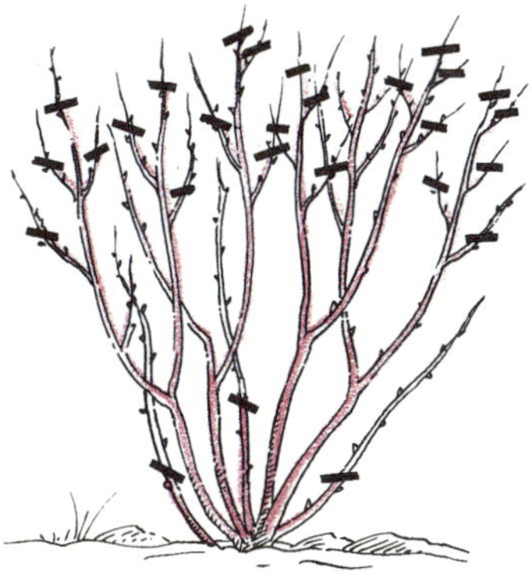

❸

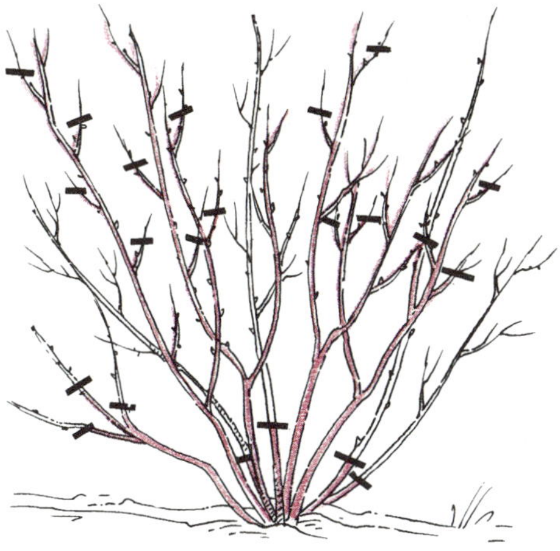

## La taille de formation

### 1re année

❶ A la plantation, de novembre à mars, habillez les racines si l'arbuste est livré à racines nues et taillez les branches des 2/3.

### 2e année

❷ En février-mars, taillez les nouvelles pousses obtenues aux 2/3 et les ramifications latérales des anciennes pousses à 10 cm de longueur. Supprimez les pousses grêles et mal placées.

## La taille d'entretien

❸ En février-mars, taillez le tiers des branches principales à 10 cm du sol et taillez les ramifications latérales des pousses conservées à 10 cm de longueur.

Si l'arbuste a gelé lors de l'hiver, rabattez l'ensemble de la touffe au ras du sol.

# Cèdre de l'Atlas

***Cedrus atlantica***

Conifère/Pinacées

*Le cèdre de l'Atlas est très apprécié pour sa structure pyramidale irrégulière, ses faibles exigences, ainsi que sa facilité de culture. Il demande une situation ensoleillée et une atmosphère tempérée. Il supporte les sols légèrement calcaires.*

- **Taille de formation :** ***naturelle.***
- **Durée de formation :** ***10 ans et plus.***
- **Taille d'entretien :** ***de novembre à janvier.***
- **Taille de floraison ou de fructification :** ***sans.***
- **Taille possible :** ***sans.***
- **Hauteur :** ***30 à 40 m.***
- **Distance de plantation :** ***20 m.***

❶

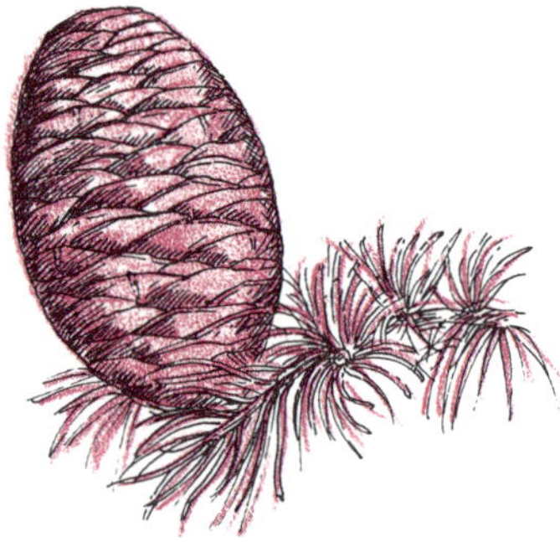

❷

## La taille de formation naturelle

❶ Les jeunes sujets développent souvent des flèches doubles, supprimez en février la plus faible des pousses terminales. Par la suite, continuez à surveiller que l'axe central ait la prédominance. En octobre-novembre, rabattez très légèrement les pousses de l'année sur une pousse latérale pour rendre la forme plus trapue. Supprimez à la base le bois mort ou malade.

## La taille d'entretien

❷ La taille n'est pas nécessaire. Durant le repos végétatif, il est possible d'épointer les pousses latérales pour régulariser la silhouette. Supprimez au ras du tronc les branches gênantes.

# Cerisier du Japon

*Prunus serrulata*

Arbre/Rosacées

*Le cerisier du Japon préfère les sols fertiles et frais. Son feuillage, caduc, est de couleur bronze au débourrage et vert clair en été, il se pare de couleurs vives et intenses à l'automne. Ses fleurs sont simples ou doubles, blanches, roses, rouges ou pourpres.*

- **Taille de formation :** ***sur tige à ramure creuse.***
- **Durée de formation :** ***5 ans.***
- **Taille d'entretien :** ***élagage en novembre.***
- **Taille de floraison ou de fructification :** ***sans.***
- **Taille possible :** ***en cépée.***
- **Hauteur :** ***4 à 8 m.***
- **Distance de plantation :** ***5 à 10 m.***

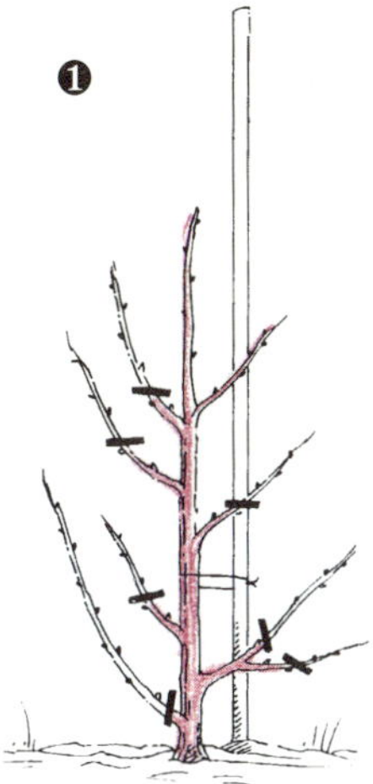

❶

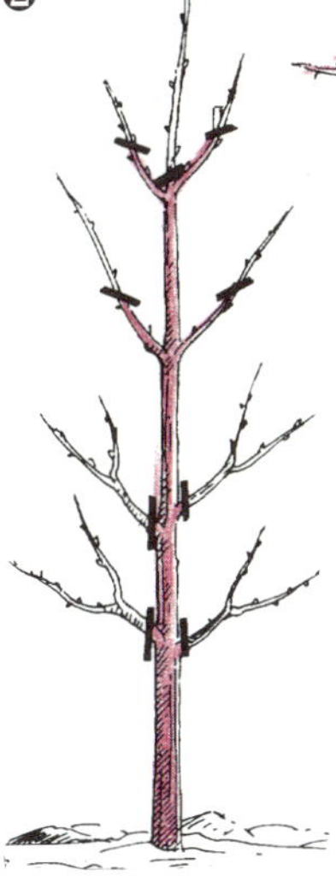

❷

❸

## La taille de formation sur tige à ramure creuse

❶ Les premières années, palissez en juin la flèche centrale. Taillez les pousses faibles de la base en novembre. Coupez la végétation superflue ou mal placée qui déséquilibre la forme.

❷ Par la suite, rabattez en automne la flèche et les premières branches hautes, supprimez les branches basses au ras du tronc.

❸ Établissez ensuite, à la même époque de l'année, une charpente en creux de 5 à 6 branches environ, le plus régulièrement espacées. Supprimez les pousses trop vigoureuses qui pourraient refaire un axe principal et les branches qui viennent à l'intérieur de la forme.

❹

## La taille d'entretien

❹ De croissance très rapide, le cerisier du Japon supporte mal la taille sur des circonférences importantes, qui entraîne des écoulements de gomme même en désinfectant les plaies pour accélérer la cicatrisation. L'élagage se pratique en novembre.

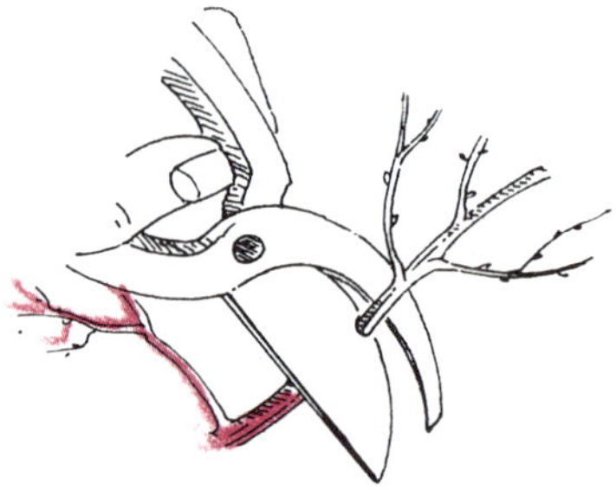

❶

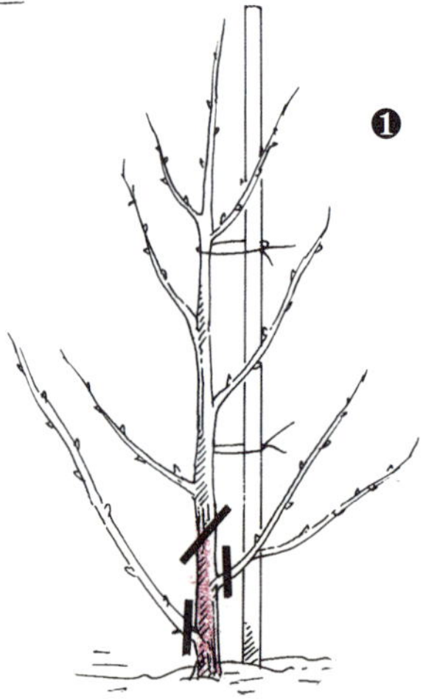

❷

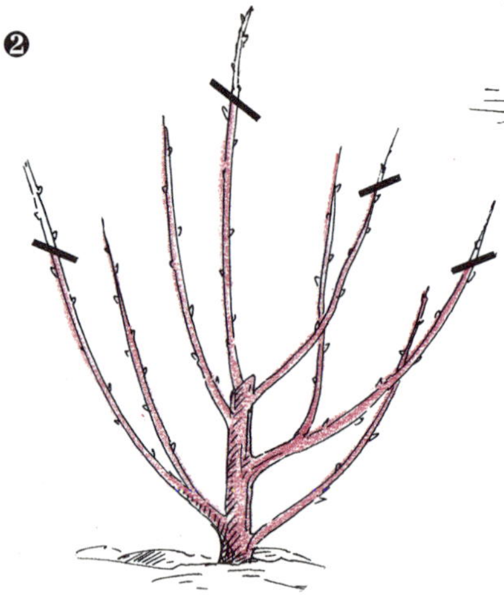

## La taille de formation en cépée

❶ En novembre, rabattez le jeune arbre en taillant très court le tronc à environ 20 à 30 cm de hauteur.

❷ Par la suite, épointez légèrement les plus grands départs obtenus (plus sévèrement le plus central) pour favoriser les ramifications et pour étoffer la forme. Taillez toute la végétation trop fougueuse proche de « l'axe » pour maintenir la forme les années suivantes.

# Chêne

*Quercus*

Arbre/Fagacées

*Trop systématiquement considéré comme un arbre forestier, le chêne peut néanmoins prendre place dans de grands jardins. On peut en France cultiver 60 à 90 espèces, caduques ou persistantes, parmi les 250 à 450 connues dans le monde. Le chêne est, et reste, le symbole de la majesté et de la longévité.*

- **Taille de formation :** ***sur tige (arrondie, ovoïde... selon l'espèce).***
- **Durée de formation :** ***10 à 20 ans.***
- **Taille d'entretien :** ***élagage de novembre à février.***
- **Taille de floraison ou de fructification :** ***sans.***
- **Tailles possibles :** ***en cépée, à la française.***
- **Hauteur :** ***10 à 30 m.***
- **Distance de plantation :** ***10 à 20 m.***

❶

❷

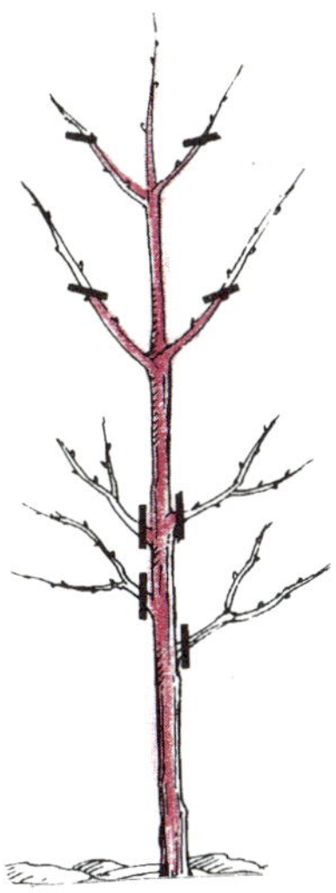

❸

## La taille de formation sur tige

### A cime arrondie

❶ Durant les premières années de formation, tuteurez le jeune arbre et taillez, de novembre à février, les pousses faibles de la base du tronc. Taillez toute la végétation en trop, ainsi que les départs vigoureux qui pourraient faire concurrence à l'axe central.

❷ et ❸ Les années suivantes, durant le repos végétatif, supprimez les branches basses au ras du tronc, rabattez les premières branches hautes pour établir la charpente. Maintenez ensuite le développement du rameau central pour favoriser l'allongement nécessaire des branches latérales.

❶

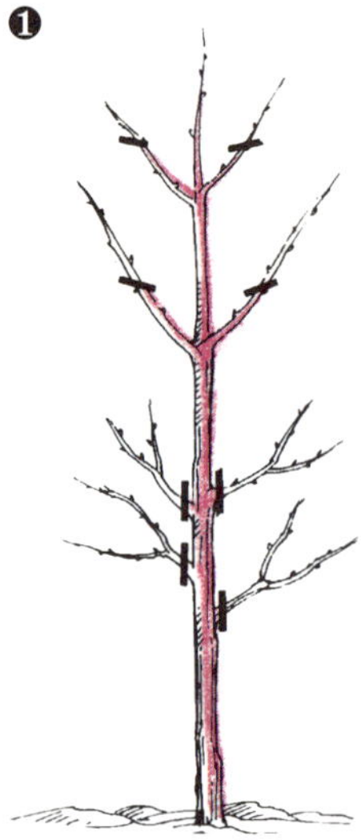

### Type ovoïde

❶ Les premières années, comme pour la formation à cime arrondie, veillez à la prédominance de l'axe central qui forme le tronc en supprimant les bourgeons concurrents. Supprimez les branches les plus basses pour monter le tronc progressivement. Rabattez les premières branches hautes pour établir la charpente.
❷ Maintenez le développement du prolongement de la tige afin que les branches latérales aient toujours environ les 2/3 de la longueur de la tige centrale.

❷

❸

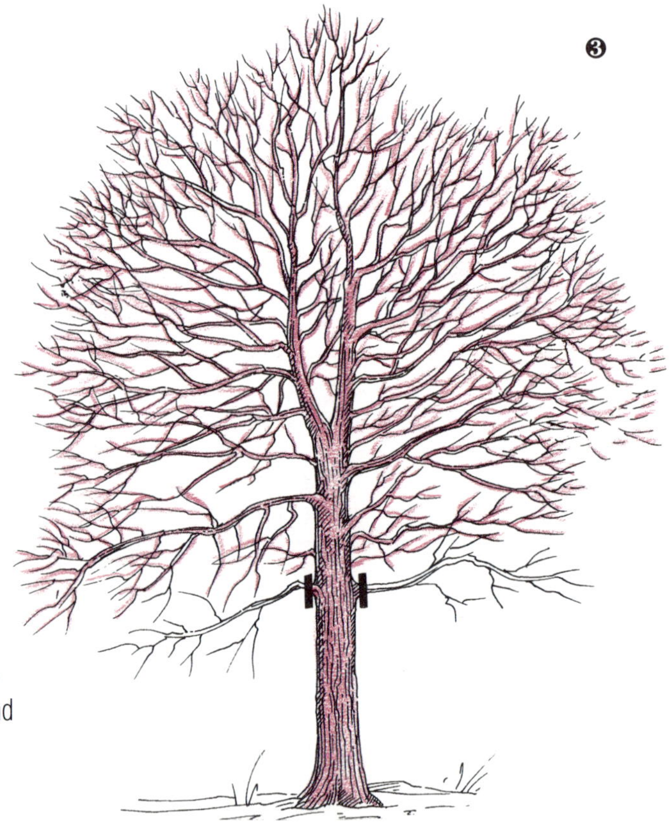

## La taille d'entretien

❸ La croissance du chêne est lente, mais il supporte très bien la taille. Il rejette facilement de souche et drageonne parfois. Les coupes importantes devront quand même être l'objet de soins pour assurer une bonne cicatrisation. Intervenez de novembre à février.

❶
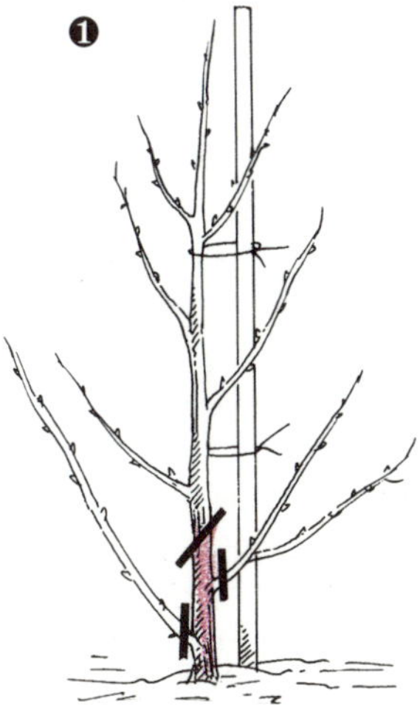

## La taille de formation en cépée

❶ De novembre à février, rabattez le jeune arbre en taillant le tronc très court, à environ 50-80 cm du sol, pour obtenir des ramifications.
❷ Les années suivantes, durant le repos végétatif, taillez les plus grands départs (plus sévèrement le plus central) pour favoriser les ramifications et pour étoffer la forme. Par la suite, taillez toute la végétation trop fougueuse proche de « l'axe » pour maintenir la forme.

❷
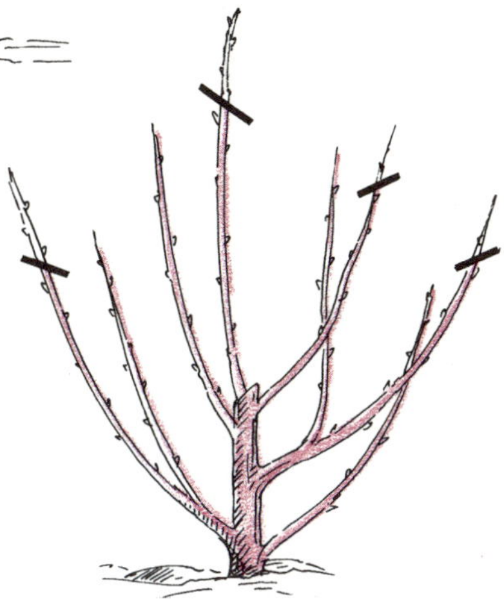

❶
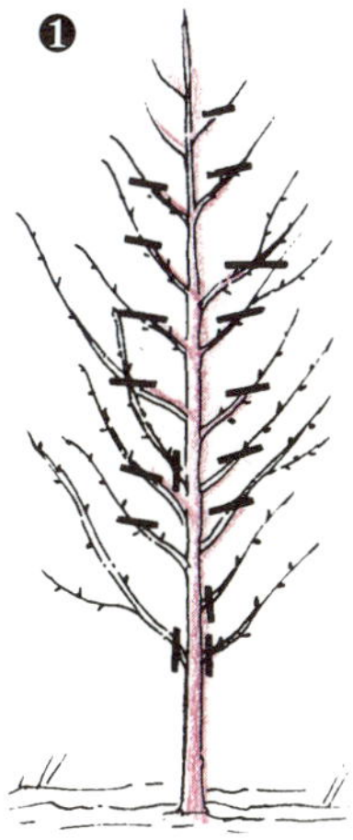

❷
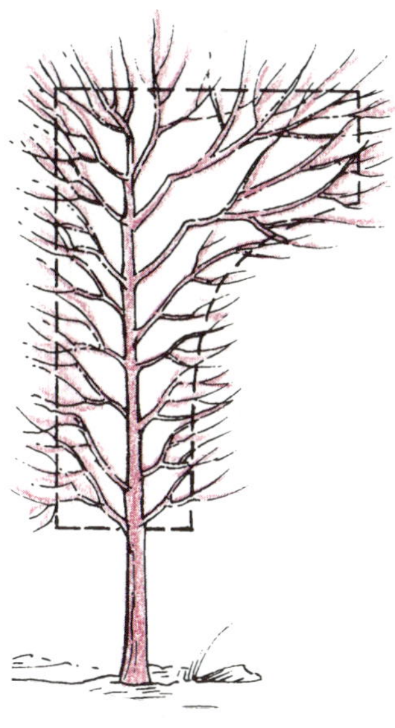

## La taille à la française

❶ Après les premières années de formation sur tige, lorsque l'arbre est suffisamment vigoureux, sélectionnez et favorisez par une taille légère, en janvier, les ramifications à proximité du tronc.
❷ Laissez s'allonger les charpentières et les ramifications. Ensuite taillez définitivement l'arbre selon la forme voulue (ci-contre, une marquise simple). Entretenez régulièrement, si possible une fois par an, en décembre-janvier.

# Chèvrefeuille des jardins

***Lonicera caprifolium***

Grimpante/Caprifoliacées

*Le chèvrefeuille des jardins est une liane à rameaux volubiles entrelacés et à feuillage caduc. Les fleurs sont très odorantes et donnent naissance à des fruits rouge orangé. Peu exigeant, il résiste à l'hiver et supporte le soleil comme la pénombre. Plantez-le en terre meuble, riche et un peu humide.*

- **Taille de formation :** ***palissage.***
- **Durée de formation :** ***6 ans.***
- **Taille d'entretien :** ***de novembre à janvier.***
- **Taille de floraison ou de fructification :** ***sans.***
- **Taille possible :** ***sans.***
- **Hauteur :** ***3 à 4 m.***
- **Distance de plantation :** ***2 à 5 m.***

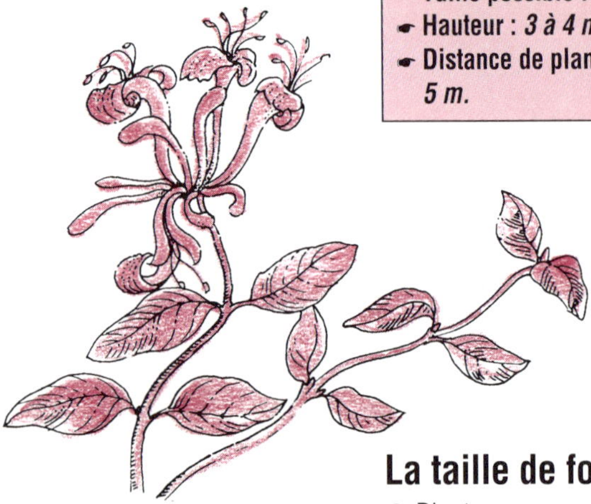

❶

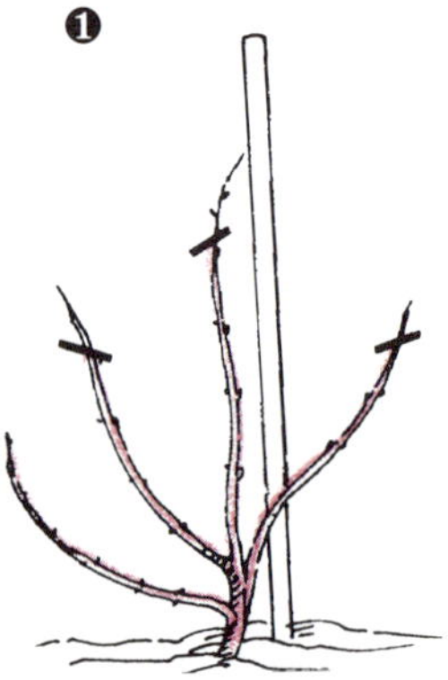

❷

## La taille de formation

❶ Plantez en novembre en gardant un tuteurage pour accrocher les premiers rameaux. Épointez les flèches trop longues pour faciliter la reprise, mais aussi, et surtout, pour favoriser la densification des tiges.

## La taille d'entretien

❷ De novembre à janvier, taillez les branches mortes ou endommagées en rabattant à 2 ou 3 yeux. Complétez la taille par un éclaircissage en début de printemps.

# Chèvrefeuille (nitida)

***Lonicera nitida***

Arbuste/Caprifoliacées

*Le* Lonicera nitida *se contente d'un sol ordinaire, bien drainé et demande une exposition ensoleillée. Son feuillage est persistant. Ses petites fleurs blanches sans grand intérêt sont suivies de baies violettes. Plantez-le en massif et en haie taillée.*

- **Taille de formation :** ***en touffe buissonnante.***
- **Durée de formation :** ***2 ans.***
- **Taille d'entretien :** ***en février-mars (toutes les 6 semaines d'avril-mai à septembre pour les haies).***
- **Taille de floraison ou de fructification :** ***sans.***
- **Taille possible :** ***en haie basse.***
- **Hauteur :** ***1 à 1,50 m.***
- **Distance de plantation :** ***1 m (en haie 0,60 m).***

❶

❷

## La taille de formation en touffe buissonnante

### 1e année

❶ A la plantation en motte, de novembre à mars, taillez les branches de moitié pour ramifier la touffe.

### 2e année

❷ La taille de formation peut être considérée comme terminée. De nombreux rameaux se sont développés. La taille de la 2e année est plus une taille d'entretien qu'une taille de formation. En février-mars, diminuez la longueur des branches en revenant sur des départs situés plus bas. Supprimez les rameaux encombrant l'intérieur de la touffe et ceux trop grêles pour éclaircir l'arbuste.

❸

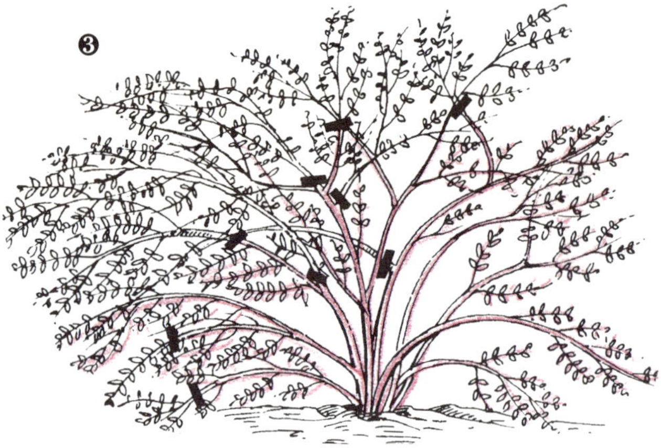

Avant Après

## La taille d'entretien

❸ En février-mars, éclaircissez la touffe, diminuez la longueur des branches en revenant sur des départs bien placés, dirigés vers l'extérieur et situés plus bas. Supprimez les rameaux qui s'enchevêtrent et encombrent le centre de l'arbuste.

❶

❷

## La taille de formation en haie

### 1e année

❶ Après la plantation, de novembre à mars, rabattez toutes les branches à 20-30 cm du sol pour obtenir des ramifications et densifier la base.
En juin, taillez à 50 cm du sol, et en épaisseur, pour densifier la végétation à la base.

### 2e année et suivantes

❷ En février-mars, en juin et en août, taillez les nouveaux rameaux des 2/3 environ en allongeant progressivement la taille en hauteur et en épaisseur jusqu'aux dimensions désirées et jusqu'à l'obtention d'une végétation compacte.

❸

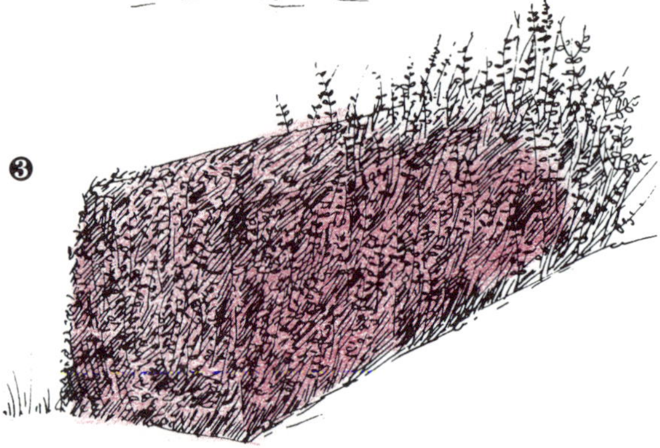

## La taille d'entretien

❸ D'avril à septembre, taillez à la cisaille toutes les 4 à 6 semaines pour maintenir une végétation compacte et tenir la haie nette.

# Chèvrefeuille (pileata)

***Lonicera pileata***

Arbuste/Caprifoliacées

*Le feuillage de ce chèvrefeuille est persistant et ses fleurs blanches paraissant en avril-mai sont suivies de baies bleues. Plantez-le en premier rang de massif, sur talus ou en rocaille, en sol ordinaire, bien drainé. Il demande une exposition ensoleillée.*

- **Taille de formation :** ***en touffe étalée.***
- **Durée de formation :** ***2 ans.***
- **Taille d'entretien :** ***en mars.***
- **Taille de floraison ou de fructification :** ***sans.***
- **Taille possible :** ***sans.***
- **Hauteur :** ***0,50 à 1 m.***
- **Distance de plantation :** ***1 à 1,50 m.***

❶

❷

❸

## La taille de formation

### 1re année

❶ A la plantation, de novembre à mars, supprimez simplement les branches endommagées et laissez cet arbuste couvre-sol prendre sa forme naturelle.

### 2e année

❷ En mars, veillez au bon équilibre de l'arbuste. Si certaines branches se développent trop d'un côté, taillez sur des départs latéraux pour rééquilibrer la touffe.

## La taille d'entretien

❸ Les premières années, il n'est pas nécessaire de tailler. Si l'arbuste devient trop envahissant, effectuez en mars une taille de rapprochement en supprimant le plus vieux bois et en revenant sur des branches secondaires situées plus près du centre.

# Chimonanthus

***Chimonanthus præcox***

Arbuste/Calycanthacées

*Le chimonanthus demande une bonne terre de jardin et une exposition ensoleillée et abritée. Le feuillage est caduc et les fleurs jaunes au centre brun pourpre sont présentes de novembre à mars. Plantez-le en isolé, en groupe ou palissé contre un mur.*

- **Taille de formation :** ***en touffe buissonnante.***
- **Durée de formation :** ***2 ans.***
- **Taille d'entretien :** ***après la floraison.***
- **Taille de floraison ou de fructification :** ***fin mars après la floraison.***
- **Taille possible :** ***palissé contre un mur.***
- **Hauteur :** ***2 à 3 m.***
- **Distance de plantation :** ***2 m.***

❶

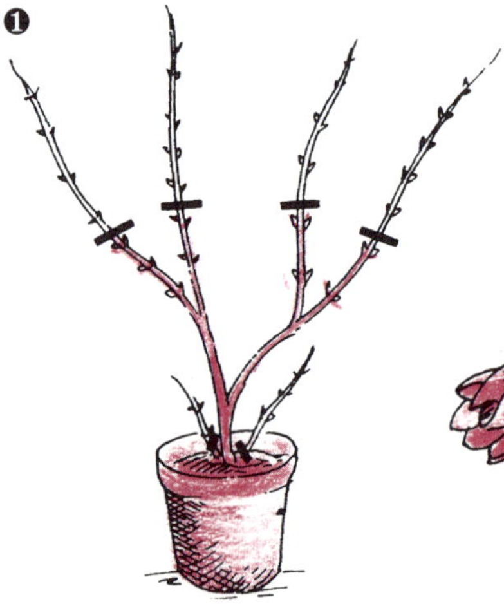

❷

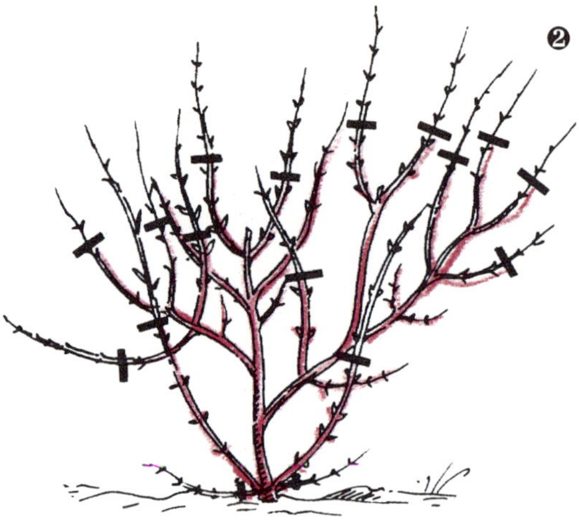

## La taille de formation en touffe buissonnante

### 1re année

❶ A la plantation en motte, de novembre à mars, taillez les branches de moitié environ pour provoquer des ramifications. Supprimez les pousses faibles de la base.

### 2e année

❷ Fin mars après la floraison, réduisez les nouvelles branches de moitié environ. Taillez plus court les branches vigoureuses risquant de déséquilibrer la touffe. Taillez également de moitié les nouvelles pousses issues de la base et supprimez celles trop grêles ou mal placées.

❸

## La taille d'entretien

❸ Le chimonanthus doit être taillé légèrement. Après la floraison fin mars, éclaircissez simplement la touffe en supprimant les vieilles branches devenues peu florifères et le bois mort.

## La taille sur arbuste palissé

❹ Après la floraison fin mars, supprimez les vieilles branches devenues peu florifères et palissez sur leur support les nouvelles pousses issues de la base de l'arbuste en les taillant de moitié environ.

❹

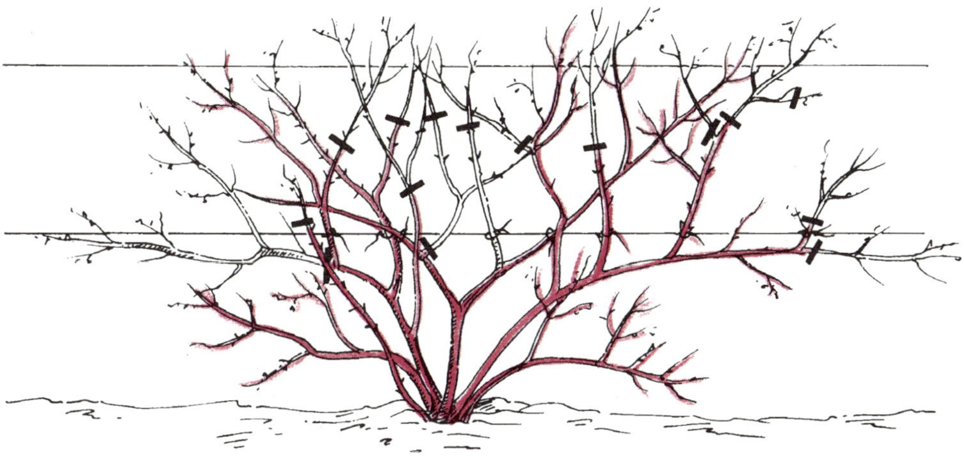

# Clématite

***Clematis***

Grimpante/Ranunculacées

*Il existe plus de 230 espèces de clématites classées en 2 groupes, les clématites à grandes fleurs* (C. patens, lanuginosa, jackmanii, florida...) *et les clématites à petites fleurs* (C. alpina, armandii, flammula, macropetala, orientalis...). *Les clématites se plaisent dans la plupart des sols de jardin. Les cultivars à grandes fleurs préfèrent les terres fertiles, légères ou bien drainées, sans calcaire. Plantez les clématites en pleine lumière, mais sans soleil. Maintenez la base de la tige ombragée. La floraison est magnifique sur les nombreux cultivars existants.*

- **Taille de formation :** ***palissage.***
- **Durée de formation :** ***3 à 4 ans.***
- **Taille d'entretien :** ***fin février-début mars.***
- **Taille de floraison ou de fructification :** ***selon les espèces.***
- **Taille possible :** ***sans.***
- **Hauteur :** ***2 à 10 m.***
- **Distance de plantation :** ***5 m minimum.***

❶

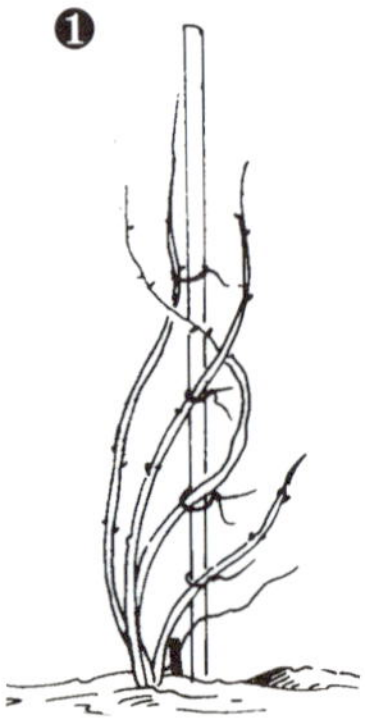

❷

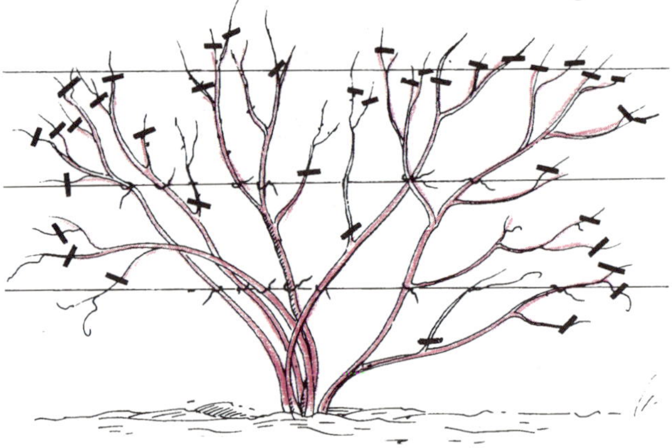

## La taille de formation

❶ A la plantation, évitez de tailler le jeune pied. Au besoin supprimez les jeunes tiges mal venues. Palissez les rameaux sur un support pour faciliter leur accroche.

## La taille d'entretien

### Les espèces à grandes fleurs

❷ Ne taillez pas sévèrement les espèces fleurissant sur le bois d'un an *(C. patens, florida...)*, supprimez les tiges faibles, éclaircissez éventuellement celles qui sont gardées, puis raccourcissez-les légèrement. Taillez de la même façon *C. lanuginosa,* mais un peu plus court pour favoriser la deuxième floraison.

❸

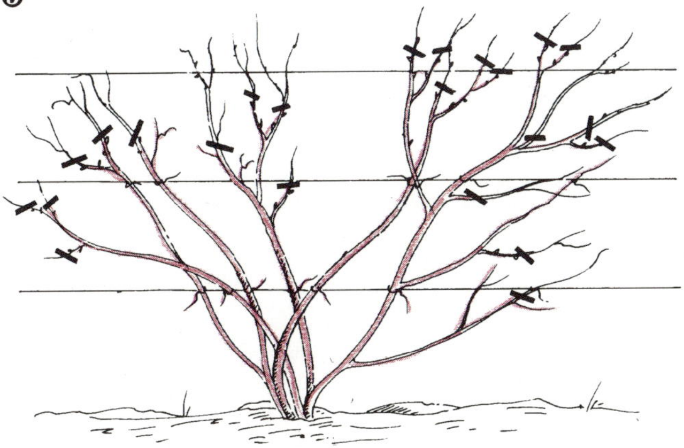

❹

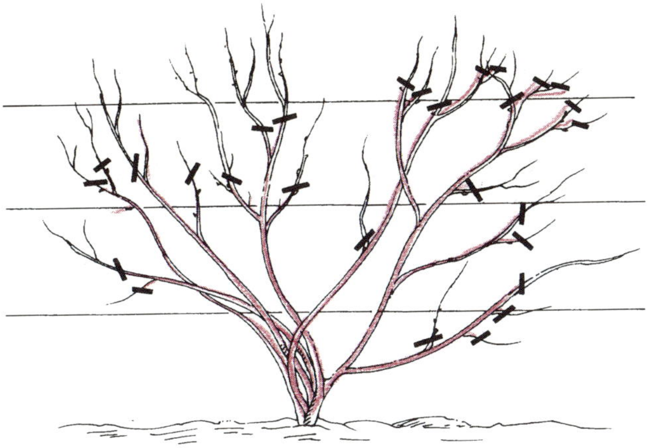

❺

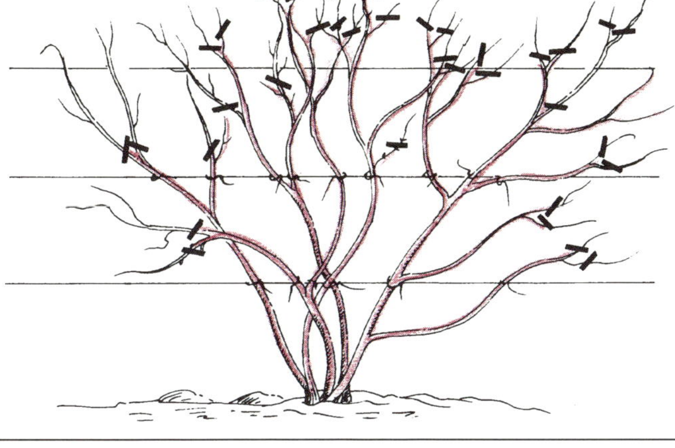

❸ Les rameaux gardés après éclaircissage des espèces fleurissant sur les jeunes pousses *(C. jackmanii...)* sont rabattus à 1 ou 2 nœuds au début mars.

## Les espèces à petites fleurs

❹ Taillez long *C. alpina, armandii, macropetala, montana, spooneri, verdranensis...* (environ 5 à 6 nœuds) dès la fin de la floraison.

❺ Taillez court ou très court (1 à 2 nœuds) *C. flammula, orientalis, tangutica, texensis...* en mars.

En règle générale, taillez légèrement, supprimez les tiges grêles, éclaircissez les autres tiges en les taillant modérément (de 3 à 6 nœuds).

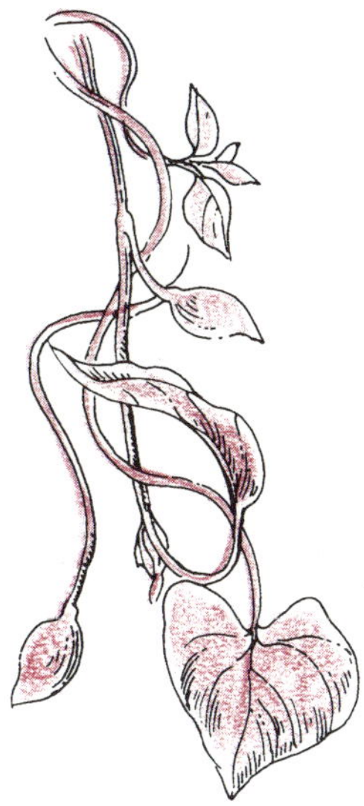

# Clérodendron

***Clerodendron trichotomum***

Arbuste/Verbénacées

*Le clérodendron doit être planté dans une bonne terre de jardin et dans un endroit ensoleillé et abrité des vents froids. Cultivé en pot, il faut le rentrer à l'abri l'hiver. Le feuillage est caduc et les fleurs blanches en étoile à calice rougeâtre apparaissent d'août à septembre. Elles sont suivies de fruits bleu vert insérés dans le calice persistant rouge foncé en octobre. Plantez le clérodendron en isolé, en pot ou en bac.*

- **Taille de formation :** ***en touffe buissonnante.***
- **Durée de formation :** ***2 à 3 ans.***
- **Taille d'entretien :** ***taille de rajeunissement et nettoyage en février-mars.***
- **Taille de floraison ou de fructification :** ***sans.***
- **Taille possible :** ***sans.***
- **Hauteur :** ***3 m.***
- **Distance de plantation :** ***à planter en isolé.***

❶

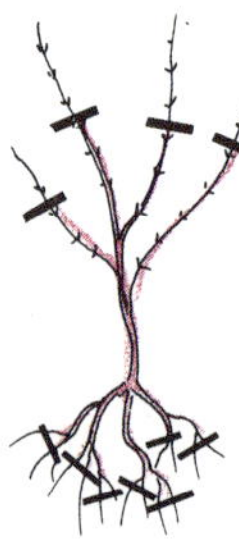

❷

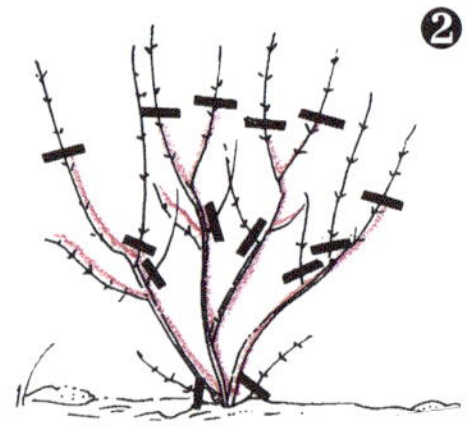

❸

❹

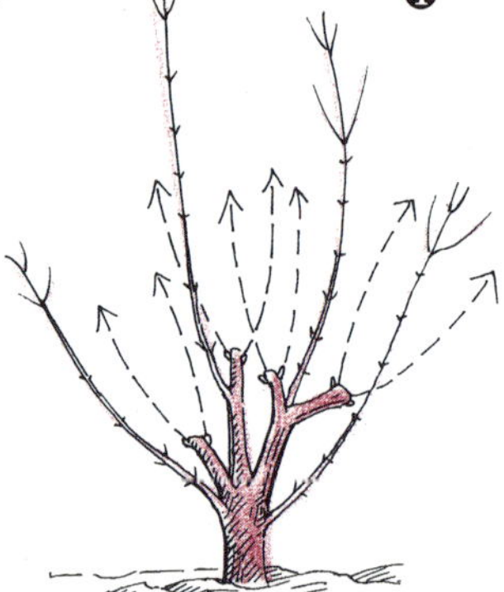

## La taille de formation

**1re année**

❶ A la plantation, habillez les racines si l'arbuste est livré à racines nues et taillez les branches de moitié environ.

**2e année**

❷ En février-mars, taillez les branches de moitié environ et supprimez celles se dirigeant vers l'intérieur de la touffe ainsi que les pousses grêles et mal placées.

## La taille d'entretien

❸ et ❹ En février-mars, rabattez les branches les plus anciennes à 30 cm du sol pour favoriser la repousse et supprimez les extrémités des rameaux endommagés par le gel s'il y a lieu.

# Cognassier du Japon

***Chænomeles japonica***

Arbuste/Rosacées

*Le cognassier du Japon demande une bonne terre de jardin légère et peu calcaire et une exposition ensoleillée. Son feuillage est caduc et ses fleurs rouges s'épanouissent en avril. Elles se transforment, à l'automne, en petits fruits jaune d'or. Plantez le cognassier du Japon en massif ou palissé contre un mur.*

- **Taille de formation :** ***en touffe buissonnante.***
- **Durée de formation :** ***2 ans.***
- **Taille d'entretien :** ***après la floraison.***
- **Taille de floraison ou de fructification :** ***après la floraison fin avril-début mai.***
- **Taille possible :** ***palissé contre un mur.***
- **Hauteur :** ***1 à 2 m.***
- **Distance de plantation :** ***1,50 à 2 m.***

❶

❷

## La taille de formation en touffe buissonnante

### 1re année

❶ A la plantation en motte, de novembre à mars, taillez les branches principales de moitié pour obtenir des ramifications. Supprimez les pousses grêles à la base de l'arbuste.

### 2e année

❷ En mars, réduisez de moitié les rameaux d'extrémité ne portant pas de fleurs et taillez les nouvelles pousses issues de la base également de la moitié de leur longueur. Taillez plus court les branches vigoureuses risquant de déséquilibrer la touffe. Supprimez les pousses trop grêles à la base.

❸

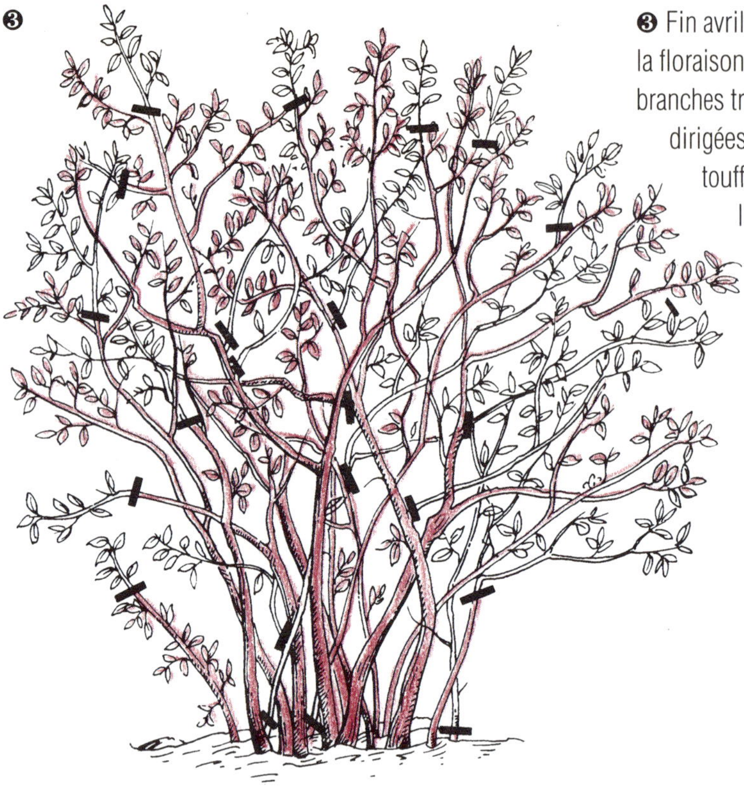

## La taille d'entretien

❸ Fin avril-début mai, après la floraison, éclaircissez les branches trop chargées et celles dirigées vers l'intérieur de la touffe pour l'aérer. Nettoyez l'arbuste en éliminant les branches mortes ou trop chétives.

❹

## La taille sur arbuste palissé

❹ Après la floraison fin avril, taillez de moitié les nouvelles pousses issues de la base et supprimez, si nécessaire, les vieilles branches qui ne portent plus beaucoup de fleurs. Palissez les nouvelles branches à leur place. Taillez toutes les autres pousses à 2 ou 3 yeux, situés à la base des feuilles.

# Copalme

***Liquidambar styraciflua***

Arbre/Hamamélidacées

*Le copalme est un arbre rustique appréciant les sols humides et non calcaires. Son feuillage chatoyant en automne est très étonnant et décoratif. Il est caduc. Cet arbre résiste bien aux parasites, aux maladies et au froid. Il faut le planter en isolé, car il occupera beaucoup de place dans votre jardin.*

- **Taille de formation :** ***naturelle.***
- **Durée de formation :** ***10 ans.***
- **Taille d'entretien :** ***élagage de novembre à janvier.***
- **Taille de floraison ou de fructification :** ***sans.***
- **Tailles possibles :** ***sur tige, en cépée.***
- **Hauteur :** ***15 à 20 m.***
- **Distance de plantation :** ***10 m.***

❶

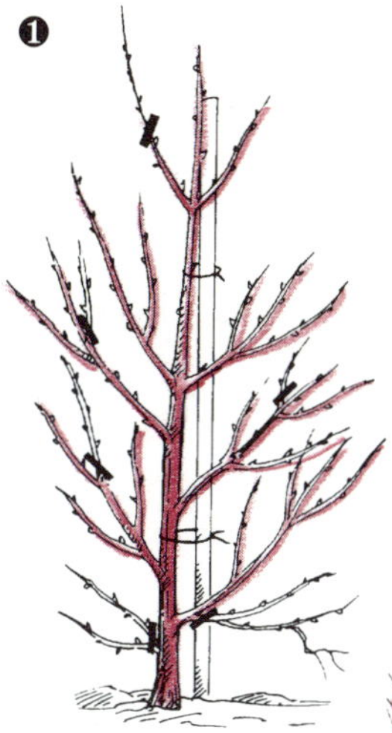

❷

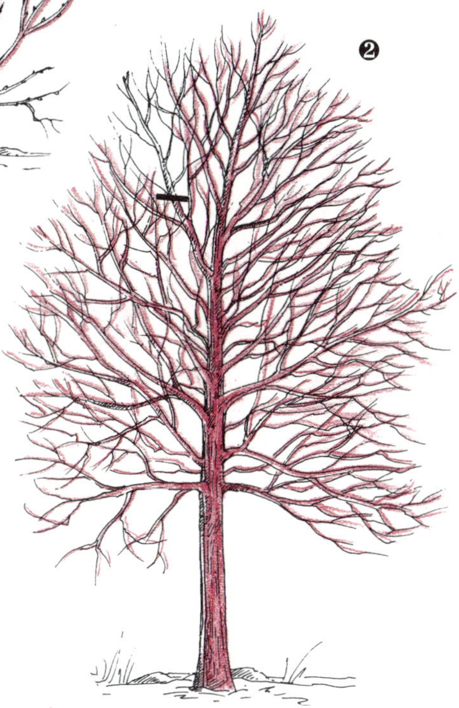

## La taille de formation naturelle

❶ Les premières années, palissez la flèche centrale au fur et à mesure de son développement. Veillez à la prédominance de l'axe central qui forme le tronc en supprimant, en novembre, les bourgeons concurrents. Taillez les pousses faibles de la base. Par la suite, taillez toute la végétation en trop et les départs vigoureux. Supprimez le bois mort ou malade.

## La taille d'entretien

❷ Évitez les grosses tailles quand l'arbre est jeune. Conservez au copalme sa forme régulière et dense qu'il prend naturellement. Il rejette bien de souche ce qui permet de former de belles cépées.

❶

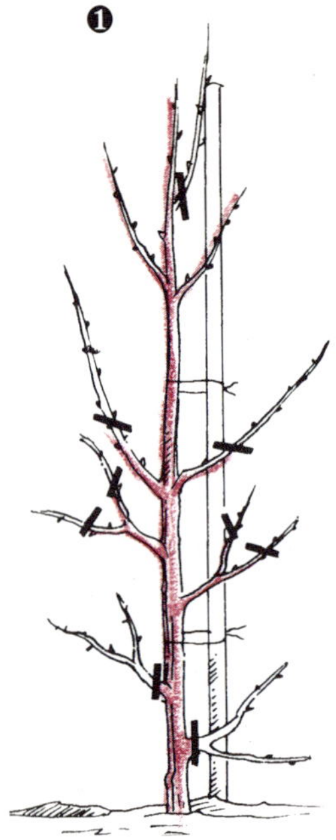

❷

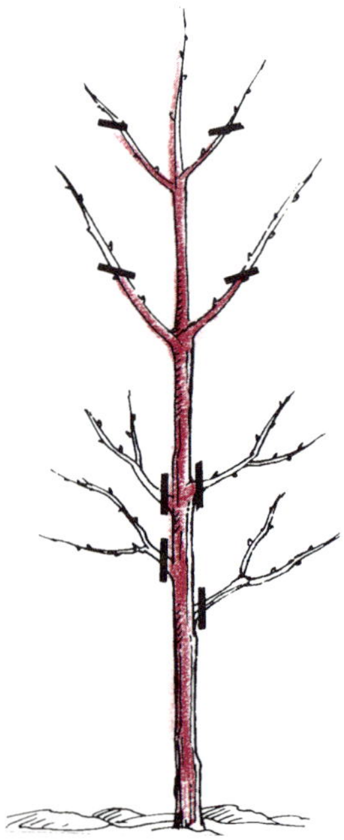

## La taille de formation sur tige

❶ Après la plantation, palissez la flèche centrale au fur et à mesure de son développement. Par la suite, en novembre, supprimez les pousses latérales qui se développent. Taillez les pousses faibles de la base au ras du tronc. Supprimez le bois mort ou malade. Coupez la végétation superflue ou mal placée qui déséquilibre la forme. Supprimez les bourgeons concurrents. Surveillez les attaches et évitez les étranglements.

❷ Les années suivantes, commencez à supprimer les branches basses pour monter le tronc, puis rabattez les premières branches hautes pour établir la charpente. Vous pouvez supprimer le tuteurage.

❶

❷

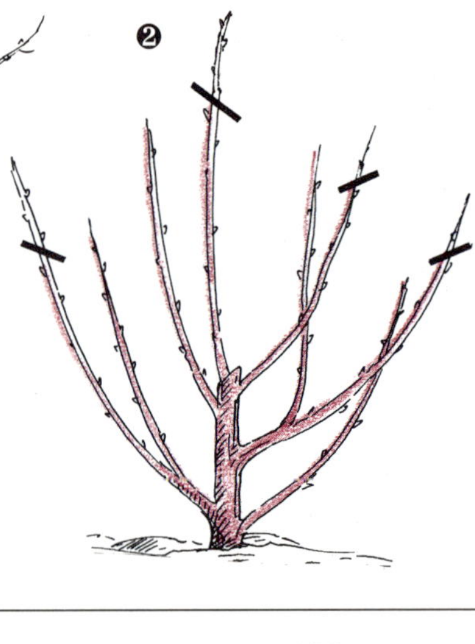

## La taille de formation en cépée

❶ Rabattez le jeune arbre en supprimant très court le tronc à environ 30 cm de hauteur en février.

❷ En novembre, épointez très légèrement les plus grands départs (plus sévèrement le plus central) afin de favoriser des ramifications pour étoffer la forme. Les années suivantes, en janvier, taillez toute la végétation trop fougueuse proche de « l'axe » pour maintenir la forme .

# Corête du Japon

***Kerria japonica***

Arbuste/Rosacées

*Le corête s'adapte à n'importe quels sols, mais pas trop humides et peu calcaires, il demande une exposition ensoleillée ou mi-ombragée. Son feuillage est caduc et ses fleurs jaunes fleurissent en avril-mai. Le corête du Japon se plante en isolé, en massif ou palissé.*

- **Taille de formation :** ***en touffe buissonnante.***
- **Durée de formation :** ***2 ans.***
- **Taille d'entretien :** ***après la floraison.***
- **Taille de floraison ou de fructification :** ***après la floraison en mai.***
- **Taille possible :** ***palissé en espalier.***
- **Hauteur :** ***1,50 à 2 m.***
- **Distance de plantation :** ***1 à 1,50 m.***

❶

❷

❸

## La taille de plantation

### Drageon à racines nues

❶ Habillez les racines et taillez la tige à 25-30 cm au-dessus d'un œil. Il n'y a pas de floraison la 1re année.

### Arbuste livré en motte

❷ A la plantation, coupez les branches trop grêles et desséchées. Conservez les tiges vigoureuses portant des branches latérales qui fleuriront en avril-mai.

❸ Après la floraison, éliminez les tiges qui ont fleuri, soit à la base, soit le plus bas possible sur des jeunes pousses en formation. Conservez les pousses vigoureuses issues de la base et supprimez celles trop grêles.

❹

Avant

## La taille d'entretien

❹ et ❺ Dès la fin de la floraison, supprimez le bois mort, ainsi que les tiges ayant fleuri, soit à leur base, soit le plus bas possible sur des pousses latérales suffisamment vigoureuses. Conservez les rejets vigoureux (en remplacement) et éliminez ceux trop grêles ou mal placés.

❺

Après

## La taille sur arbustes palissés

❻ Après la floraison, taillez de la même façon que pour les formes buissonnantes, palissez les branches conservées et poursuivez cette opération en cours de végétation sur les nouvelles pousses devant fleurir le printemps suivant.

❻

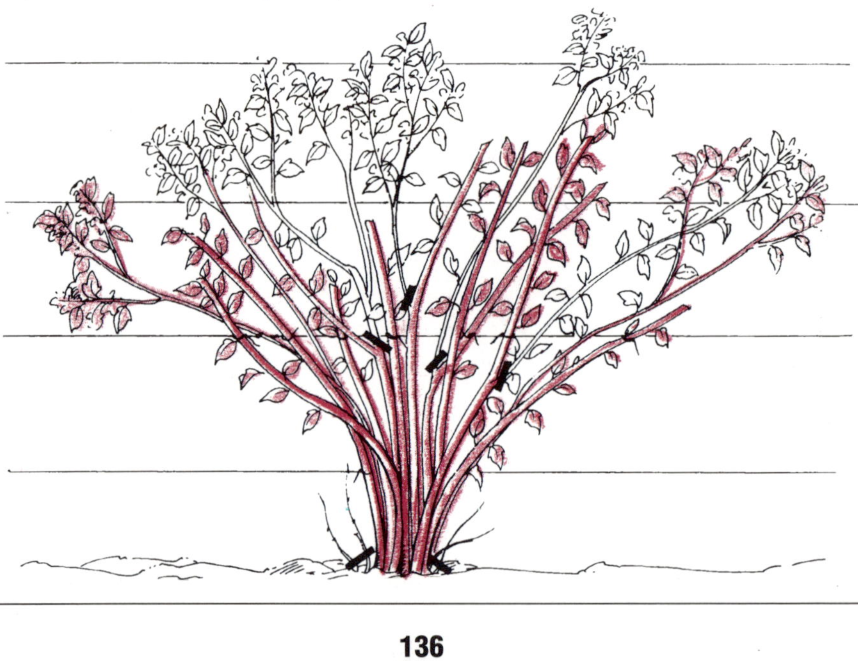

# Cornouiller blanc

***Cornus alba***

Arbuste/Cornacées

*Le cornouiller blanc demande un sol sain et léger, même humide, et une exposition ensoleillée ou mi-ombragée. Son feuillage est caduc. Les fleurs et les fruits sont insignifiants. Le cornouiller blanc est surtout décoratif par ses rameaux rouges et luisants en hiver. Plantez-le en isolé, en groupe ou en massif.*

- **Taille de formation : *en touffe buissonnante.***
- **Durée de formation : *2 à 3 ans.***
- **Taille d'entretien : *taille de rajeunissement en février.***
- **Taille de floraison ou de fructification : *sans.***
- **Taille possible : *sans.***
- **Hauteur : *2 à 3 m.***
- **Distance de plantation : *3 à 3,50 m.***

❶

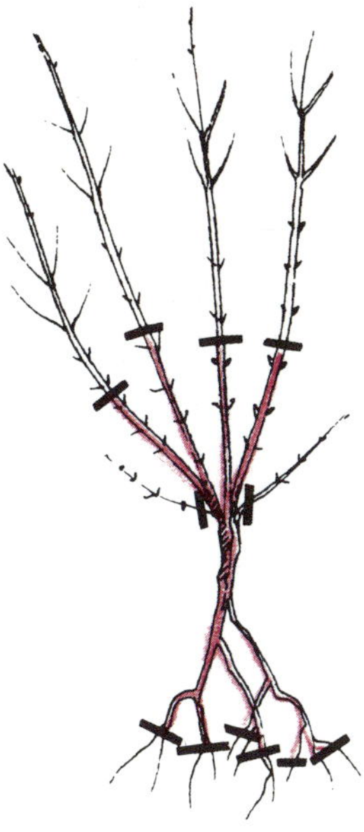

❷

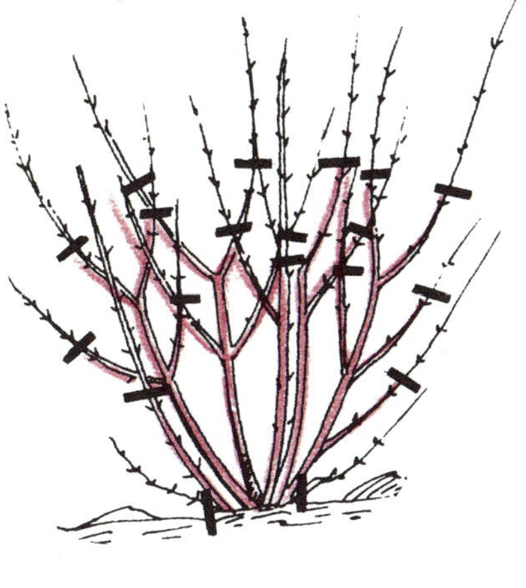

## La taille de formation

### 1re année

❶ A la plantation, de novembre à mars, habillez les racines si l'arbuste est livré à racines nues et taillez les branches des 2/3 pour obtenir des ramifications. Supprimez les pousses trop grêles.

### 2e année

❷ En février-mars, taillez des 2/3 les branches de l'année précédente et les nouvelles pousses issues de la base. Supprimez celles trop grêles.

❸

## La taille d'entretien

❸ En février-mars, coupez près de terre la moitié des branches pour provoquer la naissance de nouveaux rameaux.

**L'année suivante**

Coupez au ras du sol l'autre moitié des branches non taillées l'année précédente et ainsi de suite d'année en année. Cette façon de tailler permet d'obtenir de jeunes rameaux très colorés. Il est possible également de rabattre tous les rameaux près du sol chaque année, ce qui permet de garder une touffe de plus petite dimension.

# Cornouiller mâle

***Cornus mas***

Arbrisseau/Cornacées

*Le cornouiller mâle demande un bon sol riche en humus, mais supporte le calcaire. Il supporte aussi l'ombre, mais sa floraison y sera moins abondante. Son feuillage est caduc et ses fleurs jaunes paraissent en février-mars. Plantez-le en massif.*

❶

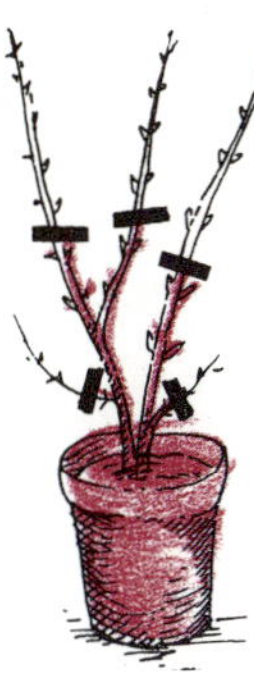

❷

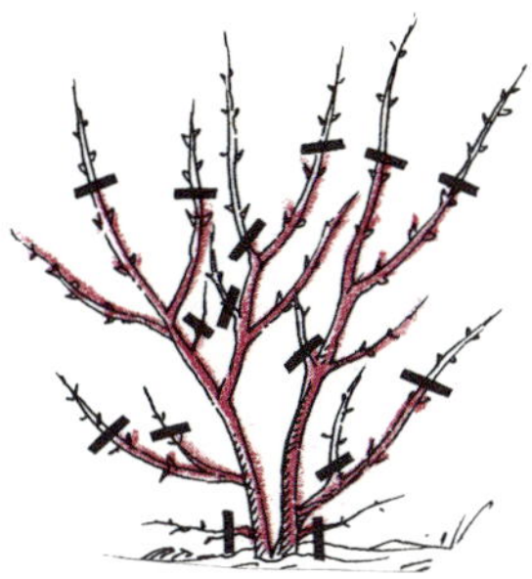

- **Taille de formation :** ***en touffe buissonnante.***
- **Durée de formation :** ***2 à 3 ans.***
- **Taille d'entretien :** ***après la floraison.***
- **Taille de floraison ou de fructification :** ***fin mars après la floraison.***
- **Taille possible :** ***sans.***
- **Hauteur :** ***4 à 5 m.***
- **Distance de plantation :** ***3 à 4 m.***

## La taille de formation

### 1re année

❶ A la plantation en motte, de novembre à mars, taillez les branches de moitié.

### 2e et 3e années

❷ Après la floraison, taillez les branches de moitié, supprimez celles trop grêles ou se dirigeant vers le centre de la touffe.

❸

## La taille d'entretien

❸ Après la floraison, effectuez une taille légère en supprimant quelques grosses branches parmi les plus anciennes ou en les taillant sur des repercements nés plus bas. Réduisez éventuellement la hauteur de l'arbuste en taillant au-dessus de branches latérales bien développées. Éclaircissez le centre de la touffe.

# Cotoneaster (horizontalis)

***Cotoneaster horizontalis***

Arbuste/Rosacées

*Le cotoneaster se plante en sol ordinaire et demande une exposition ensoleillée. Son feuillage est caduc. Des fleurs roses paraissent en juin et des baies rouges en automne. Plantez-le au-dessus des murs et en rocaille.*

- **Taille de formation :** ***en buisson tapissant.***
- **Durée de formation :** ***1 à 2 ans.***
- **Taille d'entretien :** ***taille pour limiter son développement en février.***
- **Taille de floraison ou de fructification :** ***sans.***
- **Taille possible :** ***sans.***
- **Hauteur :** ***60 cm.***
- **Distance de plantation :** ***1,50 à 2 m.***

❶

❷

❸

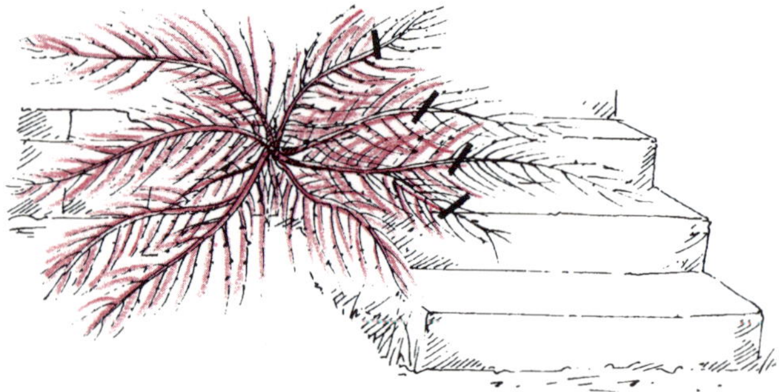

## La taille de formation

### 1re année

❶ A la plantation en motte, de novembre à mars, supprimez les branches cassées ou mal placées. Ne taillez pas, laissez l'arbuste prendre une forme naturelle.

### 2e année

❷ Veillez au bon équilibre de l'arbuste. Si une branche se développe trop d'un côté, taillez sur un départ latéral.

## La taille d'entretien

❸ Il n'est pas toujours nécessaire de tailler, surtout si l'arbuste dispose d'une place suffisante. S'il devient envahissant, effectuez en février une taille de rapprochement sur des branches secondaires plus près du centre de l'arbuste.

# Cotoneaster (lactea)

***Cotoneaster lactea***

Arbuste/Rosacées

*Le cotoneaster se plante en sol ordinaire et demande une exposition ensoleillée. Son feuillage est persistant. Il présente des fleurs roses en juin et des baies rouges en hiver. Plantez-le en isolé, en massif et en haie libre ou haie taillée.*

- **Taille de formation :** ***en touffe buissonnante.***
- **Durée de formation :** ***2 à 3 ans.***
- **Taille d'entretien :** ***taille en mars-avril.***
- **Taille de floraison ou de fructification :** ***sans.***
- **Taille possible :** ***haie libre et haie taillée.***
- **Hauteur :** ***4 m.***
- **Distance de plantation :** ***3 m.***

❶

❷

❸

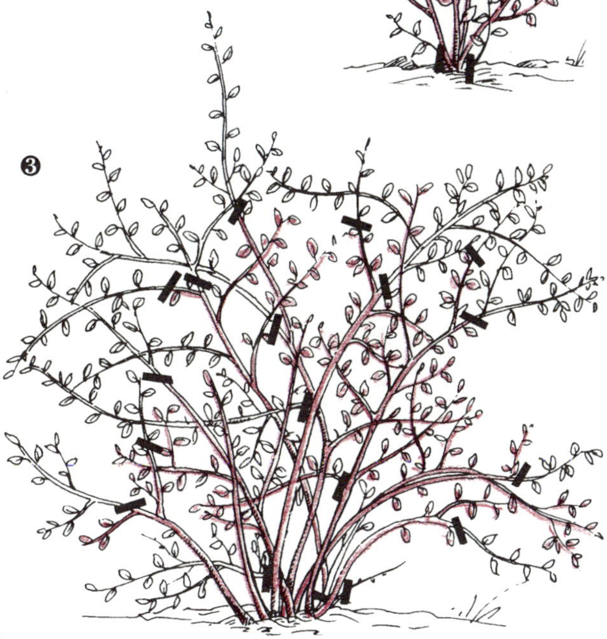

## La taille de formation

### 1re année

❶ A la plantation, taillez les branches principales de moitié. Supprimez les pousses grêles.

### 2e année

❷ En février-mars, taillez de moitié les rameaux issus des branches taillées l'année précédente ainsi que les pousses issues de la base. Supprimez les pousses grêles et mal placées.

## La taille d'entretien

❸ Sur les arbustes isolés et les plantations en haie libre, supprimez simplement les pousses trop envahissantes ployant vers le sol et celles se dirigeant vers le centre de la touffe. Cette taille n'est pas obligatoire tous les ans.

## La taille de formation en haie taillée

### 1re année

❶ Après la plantation en motte, de novembre à mars, rabattez les rameaux à 25-30 cm du sol pour obtenir des ramifications et densifier la base de la touffe.

❷ En juin, taillez à 50-60 cm du sol et en épaisseur pour densifier la végétation à la base.

### Années suivantes

❸ Poursuivez la taille en février et en juin en allongeant progressivement la taille en hauteur et en largeur jusqu'aux dimensions désirées et jusqu'à l'obtention d'une végétation compacte.

## La taille d'entretien

❹ Effectuez à la cisaille, ou mieux au sécateur, une première taille en avril et une seconde en août-septembre.

❶

❷

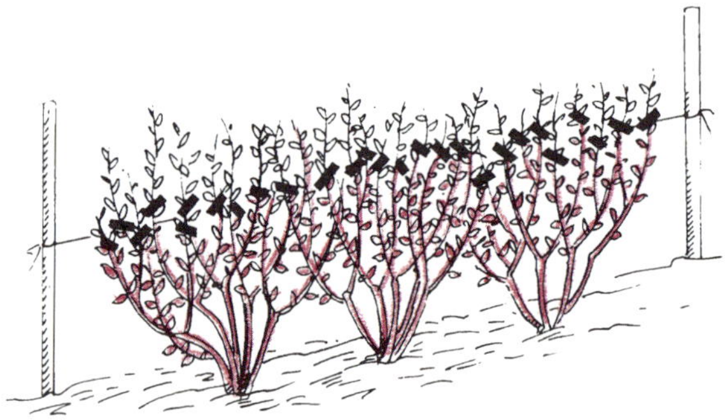

❸

❹

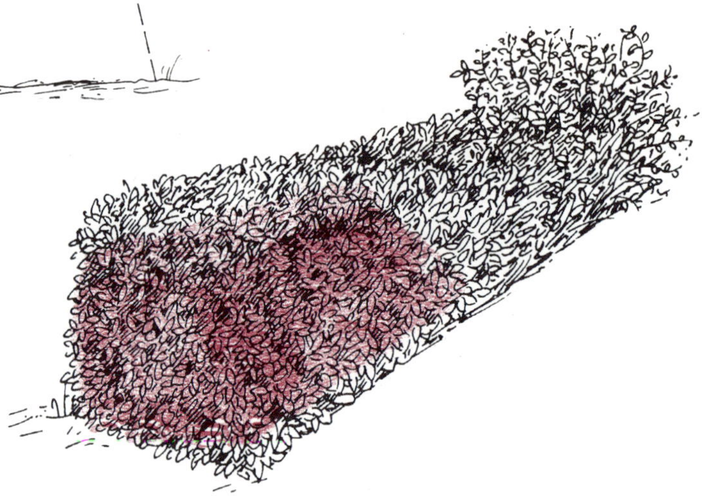

# Cyprès de l'Arizona

***Cupressus arizonica***

Conifère/Cupressacées

*Espèce très robuste et ornementale par son feuillage bleu cendré, le cyprès de l'Arizona supporte bien l'air des villes. Il réclame un climat sec et ensoleillé, il affectionne notamment celui du Midi. Ailleurs, il préférera les situations protégées des vents froids et des gelées printanières. Plantez-le en sol légèrement acide.*

- **Taille de formation :** ***naturelle.***
- **Durée de formation :** ***5 à 10 ans.***
- **Taille d'entretien :** ***en novembre.***
- **Taille de floraison ou de fructification :** ***sans.***
- **Taille possible :** ***en haie.***
- **Hauteur :** ***15 à 20 m.***
- **Distance de plantation :** ***5 m (en haie 0,80 à 1 m).***

❶

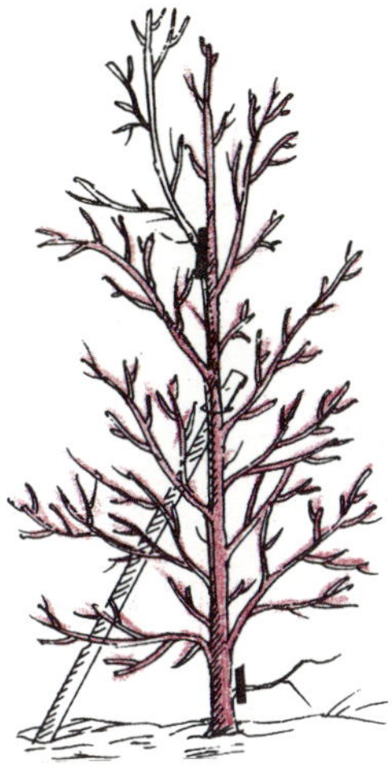

❷

## La taille de formation naturelle

❶ L'année suivant la plantation, si 2 pousses terminales se font concurrence, supprimez-en une en la taillant au ras du tronc. Les années suivantes, haubanez le jeune arbre et continuez à surveiller que l'axe central ait la prédominance. En hiver, supprimez à la base le bois mort ou malade. Surveillez les attaches.

## La taille d'entretien

❷ Les arbres fourchus doivent subir au printemps une taille destinée à favoriser la flèche la plus vigoureuse. Les pousses de l'année se prêtent facilement au pincement en mai-juin, dans le but d'obtenir des sujets compacts, ou bien à une taille en novembre.

## La taille des haies

❶ Dès la plantation, en mars, épointez les rameaux les plus vigoureux et la tête pour favoriser la reprise et obliger la formation de ramifications.

❷ Par la suite, égalisez grossièrement les faces de la haie en novembre. Laissez quelques centimètres de plus en dessus et surtout sur les 2 faces.

❸ Lorsque la haie a atteint la hauteur désirée, supprimez les pousses de l'année, au printemps et à l'automne.

❶

❷

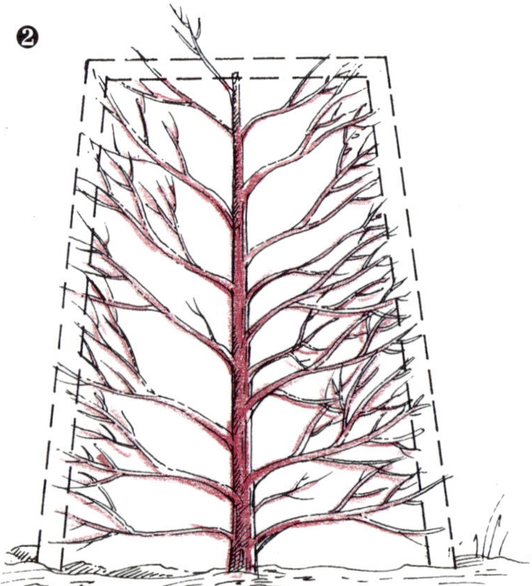

❸

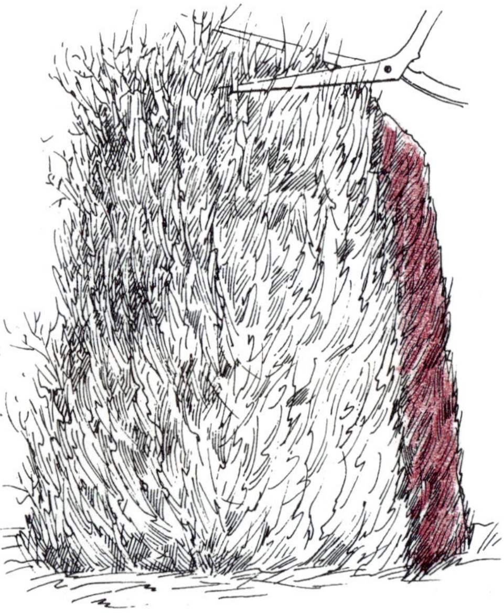

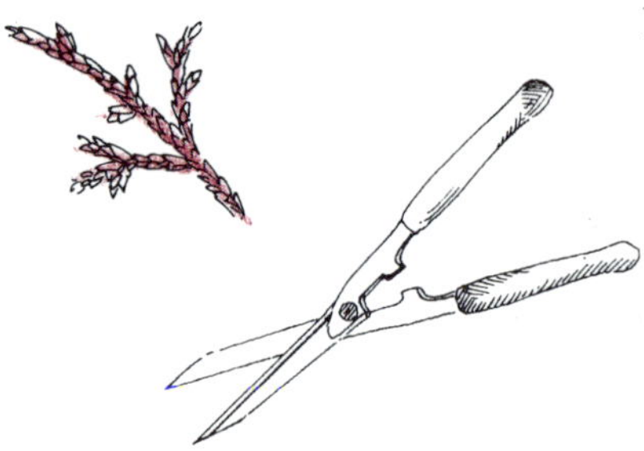

# Cyprès de Lawson

***Chamæcyparis lawsoniana***

Conifère/Cupressacées

*Ce grand arbre à port conique présente des branches gracieusement arquées à leur extrémité et une flèche recourbée. Très rustique, il se plaît dans les climats doux et même frais. Protégez-le des vents froids l'hiver, qui peuvent faire geler les jeunes sujets panachés.*

- **Taille de formation :** ***naturelle.***
- **Durée de formation :** ***5 à 10 ans.***
- **Taille d'entretien :** ***en octobre-novembre.***
- **Taille de floraison ou de fructification :** ***sans.***
- **Taille possible :** ***en haie.***
- **Hauteur :** ***20 à 30 m.***
- **Distance de plantation :** ***10 à 20 m (2 m en haie).***

❶

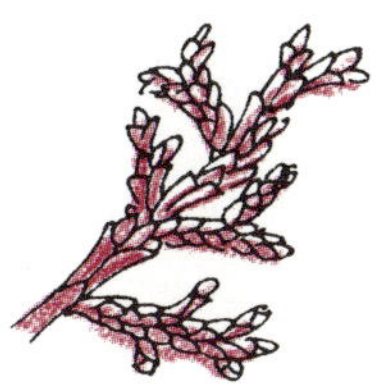

❷

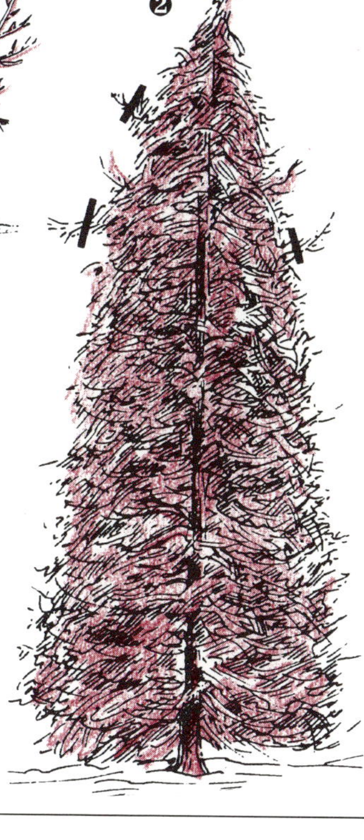

## La taille de formation naturelle

❶ Les premières années, si 2 pousses terminales se font concurrence, supprimez la plus faible des 2 en la taillant au ras du tronc en novembre. Par la suite, continuez à surveiller que l'axe central ait toujours la prédominance. Supprimez à la base le bois mort ou malade. Il est souvent préférable d'haubaner l'arbre, surtout en situation ventée. Pensez à surveiller les attaches.

## La taille d'entretien

❷ La plupart des espèces à grand développement se passent de taille. Supprimez simplement les pousses terminales qui font concurrence à la flèche en octobre-novembre.

❶

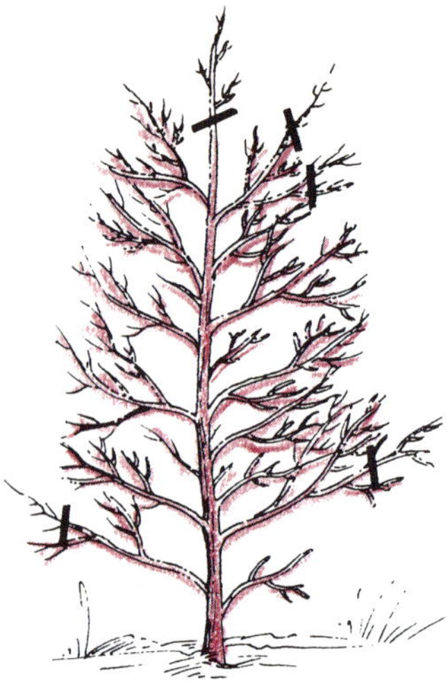

❷

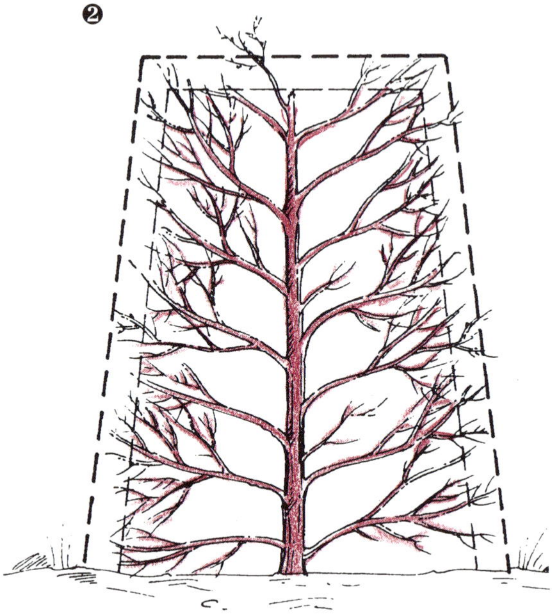

❸

## La taille des haies

❶ Dès la plantation, en novembre, épointez les rameaux les plus vigoureux et la tête pour favoriser la reprise et la formation de divisions et commencer à égaliser la forme de la haie.

❷ Les années suivantes, en taillant régulièrement, en juin et en septembre, laissez quelques centimètres de plus en dessus et surtout sur les 2 faces de la haie.

❸ Lorsque la haie a atteint la hauteur désirée, supprimez les pousses de l'année au printemps et en septembre.

# Deutzia

**_Deutzia scabra_**

Arbuste/Saxifragacées

*Le deutzia s'adapte à tous les terrains bien drainés et demande une exposition ensoleillée ou mi-ombragée. Son feuillage est caduc et ses fleurs blanches ou roses s'épanouissent en mai-juin. Plantez-le en massif.*

- **Taille de formation :** ***en touffe buissonnante dressée.***
- **Durée de formation :** ***2 ans.***
- **Taille d'entretien :** ***après la floraison.***
- **Taille de floraison ou de fructification :** ***taille des branches ayant fleuri fin juin.***
- **Taille possible :** ***sans.***
- **Hauteur :** ***2 à 3 m.***
- **Distance de plantation :** ***1,50 à 2 m.***

❶

❷

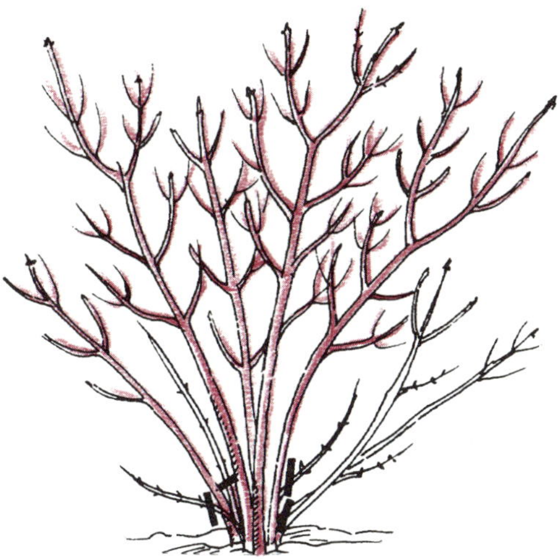

## La taille de formation

### 1re année

❶ A la plantation, habillez les racines. Supprimez les rameaux grêles et raccourcissez d'un tiers les branches principales en taillant au-dessus de 2 yeux opposés.

### 2e année

❷ De nombreux rameaux latéraux se sont développés sur les branches conservées, ainsi que de forts rameaux depuis la base de l'arbuste. En février-mars, supprimez seulement les rameaux grêles et en surnombre. Une floraison abondante apparaîtra en mai-juin en extrémité et sur les pousses latérales. Des pousses vigoureuses se développeront à la base et sur la partie inférieure des branches les plus vieilles.

❸

Avant

❹

Après

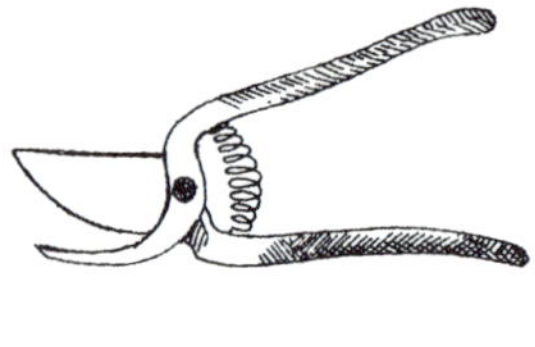

## La taille d'entretien

❸ et ❹ Fin juin, dès la floraison terminée, taillez les rameaux ayant fleuri sur de jeunes départs à leur base. Taillez également d'un tiers les pousses issues de la base n'ayant pas ou peu fleuri. Supprimez toutes les pousses faibles et inutiles risquant de déséquilibrer la touffe.

**3e année et suivantes**

Au printemps suivant, les rameaux vigoureux se sont allongés et ont produit de nombreux rameaux latéraux qui porteront les fleurs en mai-juin.

Fin juin, éclaircissez la touffe en taillant tout de suite après la floraison comme l'année précédente et coupez quelques vieilles branches à la base pour permettre l'apparition de nouvelles pousses.

# Éléagnus

***Elæagnus pungens*** **'Maculata'**

Arbuste/Élæagnacées

*Plantez* Elæagnus *pungens dans un sol fertile et frais, légèrement acide, à bonne exposition. Il est rustique jusqu'en région parisienne. Il est intéressant par son feuillage vert panaché de jaune d'or, qui est persistant. Plantez-le en massif ou en haie basse.*

- **Taille de formation :** ***en touffe buissonnante étalée.***
- **Durée de formation :** ***2 à 3 ans.***
- **Taille d'entretien :** ***début mars (juin et septembre pour les haies).***
- **Taille de floraison ou de fructification :** ***sans.***
- **Taille possible :** ***en haie basse.***
- **Hauteur :** ***1 à 2 m.***
- **Distance de plantation :** ***2 m (en haie 0,60 à 0,80 m).***

❶

❷

❸

## La taille de formation

**1re année**

❶ A la plantation, taillez les branches principales de moitié environ au-dessus d'un œil extérieur à la base d'une feuille. Supprimez les pousses grêles.

**2e année**

❷ En février-mars, taillez de moitié les rameaux issus des branches taillées l'année précédente, ainsi que les pousses issues de la base.

## La taille d'entretien

❸ La taille n'est pas nécessaire chaque année. Coupez les branches disgracieuses déséquilibrant l'arbuste et le bois mort. Éliminez les éventuels rameaux au feuillage vert issus du porte-greffe.

❶

❷

❸

❹

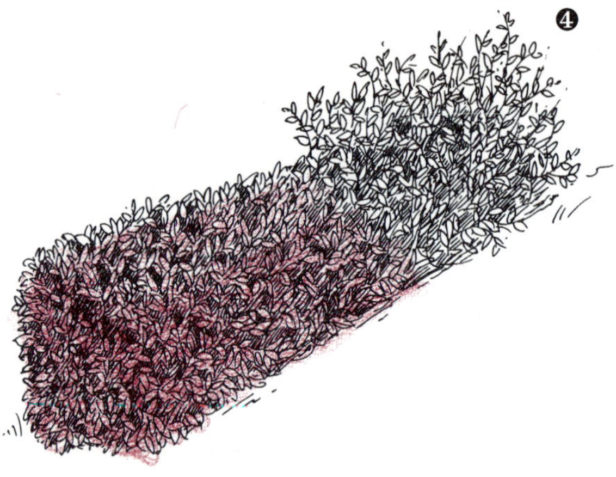

## La taille de formation en haie taillée

### 1re année

❶ Après la plantation en motte, de novembre à mars, rabattez les branches principales à 25-30 cm du sol pour obtenir des ramifications et densifier la base des touffes.

En juin, épointez sur 20-25 cm les pousses s'étant développées.

### 2e année

❷ En février-mars, taillez les rameaux vigoureux assez sévèrement pour densifier la base des touffes.

En juin, épointez les nouvelles pousses.

❸ Les années suivantes, taillez de la même façon que précédemment en allongeant progressivement la taille en hauteur et en largeur jusqu'aux dimensions désirées et jusqu'à l'obtention d'une végétation compacte.

## La taille d'entretien

❹ Effectuez à la cisaille, ou mieux au sécateur, une taille en mai-juin et une seconde en août-septembre.

# Érable champêtre

***Acer campestre***

Arbre/Acéracées

*La faculté d'adaptation de cet érable lui permet de s'installer un peu n'importe où, il accepte très bien les sols calcaires, et sous différentes formes, il supporte bien toutes les tailles. Malgré une végétation un peu lente, il peut même constituer des haies libres ou taillées. Il drageonne et rejette bien de souche. Son feuillage est caduc.*

- **Taille de formation :** ***sur tige à cime arrondie.***
- **Durée de formation :** ***5 à 10 ans.***
- **Taille d'entretien :** ***élagage de novembre à février.***
- **Taille de floraison ou de fructification :** ***sans.***
- **Tailles possibles :** ***à la française, en cépée, à ramure creuse, en haie.***
- **Hauteur :** ***8 à 10 m.***
- **Distance de plantation :** ***5 à 10 m.***

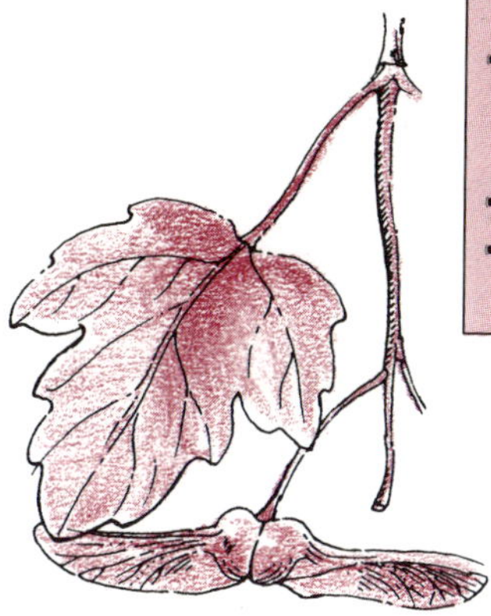

❶

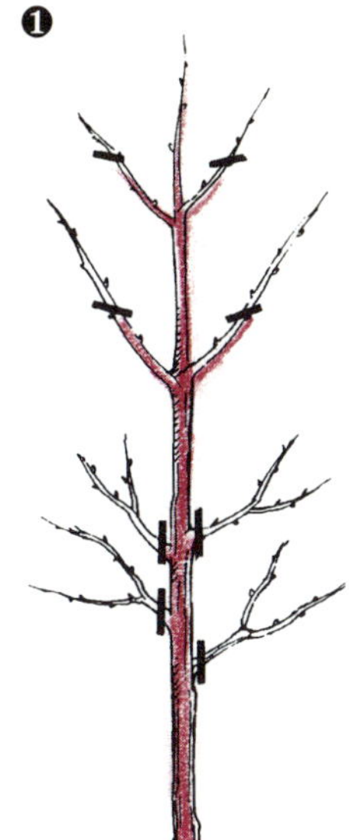

❷

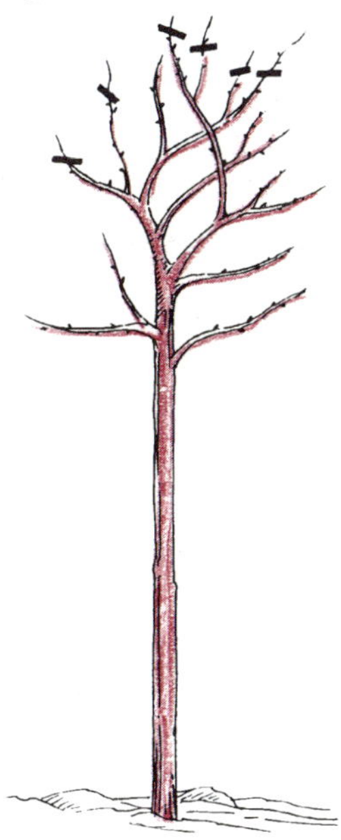

## La taille de formation sur tige à cime arrondie

❶ Les premières années, supprimez en novembre les branches basses au ras du tronc pour monter celui-ci progressivement, rabattez ensuite les premières branches hautes en février pour établir la charpente.

❷ Maintenez le développement du rameau central et favorisez l'allongement des branches latérales. La taille n'est là que pour supplanter la pousse naturelle de l'érable.

❸

## La taille d'entretien

❸ L'érable champêtre supporte bien la taille. Sa végétation étant un peu lente, évitez de pratiquer des tailles formant de larges plaies qui facilitent l'implantation de champignons. La taille sur des branches âgées provoque des courbes qui ne se redressent pas. Coupez le bois mort, ainsi que les branches qui déséquilibrent la forme, de novembre à février.

❶

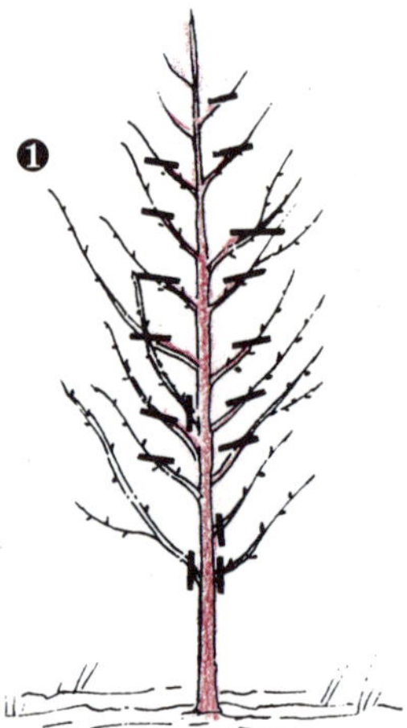

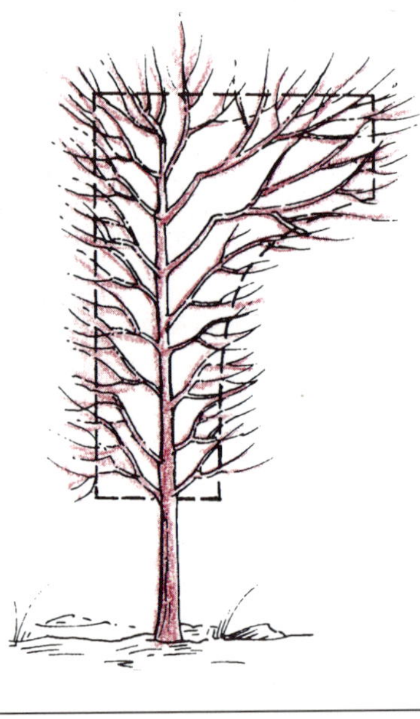

❷

## La taille à la française

❶ Les premières années, pratiquez les mêmes tailles que pour la formation sur tige. Vers la 4e année, sélectionnez en novembre des charpentières, favorisez les ramifications à proximité du tronc.

❷ Laissez s'allonger les charpentières longues et favorisez en février-mars leur ramification loin du tronc. Puis taillez définitivement l'arbre en mars pour lui donner la forme désirée (ci-contre, une marquise simple). Entretenez en coupant régulièrement (si possible 1 fois par an).

## ÉRABLE CHAMPÊTRE

❶

❷

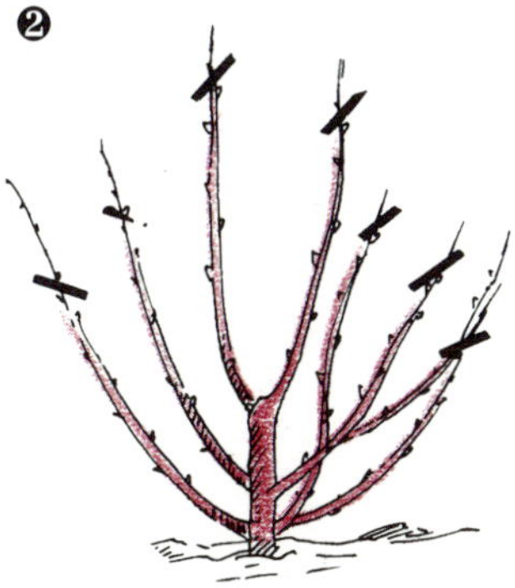

### La taille de formation en cépée

❶ Favorisez le développement de plusieurs tiges en recépant le jeune plant en le coupant à la base en février.

❷ Pincez les nouvelles pousses en juin, ou taillez en septembre légèrement l'extrémité des rameaux, pour favoriser des départs dans la partie basse et de nouvelles ramifications.

❶

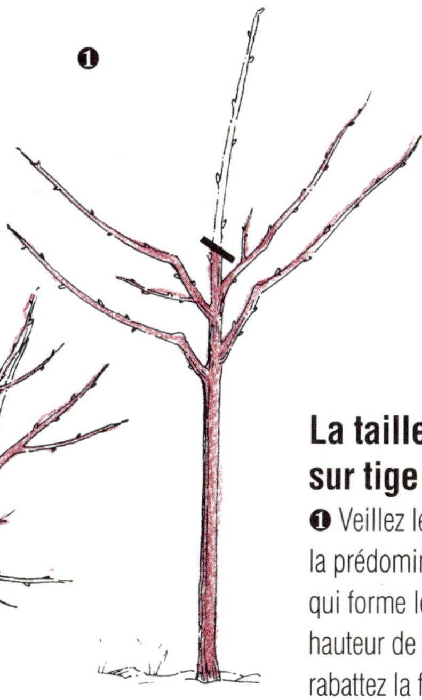

❷

### La taille de formation sur tige à ramure creuse

❶ Veillez les premières années à la prédominance de l'axe central qui forme le tronc. Une fois la hauteur de tronc désirée atteinte, rabattez la flèche en novembre.

❷ Établissez par la suite une charpente en creux de 5 à 6 branches environ le plus régulièrement espacées. Taillez en novembre toute la végétation superflue (qui pourrait refaire un axe principal).

# ÉRABLE CHAMPÊTRE

A la plantation

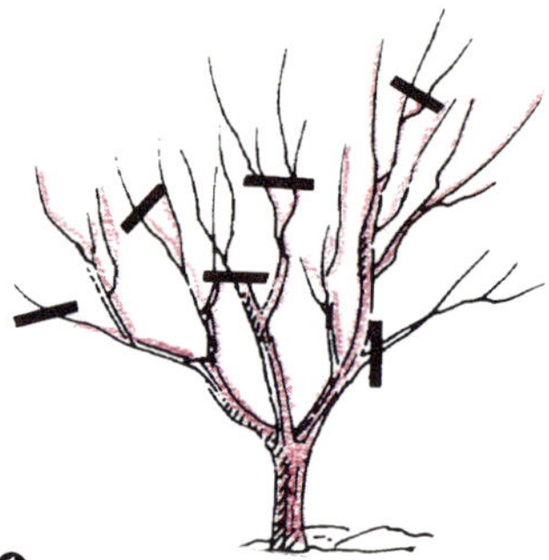

❶

## La taille des haies

❶ A la plantation, en novembre, taillez pour rabattre les rameaux trop vigoureux, ainsi que 10 à 20 % de la hauteur pour assurer une bonne reprise et faciliter de nombreux départs.

1re et 2e années

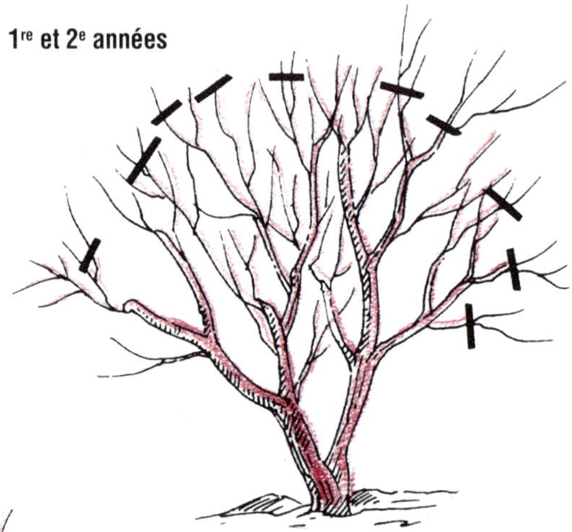

❷

Les années suivantes

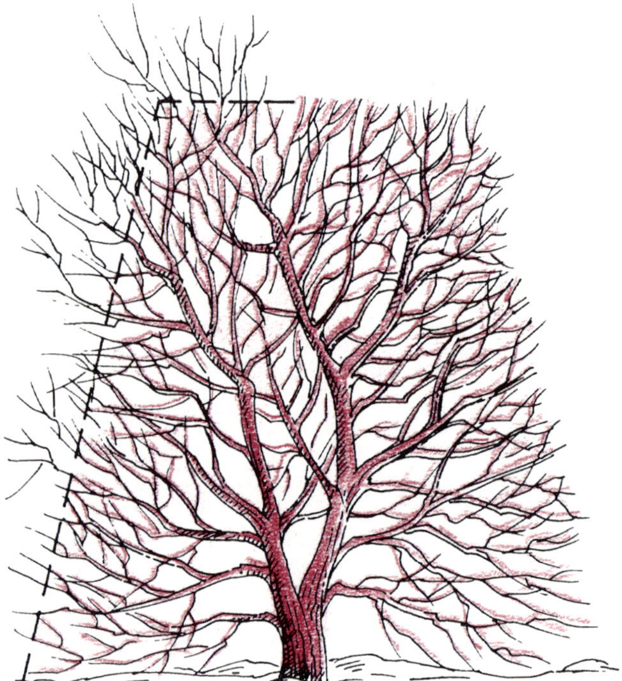

❸

Avant

Après

❷ Pendant les 2 premières années, taillez assez sévèrement en novembre les grands départs et commencez à donner une forme à la haie.

❸ Taillez régulièrement votre haie en septembre ou en février dans des limites raisonnables (au moins 3 m de hauteur).

# Érable du Japon

***Acer palmatum***

Arbre/Acéracées

*Cette espèce, caduque, est très exigeante. L'érable du Japon se plaît en situation abritée, à une exposition nord ou est, et en terre légère et fraîche. Les gelées de printemps endommagent parfois ses jeunes pousses. Plantez-le si possible en accompagnement dans un massif de plantes dites de terre de bruyère ou bien encore pour donner de la hauteur en hiver à un massif de plantes vivaces.*

- **Taille de formation :** ***en cépée.***
- **Durée de formation :** ***10 à 15 ans.***
- **Taille d'entretien :** ***élagage de février à mars.***
- **Taille de floraison ou de fructification :** ***sans.***
- **Taille possible :** ***sans.***
- **Hauteur :** ***2 à 4 m.***
- **Distance de plantation :** ***2 à 4 m.***

❶

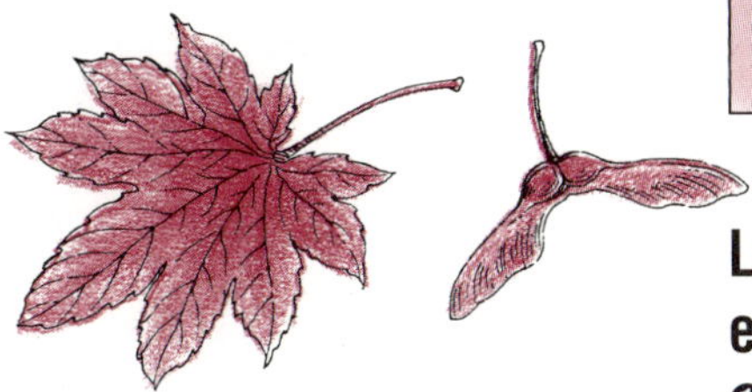

❷

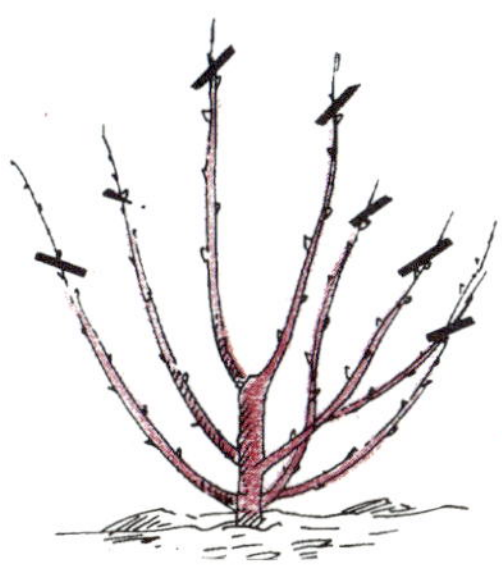

❸

## La taille de formation en cépée

❶ En février-mars, à la plantation, rabattez l'arbre en supprimant très court le tronc sur les 2 ou 3 premières ramifications (environ 20 cm).

❷ La taille sévère a fait partir de nombreux départs, épointez-les très légèrement pour favoriser de nouvelles ramifications.

## La taille d'entretien

❸ Sa faible vigueur n'autorise que très peu d'interventions, hormis la suppression du bois mort et des branches accidentées. De plus, sa cime se dégarnit en vieillissant. Opérez des tailles légères pour maintenir la forme en supprimant des départs trop vigoureux sur le centre en février-mars.

# Érable négundo (à feuilles de frêne)

*Acer negundo*

Arbre/Acéracées

*C'est le plus connu des érables à feuilles composées, caduques, notamment grâce à ses cultivars au feuillage panaché. Son développement est très rapide, mais à l'âge adulte sa cime a tendance à se dégarnir. Son tronc, souvent incliné, ne permet pas une bonne utilisation pour les alignements ou les tailles à la française. Par contre, il donne de très belles cépées, à condition cependant de renouveler le recépage tous les 3 ou 4 ans.*

- **Taille de formation :** ***sur tige à cime arrondie.***
- **Durée de formation :** ***5 à 10 ans.***
- **Taille d'entretien :** ***élagage de novembre à février.***
- **Taille de floraison ou de fructification :** ***sans.***
- **Tailles possibles :** ***en cépée, à ramure creuse.***
- **Hauteur :** ***10 à 20 m.***
- **Distance de plantation :** ***5 à 10 m.***

❶

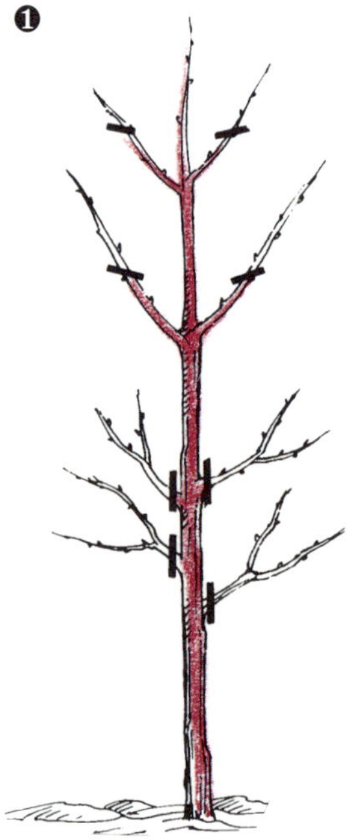

❷

## La taille de formation sur tige à cime arrondie

❶ Les premières années, supprimez, de novembre à février, les branches les plus basses au ras du tronc pour monter celui-ci progressivement. Rabattez les premières branches maîtresses pour établir les charpentières. Ne touchez pas à l'axe central.

❷ Par la suite, maintenez autant que possible le développement du tronc et favorisez l'allongement des branches latérales en coupant, si besoin, les rameaux concurrents. L'arbre prendra de lui-même une forme arrondie et harmonieuse. Une fois la forme établie, attendez au moins 10 ans avant d'intervenir pour l'entretien.

## La taille d'entretien

❸ L'érable négundo supporte très bien la taille, n'hésitez pas à rajeunir la forme par un rapprochement, de novembre à février. Sur les cultivars à feuillage panaché, supprimez dès leur apparition les « gourmands » non panachés.

❸

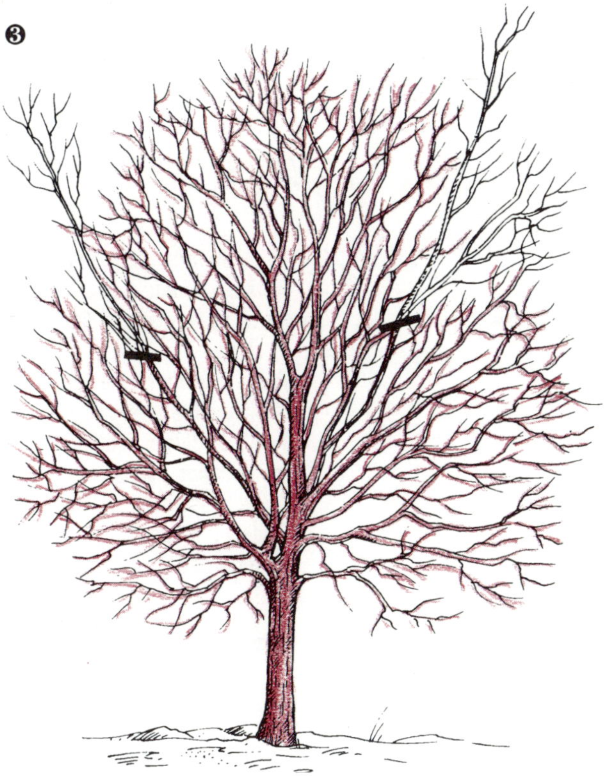

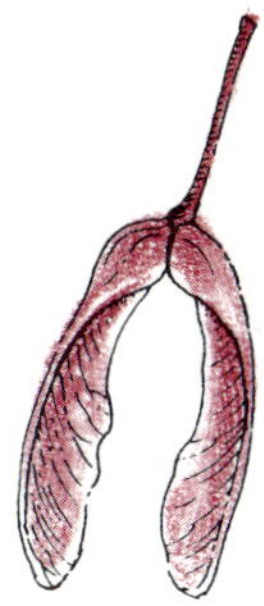

❶

❷

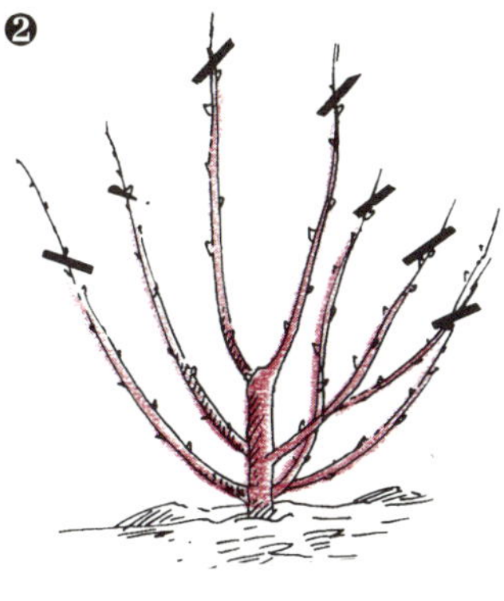

## La taille de formation en cépée

❶ Coupez en février à environ 30 cm du sol le jeune pied pour favoriser de nombreux départs.

❷ Pincez dès le mois de mai-juin, ou taillez en novembre, les nouvelles pousses dans leur extrémité pour favoriser de nouveaux départs et de nouvelles ramifications.

Par la suite, pratiquez un recépage tous les 3 ou 4 ans.

❶

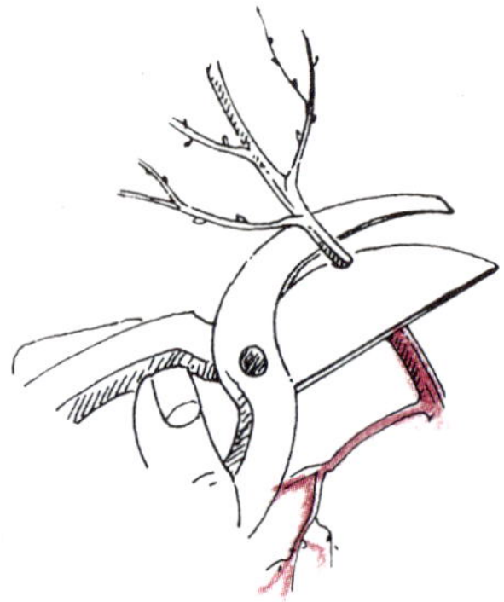

❷

## La taille de formation sur tige à ramure creuse

❶ Les premières années, favorisez la prédominance de l'axe central pour monter le tronc. Quand la hauteur désirée est atteinte, rabattez en novembre la flèche centrale.

❷ Favorisez l'établissement d'une charpente en creux d'au moins 5 branches, le plus régulièrement espacées possible. Dès le mois de février et pendant la saison pincez, ou supprimez en novembre, toute végétation qui pourrait refaire un axe principal.

# Escallonia

*Escallonia macrantha*

Arbuste/Saxifragacées

*L'escallonia est sensible au froid et gèle facilement au nord de la Loire. Il demande un bon sol de jardin bien drainé, légèrement acide et une exposition plein sud et abritée des vents froids. Son feuillage est persistant et ses fleurs roses s'épanouissent de juin à septembre. Il existe de nombreux cultivars (rouges, blancs, roses). Plantez-le en isolé, en massif ou en haie.*

- **Taille de formation :** ***en touffe buissonnante érigée.***
- **Durée de formation :** ***1 à 2 ans.***
- **Taille d'entretien :** ***taille légère début mars.***
- **Taille de floraison ou de fructification :** ***sans.***
- **Tailles possibles :** ***haie taillée, haie libre, palissé.***
- **Hauteur :** ***2 à 4 m.***
- **Distance de plantation :** ***2 m, (en haie 0,80 à 1 m).***

❶

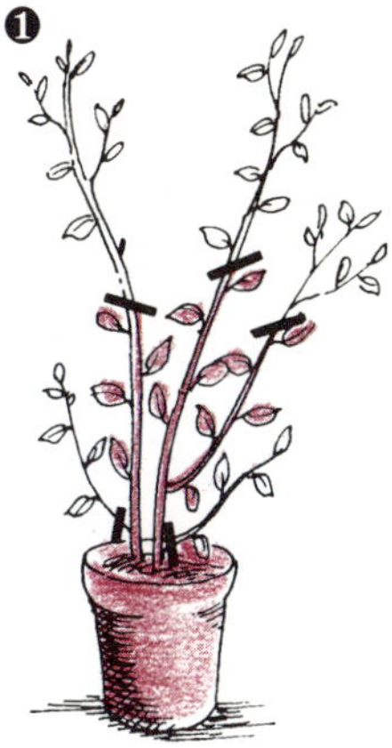

❷

❸

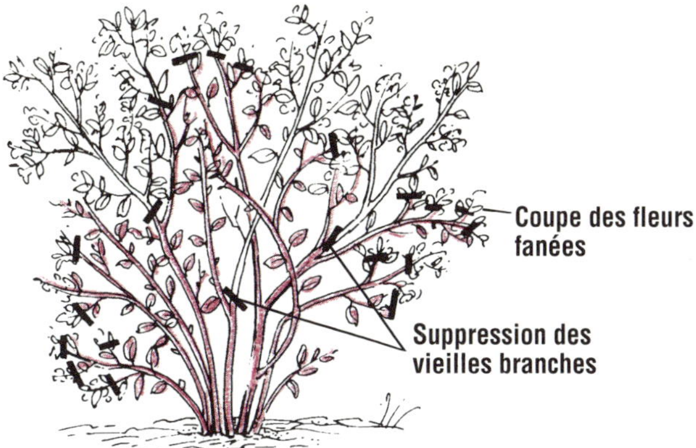


## La taille de formation en touffe ou haie libre

### 1re année

❶ A la plantation, taillez les branches principales de moitié environ au-dessus d'un œil extérieur. Supprimez les pousses grêles à la base.

### 2e année

❷ En février-mars, taillez de moitié au-dessus d'un œil extérieur les rameaux issus des branches taillées et ceux issus de la base. Supprimez les pousses grêles.

## La taille d'entretien

❸ Après la floraison, coupez les fleurs fanées. Si l'arbuste devient trop envahissant, coupez, en mars, les plus vieilles branches en taillant sur de jeunes départs vers leur base.

❶

❷

❸

❹
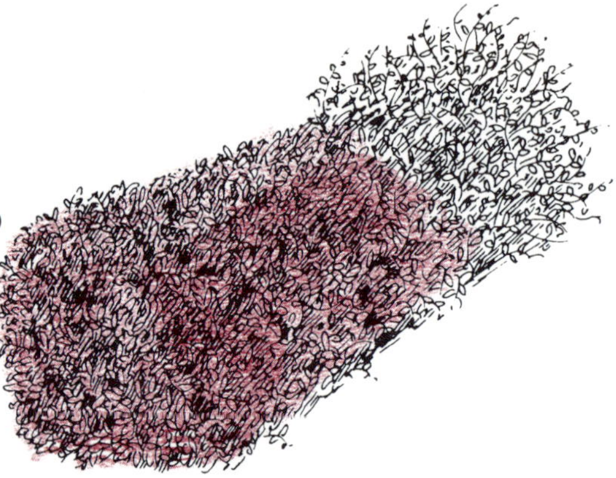

## La taille de formation en haie taillée

### 1re année

❶ Après la plantation en motte, de novembre à mars, rabattez les branches principales à 25-30 cm du sol pour obtenir des ramifications et densifier la base des touffes.

En juin, épointez sur 20-25 cm les pousses s'étant développées.

### 2e année

❷ En février-mars, taillez de moitié les rameaux vigoureux pour densifier la base de la haie.

En juin, épointez les nouvelles pousses.

❸ Les années suivantes, taillez de la même façon que précédemment en allongeant progressivement la taille en hauteur et en largeur jusqu'aux dimensions désirées et jusqu'à l'obtention d'une végétation compacte.

## La taille d'entretien

❹ Si vous désirez une haie taillée strictement, effectuez une première taille en mai-juin et une seconde après la floraison. L'inconvénient de cette taille stricte sera de diminuer considérablement l'abondance de la floraison. Si vous préférez une floraison plus spectaculaire en tolérant un aspect plus libre de votre haie, effectuez seulement la taille après la floraison.

❶

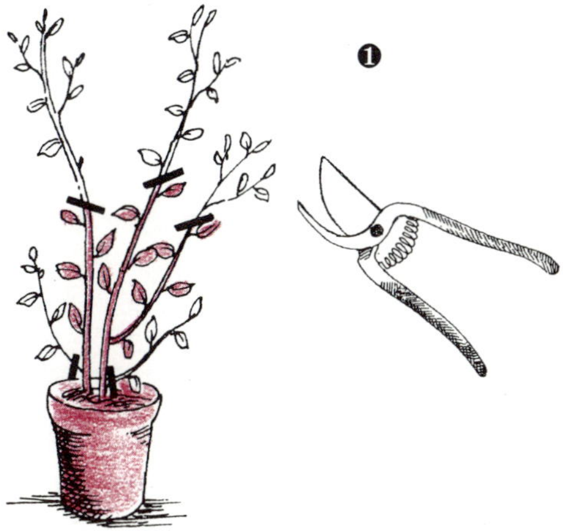

❷

❸

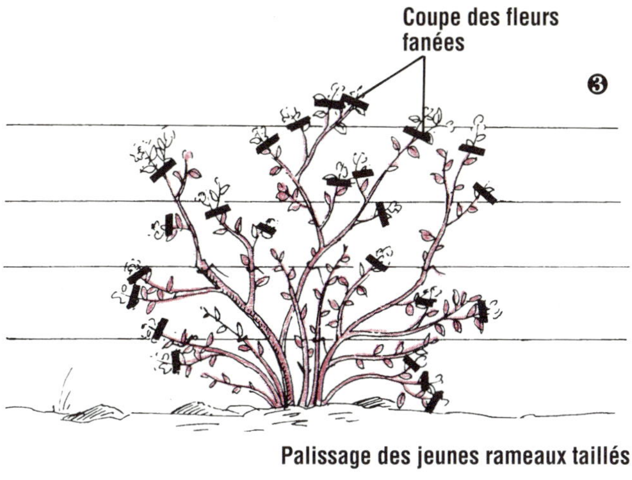


Palissage des jeunes rameaux taillés

## La taille sur arbuste palissé contre un mur

❶ Les premières années, effectuez la taille de formation en février-mars en procédant de la même façon que pour la forme buissonnante. Une fois la surface du mur suffisamment garnie, commencez la taille d'entretien en taillant après la floraison. Palissez les branches à mesure qu'elles se développent.

❷ et ❸ Coupez les fleurs fanées et supprimez les plus vieilles branches moins florifères. Taillez de moitié les nouveaux rameaux s'étant développés dans la partie basse de l'espalier pour les ramifier. Palissez-les à la place des branches supprimées.
L'année suivante, dès le printemps, palissez les pousses issues des branches taillées à mesure qu'elles se développent.

# Exochorda

## *Exochorda racemosa*

Arbuste/Rosacées

*L'exochorda se cultive dans tous les sols bien drainés et non calcaires. Il demande une exposition chaude. Son feuillage est caduc et ses fleurs blanches s'épanouissent en avril-mai. Plantez-le en isolé ou en massif.*

- **Taille de formation :** ***en touffe buissonnante.***
- **Durée de formation :** ***2 ans.***
- **Taille d'entretien :** ***après la floraison, fin mai.***
- **Taille de floraison ou de fructification :** ***après la floraison fin mai.***
- **Taille possible :** ***sans.***
- **Hauteur :** ***2 à 3 m.***
- **Distance de plantation :** ***2 à 2,50 m.***

❶

❷

❸

## La taille de formation

### 1re année

❶ A la plantation, taillez les branches principales de moitié sur un œil extérieur. Supprimez les pousses grêles à la base.

### 2e année

❷ En février-mars, taillez de moitié les rameaux issus des branches taillées l'année précédente et ceux issus de la base. Supprimez les pousses grêles et mal placées. La floraison de l'arbuste est sacrifiée.

## La taille d'entretien

❸ Après la floraison, fin mai, rabattez les branches ayant fleuri sur des pousses situées plus bas. Taillez ces dernières des 2/3 pour les ramifier. Supprimez les pousses grêles et mal placées.

# Forsythia

***Forsythia x intermedia***

Arbuste/Oléacées

*Le forsythia est peu exigeant quant à la nature du sol. Plantez-le dans une bonne terre de jardin au soleil ou à mi-ombre. Son feuillage est caduc et ses fleurs jaunes s'épanouissent en mars-avril. Plantez le forsythia en isolé, en massif ou en haie.*

- **Taille de formation :** ***en touffe buissonnante dressée.***
- **Durée de formation :** ***2 ans.***
- **Taille d'entretien :** ***après la floraison en avril.***
- **Taille de floraison ou de fructification :** ***après la floraison en avril.***
- **Tailles possibles :** ***en haie taillée et palissé contre un mur.***
- **Hauteur :** ***2 m et plus.***
- **Distance de plantation :** ***2,50 à 3 m (en haie, 0,50 à 0,60 m).***

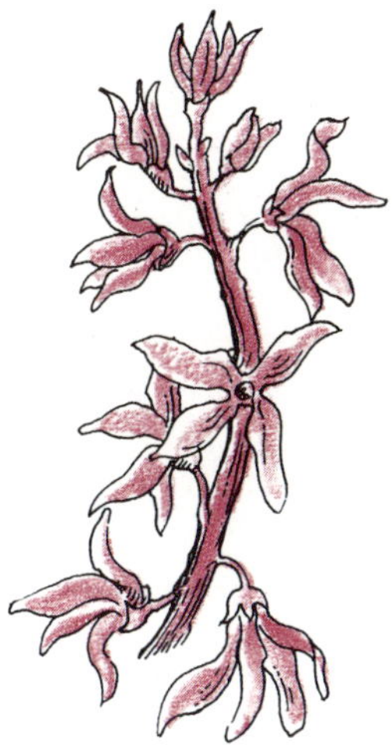

❶

❷

**Ne taillez votre arbuste, s'il est livré en motte, qu'après la floraison.**

## La taille de formation

### 1re année

❶ A la plantation, de novembre à mars, si l'arbuste est livré à racines nues, habillez les racines et taillez les branches principales des 2/3 environ au-dessus de 2 yeux opposés pour obtenir des ramifications et assurer une meilleure reprise. La floraison est alors sacrifiée au bénéfice de la reprise.

❷ Si l'arbuste est livré en motte, supprimez seulement les branches cassées ou trop grêles et ne taillez pas. Laissez votre forsythia fleurir et taillez-le après la floraison.

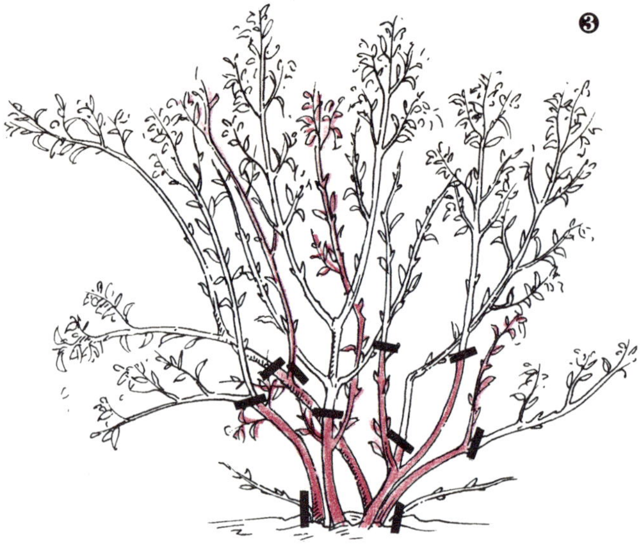

**2e année**

L'arbuste peut être considéré comme formé, laissez fleurir les longs rameaux s'étant développés l'année précédente.

❸ Après la floraison en avril, taillez les branches ayant fleuri en revenant sur de jeunes départs situés plus près de la base. Suprimez les pousses grêles et celles encombrant le centre de la touffe.

## La taille d'entretien

❹ Pour obtenir de longues branches chargées de fleurs, taillez vos forsythias tous les ans après la floraison.

Supprimez les plus vieilles branches au profit de jeunes départs. Taillez le plus près possible de la base, sauf si l'arbuste doit surplomber des plantations plus basses en massif. Le forsythia peut être palissé contre un mur ou un treillage. Il nécessite dans ce cas la même taille de formation et d'entretien que les arbustes formés en touffe buissonnante. Il faut veiller cependant à palisser ses tiges au fur et à mesure de leur croissance pour couvrir un maximum de surface.

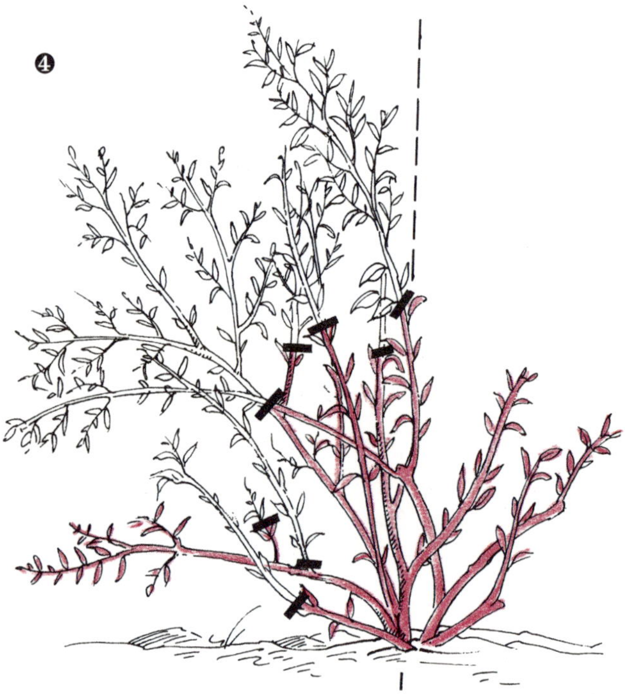

❶

❷

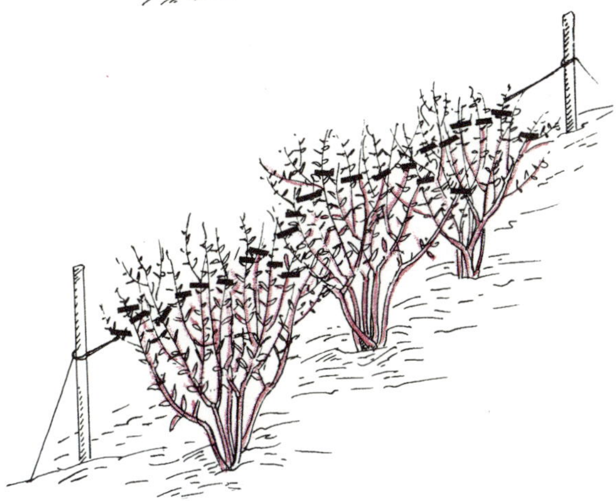

❸

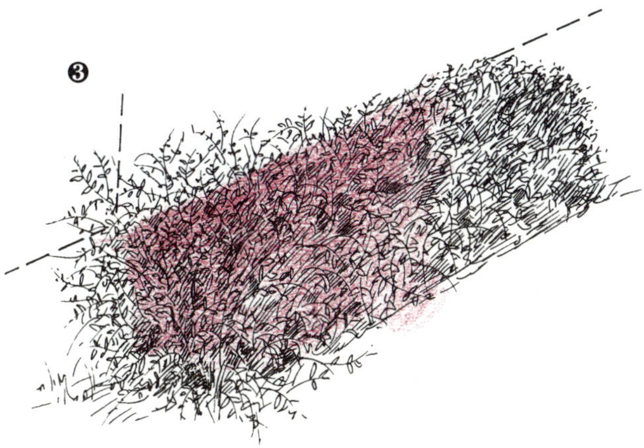

## La taille de formation en haie

Bien que le forsythia formé en haie taillée ne soit pas du plus bel effet, il est cependant possible de l'employer sous cette forme.

**1re année**

❶ A la plantation, de novembre à mars, habillez les racines si les arbustes sont livrés à racines nues et rabattez les branches principales à 25-30 cm du sol sur 2 yeux opposés pour obtenir des ramifications et densifier la base de la touffe.

❷ En juin, taillez à 50-60 cm du sol et en épaisseur pour densifier la végétation à la base.

**Années suivantes**

Taillez après la floraison en avril et en juillet-août en allongeant progressivement la taille en hauteur et en largeur jusqu'aux dimensions désirées et jusqu'à l'obtention d'une végétation compacte.

## La taille d'entretien

❸ Efectuez à la cisaille, ou mieux au sécateur, une première taille après la floraison et une seconde en août-septembre.

# Frêne commun

***Fraxinus excelsior***

Arbre/Oléacées

*Grâce à son enracinement puissant, le frêne a une croissance rapide dans tous les terrains, même calcaires ou un peu secs et caillouteux. Il pousse partout, aussi bien au bord de la mer (exposé aux embruns) qu'à 1 500 m d'altitude. Il aime plus particulièrement un climat tempéré au soleil fréquent. Son feuillage est caduc.*

- **Taille de formation :** ***sur tige à cime arrondie.***
- **Durée de formation :** ***10 à 15 ans.***
- **Taille d'entretien :** ***élagage de novembre à janvier.***
- **Taille de floraison ou de fructification :** ***sans.***
- **Tailles possibles :** ***en cépée, à la française.***
- **Hauteur :** ***25 à 35 m.***
- **Distance de plantation :** ***10 à 20 m.***

❶

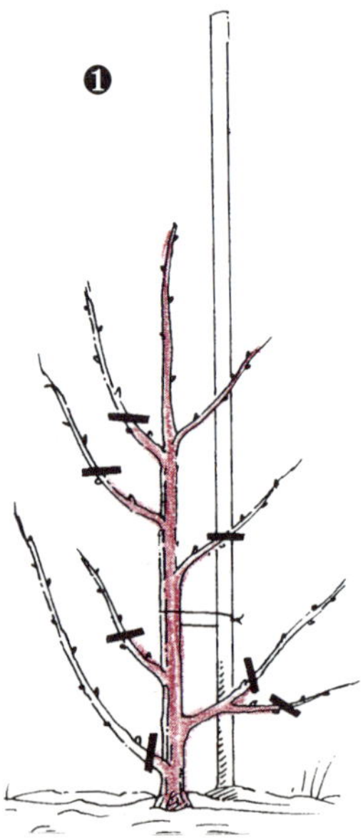

❷

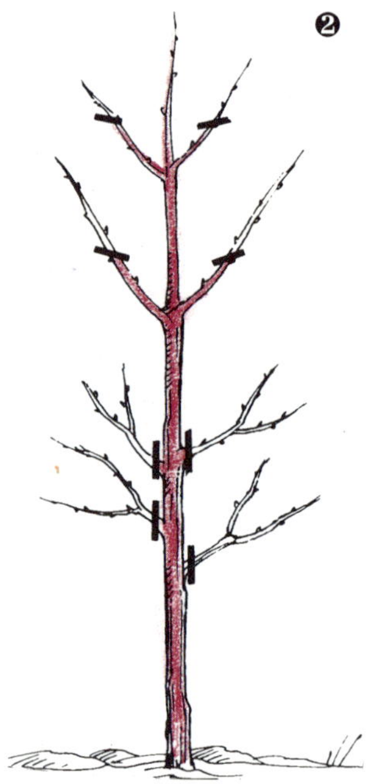

## La taille de formation sur tige à cime arrondie

❶ Les premières années, palissez la flèche centrale au fur et à mesure de son développement. Taillez, en novembre, les pousses faibles de la base, soit au ras du tronc, soit des 2/3. Veillez à la prédominance de l'axe central qui forme le tronc en supprimant les bourgeons concurrents.

❷ Les années suivantes, à la même époque de l'année, taillez toute la végétation en trop et les départs vigoureux. Commencez à supprimer les branches les plus basses pour monter le tronc progressivement. Vous pouvez retirer le tuteurage. Rabattez les premières branches hautes pour établir la charpente.

❸

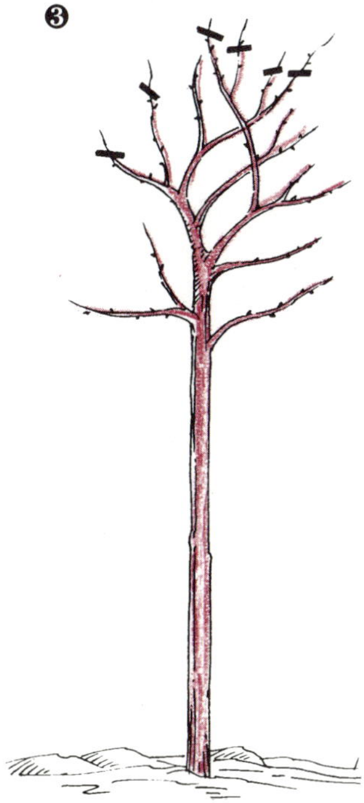

❸ Par la suite, maintenez le développement du rameau central pour favoriser l'allongement nécessaire des branches latérales. S'il n'y a pas de prolongement unique, si la charpente est formée de plusieurs branches latérales, maintenez le développement proportionnel de ces branches. Lorsque l'arbre a atteint la hauteur voulue, coupez le prolongement de la tige, afin de forcer le développement de plusieurs branches.

❹

## La taille d'entretien

❹ Le frêne se taille très facilement. Taillez, de novembre à janvier, le bois mort et les pousses qui déséquilibrent la forme. Le frêne peut être émondé pour son feuillage, qui sert de fourrage, ou encore recépé à 10 cm du sol. Il donne en effet de très belles cépées, pour former des séparations (haies) ou pour fixer les berges des cours d'eau (recépez alors tous les 4 à 5 ans).

❶

❷

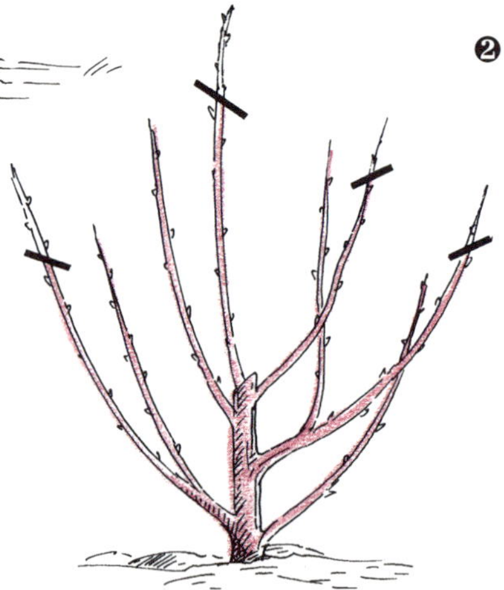

## La taille de formation en cépée

❶ De novembre à janvier, rabattez l'arbre en supprimant très court le tronc sur les 2 ou 3 premières ramifications (environ 30 à 50 cm).
❷ La taille sévère a fait partir de nombreux départs. Durant le repos végétatif, épointez très légèrement les plus grands départs (plus sévèrement le plus central) afin de favoriser des ramifications pour étoffer la forme. Les années suivantes, taillez toute la végétation trop fougueuse proche de « l'axe » pour maintenir la forme.

❶

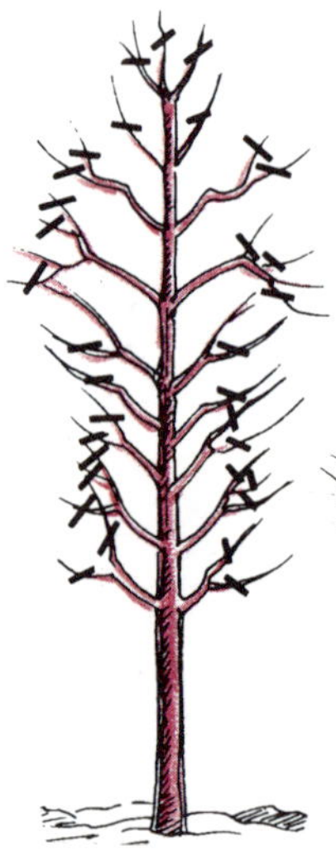

❷

## La taille à la française

❶ Les premières années, formez le jeune arbre sur tige. Lorsqu'une hauteur de tronc suffisante est atteinte, sélectionnez dès le mois de novembre des charpentières et favorisez par une taille légère les ramifications à proximité du tronc.
❷ Les années suivantes, laissez s'allonger les charpentières et les ramifications. Ensuite, taillez en janvier définitivement l'arbre à la forme désirée (ci-contre, une marquise double). Entretenez régulièrement, si possible 1 fois par an, en février-mars.

# Fusain du Japon

*Euonymus japonicus*

Arbuste/Célastracées

*Le fusain est peu exigeant quant à la nature du sol, mais il préfère une terre fertile et humifère et il demande une exposition ensoleillée ou mi-ombragée. Son feuillage est persistant. Il existe de nombreux cultivars à feuilles panachées. Plantez-le en massif, en isolé ou en haie.*

- **Taille de formation :** ***en touffe buissonnante.***
- **Durée de formation :** ***2 ans.***
- **Taille d'entretien :** ***en février-mars.***
- **Taille de floraison ou de fructification :** ***sans.***
- **Taille possible :** ***en haie taillée.***
- **Hauteur :** ***2 à 3 m.***
- **Distance de plantation :** ***2 à 2,50 m (en haie 0,60 à 0,80 m).***

❶

❷

❸

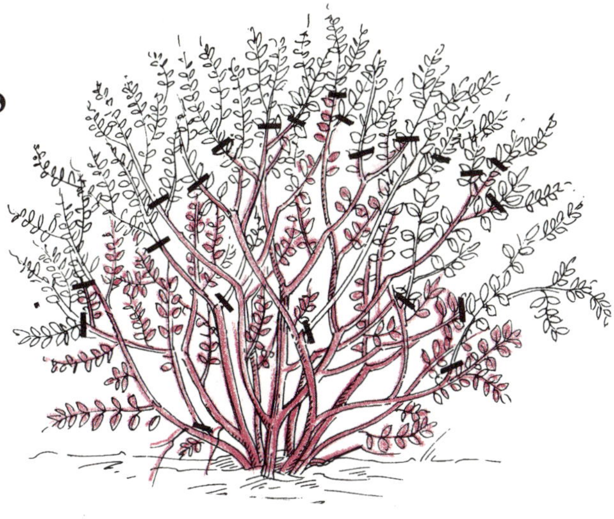

## La taille de formation en touffe buissonnante

### 1re année

❶ A la plantation, réduisez les branches principales de moitié en taillant au-dessus de 2 yeux opposés à la base des feuilles.

### 2e année

❷ En février-mars, taillez de moitié les rameaux issus des branches taillées l'année précédente et celles issues de leur partie basse. Supprimez les pousses grêles.

## La taille d'entretien

❸ En février-mars, raccourcissez les branches en taillant sur des départs situés plus bas. Éclaircissez une partie des rameaux se dirigeant vers le centre de la touffe. Coupez le bois mort.

❶

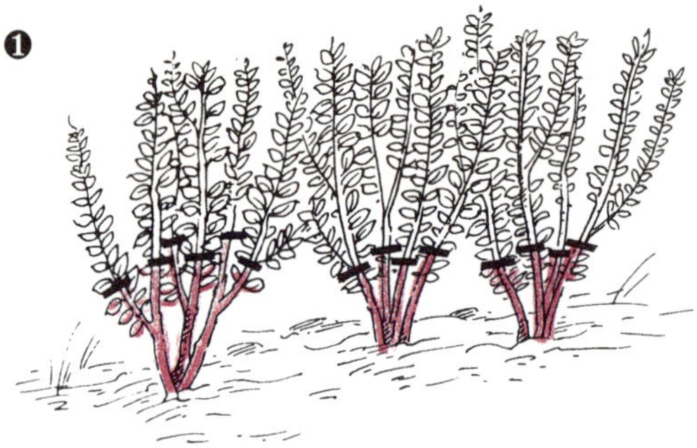

❷

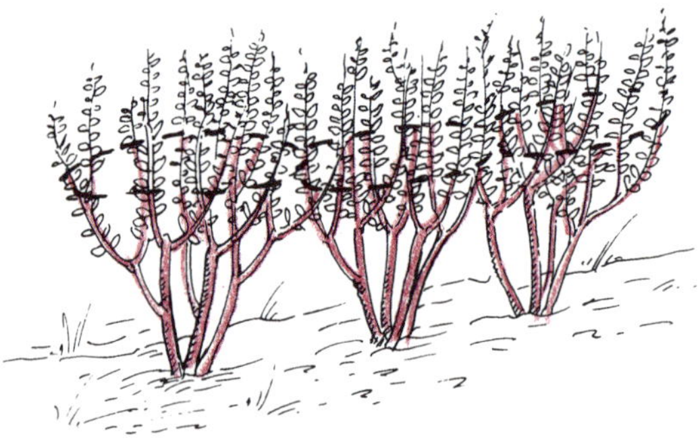

❸

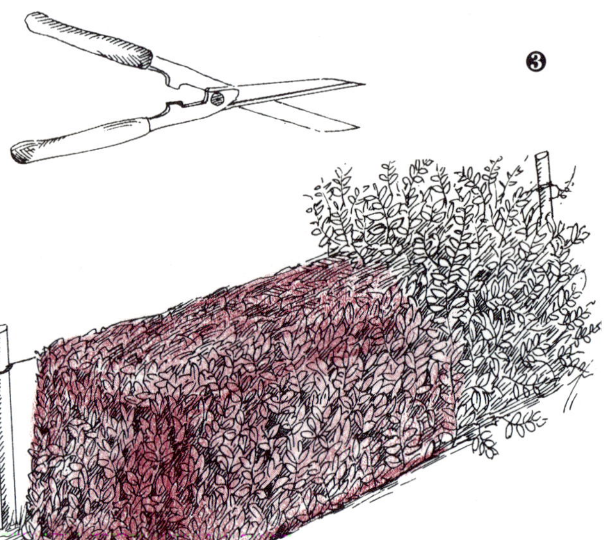

## La taille de formation en haie taillée

### 1re année

❶ Après la plantation en motte, de novembre à mars, taillez les branches à 25-30 cm du sol pour obtenir des ramifications et densifier la base de la touffe.
En juin, taillez à 50-60 cm du sol et en épaisseur pour permettre une densification de la végétation à la base.

### 2e année

❷ En février-mars, rabattez les rameaux principaux de l'année précédente de moitié et taillez les pousses latérales à 15 cm des principales.
En juin-juillet, épointez les branches principales et taillez plus sévèrement les rameaux latéraux.

### Années suivantes

Poursuivez ces 2 tailles aux mêmes époques en allongeant progressivement la taille en hauteur et en largeur jusqu'à la hauteur désirée et jusqu'à l'obtention d'une végétation compacte.

## La taille d'entretien

❸ Effectuez 2 tailles à la cisaille, la première en mai ou début juin après la pousse de printemps et la seconde en août-septembre.

# Genêt à balai

***Cytisus scoparius***

Arbuste/Légumineuses

*Le genêt demande une exposition ensoleillée et un sol sec et pauvre, mais il redoute le calcaire et l'humidité. Son feuillage est caduc et ses fleurs jaune carmin, jaunes, roses ou rouges, suivant les cultivars, apparaissent en mai-juin. Plantez-le en massif.*

- **Taille de formation :** ***en touffe buissonnante.***
- **Durée de formation :** ***1 à 2 ans.***
- **Taille d'entretien :** ***après la floraison.***
- **Taille de floraison ou de fructification :** ***taille courte après la floraison.***
- **Taille possible :** ***sans.***
- **Hauteur :** ***2 à 3 m.***
- **Distance de plantation :** ***2 à 2,50 m.***

❶

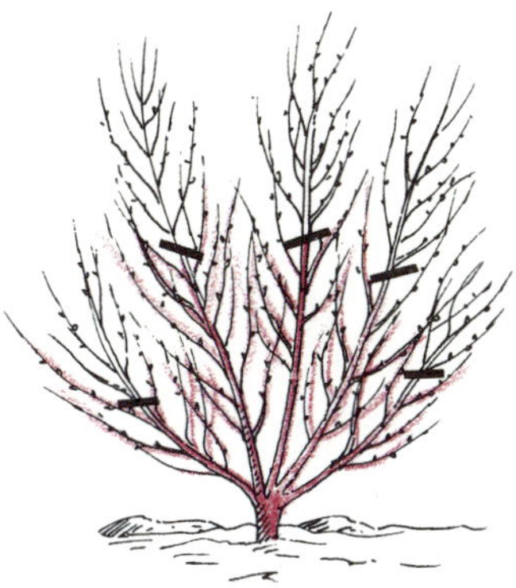

❷

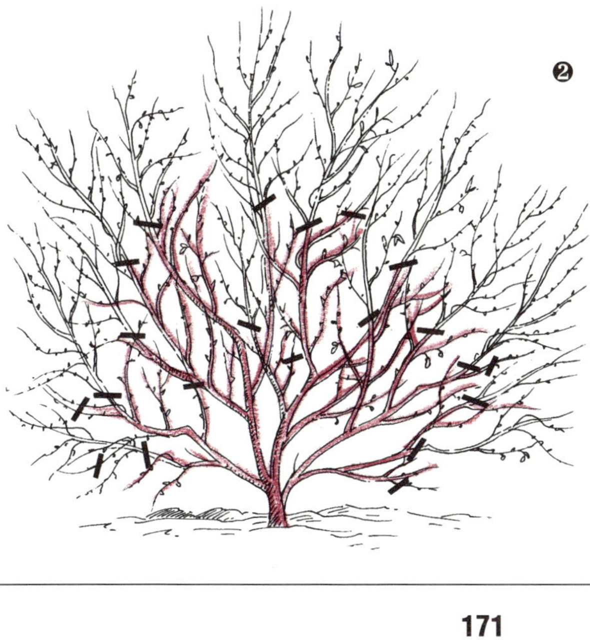

## La taille de formation

### 1re année

Après la plantation, de novembre à mars, effectuez simplement un nettoyage en supprimant les branches cassées ou trop grêles à la base. Ne taillez pas, l'arbuste fleurira en mai-juin dès la première année. La taille de formation se trouve en fait confondue avec la taille d'entretien.

## La taille d'entretien

❶ La première année, dès la floraison terminée, en juin, taillez les branches qui ont fleuri des 2/3.

### 2e année et suivantes

❷ Taillez en juin les branches ayant fleuri des 2/3 sur de jeunes rameaux secondaires situés plus bas. Épointez les pousses latérales trop longues.

# Genêt d'Espagne

***Spartium junceum***

Arbrisseau/Légumineuses

*Le genêt d'Espagne demande un sol sec et bien drainé, même calcaire, et une exposition ensoleillée. Son feuillage est caduc et ses fleurs jaunes s'épanouissent de mai à août. Plantez-le en groupe ou en massif.*

- **Taille de formation :** ***en touffe buissonnante.***
- **Durée de formation :** ***2 ans.***
- **Taille d'entretien :** ***en mars.***
- **Taille de floraison ou de fructification :** ***coupe des fleurs fanées après la floraison.***
- **Taille possible : sans**
- **Hauteur :** ***1 à 3 m.***
- **Distance de plantation :** ***1 à 1,50 m.***

❶

❷

❸

## La taille de formation

### 1re année

❶ A la plantation, taillez les branches des 2/3 pour provoquer des ramifications.

### 2e année

❷ Fin février-début mars, taillez les branches qui ont fleuri des 2/3 sur de jeunes pousses situées plus bas.

## La taille d'entretien

❸ Fin février-début mars, rabattez les plus vieilles branches ayant fleuri en taillant au-dessus de jeunes pousses situées plus bas, afin que l'arbuste ne se dégarnisse pas de la base. Supprimez le bois mort. En été, supprimez les fleurs fanées pour permettre à d'autres fleurs de s'épanouir avant la formation des graines.

# Genêt des teinturiers

*Genista tinctoria*

Arbuste/Légumineuses

*Le genêt des teinturiers demande un sol léger, siliceux et calcaire, et une exposition ensoleillée. Son feuillage est caduc et ses fleurs jaune d'or s'épanouissent de juin à août. Plantez-le en massif ou en rocaille.*

- **Taille de formation :** ***en buisson étalé.***
- **Durée de formation :** ***1 ans.***
- **Taille d'entretien :** ***en février.***
- **Taille de floraison ou de fructification :** ***sans.***
- **Taille possible :** ***sans.***
- **Hauteur :** ***moins de 1 m.***
- **Distance de plantation :** ***1,50 à 2 m.***

❶

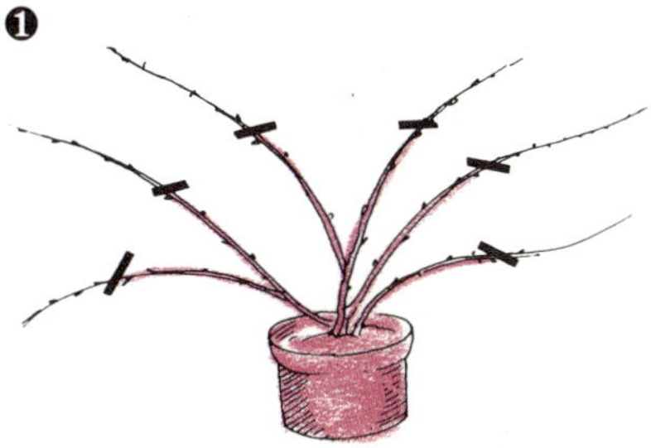

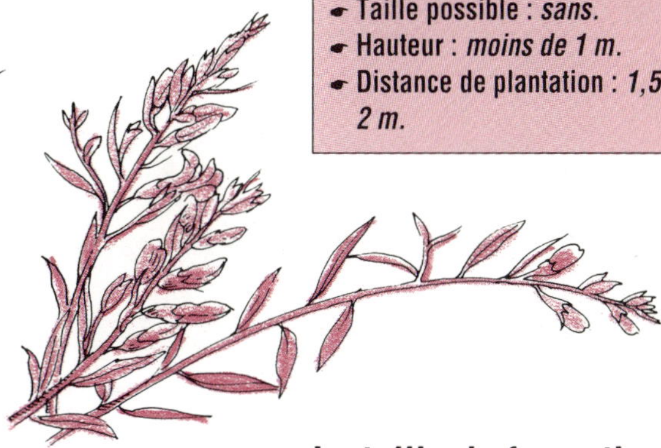

❷

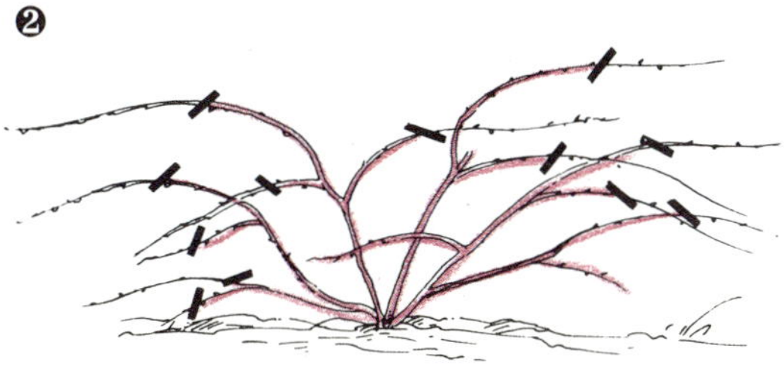

❸

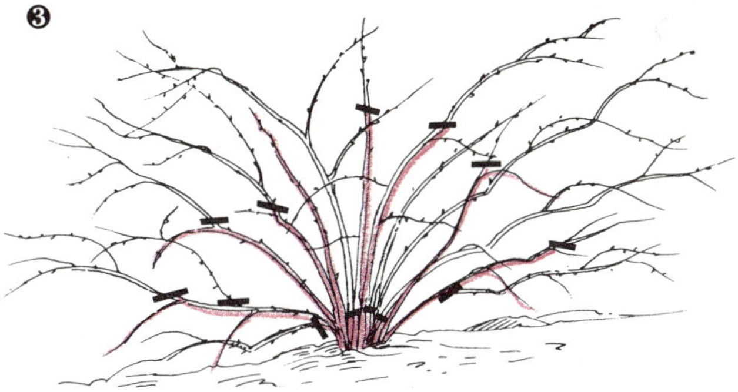

## La taille de formation

**1^re^ année**

❶ A la plantation en motte, de novembre à mars, réduisez les branches principales de moitié environ pour ramifier la plante.

**2^e^ année**

❷ En février, taillez de moitié environ les rameaux obtenus.

## La taille d'entretien

❸ En février, coupez toutes les branches mortes et éclaircissez en supprimant les branches trop longues ou encombrantes à l'intérieur de la touffe. De nombreuses pousses apparaîtront au centre de celle-ci.

# Genévrier commun

*Juniperus communis*

Conifère/Cupressacées

*De croissance lente, mais de grande longévité, le genévrier est très rustique et peu difficile quant à la nature du sol. Son feuillage est persistant. Les variétés cultivées du genévrier sont très nombreuses. Si vous adoptez une de ses variétés colorées, sachez qu'elles ont besoin de beaucoup de soleil.*

- **Taille de formation :** ***naturelle.***
- **Durée de formation :** ***5 à 10 ans.***
- **Taille d'entretien :** ***en octobre-novembre.***
- **Taille de floraison ou de fructification :** ***sans.***
- **Taille possible :** ***en haie.***
- **Hauteur :** ***10 m.***
- **Distance de plantation :** ***5 m (en haie 1 m).***

❶

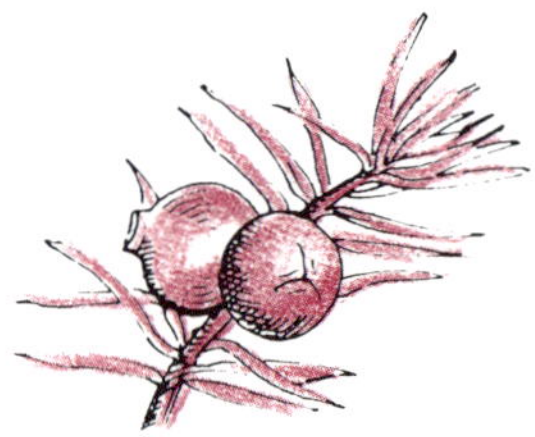

❷

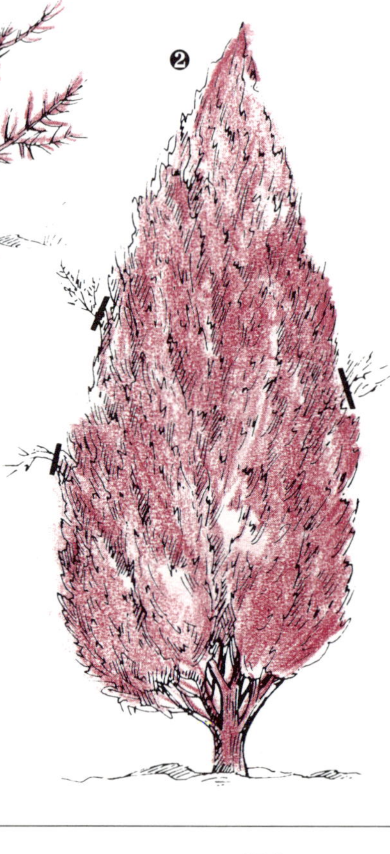

## La taille de formation naturelle

❶ L'année suivant la plantation, si 2 pousses terminales se font concurrence, supprimez-en une, en octobre-novembre. Les années suivantes, continuez à surveiller que l'axe central ait toujours la prédominance. Supprimez le bois mort ou malade. Haubanez l'arbre. Surveillez les attaches.

## La taille d'entretien

❷ Taillez, en novembre, les branches mortes ou cassées, et celles déséquilibrant la forme. Si vous avez choisi un genévrier à forme prostrée, supprimez si besoin les pousses verticales pouvant apparaître en les taillant, en octobre-novembre, à leur point de naissance au ras du tronc.

## La taille des haies

❶ Dès la plantation, épointez les rameaux les plus vigoureux et la tête pour favoriser la reprise et obliger la formation de divisions.

❶

❷

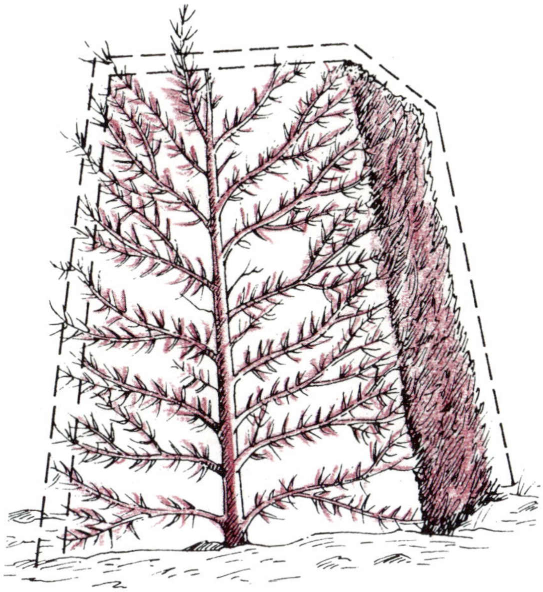

❸

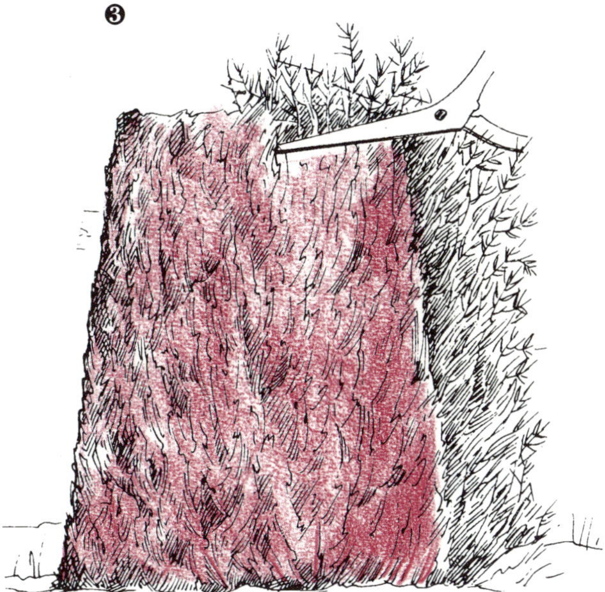

❷ Les années suivantes, en automne, égalisez grossièrement les faces de la haie. Laissez quelques centimètres de plus en dessus et surtout sur les 2 faces.

❸ Lorsque la hauteur de la haie souhaitée est atteinte, supprimez en septembre les pousses de l'année.

# Glycine

*Wistaria sinensis*

Grimpante/Légumineuses

*La glycine est un arbuste grimpant à longues pousses volubiles d'un très bel effet décoratif. La base des tiges enroulées forme parfois un « tronc » de plus d'un mètre de tour. Sa végétation est puissante, capable de déformer les barreaux d'une grille. Ses fleurs bleu violacé légèrement parfumées paraissent en mai et parfois à nouveau en juillet-août. Son feuillage est caduc. Plantez-la en sol pas trop calcaire et sableux.*

- **Taille de formation :** ***palissage.***
- **Durée de formation :** ***6 ans.***
- **Taille d'entretien :** ***en mars.***
- **Taille de floraison ou de fructification :** ***sans.***
- **Taille possible :** ***en arbre.***
- **Hauteur :** ***10 à 15 m.***
- **Distance de plantation :** ***10 m.***

❶

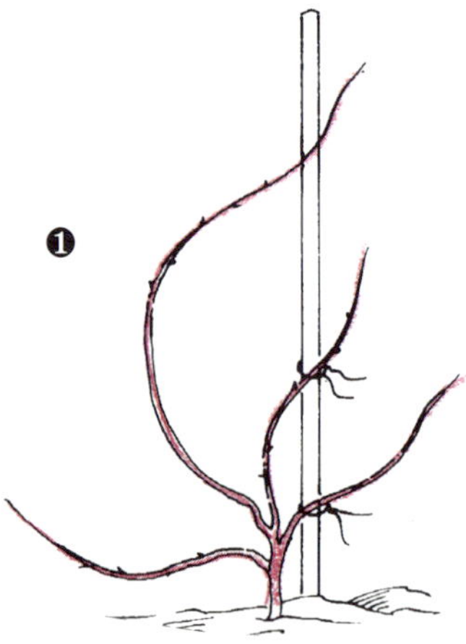

❷

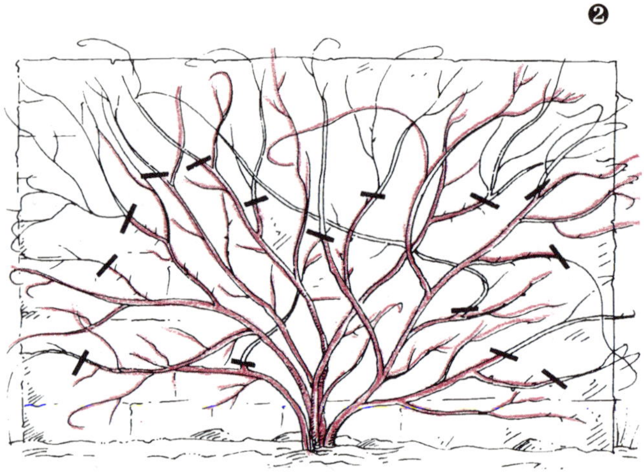

## La taille de formation

❶ Évitez de tailler le jeune pied à la plantation. Au besoin supprimez les jeunes tiges mal venues ou trop grêles. Palissez les jeunes rameaux pour faciliter leur accroche.

## La taille d'entretien

❷ Avant le départ de la végétation, en mars, rabattez au moins de moitié les pousses de l'année (à 4 ou 5 feuilles). Taillez les tiges très vigoureuses et celles en surnombre.

❸ Il est ensuite possible de ne pas tailler, supprimez simplement les branches encombrantes.

❸

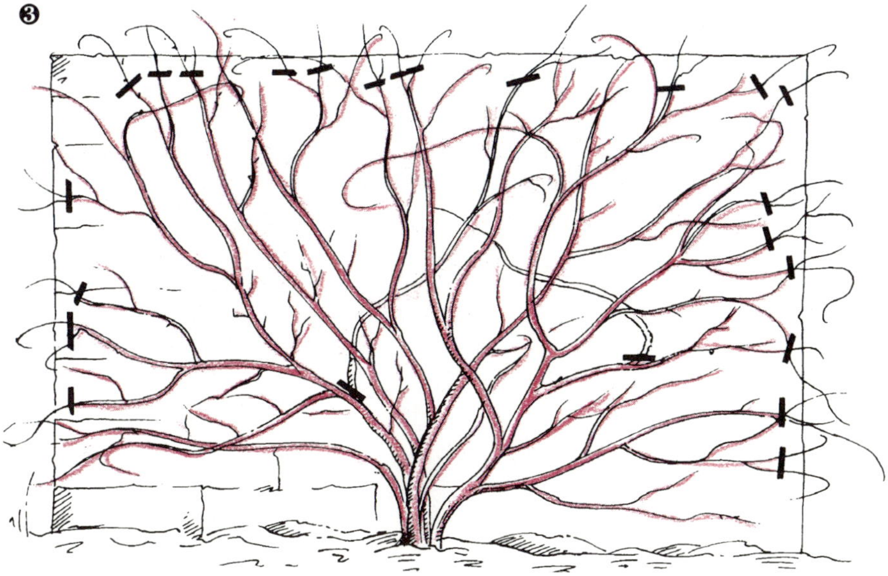

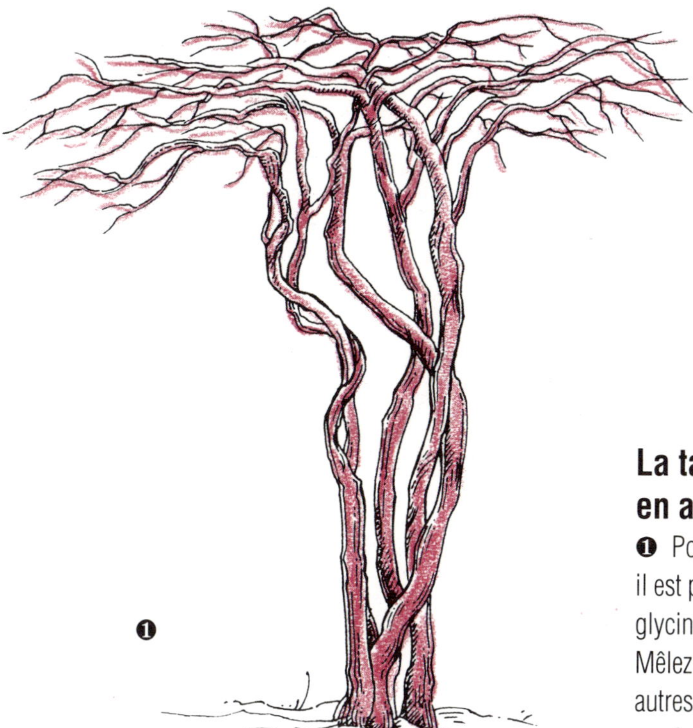

❶

## La taille de formation en arbre

❶ Pour se passer de palissage, il est possible de former la glycine comme un « arbre tige ». Mêlez les rameaux les uns aux autres et tuteurez les premières années. Par la suite, taillez court.

# Groseillier à fleurs (sanguin)

*Ribes sanguineum*

Arbuste/Saxifragacées

*Le groseillier à fleurs sanguin demande un bon sol de jardin bien drainé et une exposition ensoleillée ou mi-ombragée. Son feuillage est caduc et ses fleurs rouge carminé paraissent en mars-avril. Plantez-le en massif.*

- **Taille de formation :** ***en touffe buissonnante.***
- **Durée de formation :** ***2 ans.***
- **Taille d'entretien :** ***après la floraison.***
- **Taille de floraison ou de fructification :** ***après la floraison en avril.***
- **Taille possible :** ***sans.***
- **Hauteur :** ***2 m.***
- **Distance de plantation :** ***1,50 m.***

❶

❷

## La taille de formation

### 1re année

❶ A la plantation, de novembre à mars, habillez les racines si l'arbuste est livré à racines nues et taillez les branches de moitié sur un œil extérieur pour provoquer des ramifications et assurer la reprise. La floraison est sacrifiée au bénéfice de la formation.

### 2e année

En mars, ne taillez pas, les rameaux issus des branches taillées l'année précédente vont fleurir.

❷ En avril, après la floraison, rabattez les rameaux ayant fleuri sur des jeunes pousses situées plus bas et dirigées vers l'extérieur de la touffe. Taillez de moitié les pousses issues de la base.

## La taille d'entretien

❸ Après la floraison en avril, taillez les rameaux défleuris en revenant sur de jeunes pousses ou de jeunes bourgeons situés plus bas et dirigés vers l'extérieur de la touffe. Supprimez le bois mort, les banches trop âgées et les pousses trop grêles.

❸

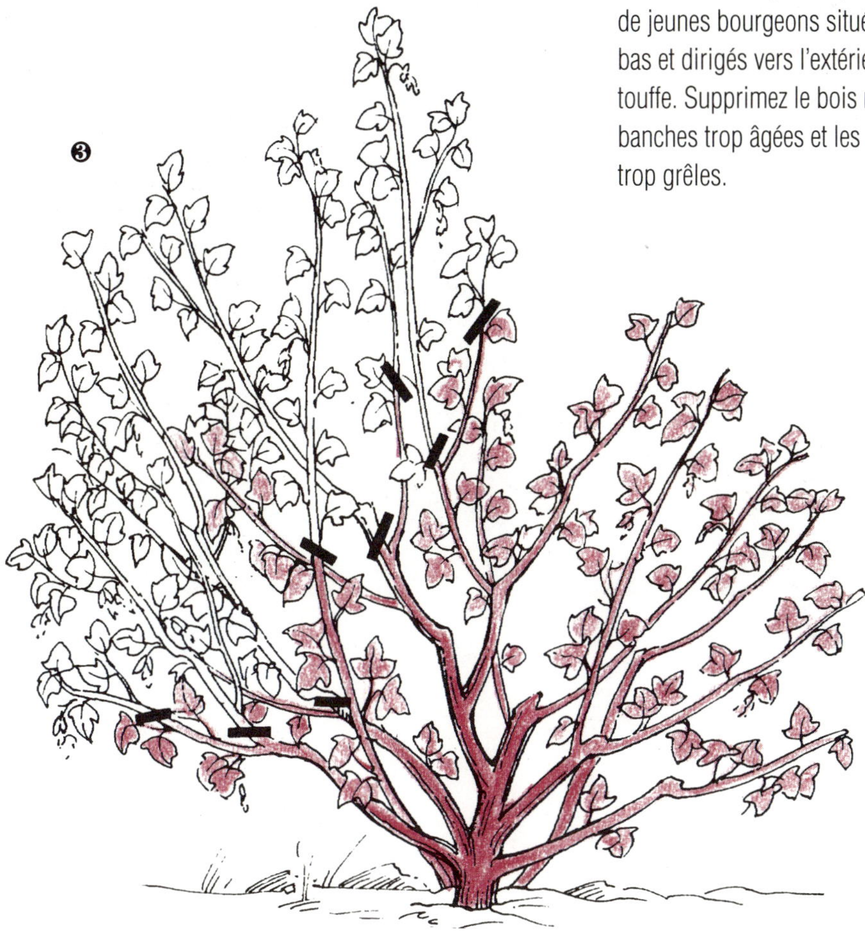

Avant Après

# Hamamélis

***Hamamelis mollis***

Arbrisseau/Hamamélidacées

*L'hamamélis demande une terre siliceuse humifère, acide et fraîche. Il doit être planté en terre de bruyère si le sol est calcaire, au soleil ou à mi-ombre. Son feuillage est caduc et ses fleurs jaunes s'épanouissent de janvier à mars. Plantez-le en isolé.*

- **Taille de formation :** ***touffe buissonnante devenant un petit arbre en vieillissant.***
- **Durée de formation :** ***2 ans.***
- **Taille d'entretien :** ***fin mars.***
- **Taille de floraison ou de fructification :** ***fin mars.***
- **Taille possible :** ***sans.***
- **Hauteur :** ***3 à 4 m.***
- **Distance de plantation :** ***à planter en isolé.***

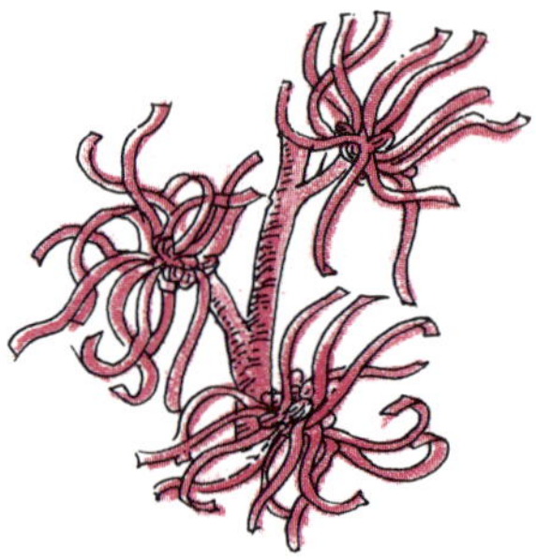

❶

❷

❸

## La taille de formation

### 1re année

❶ Après la plantation en motte, de novembre à mars, ne taillez pas et laissez l'arbuste fleurir. Après la floraison fin mars, taillez les branches de moitié au-dessus d'un œil ou d'un bourgeon extérieur.

### 2e année

❷ Après la floraison fin mars, ne taillez que très légèrement en épointant sur 20 à 30 cm les rameaux ayant fleuri sur un œil ou un bourgeon extérieur.

## La taille d'entretien

❸ Fin mars, coupez le bois mort et raccourcissez les plus vieilles branches en taillant sur des rameaux secondaires situés plus bas. Taillez de moitié les nouvelles pousses issues de la base.

# Hêtre commun

***Fagus sylvatica***

Arbre/Fagacées

*Le hêtre s'accommode mal des atmosphères sèches, mais il est peu exigeant quant à la nature du sol. On le rencontre en montagne jusqu'à 1 700 m. Son feuillage est caduc. Il est à planter en solitaire en raison de son ombre épaisse. De plus, une situation isolée met agréablement en valeur son tronc gris et lisse.*

- **Taille de formation :** ***sur tige (type ovoïde).***
- **Durée de formation :** ***10 à 15 ans.***
- **Taille d'entretien :** ***de novembre à février.***
- **Taille de floraison ou de fructification :** ***sans.***
- **Taille possible :** ***en haie (charmille).***
- **Hauteur :** ***25 à 35 m.***
- **Distance de plantation :** ***15 à 20 m (en haie 2 m).***

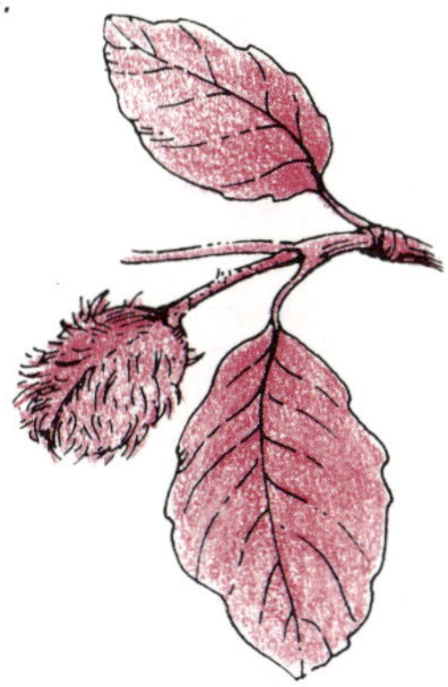

❶

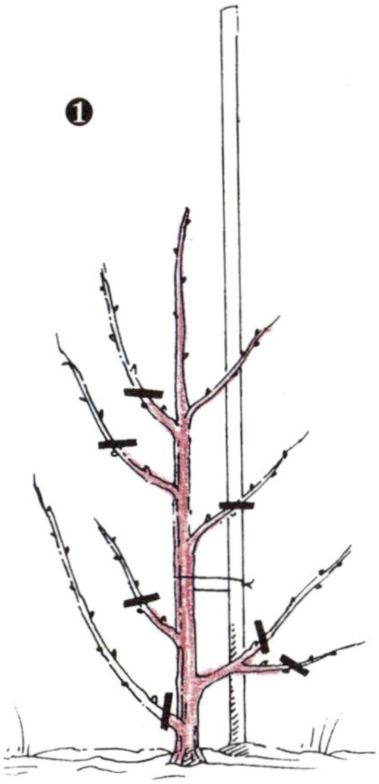

❷

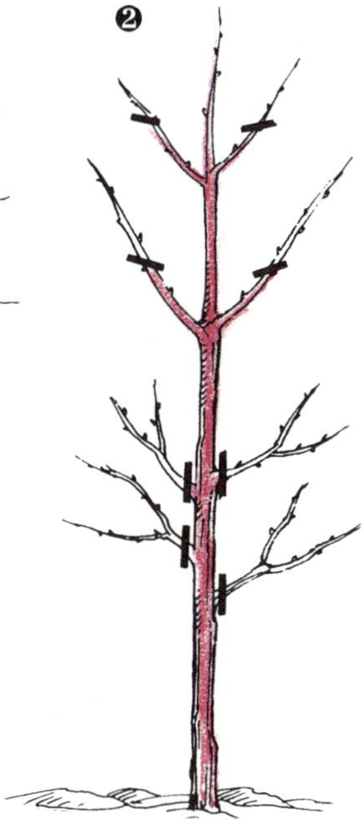

## La taille de formation sur tige (type ovoïde)

❶ Les premières années, palissez la flèche centrale au fur et à mesure de son développement. Veillez à la prédominance de l'axe qui forme le tronc en supprimant, en septembre, les bourgeons concurrents. Taillez les pousses de la base, soit au ras du tronc, soit des 2/3 de leur longueur.

❷ Les années suivantes, de novembre à février, taillez toute la végétation en trop et maintenez le développement du prolongement. Vous pouvez supprimer le tuteurage. Supprimez les branches les plus basses pour monter le tronc progressivement. Rabattez les premières branches hautes pour établir la charpente.

❸

❸ Par la suite, veillez à ce que les branches latérales aient toujours environ les 2/3 de la longueur de la tige centrale à partir de leur point d'insertion.

❹

## La taille d'entretien

❹ La croissance du hêtre est assez lente, mais il supporte très bien la taille et peut être aisément élagué. Néanmoins prenez la précaution de mastiquer généreusement les plaies pour éviter toute attaque de champignons. Pour la même raison, supprimez le bois mort dès son apparition. Taillez les pousses déséquilibrant la forme, de novembre à février.

## La taille des haies

❶ Dès la plantation, en novembre, taillez à la base les rameaux vigoureux. Régularisez grossièrement la forme. Supprimez environ 10 cm de hauteur à l'ensemble du jeune plant d'un an.

❷ Pendant les premières années, taillez sévèrement pour faciliter de nombreux départs et commencer la formation de la haie. Ne laissez croître la haie que de 10 à 15 cm par an.

❸ Une fois la hauteur atteinte progressivement, taillez régulièrement, en septembre ou en février, pour contenir la haie dans des proportions raisonnables (3 m minimum).

**A la plantation**

❶

**Les 1res années**

❷

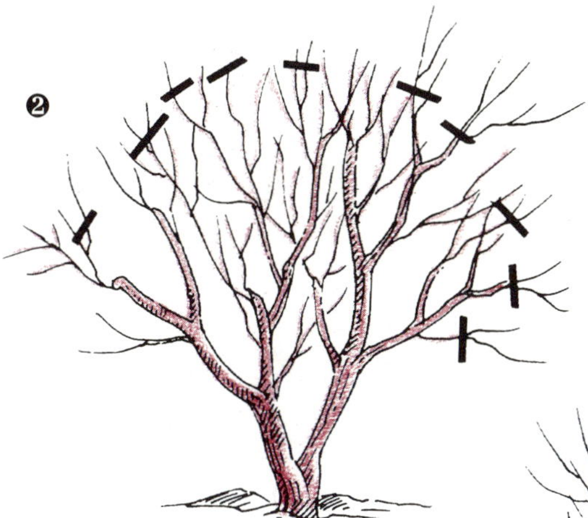

**Les années suivantes**

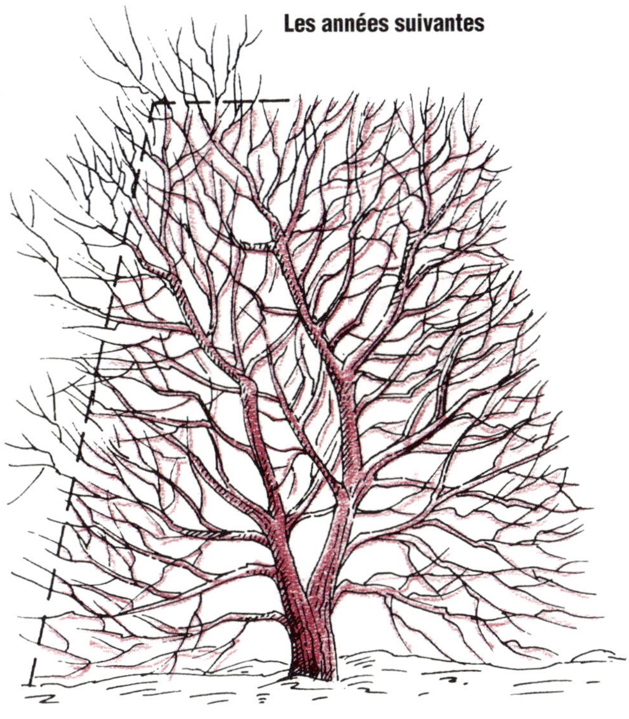

❸

**Avant** **Après**

# Hibiscus (Althæa)

***Hibiscus syriacus***

Arbuste/Malvacées

*L'hibiscus peut être planté en tous sols bien drainés, même calcaires, et demande une exposition ensoleillée. Son feuillage est caduc et ses fleurs roses, rouges, violettes ou blanches s'épanouissent d'août à fin septembre. Plantez-le en isolé, en massif ou sur tige.*

- **Taille de formation :** ***en touffe buissonnante.***
- **Durée de formation :** ***2 à 3 ans, 4 à 5 ans sur tige.***
- **Taille d'entretien :** ***fin février-début mars.***
- **Taille de floraison ou de fructification :** ***sans.***
- **Taille possible :** ***sur tige.***
- **Hauteur :** ***2 à 3 m.***
- **Distance de plantation :** ***1,50 à 2 m.***

❶

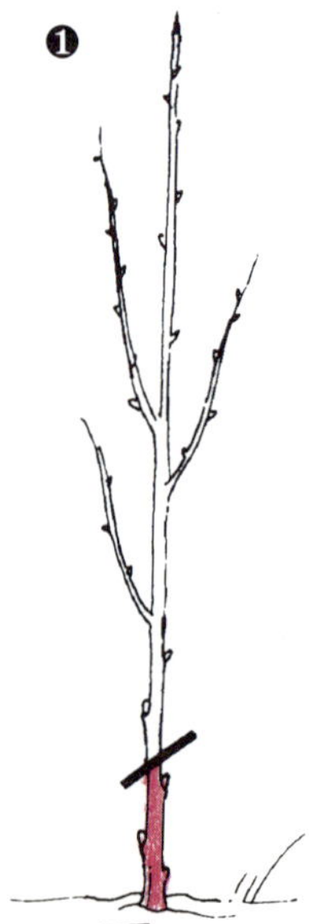

❷

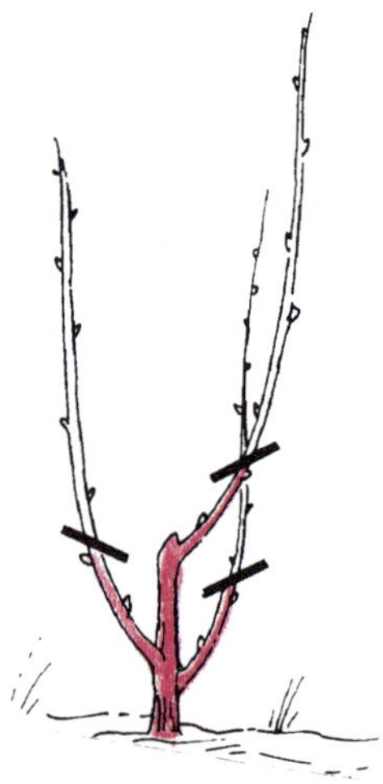

❸

## La taille de formation en touffe buissonnante

### 1re année

❶ A la plantation d'un jeune plant, de novembre à mars, habillez les racines et taillez à 20 cm du sol sur 3 yeux. En cours de végétation, vous obtiendrez 3 pousses.

### 2e année

❷ Fin février ou début mars, taillez les rameaux obtenus sur 2 yeux pour favoriser la ramification.

### 3e année

❸ Fin février ou début mars, taillez à nouveau sur 2 ou 3 yeux.

❶

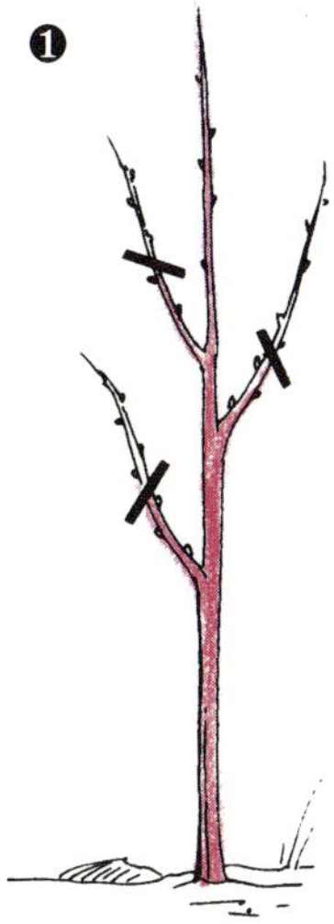

❷

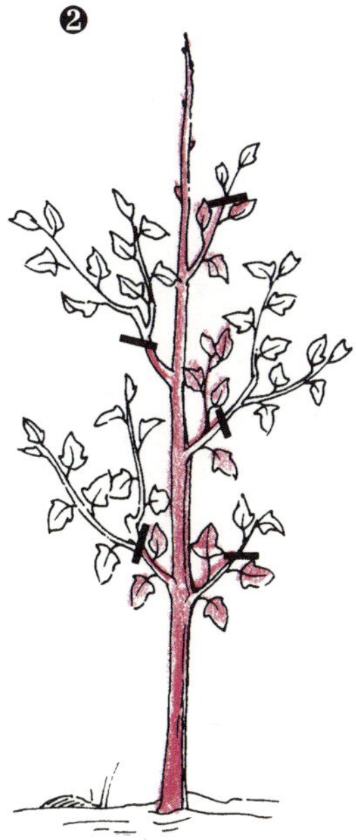

## La taille de formation sur tige

### 1re année

❶ Après la plantation d'un jeune plant, de novembre à mars, taillez à 2 ou 3 yeux les rameaux latéraux. Ne taillez pas le prolongement afin de permettre son allongement par le bourgeon terminal.

❷ Pendant l'été, des pousses latérales se développent le long du jeune tronc. Ces tire-sève permettent son grossissement. Pincez-les en mai, puis en juillet, à 10 cm environ pour limiter leur développement.

❸

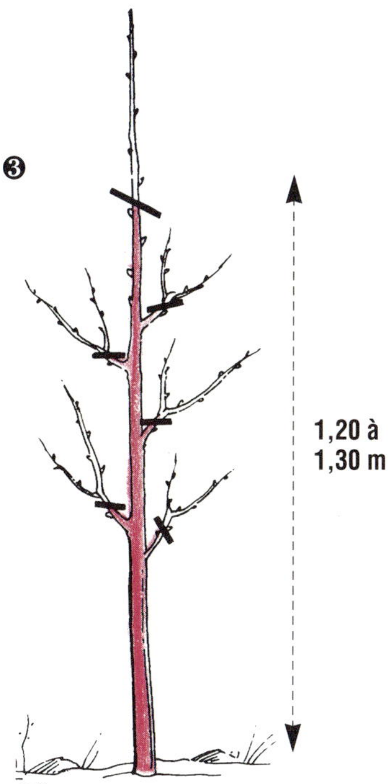


❹

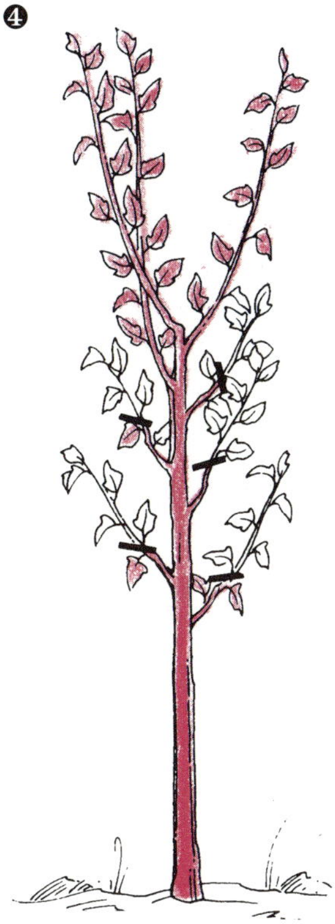

### 2e année

❸ Si le tronc est trop faible et n'atteint pas 1,20 à 1,30 m, renouvelez l'opération de l'année précédente fin février ou début mars, pour le renforcer, sinon commencez la formation de la ramure en taillant le prolongement sur 3 yeux à la hauteur voulue. Taillez également les pousses latérales sur le tronc à un œil.

❹ En cours de végétation, 3 pousses se développent en tête. Pincez les tire-sève à 10 cm.

❺

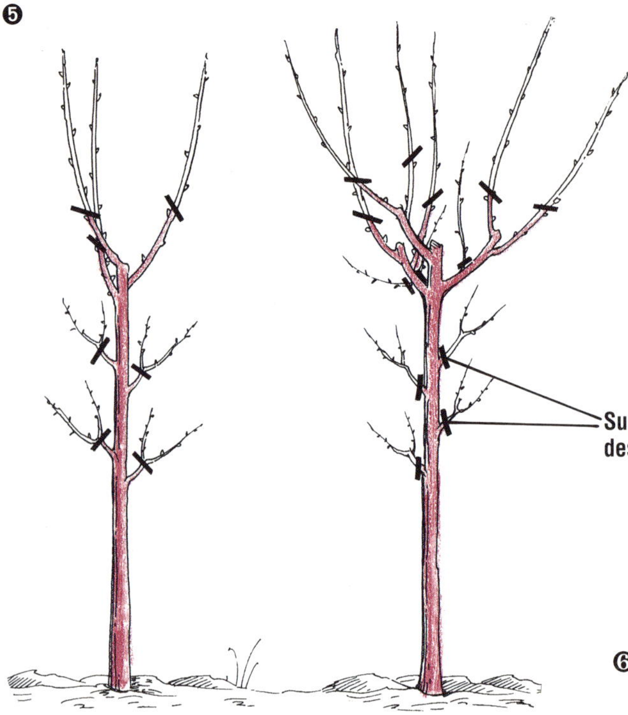


❻

### 3e année

❺ Fin février ou début mars, taillez les branches charpentières obtenues à 2 ou 3 yeux et les tire-sève à 10 cm.

### 4e année

❻ Fin février ou début mars, taillez chaque charpentière à 2 yeux pour rediviser la ramure et supprimez les rameaux latéraux sur le tronc.

❼

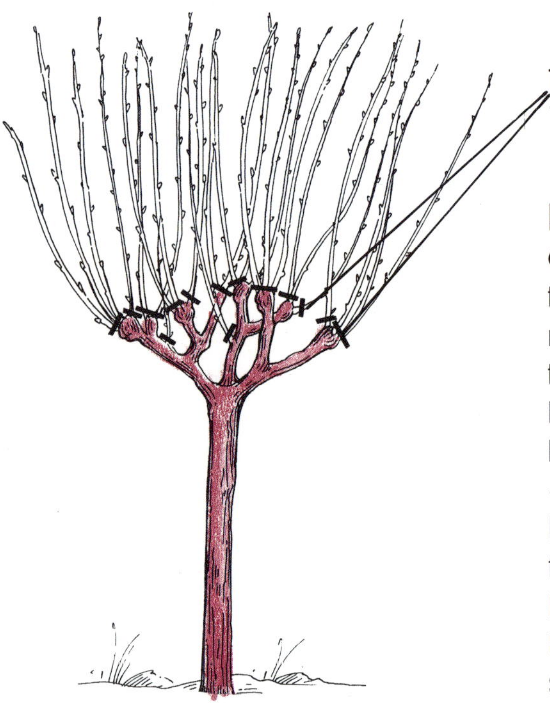


## La taille d'entretien

❼ Fin février ou début mars, taillez sévèrement à leur point de naissance sur les vieilles branches tous les rameaux ayant fleuri.
En vieillissant, l'extrémité des branches charpentières forme des « têtes de saules », sur lesquelles les jeunes pousses naissent facilement, renouvelant ainsi la floraison chaque année.
La taille d'entretien est la même sur les sujets formés en touffe que sur ceux formés sur tige.

# Hortensia (macrophylla)

***Hydrangea macrophylla***

Arbuste/Saxifragacées

*Cet hortensia réclame un sol siliceux, frais et non calcaire. Si ce sol fait défaut, il faut le planter en terre de bruyère. Il demande une exposition mi-ombragée. Son feuillage est caduc et ses fleurs bleues, roses, rouges ou blanches, s'épanouissent de juillet à septembre. Plantez-le en isolé ou en massif.*

- **Taille de formation :** ***en touffe buissonnante.***
- **Durée de formation :** ***2 ans.***
- **Taille d'entretien :** ***en mars.***
- **Taille de floraison ou de fructification :** ***coupe des fleurs fanées.***
- **Taille possible :** ***sans.***
- **Hauteur :** ***1,50 m en région parisienne (2 à 2,50 m et plus en climat doux et humide).***
- **Distance de plantation :** ***1,50 m ou plus.***

❶

❷

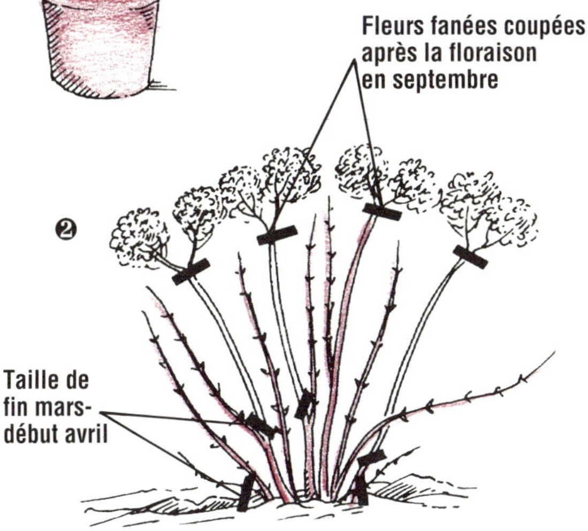


## La taille de formation

### 1re année

❶ A la plantation, ne taillez pas, supprimez cependant les rameaux cassés ou trop grêles.

Après la floraison, en septembre, supprimez les fleurs fanées. De nouvelles pousses se sont développées de la base et sur la partie inférieure des branches de l'année précédente. Elles ne fleuriront que l'année suivante.

### 2e année

❷ Fin mars-début avril, supprimez les branches ayant fleuri l'année précédente en revenant sur des pousses issues de leur base. Laissez intactes les pousses vigoureuses issues de la base, sur lesquelles les boutons floraux sont formés. Coupez les pousses grêles.

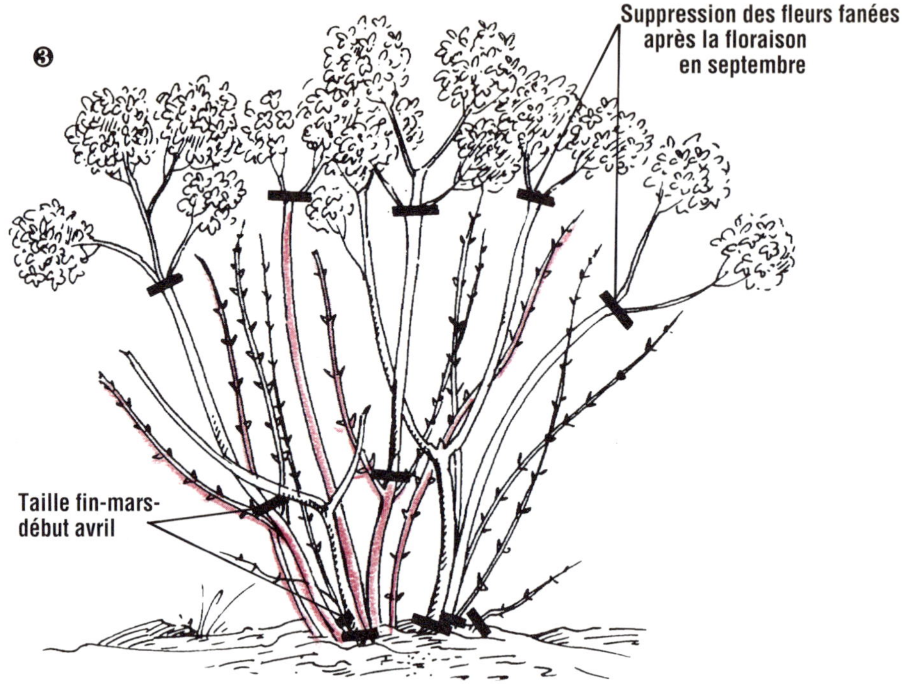


Avant

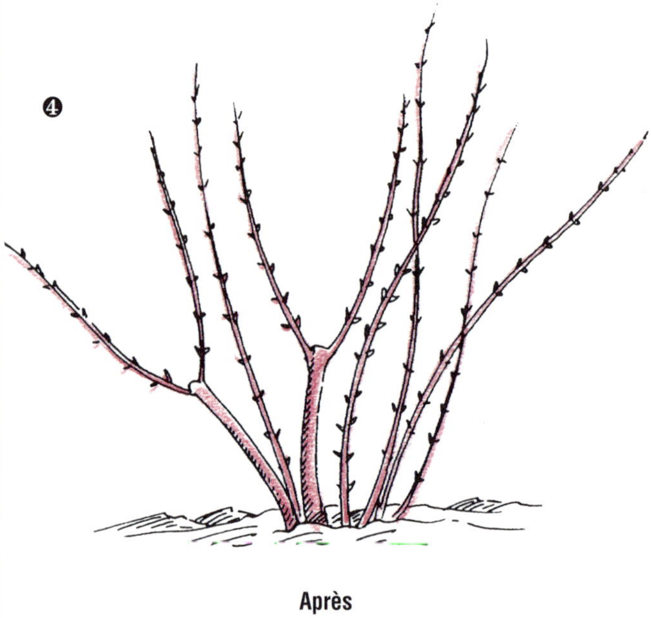


Après

## La taille d'entretien

❸ et ❹ Après la floraison, en septembre, supprimez les fleurs fanées.

Fin mars-début avril, supprimez les branches ayant fleuri l'année précédente. Revenez sur des pousses issues de la base de certaines. Ne taillez pas les pousses vigoureuses issues de la base de la touffe, sur lesquelles les boutons floraux sont déjà formés. Coupez le bois mort et les pousse grêles qui encombrent la touffe.

# Hortensia (paniculata)

***Hydrangea paniculata***

Arbuste/Saxifragacées

*Les exigences d'*Hydrangea paniculata *sont les mêmes que celles d'*Hydrangea macrophylla : *un sol siliceux, frais et non calcaire, ou à défaut une terre de bruyère, et une exposition mi-ombragée. Son feuillage est caduc et ses fleurs blanches en grandes panicules paraissent en août-septembre. Plantez-le en isolé ou en massif.*

- **Taille de formation :** ***en touffe buissonnante.***
- **Durée de formation :** ***1 à 2 ans.***
- **Taille d'entretien :** ***fin mars-début avril.***
- **Taille de floraison ou de fructification :** ***coupe des fleurs fanées.***
- **Taille possible :** ***sans.***
- **Hauteur :** ***1,50 m.***
- **Distance de plantation :** ***1,50 m.***

❶

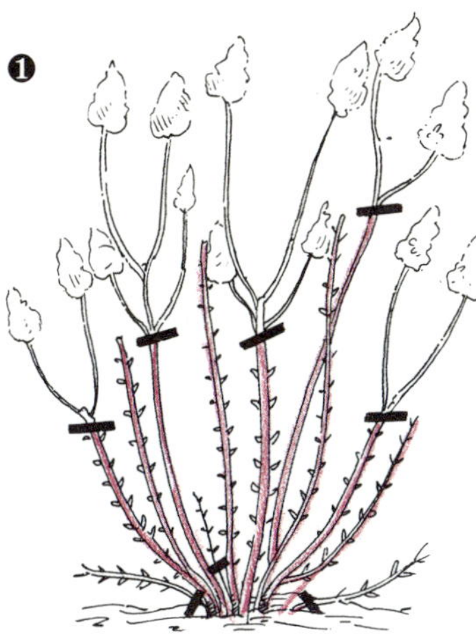

**Après la floraison, supprimez les fleurs fanées**

❷

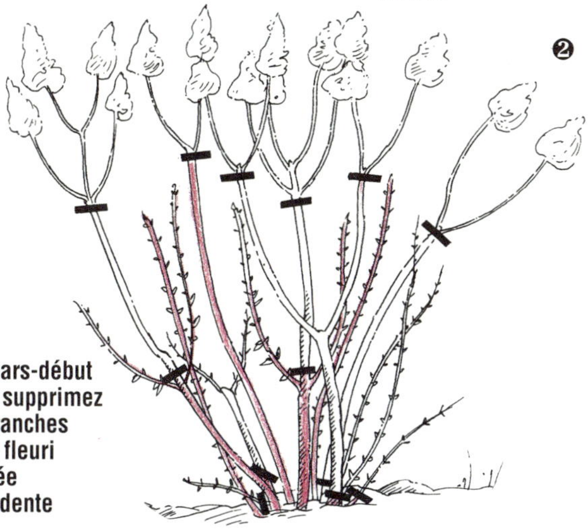

**Fin mars-début avril, supprimez les branches ayant fleuri l'année précédente**

## La taille de formation

### 1re année

A la plantation, ne taillez pas. Après la floraison, en septembre, supprimez les fleurs fanées.

### 2e année

❶ Fin mars-début avril, supprimez les branches ayant fleuri l'année précédente, en revenant sur des pousses issues de leur base.

## La taille d'entretien

❷ Après la floraison, supprimez les fleurs fanées. Fin mars-début avril, supprimez les branches ayant fleuri l'année précédente. Revenez sur des pousses issues de leur base. Conservez les pousses vigoureuses issues de la base de la touffe, sur lesquelles les boutons floraux sont formés. Coupez les pousses grêles.

# Houx

*Ilex aquifolium*

Arbrisseau/Aquifoliacées

*Le houx préfère les sols riches, siliceux, humifères, plutôt acides, une exposition mi-ombragée et une situation humide. Son feuillage est persistant. Ses fleurs sont sans intérêt, mais des baies rouges agrémentent les pieds femelles en hiver. Plantez-le en isolé, en massif ou en haie.*

- **Taille de formation :** ***en touffe buissonnante.***
- **Durée de formation :** ***2 à 3 ans.***
- **Taille d'entretien :** ***en mars.***
- **Taille de floraison ou de fructification :** ***sans.***
- **Taille possible :** ***en haie taillée.***
- **Hauteur :** ***6 m et plus.***
- **Distance de plantation :** ***3 m.***

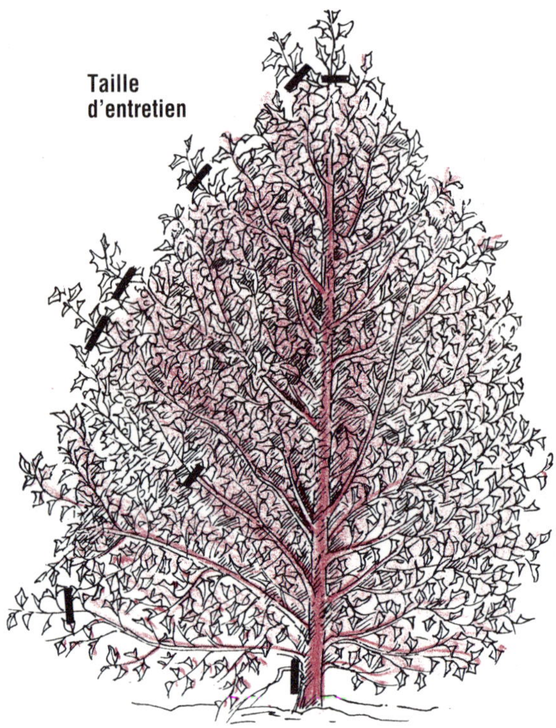


## La taille de formation

### 1re année

Après la plantation en motte, de novembre à mars, coupez seulement les branches cassées ou endommagées. Ne taillez pas, laissez l'arbuste prendre sa forme naturelle.

### 2e année

Ne taillez pas, sauf les quelques branches risquant de déséquilibrer l'arbuste.

## La taille d'entretien

Ne taillez pas chaque année. Si l'arbuste devient trop envahissant, supprimez les plus vieilles branches en mars pour réduire la hauteur et l'épaisseur. Effectuez les coupes à l'intérieur de la touffe de façon à ce qu'elles soient le moins visibles possible.

## La taille de formation en haie taillée

❶

❷

### 1re année

❶ Après la plantation en motte, de novembre à mars, taillez à 20-30 cm du sol pour ramifier les plantes et obtenir une végétation compacte à la base.

❷ En juin, rabattez toutes les pousses à 50-60 cm de hauteur pour renforcer la base.

### 2e année et suivantes

Taillez en mars et en juin en allongeant progressivement la taille en hauteur et en largeur jusqu'aux dimensions désirées et jusqu'à l'obtention d'une végétation compacte.

## La taille d'entretien

❸ Effectuez à la cisaille, ou mieux au sécateur, une première taille en mai-juin après la pousse de printemps et une seconde en août-septembre.

❸

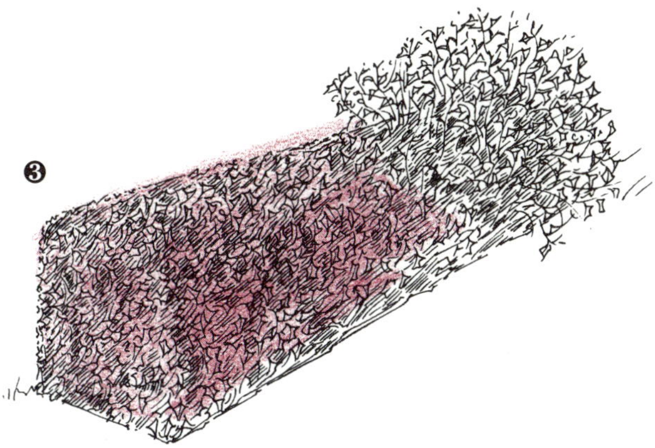

# If commun

***Taxus baccata***

Conifère/Taxacées

*L'if a une croissance très lente et peut vivre plus de 1 000 ans. Vous pouvez supprimer les branches âgées en surnombre car l'arbre peut repousser sur le vieux bois et, même, de souche. Les ifs supportent si bien la taille qu'ils constituent l'espèce la plus utilisée en art topiaire et en haies sculptées. La taille doit toujours avoir lieu au printemps.*

- **Tailles de formation : *naturelle ou sur tige.***
- **Durée de formation : *10 ans.***
- **Taille d'entretien : *élagage en février-mars.***
- **Taille de floraison ou de fructification : *sans.***
- **Tailles possibles : *en haie, topiaire.***
- **Hauteur : *8 à 15 m.***
- **Distance de plantation : *10 à 20 m (en haie 0,80 à 1 m).***

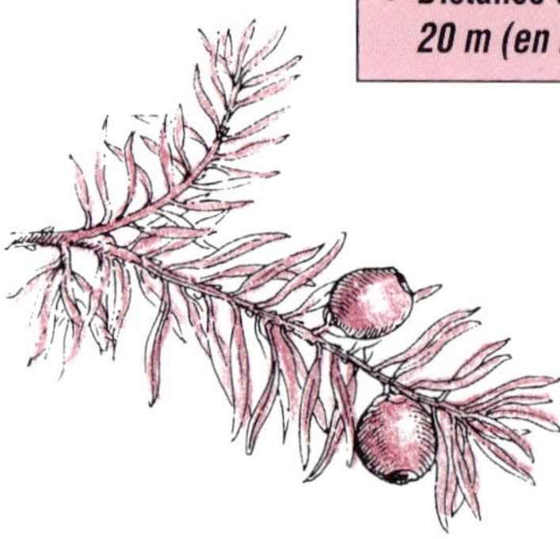

❶

❷

## La taille de formation naturelle

❶ Généralement on peut s'abstenir d'intervenir, même si le sujet est peu vigoureux.
La 2e année de plantation, en mars, rabattez l'arbre à une trentaine de centimètres de hauteur pour favoriser des ramifications et de nombreux départs qui étofferont la forme.

❷ Les années suivantes, taillez en mars ou en septembre toute la végétation trop fougueuse proche de l'axe pour maintenir la forme.

❶

## La taille de formation sur tige

❶ Les 2 premières années, si 2 pousses terminales se font concurrence, supprimez en février-mars, en la taillant très court, la plus faible des 2.

❷ Par la suite, continuez à surveiller que l'axe central ait la prédominance. Supprimez progressivement à partir de la 4e année, en septembre, les premières branches basses pour former la tige.

❷

❸

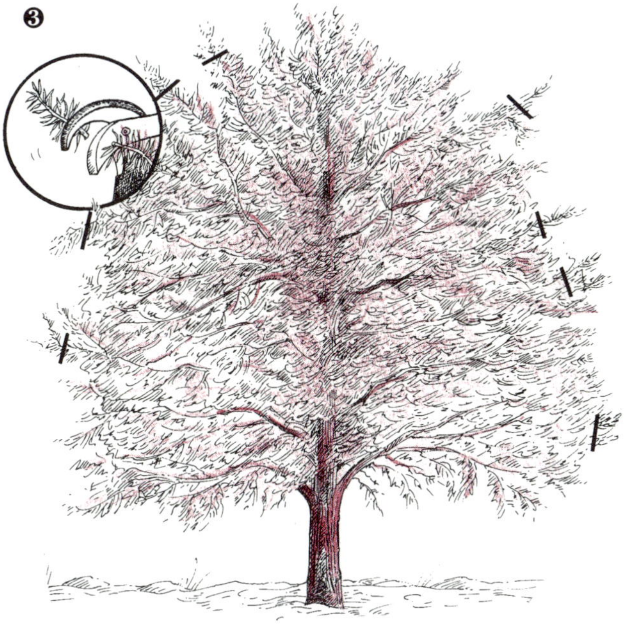

## La taille d'entretien

❸ Conservez un aspect harmonieux en supprimant en mars les pousses trop « folles » qui déséquilibrent la forme. L'if reperce très bien, même sur le vieux bois, qui comporte de nombreux yeux susceptibles de donner de nouvelles pousses. En novembre, supprimez à la base le bois mort ou malade.

❶

❷

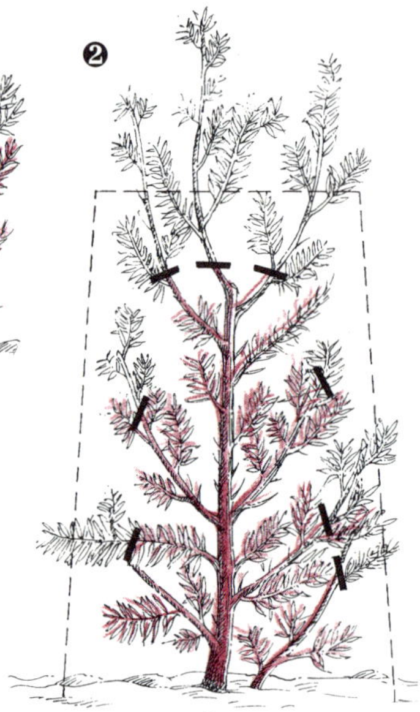

## La taille des haies

### La formation

❶ et ❷ Effectuez le même traitement que pour la formation en forme naturelle durant les 3 ou 4 premières années. Ensuite égalisez en septembre grossièrement les faces de la haie.

❸ Supprimez 20 à 30 % de la pousse de l'année en septembre jusqu'à obtenir la forme définitive de la haie. Celle-ci sera encore plus belle et plus touffue si vous pouvez lui laisser chaque année quelques centimètres de plus en dessus et surtout sur les 2 faces.

### La taille de rajeunissement

❹ Après de nombreuses années la haie devient trop importante, aussi faut-il réduire son encombrement. Rabattez sérieusement, en février, en revenant sur du vieux bois et ainsi repartir presque à zéro.

❸

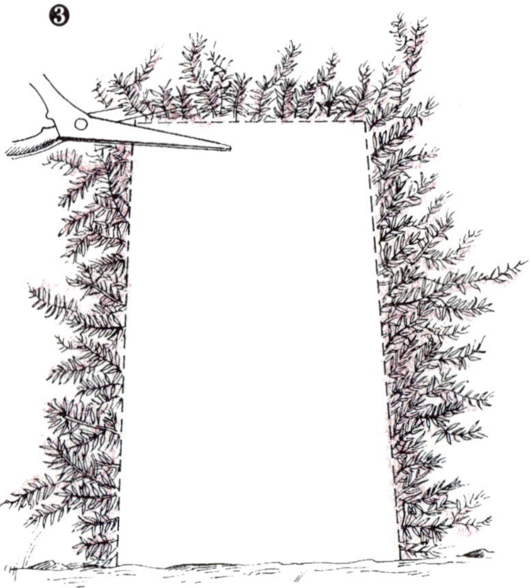

❹

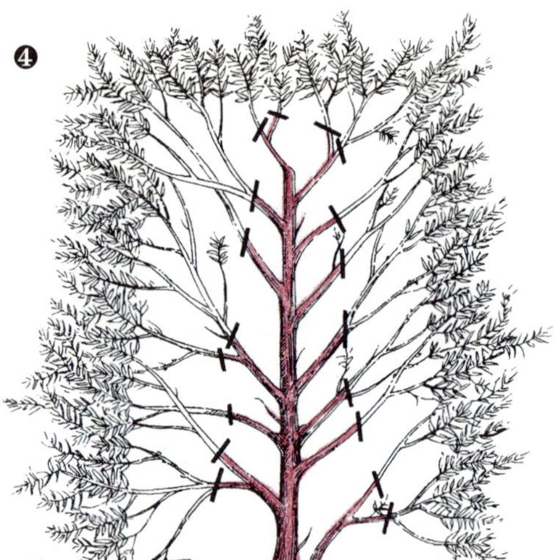

1re et 2e années

3e année

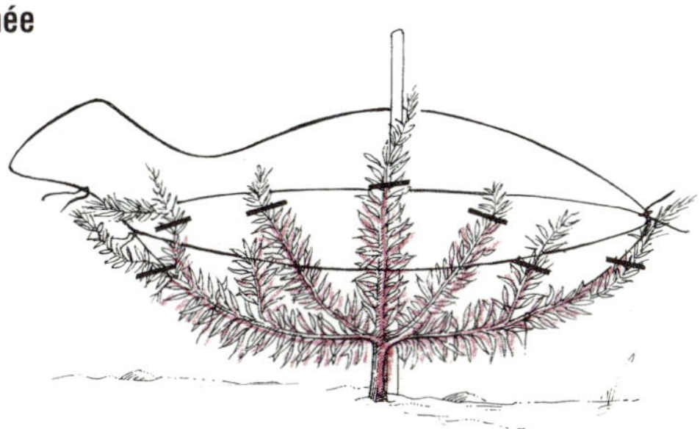

4e année

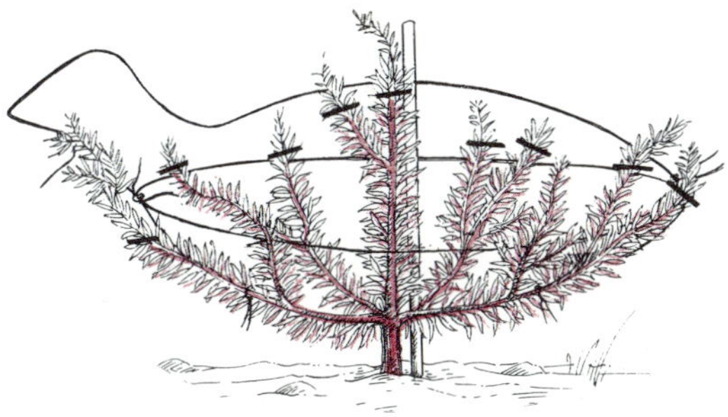

5e année et suivantes

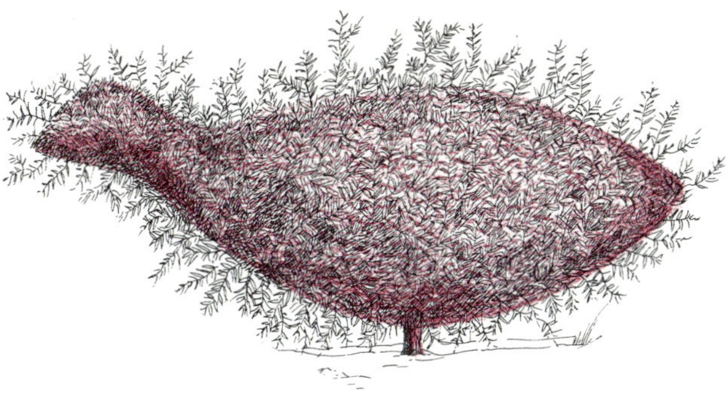

## La taille de formation pour topiaire (en forme d'oiseau)

### 1re année, et 2e année si le sujet est faible

Rabattez en février à une trentaine de centimètres de hauteur pour favoriser des ramifications et de nombreux départs qui étofferont et garniront rapidement la forme.

### 3e année

Palissez, dès mars, les jeunes tiges au fur et à mesure de leur croissance, épointez juste l'extrémité pour favoriser une division des tiges et un meilleur garnissage de l'armature. De mars à septembre, arrêtez les tiges qui sortent du profil pour qu'elles fassent des branches vers l'intérieur.

### 4e année

Attachez, de mars à septembre, les tiges à l'armature et pincez les boutons terminaux. Continuez à empêcher les tiges de s'écarter de la forme du corps et commencez à tailler celui-ci à mesure qu'il s'étoffe.

### 5e année et suivantes

L'oiseau est presque terminé, arrêtez les tiges quand elles auront atteint une longueur suffisante. Taillez au milieu de l'été (juillet-août) pour éviter qu'un excès de croissance trouble les contours de la forme avant l'hiver.

# Jasmin d'hiver

***Jasminum nudiflorum***

Grimpante/Oléacées

*Le jasmin d'hiver est un arbuste caduc à branches sarmenteuses, raides, anguleuses, vert foncé, arquées ou traînantes, qui doivent être palissées sur un support. Les fleurs jaunes très légèrement odorantes s'épanouissent en hiver, de décembre à avril. Vous pouvez le planter à toutes les expositions, même au nord, et dans tous les sols, même calcaires.*

- **Taille de formation :** ***palissage.***
- **Durée de formation :** ***6 ans.***
- **Taille d'entretien :** ***en fin de printemps.***
- **Taille de floraison ou de fructification :** ***en mars.***
- **Taille possible :** ***sans.***
- **Hauteur :** ***3 à 4 m.***
- **Distance de plantation :** ***2 à 5 m.***

❶

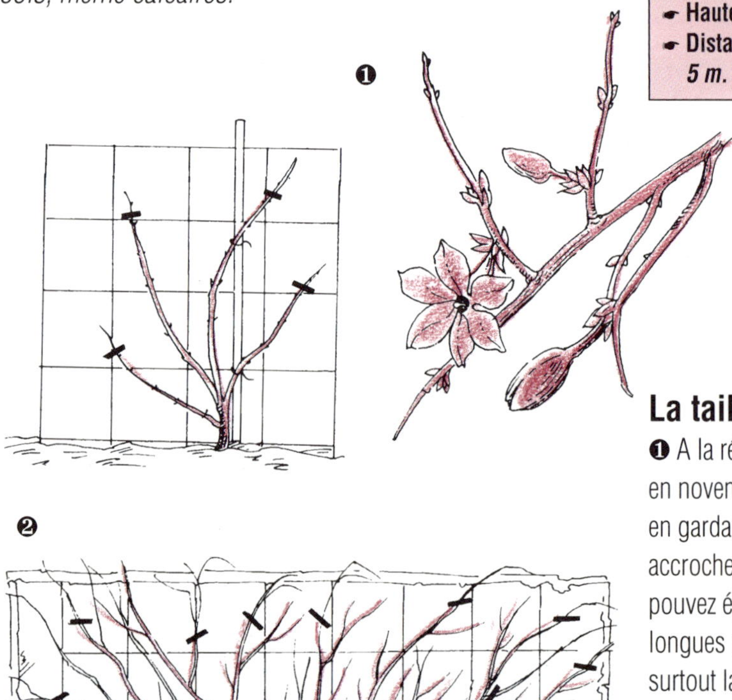

❷

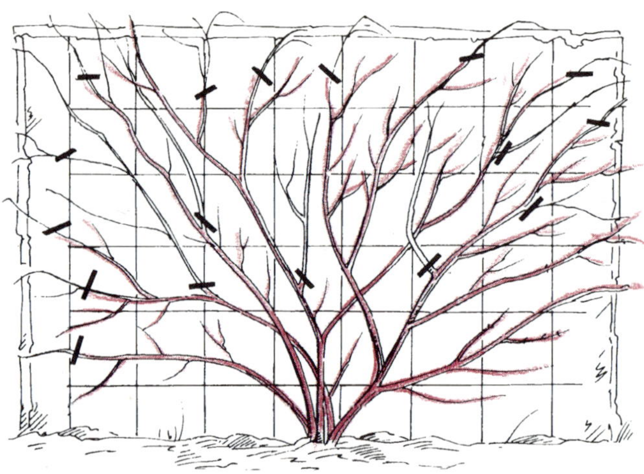

## La taille de formation

❶ A la réception de la plante, en novembre, dépotez et plantez en gardant un tuteurage pour accrocher les rameaux. Vous pouvez épointer les flèches trop longues pour faciliter la reprise et surtout la densification des tiges.

## La taille d'entretien

❷ Éclaircissez les rameaux enchevêtrés et trop longs en fin de printemps après la floraison. Palissez les pousses sur un treillage au fur et à mesure qu'elles se développent.

# Kalmia

**_Kalmia latifolia_**

Arbuste/Éricacées

*Le kalmia demande une terre acide et une exposition mi-ombragée. Si le sol est calcaire, il faut le planter en terre de bruyère. Son feuillage est persistant et ses fleurs roses paraissent en mai-juin. Plantez-le en massif associé à des rhododendrons ou azalées.*

**Suppression des fleurs fanées en juin après la floraison**

- **Taille de formation : _en touffe buissonnante._**
- **Durée de formation : _2 à 3 ans._**
- **Taille d'entretien : _en mars._**
- **Taille de floraison ou de fructification : _sans._**
- **Taille possible : _sans._**
- **Hauteur : _2,50 à 3 m._**
- **Distance de plantation : _2 à 2,50 m._**

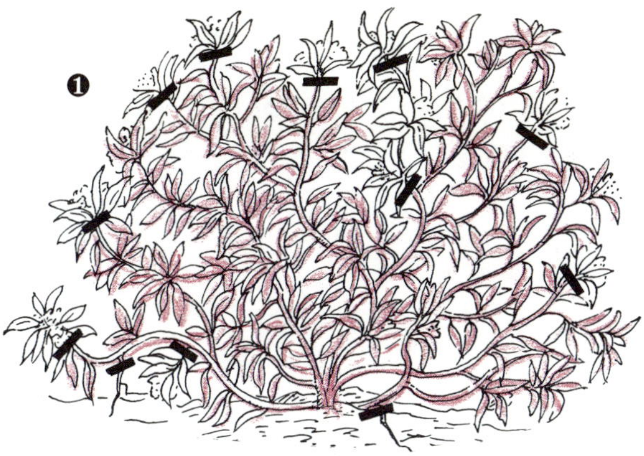


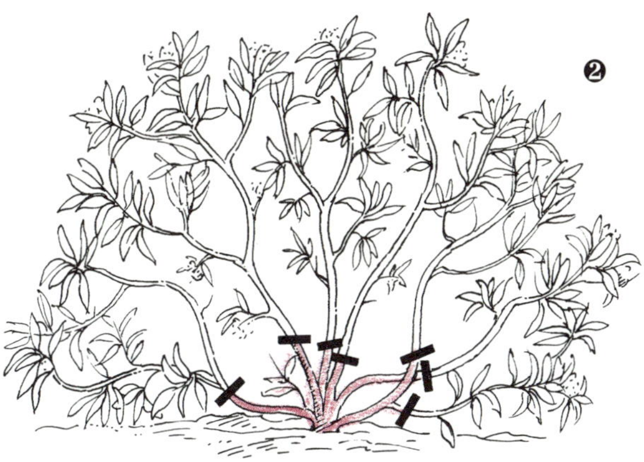


**Taille de rajeunissement**

## La taille de formation

Les premières années, laissez l'arbuste prendre sa forme naturelle. Supprimez simplement les branches endommagées et taillez celles déséquilibrant la touffe.

## La taille d'entretien

❶ Le kalmia ne se taille pratiquement pas. Supprimez le bois mort et, après la floraison en juin, les fleurs fanées, pour éviter la formation de graines, qui nuirait à la future floraison.

❷ Si un sujet devient inesthétique, rabattez les branches charpentières, en mars, à 20-30 cm du sol. De nouvelles pousses apparaîtront. Au printemps suivant, sélectionnez les rameaux les mieux placés et les plus vigoureux. Supprimez ceux inutiles.

# Kolkwitzia

***Kolkwitzia amabilis***

Arbuste/Caprifoliacées

*Le kolkwitzia doit être planté au soleil dans une bonne terre de jardin bien drainée. Son feuillage est caduc et ses fleurs roses à gorge jaune paraissent en mai-juin. Plantez-le en isolé ou en massif.*

- **Taille de formation :** ***en touffe buissonnante.***
- **Durée de formation :** ***2 à 3 ans.***
- **Taille d'entretien :** ***sans.***
- **Taille de floraison ou de fructification :** ***coupe des rameaux défleuris en juin.***
- **Taille possible :** ***sans.***
- **Hauteur :** ***2 m.***
- **Distance de plantation :** ***1,50 à 2 m.***

❶

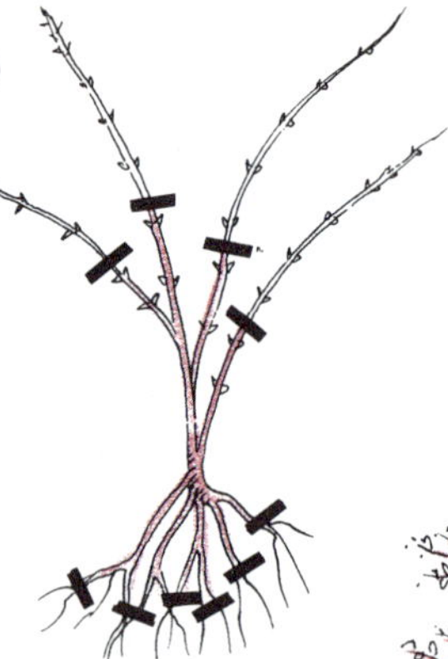

❷

❸

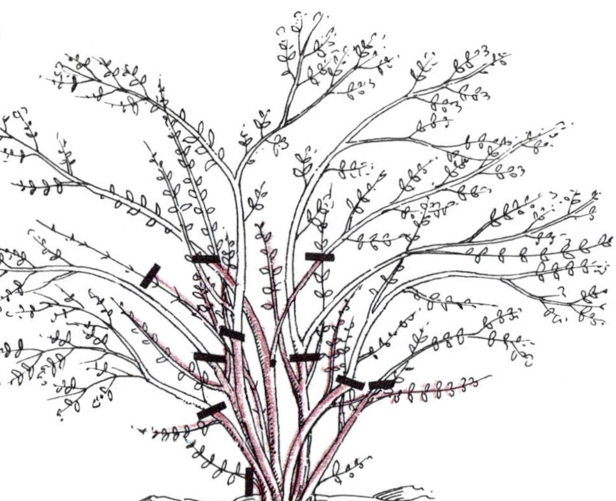

## La taille de formation

### 1re année

❶ A la plantation, de novembre à mars, habillez les racines et taillez les branches des 2/3 au-dessus de 2 yeux opposés.

### 2e année

❷ Au printemps, ne taillez pas. Après la floraison, en juin, supprimez les rameaux ayant fleuri en taillant au-dessus des pousses les plus basses nées depuis le printemps. Taillez de moitié les rameaux issus de la base.

## La taille d'entretien

❸ Après la floraison, en juin, supprimez les branches ayant fleuri en revenant sur des pousses plus basses nées depuis le printemps. Réduisez la charpente si elle est trop enchevêtrée.

# Laurier-cerise

Arbrisseau/Rosacées

*Le laurier-cerise s'accommode d'un sol ordinaire, frais, mais il craint le calcaire en excès. Il demande une exposition ensoleillée ou mi-ombragée. Son feuillage est persistant, mais ses fleurs blanches sont sans grand intérêt. Plantez-le en isolé, en massif ou en haie.*

- **Taille de formation :** ***en touffe buissonnante.***
- **Durée de formation :** ***2 à 3 ans (et plus pour les haies).***
- **Taille d'entretien :** ***taille des plantes dégarnies en mars (en fin d'été pour les haies).***
- **Taille de floraison ou de fructification :** ***sans.***
- **Taille possible :** ***en haie.***
- **Hauteur :** ***5 m et plus.***
- **Distance de plantation :** ***3 m (en haie 0,80 à 1 m).***

❶

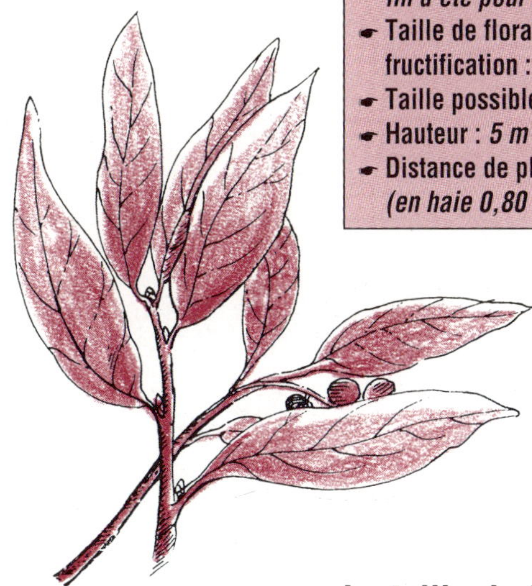

❷

## La taille de formation en touffe buissonnante

### 1re année

❶ A la plantation de l'arbuste livré en motte, de novembre à mars, taillez en rabattant les branches de moitié environ pour provoquer des ramifications.

### 2e année

❷ En mars, réduisez seulement les pousses vigoureuses risquant de déséquilibrer la touffe. Taillez de moitié environ les nouvelles pousses issues de la base.

## La taille d'entretien

Le laurier-cerise ne demande pas une taille annuelle sévère lorsqu'il est cultivé en touffe libre ou en massif. En mars, supprimez le bois mort. Éclaircissez éventuellement la ramure, si elle devient trop encombrée, en rabattant les plus vieilles branches sur de plus jeunes rameaux situés plus bas. Effectuez les coupes de façon à ce qu'elles soient le moins visibles possible.

❸

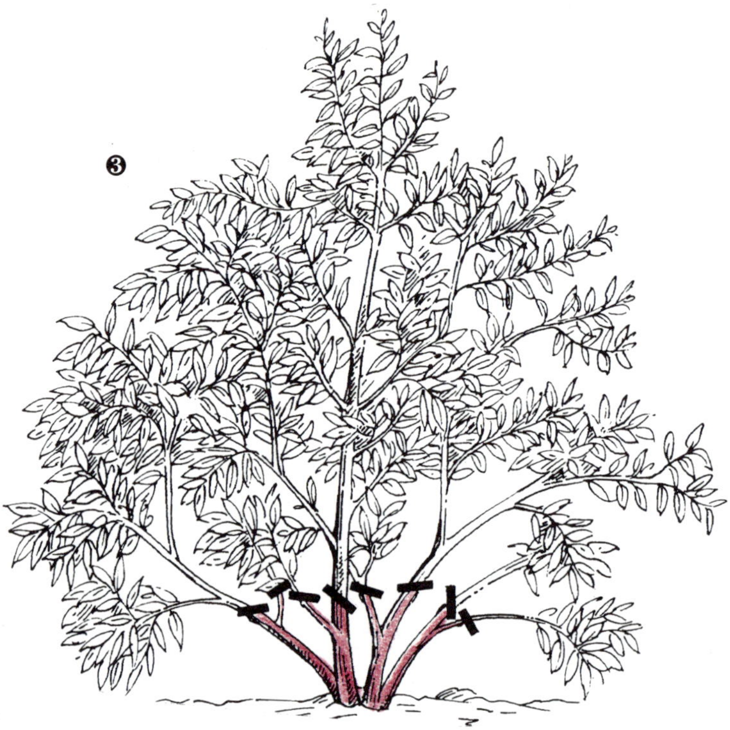

Avant

❹

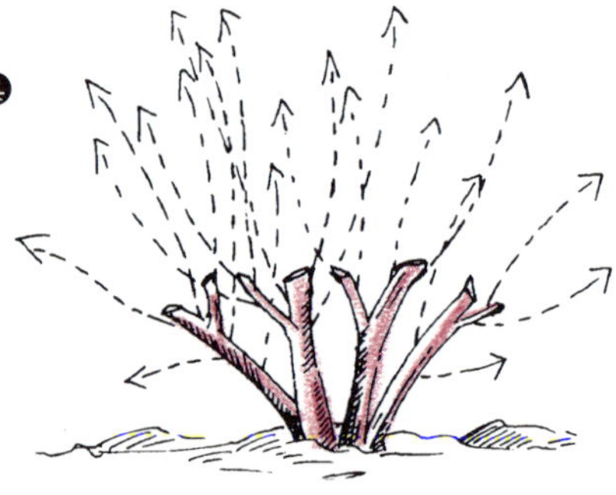

Après

## La taille de rajeunissement

❸ et ❹ Si en vieillissant l'arbuste se dégarnit de la base, effectuez un ravalement de la touffe en mars, en rabattant les branches charpentières à 50-60 cm du sol. De nouvelles pousses se développeront. L'année suivante en mars, sélectionnez les pousses les mieux placées et supprimez celles inutiles.

❶

❷

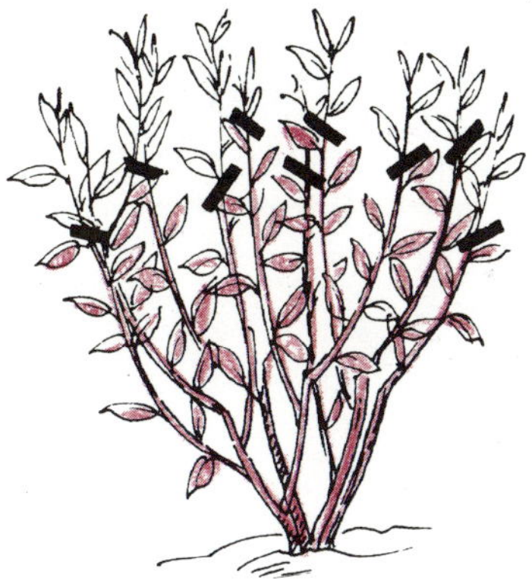

❸

## La taille de formation en haie

### 1^re^ année

❶ Après la plantation en motte, de novembre à mars, réduisez les branches de moitié pour obtenir des ramifications et densifier la base des arbustes.

❷ En juin, taillez à 60-80 cm du sol et en épaisseur pour densifier la végétation à la base.

### 2^e^ année et suivantes

❸ En mars et en juin, taillez les nouveaux rameaux de moitié environ en allongeant progressivement la taille en hauteur et en largeur jusqu'aux dimensions désirées et jusqu'à l'obtention d'une végétation compacte.

## La taille d'entretien

Effectuez une première taille en mai et une seconde en août-septembre. Ne taillez pas à la cisaille, les feuilles seraient hachées et mutilées et le résultat ne serait pas des plus heureux. Opérez au sécateur.

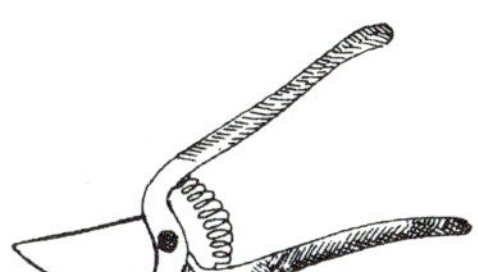

# Laurier-rose

*Nerium oleander*

Arbuste/Apocynacées

*Le laurier-rose se cultive en plein air uniquement dans le midi de la France. Ailleurs, il faut le rentrer en orangerie durant l'hiver. Il prospère dans tous les terrains, même pauvres, et il nécessite une exposition ensoleillée. Il demande beaucoup d'eau en été. Son feuillage est persistant. Ses fleurs simples ou doubles, roses, blanches, rouges ou jaunes suivant les cultivars, s'épanouissent durant tout l'été. Plantez-le en isolé, en groupe ou en bac.*

- **Taille de formation :** ***en touffe buissonnante.***
- **Durée de formation :** ***2 à 3 ans.***
- **Taille d'entretien :** ***taille de rajeunissement en mars tous les 3 ou 4 ans.***
- **Taille de floraison ou de fructification :** ***coupe des fleurs fanées après la floraison.***
- **Taille possible :** ***sur tige.***
- **Hauteur :** ***4 m et plus.***
- **Distance de plantation :** ***2,50 m.***

❶

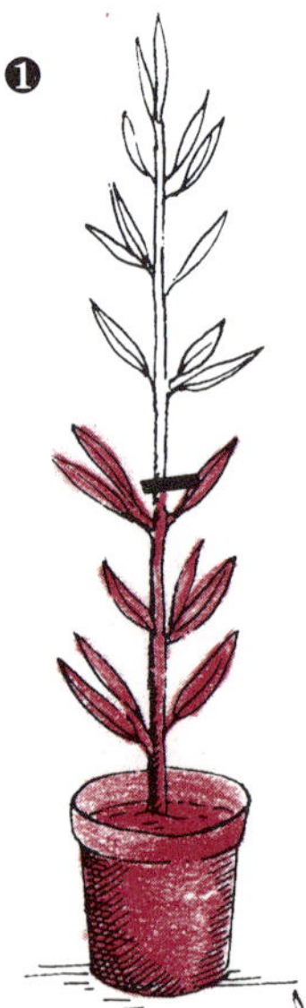

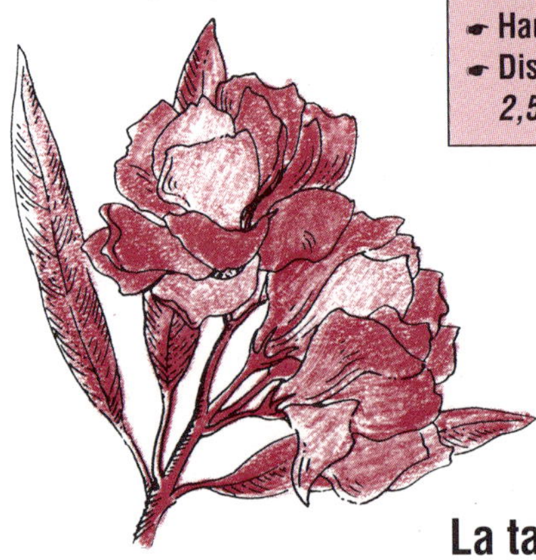

❷

## La taille de formation en touffe buissonnante

### 1re année

❶ A la plantation en motte d'un jeune plant issu d'une bouture, de novembre à mars, taillez au-dessus de la 3e rosette de feuilles pour obtenir des ramifications.

### 2e année

❷ En mars, taillez les branches du haut au-dessus de la 3e rosette de feuilles et celles du bas au-dessus de la 4e. De nombreux rameaux florifères apparaîtront.

Taille d'entretien

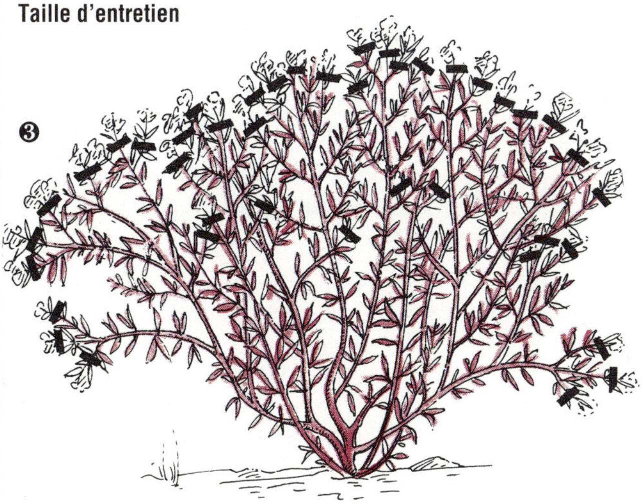


Taille de rajeunissement

## La taille d'entretien

❸ Après la floraison, coupez les fleurs fanées. Rééquilibrez la touffe et la ramure des tiges en taillant sur des départs situés plus bas ou au-dessus d'une rosette de feuilles.

❹ Tous les 3 ou 4 ans, en mars, effectuez une taille plus sévère en taillant sur de jeunes départs ou au-dessus d'une rosette de feuilles ou d'un nœud, le plus près possible du sol pour les arbustes formés en touffe et au-dessus du point de départ des charpentières pour ceux formés sur tige.
Cette taille sévère est nécessaire pour provoquer la naissance de nouvelles pousses à la base pour rajeunir la ramure et l'empêcher de se dégarnir à la base.

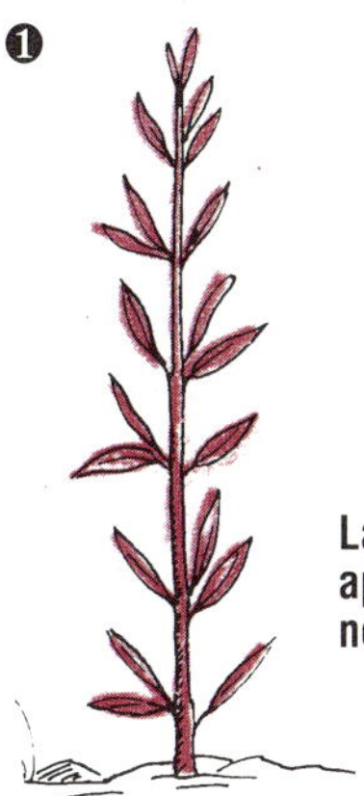


**La 1re année, après la plantation, ne taillez pas**

## La taille de formation sur tige

### 1re année

❶ Après la plantation en motte, de novembre à mars, ne taillez pas. Pendant la période de végétation, des rameaux latéraux se développeront le long du futur tronc, plus nombreux en extrémité. Les rameaux tire-sève favoriseront le grossissement du tronc.

❷

❸

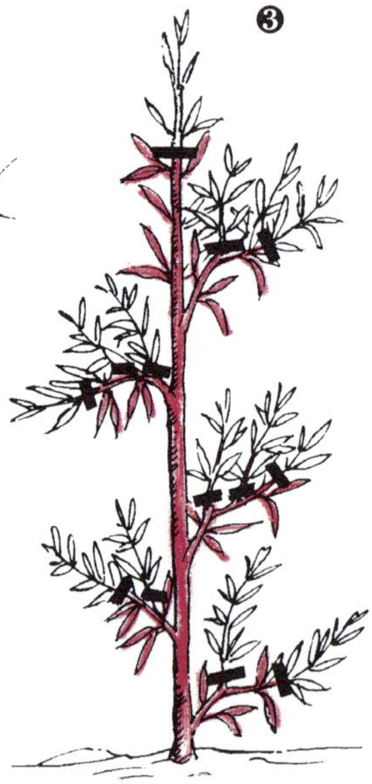

❹

❷ En juin-juillet, pincez-les au-dessus de la $1^{re}$ rosette de feuilles. Ne laissez qu'un rameau dans la partie supérieure. Supprimez ceux inutiles et pincez ceux conservés au-dessus de la $1^{re}$ rosette de feuilles. Ne laissez pas la plante fleurir afin de favoriser la formation.

**$2^{e}$ année**

Dans les régions où le laurier-rose demande une culture en bac et un hivernage en orangerie, ne taillez pas le prolongement et ne conservez qu'un seul rameau tire-sève taillé, en mars, au-dessus de la $1^{re}$ rosette de feuilles. En été, pincez les nouvelles pousses.

❸ Dans les régions où le laurier-rose peut être cultivé en pleine terre et si le tronc est suffisamment fort, taillez les rameaux tire-sève comme précédemment, la formation de la ramure peut être commencée. Taillez le prolongement au-dessus de 3 rosettes de feuilles à la hauteur voulue (1-1,20 m). En juin-juillet, ne conservez que 3 ou 4 tire-sève et pincez-les au-dessus de la $1^{re}$ rosette de feuilles.

**$3^{e}$ année**

❹ En mars, supprimez les tire-sève au ras du tronc. Taillez les branches du haut au-dessus de la $3^{e}$ rosette de feuilles et celles du bas au-dessus de la $4^{e}$. De nombreux rameaux florifères apparaîtront.

# Laurier-sauce

*Laurus nobilis*

Arbre ou arbrisseau/Lauracées

*Le laurier-sauce affectionne les sols légers, poreux et les expositions chaudes. Son feuillage est persistant, sa floraison est sans intérêt. Plantez-le en isolé ou en bac. Pour la formation naturelle en touffe pyramidale, la suppression du bois endommagé et la taille des branches déséquilibrant l'arbuste suffisent. Vous pouvez rajeunir celui-ci en supprimant, en mars, les vieilles branches à l'intérieur de la touffe. Récupérez les branches taillées pour la cuisine.*

- **Tailles de formation :** ***en touffe pyramidale, en cône.***
- **Durée de formation :** ***variable suivant les formes.***
- **Taille d'entretien :** ***en mai et en septembre.***
- **Taille de floraison ou de fructification :** ***sans.***
- **Taille possible :** ***en boule.***
- **Hauteur :** ***3 à 5 m.***
- **Distance de plantation :** ***à planter en isolé.***

❶

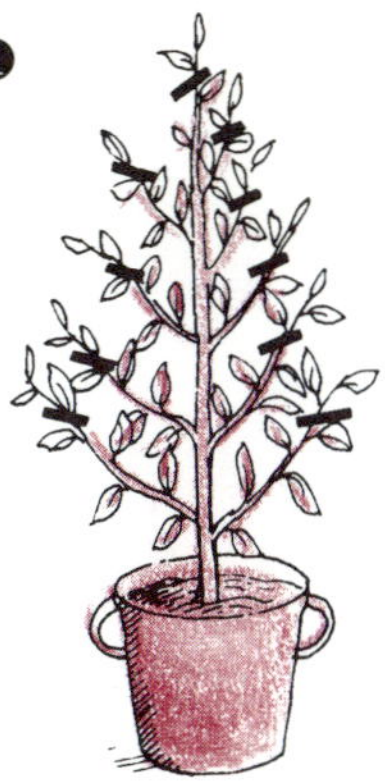

❸

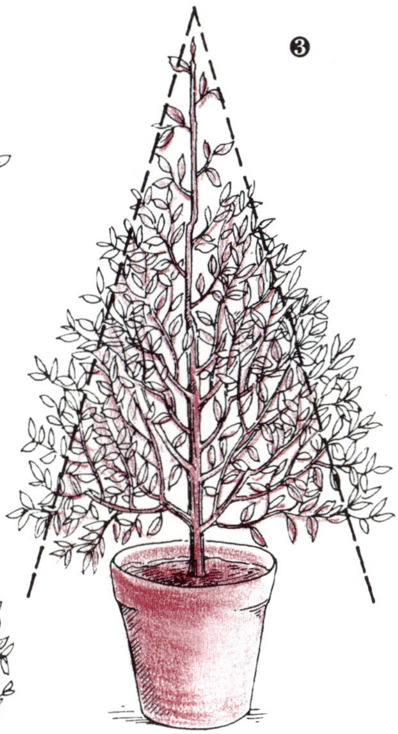

❷

## La taille de formation en cône

### 1re année

❶ Après la plantation en bac, de novembre à mars, taillez les branches du bas plus longues que celles du haut pour former le cône.
❷ Fin mai-début juin, puis fin août, pincez les nouvelles pousses.

### 2e année

❸ Pincez les nouvelles pousses en juin et en août.

## La taille d'entretien

Effectuez 4 à 5 pincements de mai à septembre sur les jeunes rameaux qui se développent pour maintenir la forme en cône. En mars, taillez les rameaux apparus en fin de saison.

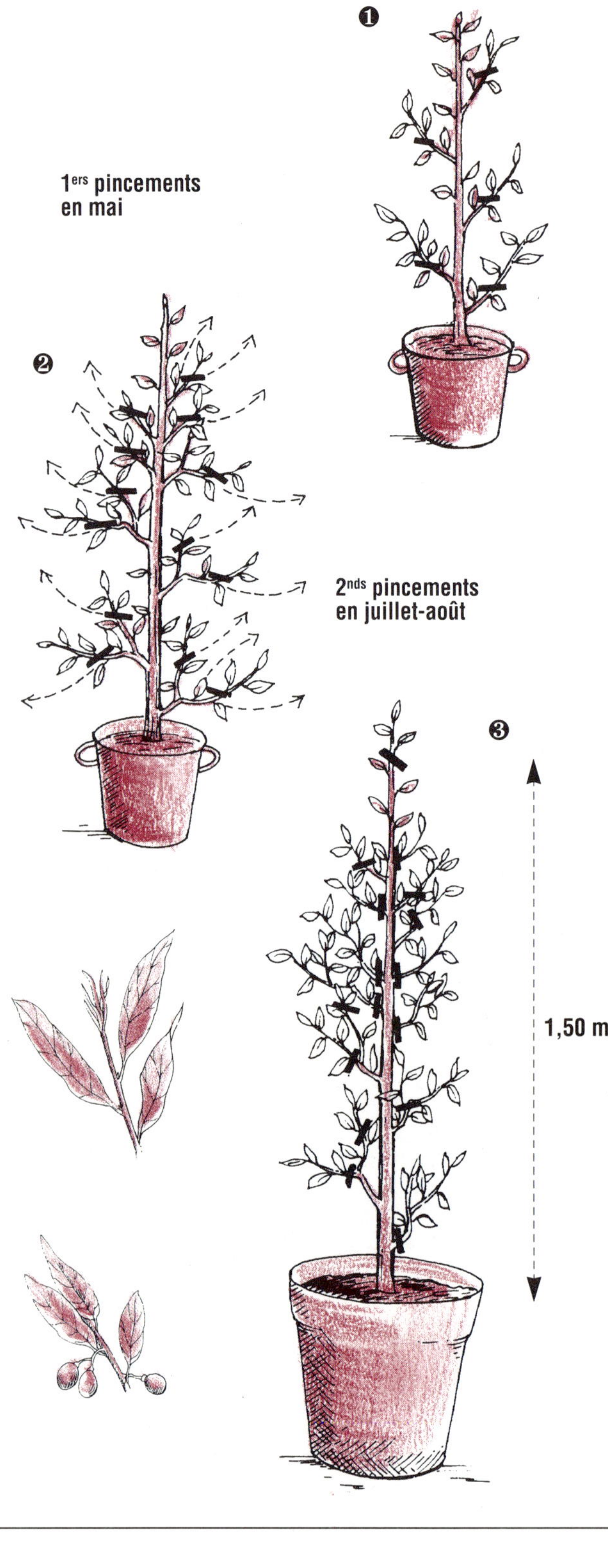


## La taille de formation en boule sur tige

### 1re année

❶ Après la plantation en bac, de novembre à mars, taillez à 2 feuilles les rameaux latéraux. Ne taillez pas le prolongement afin de permettre son allongement par le bourgeon terminal.

❷ Pendant l'été, des pousses latérales se développent le long du jeune tronc. Les tire-sève permettent son grossissement. En mai, puis en juillet-août, pincez-les à 2 feuilles pour limiter leur développement.

### 2e année

Le diamètre du tronc n'est pas assez important, et la hauteur de 1,50 m n'est pas encore atteinte. Taillez, mais dans la partie basse, pour ne laisser qu'un seul rameau. Rabattez à 2 feuilles. Ne taillez pas le prolongement. En période de végétation, effectuez les pincements sur les rameaux latéraux.

### 3e année

❸ Le tronc dépasse 1,50 m. Taillez le prolongement à 1,50 m, 3 bourgeons se développeront à la base des feuilles et formeront la future charpente. Sur le tronc, supprimez la moitié des tire-sève et taillez les autres à 2 feuilles. En période de végétation, pincez les tire-sève comme les années précédentes. Ne pincez pas la ramure.

❹

❺

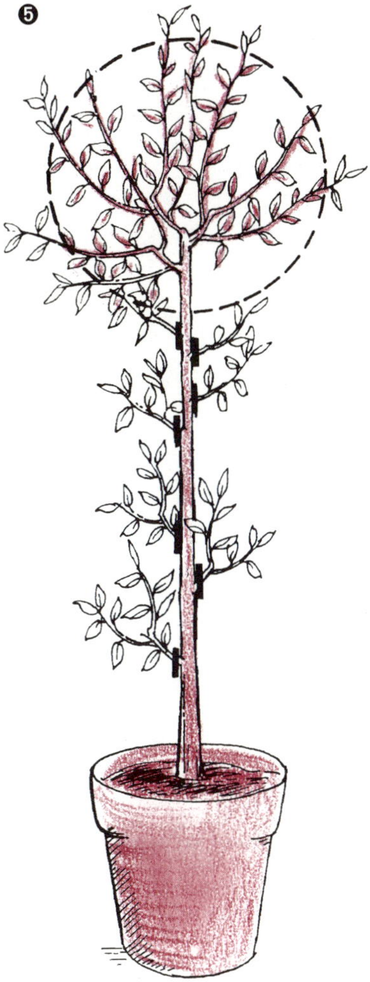

### 4e année

❹ En mars, taillez les branches charpentières obtenues à 3 feuilles pour ramifier la ramure. Taillez les tire-sève sur le tronc à une feuille. En été, pincez les tire-sève.

### 5e année

❺ En mars, taillez les rameaux de la ramure de façon à amorcer la forme en boule. Supprimez les tire-sève au ras du tronc. Effectuez des pincements en mai et en juillet-août tout en respectant la forme en boule.

### 6e année

❻ En mars, allongez la longueur de taille des branches tout en respectant la forme en boule.

## La taille d'entretien

Effectuez 4 à 5 pincements de mai à septembre pour maintenir la forme en boule.
En mars, taillez les rameaux s'étant développés en fin de saison.

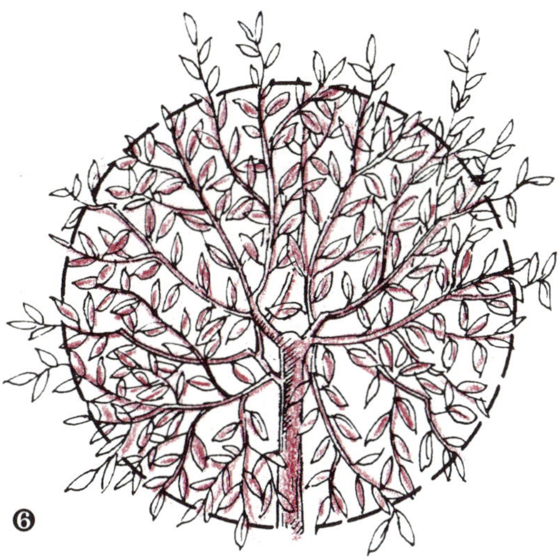

❻

# Laurier-tin

***Viburnum tinus***

Arbuste/Caprifoliacées

*Le laurier-tin apprécie les sols légers, fertiles, légèrement acides et demande une exposition ensoleillée ou mi-ombragée. Il est rustique jusqu'en région parisienne. Son feuillage est persistant. Ses fleurs sont roses lorsqu'elles sont en boutons, elles deviennent blanches à mesure qu'elles s'épanouissent, de novembre à mars. Elles sont suivies de baies bleues. Plantez-le en massif, en isolé ou en haie.*

- **Taille de formation :** ***en touffe buissonnante.***
- **Durée de formation :** ***3 ans.***
- **Taille d'entretien :** ***en mars, si nécessaire.***
- **Taille de floraison ou de fructification :** ***sans.***
- **Taille possible :** ***en haie.***
- **Hauteur :** ***1,50 à 2 m, et plus.***
- **Distance de plantation :** ***2 m (en haie 0,80 m).***

❶

❷

❸

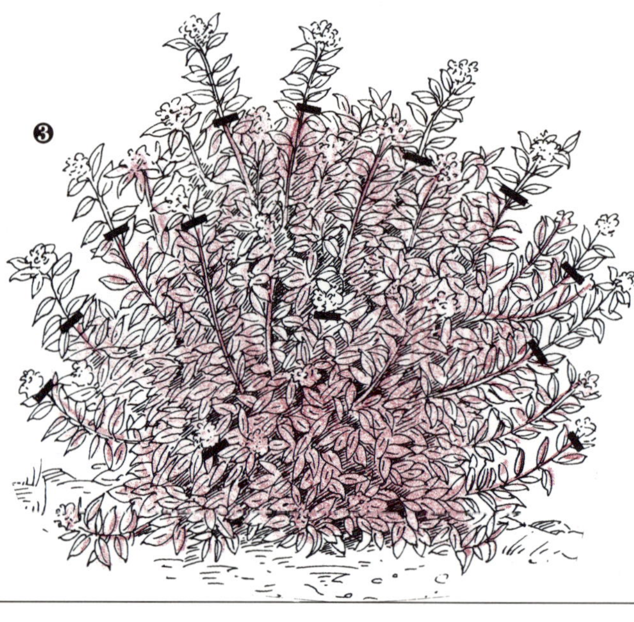

## La taille de formation en touffe buissonnante

### 1re année

❶ Après la plantation en motte, de novembre à mars, laissez l'arbuste fleurir. En mars, taillez les branches de moitié pour obtenir des ramifications.

### 2e année

❷ En mars, taillez les ramifications obtenues de moitié pour ramifier la touffe.

## La taille d'entretien

❸ Le laurier-tin demande peu de taille. En mars, taillez sur de jeunes départs les branches trop hautes déséquilibrant l'arbuste ou devenant moins florifères pour éviter que l'arbuste ne se dégarnisse de la base.
Coupez le bois mort.

## La taille de formation en haie

❶

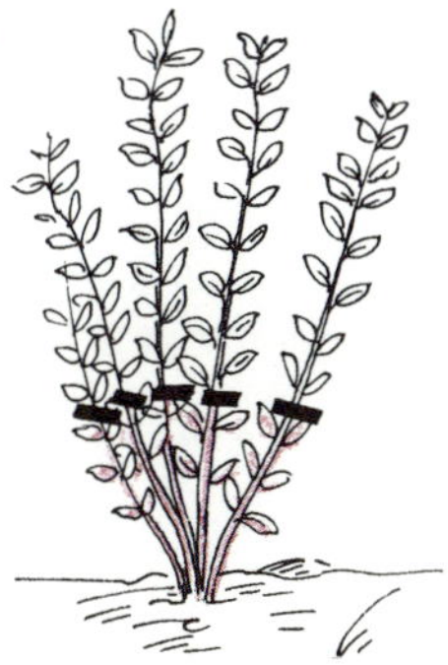

❷

❸

### 1re année

❶ Après la plantation en motte, de novembre à mars, rabattez les branches principales à 25-30 cm du sol pour obtenir des ramifications et densifier la base des touffes.

❷ En juin, épointez sur 20-25 cm les pousses s'étant développées.

### 2e année

En mars, taillez de moitié les rameaux vigoureux pour densifier la base de la haie. En juin, épointez les nouvelles pousses.

❸ Les années suivantes, taillez de la même façon que précédemment en allongeant progressivement la taille en hauteur et en largeur jusqu'aux dimensions désirées et jusqu'à l'obtention d'une végétation compacte.

❹

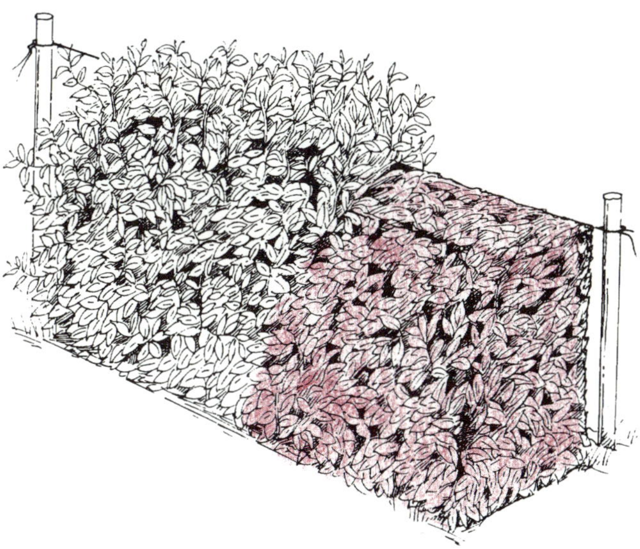

## La taille d'entretien

❹ Taillez une première fois après la floraison en mars et une seconde fois fin mai-début juin.

# Lavande

*Lavandula officinalis*

Arbuste/Labiées

*La lavande s'adapte aux sols pauvres, secs et calcaires, mais elle demande une exposition ensoleillée. Son feuillage est persistant et ses fleurs bleu violacé sont présentes de juillet à septembre. Plantez-la sur un talus, en rocaille, massif de plantes vivaces ou en bordure.*

- **Taille de formation :** ***en touffe compacte.***
- **Durée de formation :** ***2 ans.***
- **Taille d'entretien :** ***en mars-avril.***
- **Taille de floraison ou de fructification :** ***sans.***
- **Taille possible :** ***sans.***
- **Hauteur :** ***0,50 à 1 m.***
- **Distance de plantation :** ***1 à 1,50 m.***

❶

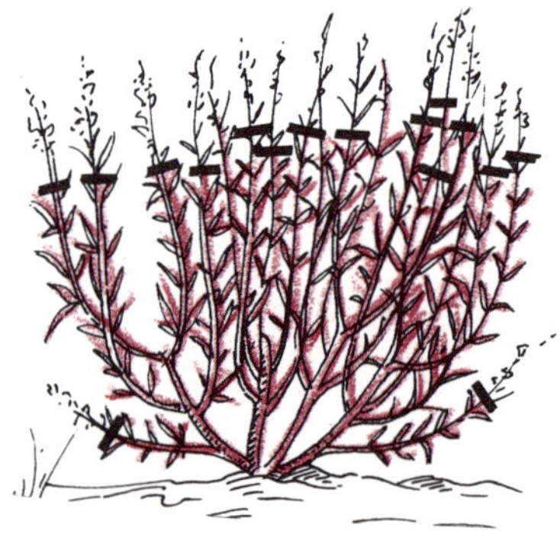

❸

❷

## La taille de formation

### 1re année

❶ A la plantation en motte, de novembre à mars, taillez les branches de moitié pour stimuler de nouvelles pousses.

❷ En septembre, après la floraison, coupez les tiges ayant fleuri.

### 2e année

❸ En mars-avril, taillez à la cisaille sur quelques centimètres en respectant la forme naturelle de la plante.

❹

## La taille d'entretien

❹ En mars-avril, taillez les pousses de l'année précédente à la cisaille, sur quelques centimètres, pour éviter que la plante se dégarnisse à la base.

## La taille de restauration

❺ Si les lavandes abandonnées pendant plusieurs années sont dénudées à la base et garnies seulement au sommet de quelques feuilles, tentez un rabattage en taillant sur de jeunes départs ou au-dessus d'un nœud ou d'un bourgeon apparent.
En septembre, après la floraison, coupez les tiges ayant fleuri.

❺

# Lespédéza

***Lespedeza thunbergii***

Sous-arbrisseau/Légumineuses

*Le lespédéza doit être planté en sol sain, léger et sec, et au soleil. Son feuillage est caduc et ses fleurs pourpre violacé s'épanouissent en septembre-octobre. Plantez-le en isolé.*

- **Taille de formation :** ***en touffe buissonnante.***
- **Durée de formation :** ***2 ans.***
- **Taille d'entretien :** ***en mars.***
- **Taille de floraison ou de fructification :** ***sans.***
- **Taille possible :** ***sans.***
- **Hauteur :** ***1,50 à 2 m.***
- **Distance de plantation :** ***à planter en isolé.***

❶

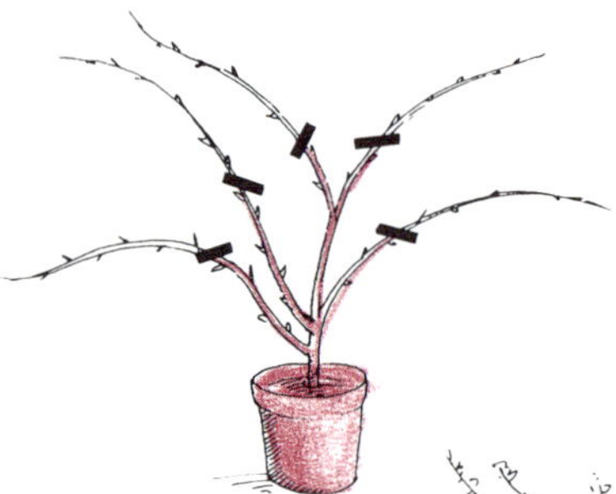

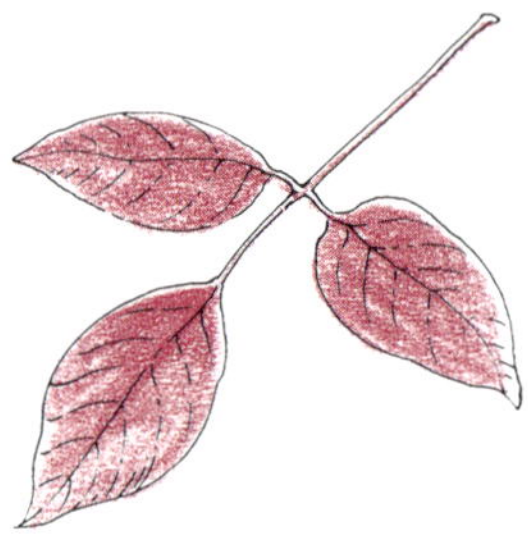

## La taille de formation

### 1re année

❶ A la plantation en motte, de novembre à mars, taillez les branches des 2/3 pour provoquer des ramifications.

### 2e année

❷ En mars, taillez les branches ayant fleuri sur 2 yeux au-dessus de leur point de départ. Taillez de moitié les rameaux issus de la base.

❷

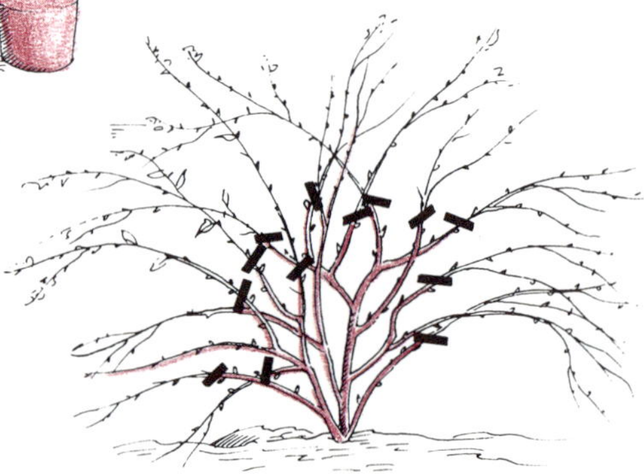

## La taille d'entretien

❸ En mars, taillez les branches ayant fleuri sur 2 ou 3 yeux au-dessus de leur point de départ sur les charpentières. Supprimez les plus vieilles branches si la charpente devient trop enchevêtrée. Revenez sur des départs situés plus bas en les taillant sur 2 ou 3 yeux. Taillez des 2/3 les pousses bien placées issues de la base.

❸

**Avant** **Après**

# Lierre

***Hedera***

Grimpante/Araliacées

*Le lierre est un arbuste rampant et grimpant à tiges munies de crampons, dont les feuilles sont persistantes et fermes. Les fleurs sont en ombelle et s'épanouissent en automne, mais elles ne présentent que peu d'intérêt. Peu exigeant, le lierre s'accommode de la plupart des sols et des situations, même celles fortement ombragées.*

- **Taille de formation :** ***palissage.***
- **Durée de formation :** ***4 à 6 ans.***
- **Taille d'entretien :** ***en mars.***
- **Taille de floraison ou de fructification :** ***sans.***
- **Taille possible :** ***sans.***
- **Hauteur :** ***2 à 10 m.***
- **Distance de plantation :** ***1 à 10 m.***

❶

❷

## La taille de formation

❶ A la réception de la plante, en novembre, dépotez et plantez en gardant si possible un tuteurage pour faciliter l'accroche des premiers rameaux.

## La taille d'entretien

❷ Éliminez au printemps les tiges abîmées par l'hiver ou celles devenant trop envahissantes. Pour les variétés panachées, éclaircissez ou raccourcissez légèrement les tiges pour obtenir des feuilles plus larges et plus contrastées. Supprimez dès leur apparition les pousses à feuillage uni.

# Lilas

***Syringa vulgaris***

Arbrisseau ou petit arbre/Oléacées

*Le lilas se plante dans n'importe quel sol, même un peu calcaire, et fleurit plus abondamment au soleil. Son feuillage est caduc. Sa floraison a lieu fin avril-début mai. Ses fleurs parfumées peuvent être simples ou doubles. Ses nombreux cultivars offrent une gamme de coloris passant par toutes les nuances de blanc, rouge, rose, lilas, bleu, mauve. Plantez le lilas en isolé ou en surplomb d'un massif d'arbustes.*

- **Taille de formation :** ***en touffe buissonnante devenant un petit arbre.***
- **Durée de formation :** ***2 ans.***
- **Taille d'entretien :** ***taille sévère des sujets dégarnis en mars.***
- **Taille de floraison ou de fructification :** ***suppression des fleurs fanées et des vieilles branches après la floraison.***
- **Taille possible :** ***sans.***
- **Hauteur :** ***5 à 6 m.***
- **Distance de plantation :** ***sans.***

❶

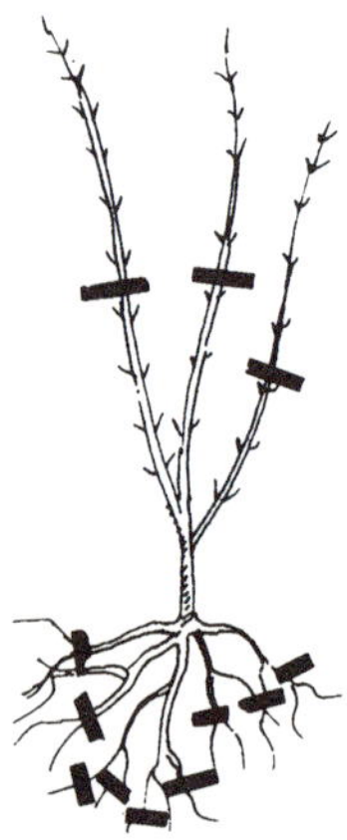

❷

## La taille de formation

### 1re année

❶ A la plantation, de novembre à mars, habillez les racines si l'arbuste est livré à racines nues et taillez les branches de moitié environ au-dessus de 2 yeux opposés pour obtenir des ramifications. La floraison de mai est sacrifiée au bénéfice de la formation. Si l'arbuste est livré en motte, ne taillez pas, laissez-le fleurir et taillez les branches de moitié après la floraison, au-dessus de jeunes bourgeons.

### 2e année

❷ Intervenez seulement après la floraison en mai. Supprimez les branches florales fanées en taillant au-dessus de jeunes bourgeons.

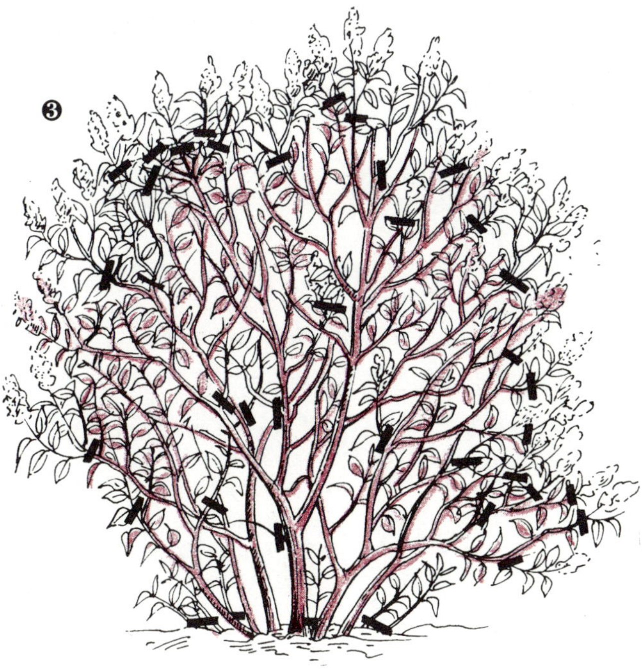


## La taille d'entretien

❸ Si vous coupez des branches pour en faire des bouquets, taillez-les au-dessus de jeunes bourgeons situés plus bas. Après la floraison en mai, supprimez les branches florales fanées en taillant au-dessus de jeunes bourgeons. Supprimez le bois mort et éventuellement une branche inesthétique en taillant au-dessus d'un jeune départ situé plus bas. Éliminez les drageons issus du porte-greffe qui se développent de la base.

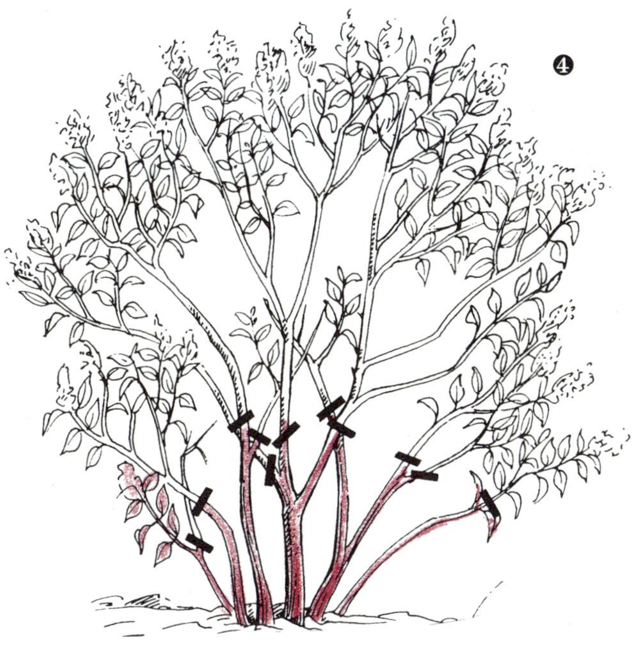


## La taille de rajeunissement

❹ Si les branches deviennent trop hautes ou si l'arbuste se dégarnit de la base, effectuez une taille de ravalement en mars en rabattant le vieux bois à 60-80 cm du sol. De nombreux repercements apparaîtront. Éliminez ceux en surnombre pour rééquilibrer la touffe.

# Lilas des Indes

***Lagerstrœmia indica***

Arbre ou arbrisseau/Lythracées

*Le lilas des Indes demande un sol fertile, humifère, argileux et peu calcaire. Plantez-le en plein air dans le midi de la France ou au sud-ouest. Au nord de la Loire, plantez-le à l'abri d'un mur plein sud et rentrez-le en orangerie durant l'hiver. Son feuillage est caduc et ses fleurs en grandes panicules roses, rouges, blanches ou mauves s'épanouissent de mi-juillet à fin août, il est remontant jusqu'en fin d'été. Plantez-le en isolé, en massif, sur tige ou en bac.*

- **Taille de formation :** ***en touffe buissonnante.***
- **Durée de formation :** ***2 ans, 3 à 4 ans sur tige.***
- **Taille d'entretien :** ***en mars.***
- **Taille de floraison ou de fructification :** ***sans.***
- **Taille possible :** ***sur tige.***
- **Hauteur :** ***3 à 6 m.***
- **Distance de plantation :** ***2,50 à 3 m.***

❶

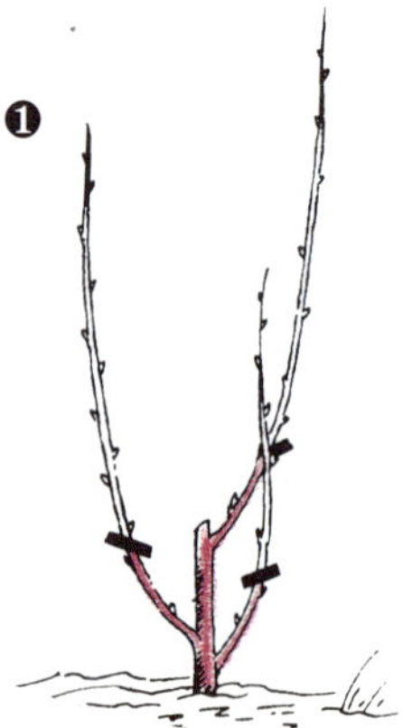

❷

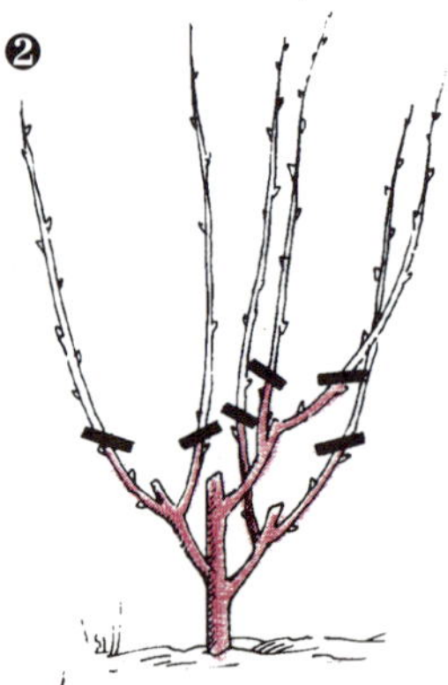

❸

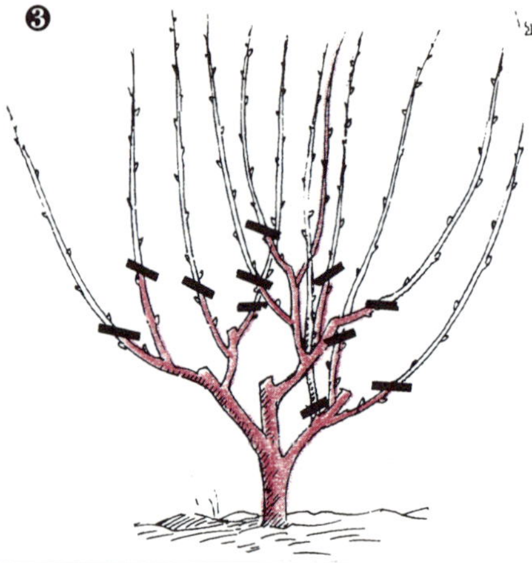

## La taille de formation en touffe buissonnante

### 1re année

❶ Après la plantation en motte, de novembre à mars, taillez les rameaux sur 2 yeux, l'œil supérieur étant dirigé vers l'extérieur pour obtenir une ramification.

### 2e année

❷ En mars, taillez à nouveau sur 2 ou 3 yeux.

## La taille d'entretien

❸ En mars, chaque année, taillez court les rameaux de l'année précédente à 6-8 cm de leur point de naissance et au-dessus d'un œil extérieur. Supprimez les branches en surnombre, vieillissantes ou mal placées.

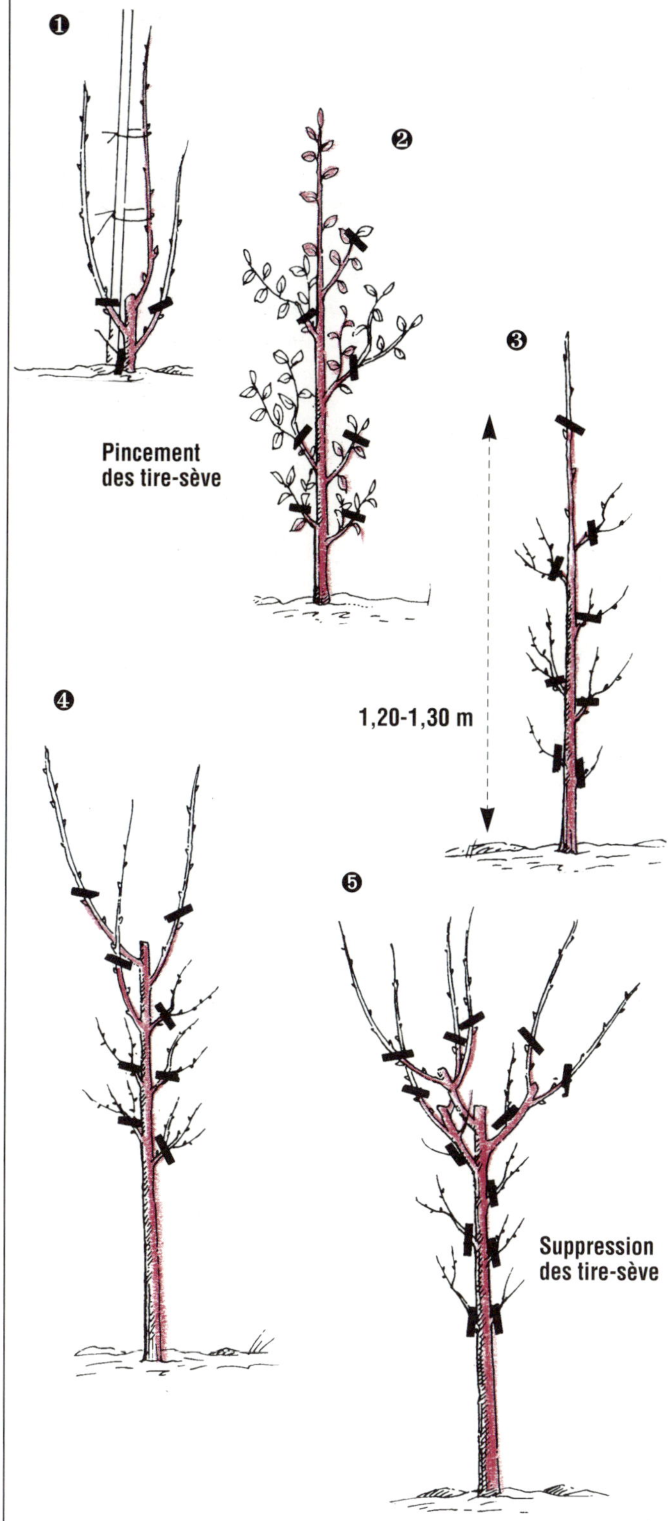


## La taille de formation sur tige

### 1re année

❶ Après la plantation en motte, de novembre à mars, palissez le rameau central le plus vertical possible sur un tuteur. Taillez à 2 yeux les autres rameaux et éliminez les pousses grêles.
❷ En cours de végétation des pousses latérales se développent. Pincez-les à 10 cm en mai, puis en juillet si nécessaire, pour limiter leur développement.

### 2e année

❸ En mars, si le tronc est faible et n'atteint pas 1,20 m, renouvelez l'opération de l'année précédente, sinon commencez la formation de la ramure en taillant le prolongement sur 3 yeux à la hauteur voulue. Taillez les pousses latérales sur le tronc à un œil. En cours de végétation, 3 pousses se développent en tête. Pincez les tire-sève à 10 cm.

### 3e année

❹ En mars, taillez chaque branche charpentière obtenue à 2 ou 3 yeux et les tire-sève à un œil.
En cours de végétation, pincez les tire-sève à 10 cm.

### 4e année

❺ En mars, taillez chaque branche charpentière à 2 yeux et supprimez les rameaux latéraux sur le tronc. Par la suite, pratiquez la même taille d'entretien que pour les buissons.

# Magnolia

***Magnolia x soulangeana***

Arbrisseau/Magnoliacées

*Le magnolia ne supporte pas le calcaire et doit être planté dans une terre siliceuse, acide et fraîche, ou en terre de bruyère, à exposition mi-ombragée. Son feuillage est caduc et ses fleurs blanches teintées de pourpre s'épanouissent en avril. Plantez-le en isolé.*

- **Taille de formation :** ***en arbrisseau érigé.***
- **Durée de formation :** ***2 à 3 ans.***
- **Taille d'entretien :** ***taille légère après la floraison.***
- **Taille de floraison ou de fructification :** ***fin avril.***
- **Taille possible :** ***sans.***
- **Hauteur :** ***3 à 4 m.***
- **Distance de plantation :** ***à planter en isolé.***

❶

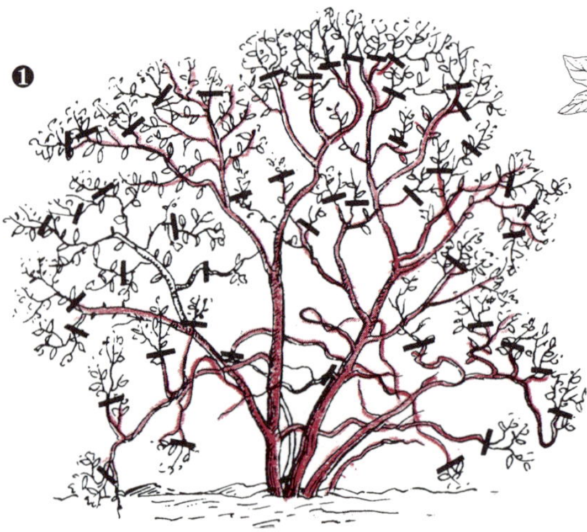

❷

## La taille de formation

Après la plantation, ne taillez pas. Supprimez simplement les branches cassées.
Laissez ensuite l'arbuste prendre sa forme naturelle.

## La taille d'entretien

❶ Fin avril, après la floraison, taillez l'extrémité des branches ayant fleuri en revenant au-dessous des 2 ou 3 feuilles sous la fleur fanée. Supprimez les plus vieilles branches dégarnies en taillant sur un jeune départ situé plus bas. Taillez légèrement.
❷ Si un arbuste devient trop dégarni à la base, ne fleurissant plus qu'en extrémité, tentez un ravalement en rabattant les branches charpentières à 60-80 cm du sol.

# Magnolia à grandes fleurs

***Magnolia grandiflora***

Arbre/Magnoliacées

*Le magnolia à grandes fleurs possède un feuillage persistant, portant de grandes fleurs blanches odorantes s'épanouissant de juillet à octobre. Le brunissement du feuillage, quand les hivers sont très rudes, n'entraîne pas nécessairement la mort de l'arbre. Le magnolia à grandes fleurs supporte un sol ayant un pH voisin de 8.*

- **Taille de formation :** ***naturelle.***
- **Durée de formation :** ***10 ans.***
- **Taille d'entretien :** ***de novembre à février.***
- **Taille de floraison ou de fructification :** ***sans.***
- **Taille possible :** ***topiaire.***
- **Hauteur :** ***10 à 15 m.***
- **Distance de plantation :** ***20 m.***

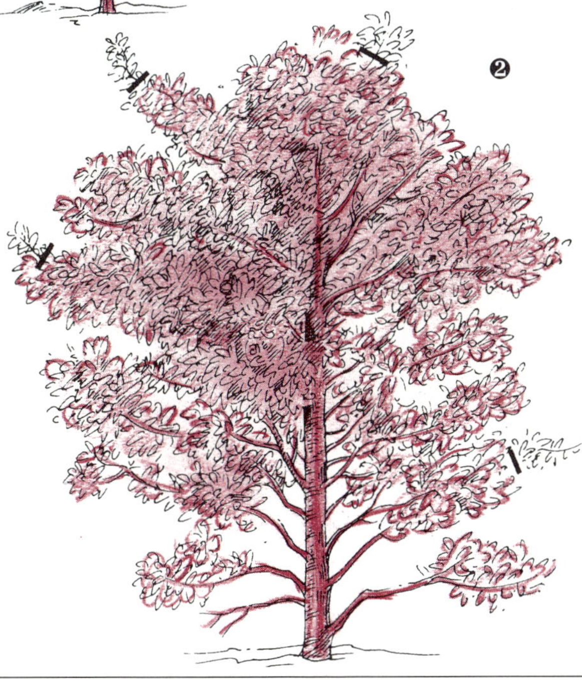


## La taille de formation naturelle

❶ Dès la plantation et au fur et à mesure de son développement, veillez à la prédominance de l'axe central qui forme le tronc en palissant la flèche centrale et en supprimant les bourgeons concurrents. Par la suite, de novembre à février, taillez toute la végétation en trop et les départs vigoureux. Taillez les branches qui font concurrence à l'axe central. Supprimez le bois mort ou malade.

## La taille d'entretien

❷ Le magnolia à grandes fleurs étant de croissance lente, évitez les tailles trop brutales. Supprimez en novembre les départs trop vigoureux qui nuisent à l'harmonie de la forme. Il peut être taillé en cône de grandes dimensions.

❶

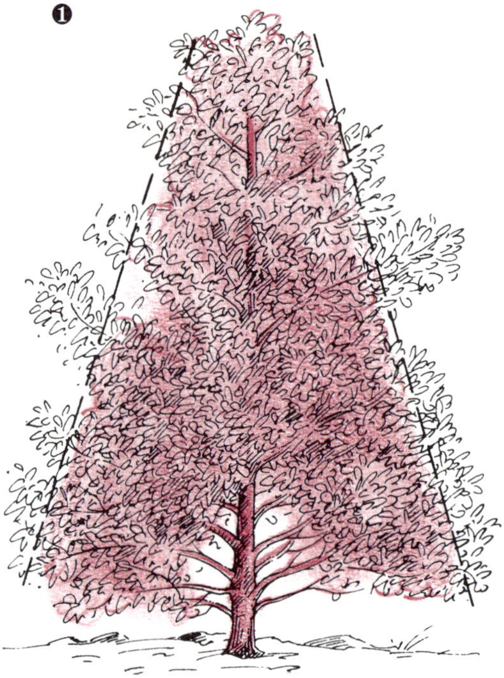

❷

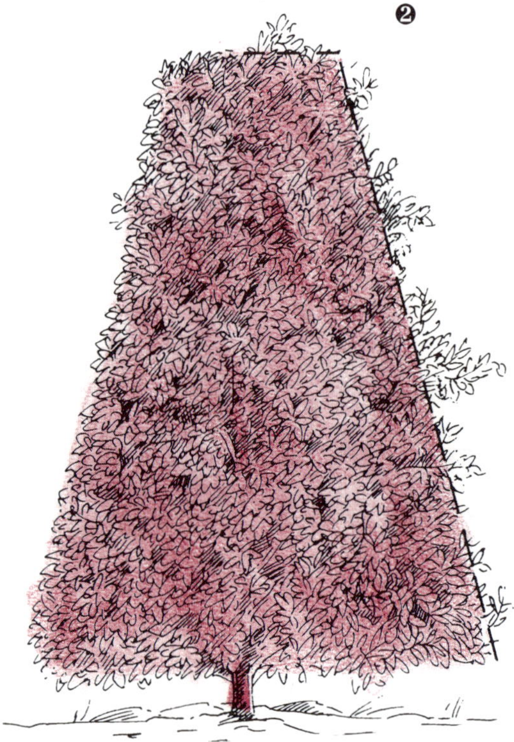

## La taille de formation pour topiaire

❶ Les formes géométriques comme les cônes ou les pyramides peuvent être réalisées avec le magnolia à grandes fleurs. Il n'est dans ce cas nul besoin d'avoir recours à des carcasses de fil de fer pour palisser les rameaux, comme il est nécessaire pour d'autres formes de topiaire. Dès la plantation obtenez de très nombreuses branches dirigées dans tous les sens à partir du pied. Les tailles légères successives vont faire se ramifier la plante en branches et l'on arrivera ainsi progressivement au volume désiré.
❷ Une fois qu'elle est formée, entretenez la plante par des tailles régulières au sécateur en novembre. N'hésitez pas à utiliser un gabarit en tôle ou en carton pour faciliter le travail et maintenir la régularité de la forme.

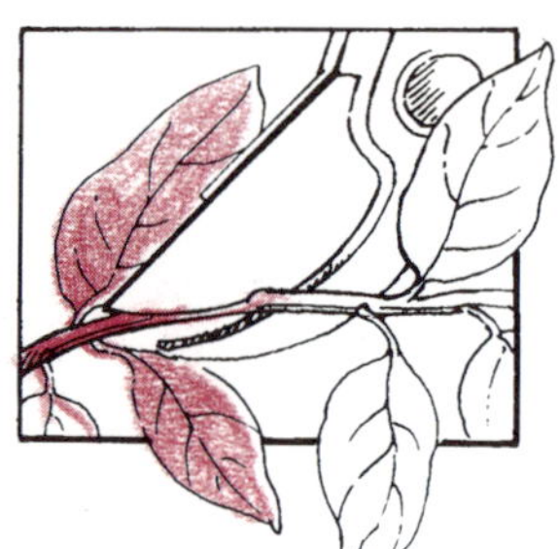

# Mahonia (à feuilles de houx)

*Mahonia aquifolium*

Arbuste/Berbéridacées

*Le mahonia pousse dans tous les terrains, même calcaires, et supporte bien l'ombre. Son feuillage est persistant et il prend une teinte pourpre bronzé à l'automne. Ses fleurs jaunes paraissent en mars-avril et ses baies bleu pruiné à l'automne. Plantez-le en massif ou sur un talus.*

- **Taille de formation :** ***en touffe buissonnante.***
- **Durée de formation :** ***2 ans.***
- **Taille d'entretien :** ***après la floraison en avril.***
- **Taille de floraison ou de fructification :** ***après la floraison en avril.***
- **Taille possible :** ***sans.***
- **Hauteur :** ***1 à 1,50 m.***
- **Distance de plantation :** ***1,50 m.***

❶

## La taille de formation

### 1re année

❶ A la plantation de l'arbuste livré en motte, de novembre à mars, taillez les branches de moitié environ pour obtenir des ramifications. La floraison est sacrifiée au bénéfice de la formation de la touffe.

### 2e année

❷ Attendez que la floraison soit terminée, en avril, pour tailler. Réduisez la longueur des branches ayant fleuri d'un tiers environ en taillant au-dessus d'un bourgeon à l'aisselle d'une feuille dirigée vers l'extérieur de la touffe.

❷

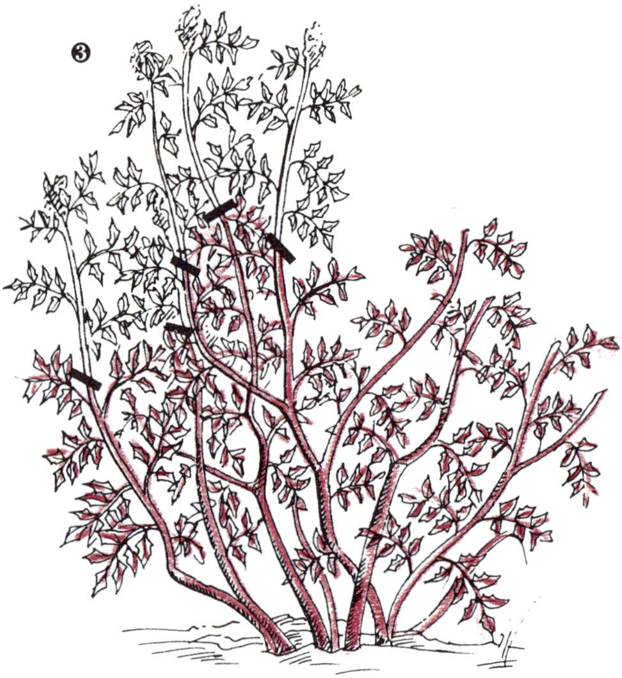


## La taille d'entretien

❸ Les premières années, après la floraison en avril, contentez-vous de réduire la longueur des branches ayant fleuri d'un tiers environ en taillant au-dessus d'une feuille dirigée vers l'extérieur de la touffe. En vieillissant, l'arbuste a tendance à se dégarnir de la base. Pour l'éviter, tous les 2 ou 3 ans, effectuez une taille plus courte sur les branches après la floraison en avril. Taillez au-dessus d'une feuille ou au-dessus d'un bourgeon bien formé. Essayez d'effectuer les coupes à l'intérieur de la touffe de façon à ce qu'elles soient le moins visibles possible.

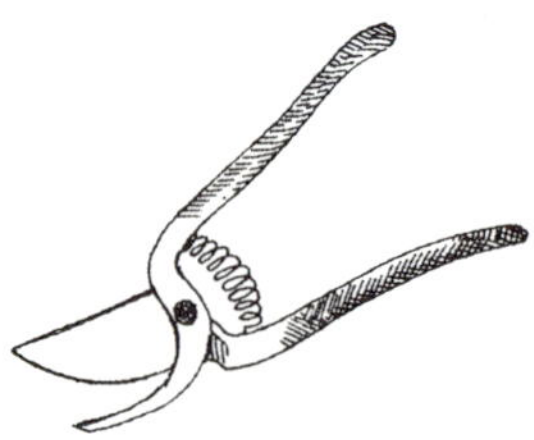

# Marronnier d'Inde

*Æsculus hippocastanum*

Arbre/Hippocastanacées

*Ce grand et bel arbre, qui offre une croissance rapide, prend naturellement une forme régulière présentant une tête sphérique. Très rustique et vigoureux, il affectionne particulièrement les sols légers et un peu frais. Son feuillage est caduc.*

- **Taille de formation :** ***sur tige à cime arrondie.***
- **Durée de formation :** ***10 ans.***
- **Taille d'entretien :** ***élagage de novembre à janvier.***
- **Taille de floraison ou de fructification :** ***sans.***
- **Taille possible :** ***à la française.***
- **Hauteur :** ***20 à 30 m.***
- **Distance de plantation :** ***7 à 10 m.***

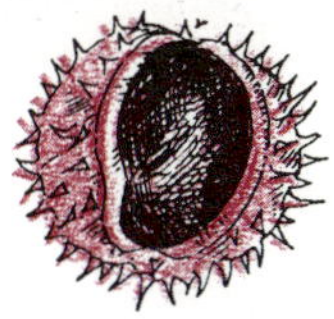

❶

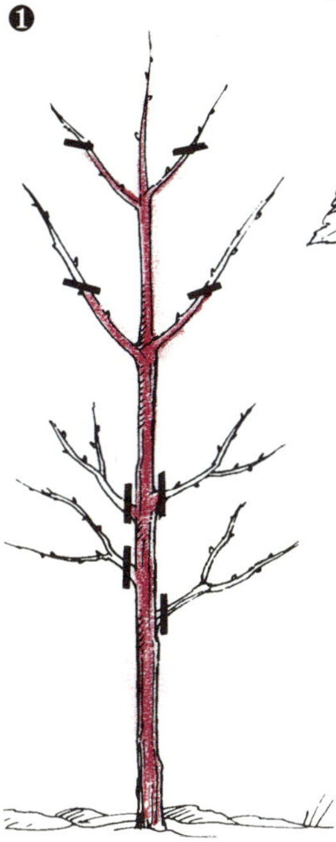

❷

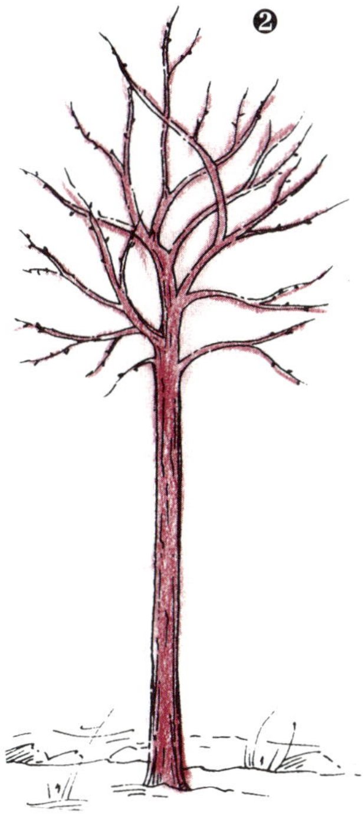

## La taille de formation sur tige à cime arrondie

❶ Les premières années, supprimez, à partir du mois de novembre jusqu'en février, les branches les plus basses au ras du tronc. Rabattez aussi, si besoin, les premières branches en haut de la forme une fois la hauteur de tronc désirée atteinte.

❷ Par la suite, ne taillez que si l'arbre ne prend pas sa forme naturellement. Maintenez alors le développement du rameau central et laissez grandir les branches latérales. Une fois la forme établie, attendez au moins 10 ans avant d'intervenir pour l'entretien de l'arbre.

❸

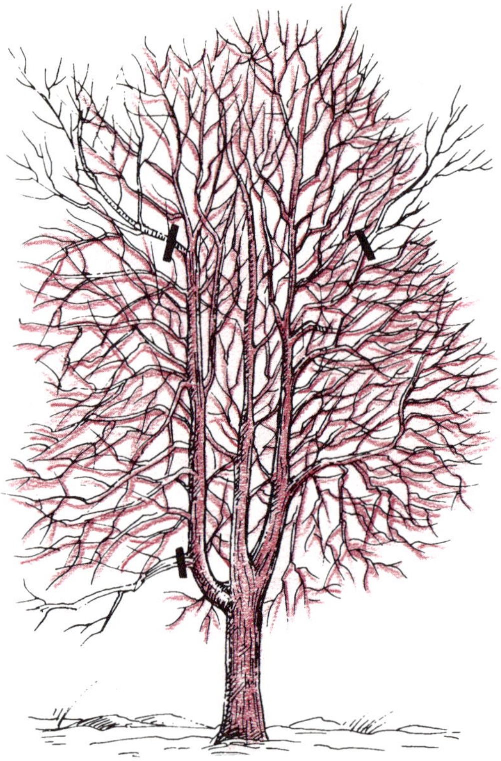

## La taille d'entretien

❸ Évitez les tailles formant de larges plaies favorisant l'installation de champignons et provoquant la naissance de chancres, surtout sur les sujets fragiles. La taille sur les branches âgées provoque des courbes qui ne se redressent pas ou disparaissent lentement. L'élagage se pratique de novembre à janvier.

❶

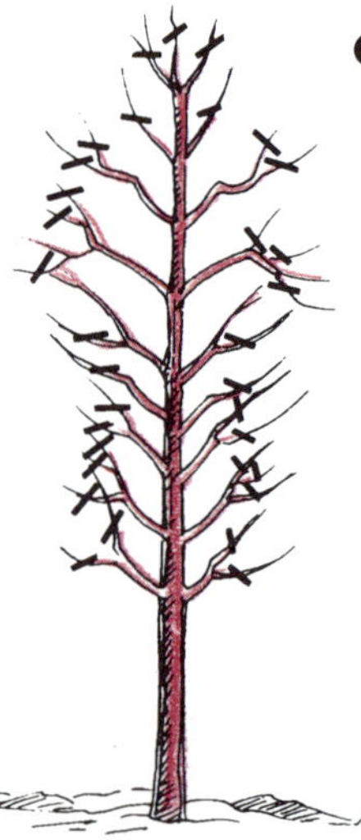

## La taille de formation à la française

❶ Après les premières années de formation sur tige, sélectionnez, dès novembre, des charpentières et favorisez par une taille légère les ramifications à proximité du tronc.
❷ Par la suite, laissez s'allonger les charpentières et les ramifications obtenues. Ensuite, taillez en janvier définitivement l'arbre suivant la forme désirée (ci-contre, une marquise double). Entretenez régulièrement, si possible une fois par an, en février-mars.

❷

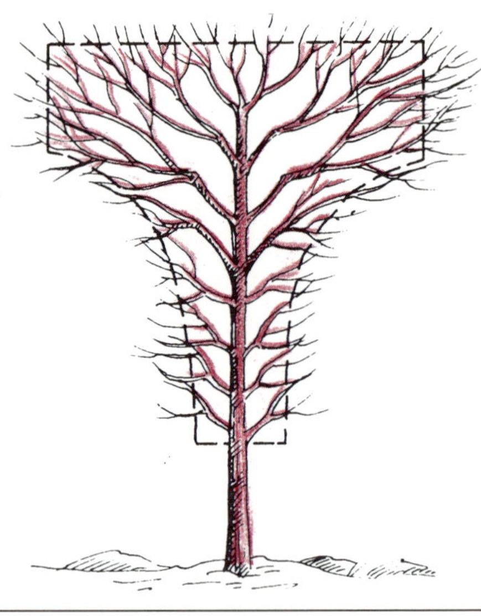

# Millepertuis

***Hypericum calycinum***

Arbrisseau/Guttifères

*Plantez le millepertuis dans toute bonne terre de jardin bien drainée et fertile et en plein soleil. Son feuillage est persistant et ses fleurs jaunes s'épanouissent de fin juin à septembre. Plantez-le en premier rang de massif, en bordures ou en rocaille.*

- **Taille de formation :** ***en touffe couvre-sol.***
- **Durée de formation :** ***1 à 2 ans.***
- **Taille d'entretien :** ***en février-mars.***
- **Taille de floraison ou de fructification :** ***sans.***
- **Taille possible :** ***sans.***
- **Hauteur :** ***0,30 m.***
- **Distance de plantation :** ***0,50 m.***

❶

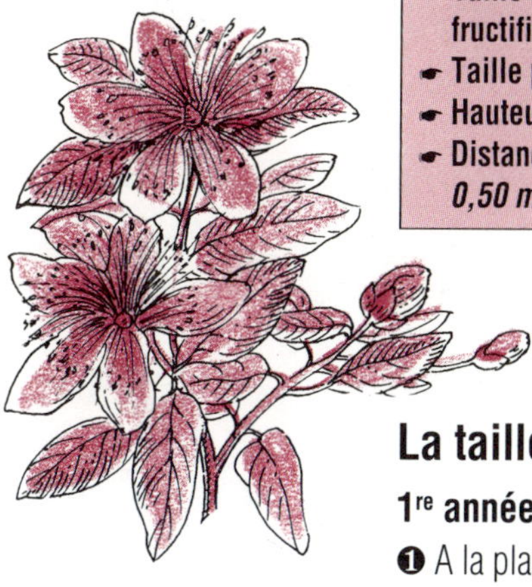

❷

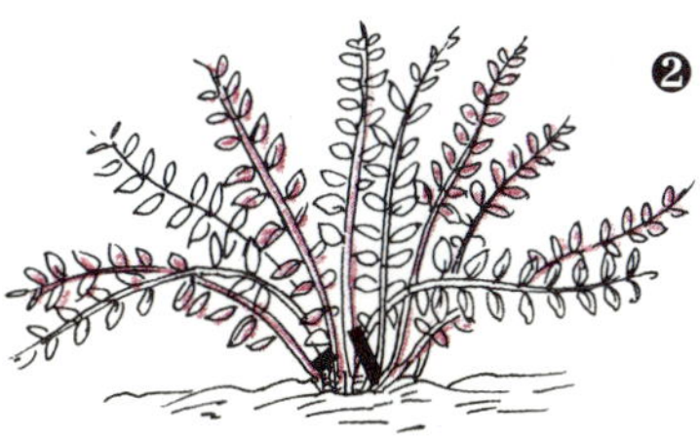

❸

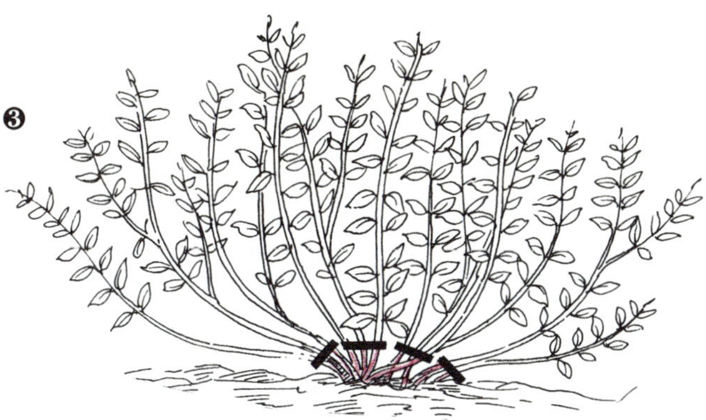

## La taille de formation

### 1re année

❶ A la plantation en motte, de novembre à mars, nettoyez seulement les branches cassées et ne taillez pas.

### 2e année

❷ En février-mars, éliminez les branches disgracieuses pour conserver une forme régulière à la touffe.

## La taille d'entretien

❸ Tous les 2 ou 3 ans, en février-mars, rabattez tous les rameaux à la base pour permettre le renouvellement d'une végétation vigoureuse. Chaque année, éliminez seulement les rameaux déséquilibrant la touffe.

# Nandina

***Nandina domestica***

Arbuste/Berbéridacées

*Le nandina redoute le calcaire et doit être planté en terre légère, riche et fraîche, additionnée de terre de bruyère. Peu rustique au nord de la Loire, il préfère une exposition ensoleillée et une situation abritée. Son feuillage est persistant. Ses fleurs blanches en panicules terminales s'épanouissent en juillet-août et ses baies rouge vif paraissent en septembre. Plantez-le en massif.*

- **Taille de formation :** ***en touffe dressée.***
- **Durée de formation :** ***2 ans.***
- **Taille d'entretien :** ***en mars.***
- **Taille de floraison ou de fructification :** ***sans.***
- **Taille possible :** ***sans.***
- **Hauteur :** ***1,20 à 1,50 m.***
- **Distance de plantation :** ***1,50 m.***

❶

❷

❸

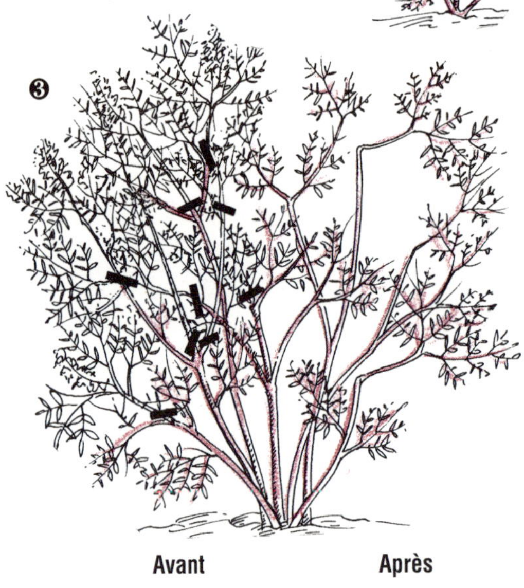

**Avant** **Après**

## La taille de formation

### 1re année

❶ A la plantation en motte, de novembre à mars, réduisez les branches d'un tiers au-dessus d'une paire de feuilles composées pour ramifier la plante.

### 2e année

❷ En mars, rabattez l'extrémité des branches d'un tiers environ au-dessus d'une paire de rameaux secondaires situés plus bas.

## La taille d'entretien

❸ En mars, supprimez tout le bois mort et les rameaux grêles. Rabattez l'extrémité des branches portant encore des baies en taillant au-dessus des branches secondaires situées plus bas. Taillez également les branches devenant trop hautes.

# Noisetier (coudrier)

***Corylus avellana***

Arbuste/Corylacées

*Le noisetier est peu exigeant quant à la nature du sol, mais il préfère cependant les sols acides et frais, même ceux calcaires. Il redoute les sols lourds et l'eau stagnante. Il demande une exposition ensoleillée et aérée et accepte la mi-ombre. Son feuillage est caduc. Des fleurs mâles en chaton apparaissent en février-mars, suivies peu après de fleurs femelles ressemblant à des petits plumets rouges. Il produit des noisettes en septembre. Plantez-le en massif et en haie libre.*

- **Taille de formation :** ***en touffe buissonnante.***
- **Durée de formation :** ***2 à 3 ans.***
- **Taille d'entretien :** ***taille de rajeunissement en février.***
- **Taille de floraison ou de fructification :** ***sans.***
- **Taille possible :** ***sans.***
- **Hauteur :** ***4 à 5 m.***
- **Distance de plantation :** ***4 à 5 m.***

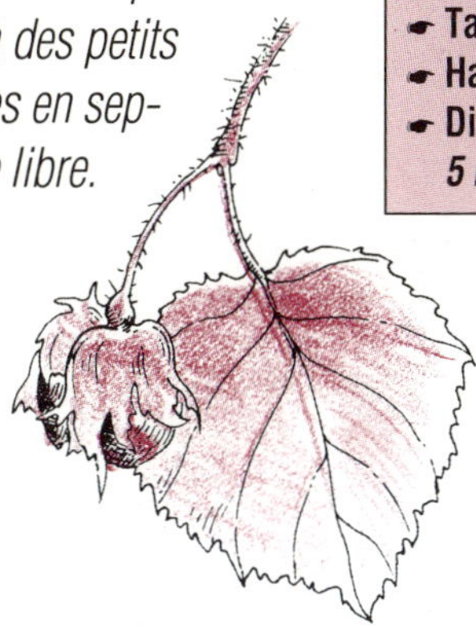

❶

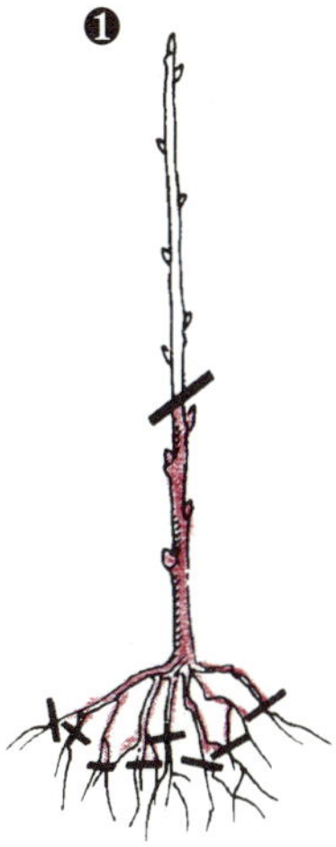

❸

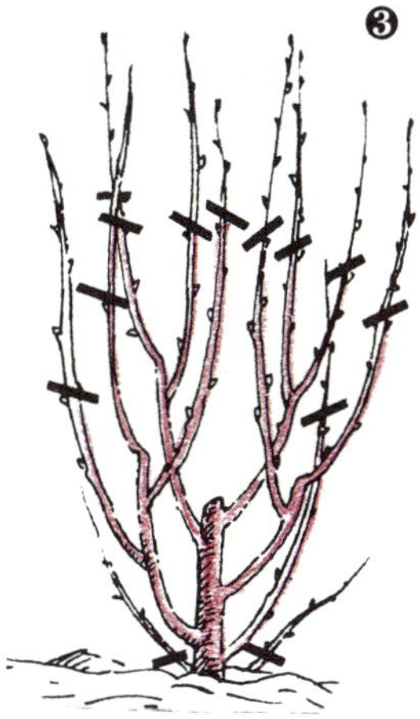

❷

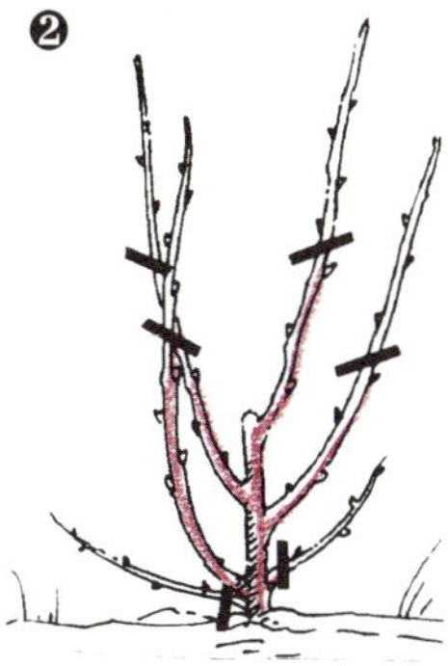

## La taille de formation

### 1re année

❶ Avant la plantation du jeune plant, de novembre à mars, habillez les racines et taillez la tige à 3 ou 4 yeux.

### 2e année

❷ En février-mars, taillez les branche obtenues de moitié environ pour favoriser la ramification. Supprimez les pousses trop grêles à la base.

### 3e année

❸ Taillez à nouveau les branches de moitié. Supprimez les rejets trop grêles et les pousses issues de la base.

❹

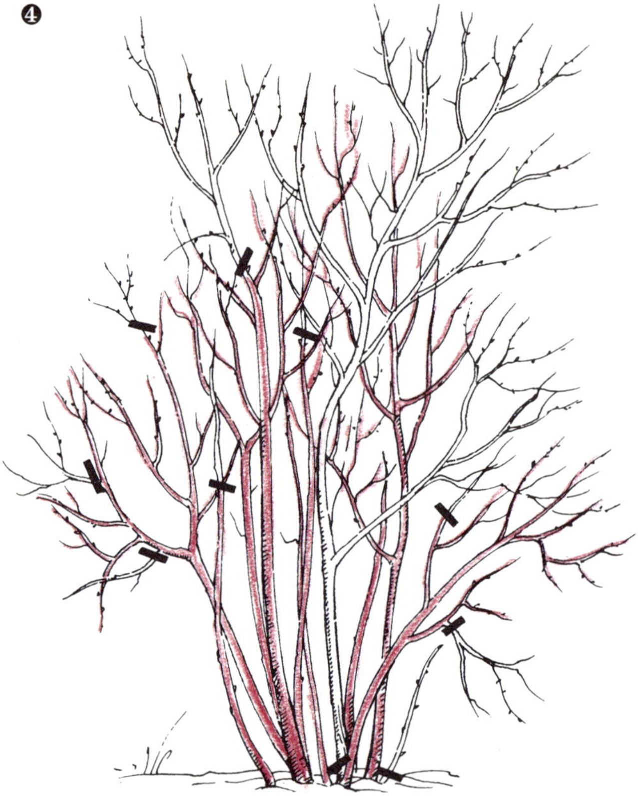

Avant

❺

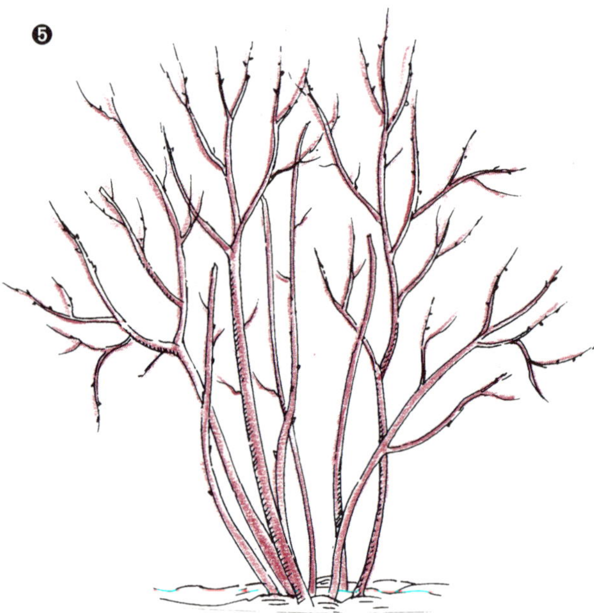

Après

## La taille d'entretien

❹ et ❺ Pendant plusieurs années, il n'est pas nécessaire d'effectuer une taille stricte. Éliminez les gourmands qui se développent au centre de la touffe, les rameaux en surnombre et les pousses trop faibles à la base. Aérez le centre de la touffe pour garantir un éclairement optimal et obtenir une bonne floraison.

Tous les 4 à 5 ans, en février-mars, supprimez les plus grosses branches devenant improductives. L'année suivant la taille, de forts gourmands se développeront. Éliminez ceux en surnombre pour ne conserver que 10 branches charpentières environ en production. Enduisez les plaies occasionnées par les coupes des grosses branches.

# Noisetier tortueux

***Corylus avellana* 'Contorta'**

Arbuste/Corylacées

*Ce cultivar est particulièrement décoratif par ses rameaux tortueux et ses chatons mâles pendants qui paraissent en hiver. Il demande un sol acide et frais et une exposition ensoleillée. Son feuillage est caduc. Ses rameaux tortueux, ses fleurs mâles en chaton et ses fleurs femelles ressemblant à des petits plumets rouges le rendent très attractif. Il produit en outre d'excellentes noisettes. Plantez-le en rocaille ou en isolé.*

- **Taille de formation :** ***en touffe buissonnante tortueuse.***
- **Durée de formation :** ***2 à 3 ans.***
- **Taille d'entretien :** ***taille de rajeunissement lorsqu'elle devient indispensable en février.***
- **Taille de floraison ou de fructification :** ***sans.***
- **Taille possible :** ***sans.***
- **Hauteur :** ***2 à 3 m.***
- **Distance de plantation :** ***à planter en isolé.***

❶

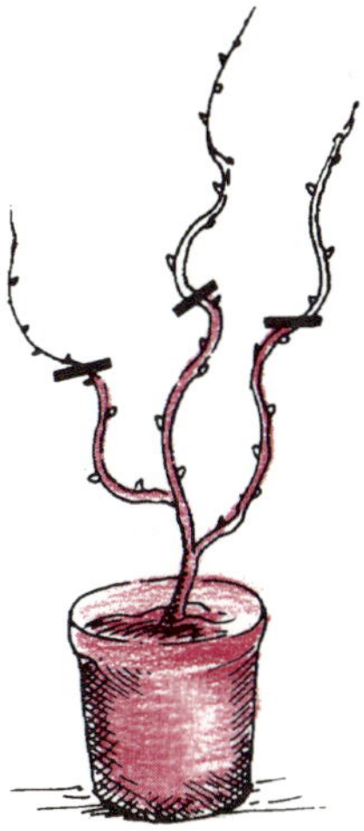

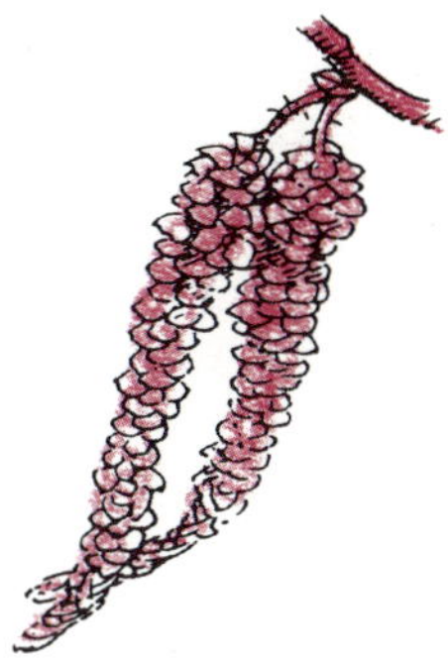

❷

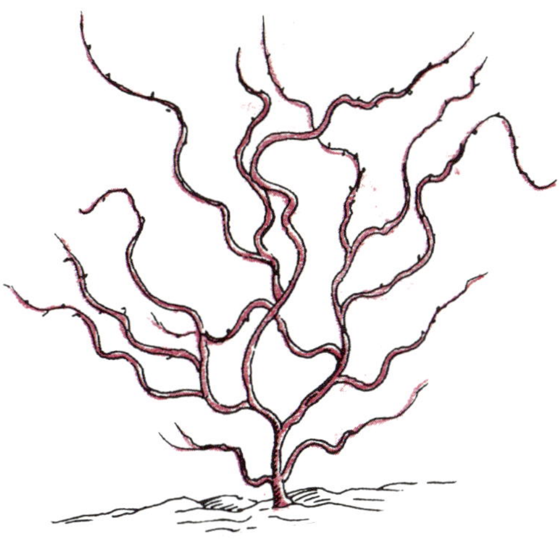

## La taille de formation

### 1re année

❶ A la plantation en motte, de novembre à mars, taillez les branches de moitié pour obtenir des ramifications.

### 2e année

❷ Ne taillez plus, laissez l'arbuste prendre sa forme naturelle. De nouvelles pousses apparaîtront à la base.

## La taille d'entretien

❸ En février-mars, procédez au nettoyage du bois mort et taillez éventuellement les branches gênantes, trop retombantes. Taillez le moins possible pour conserver la forme et la beauté des rameaux tortueux. Supprimez impérativement les pousses issues du porte-greffe.

## La taille de restauration

❹ Si l'arbuste devient trop envahissant ou trop dégarni de la base, procédez à une taille de rajeunissement en taillant, en février, les branches charpentières à 30 cm du sol afin de reformer une nouvelle touffe. Surveillez bien l'apparition de pousses issues du porte-greffe et supprimez-les le plus rapidement possible.

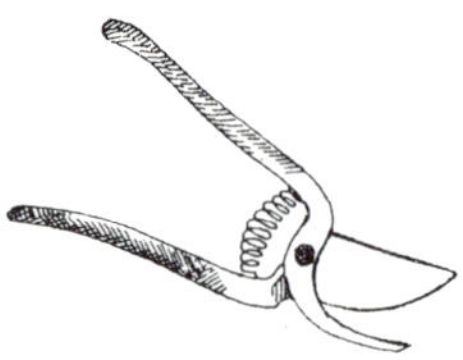

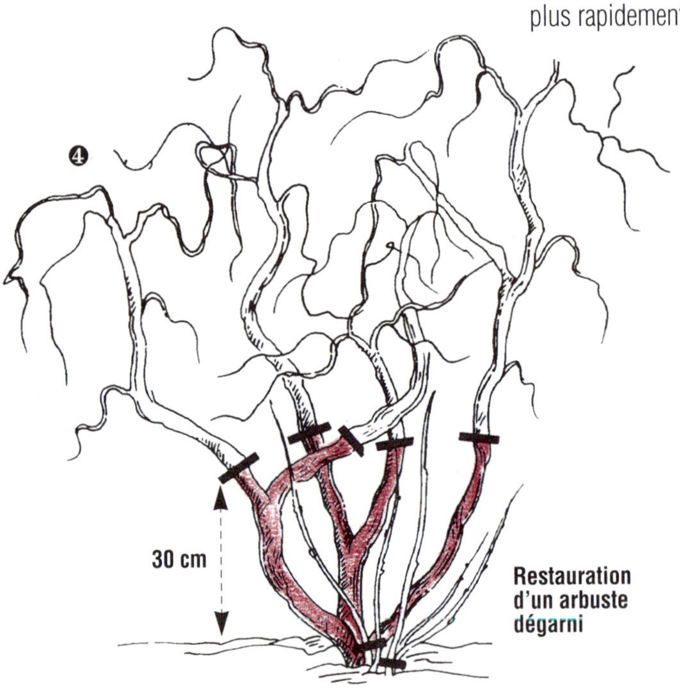


**Restauration d'un arbuste dégarni**

# Oranger du Mexique

***Choisya ternata***

Arbuste/Rutacées

*Le choisya est de faible rusticité sous le climat de l'Ile de France et demande une exposition ensoleillée et une situation protégée, à l'abri d'un mur exposé au sud par exemple. Il affectionne un bon sol de jardin léger bien drainé et peu calcaire. Le feuillage est persistant et les fleurs blanches odorantes sont présentes d'avril à juin. Plantez-le en isolé ou en massif.*

- **Taille de formation :** ***en touffe buissonnante.***
- **Durée de formation :** ***2 ans.***
- **Taille d'entretien :** ***coupe de branches endommagées par le gel en mars.***
- **Taille de floraison ou de fructification :** ***sans.***
- **Taille possible :** ***sans.***
- **Hauteur :** ***1 à 2 m.***
- **Distance de plantation :** ***2 à 2,50 m.***

❶

❷

## La taille de formation

### 1re année

❶ A la plantation en motte, de novembre à mars, taillez les branches de moitié environ pour ramifier la plante.

### 2e année

❷ En mars, réduisez les branches de moitié environ. Taillez plus court celles trop vigoureuses risquant de déséquilibrer la touffe. Taillez également de moitié les nouvelles pousses issues de la base.

❸

## La taille d'entretien

❸ En mars, taillez légèrement pour éclaircir l'arbuste. Effectuez les coupes le plus bas possible à l'intérieur de la touffe de façon à ce qu'elles ne soient pas visibles de l'extérieur. Supprimez également le bois mort et les branches endommagées par le gel dans les régions à risque.

Les années de grand froid, si la partie aérienne de l'arbuste est endommagée, rabattez au ras du sol. La souche toujours vivante redonnera de nouvelles pousses vous permettant de reformer votre arbuste.

# Parrotie de Perse

*Parrotia persica*

Arbre/Hamamélidacées

*Ce petit arbre rustique accepte de pousser à l'ombre d'un arbre plus grand que lui, avec des couleurs plus lumineuses qu'au soleil. Il s'accommode de tous les sols. Son écorce se desquame avec l'âge par petites plaques arrondies qui laissent sur le tronc de jolies traces vert clair et grises. Son feuillage est caduc.*

- **Taille de formation :** ***sur tige à ramure creuse.***
- **Durée de formation :** ***5 à 10 ans.***
- **Taille d'entretien :** ***élagage de novembre à janvier.***
- **Taille de floraison ou de fructification :** ***sans.***
- **Taille possible :** ***en cépée.***
- **Hauteur :** ***5 à 10 m.***
- **Distance de plantation :** ***8 à 10 m.***

❶

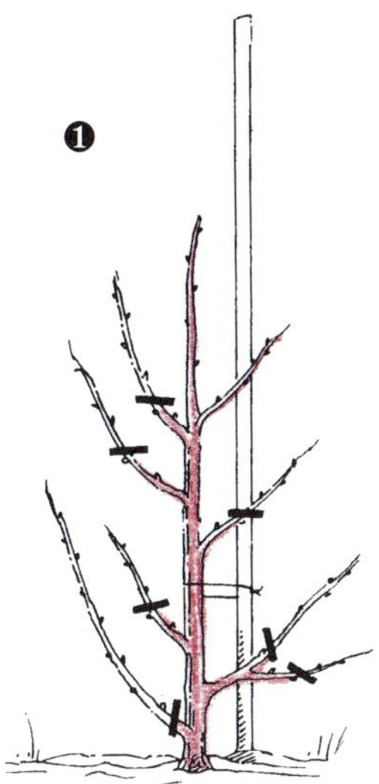

❷

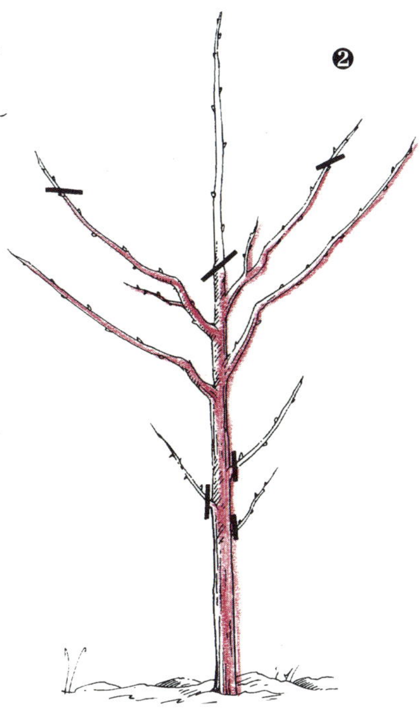

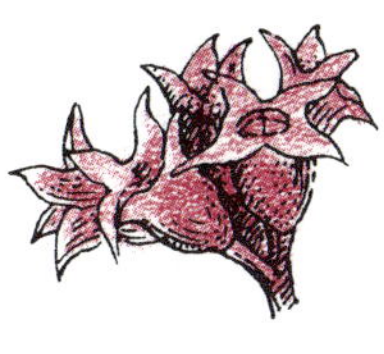

## La taille de formation sur tige à ramure creuse

❶ Les premières années, veillez à la prédominance de l'axe central qui forme le tronc. Supprimez, par pincement en juin ou par la taille en novembre, les bourgeons concurrents. Taillez les branches les plus basses pour monter le tronc progressivement.

❷ Vers la 4e année, rabattez en janvier la flèche et les premières branches hautes, supprimez les branches basses au ras du tronc. Établissez par la suite, durant le repos végétatif, une charpente en creux de 5 à 6 branches environ, le plus régulièrement espacées. Supprimez les pousses trop vigoureuses qui pourraient refaire un axe principal.

❸

## La taille d'entretien

❸ Cet arbre étant de croissance lente, évitez de trop tailler, sa formation se fait naturellement par son port étalé. Il est tout de même possible de tailler, de novembre à janvier, pour rectifier la forme en supprimant un « gourmand » et pour supprimer des branches mortes ou malades.

❶

❷

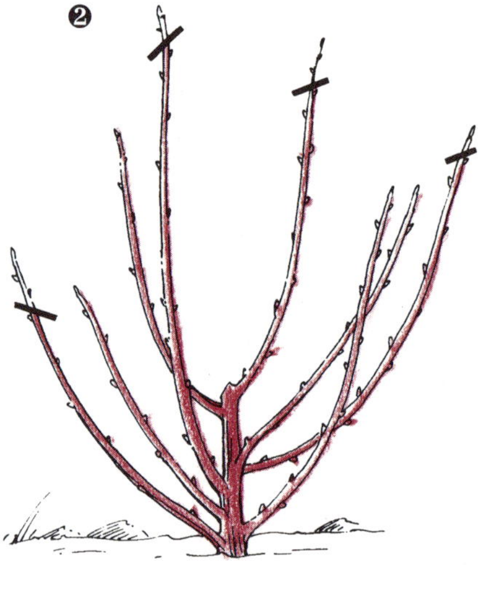

## La taille de formation en cépée

❶ Favorisez le développement de plusieurs tiges et des rejets en recépant le jeune plant à la base (entre 10 et 20 cm de hauteur) en septembre.

❷ Taillez en septembre de l'année suivante les départs pour favoriser la ramification de la touffe. Par la suite, surveillez la végétation trop fougueuse qui pourrait reconstituer un axe.

# Paulownia

***Paulownia tomentosa***

Arbre/Scrophulariacées

*Le paulownia est un arbre rustique supportant aussi bien le climat marin que la pollution urbaine. Il se plaît dans une terre fraîche et fertile. Son feuillage est caduc. Ses fleurs sont bleues et s'ouvrent en mai. Elles dégagent un léger parfum de vanille. Il fleurit en même temps que les lilas et les glycines, on peut donc les réunir pour créer un gigantesque bouquet dans le jardin. Le début de sa formation est particulier.*

- **Taille de formation :** ***en parasol.***
- **Durée de formation :** ***5 à 10 ans.***
- **Taille d'entretien :** ***élagage de novembre à janvier.***
- **Taille de floraison ou de fructification :** ***sans.***
- **Taille possible :** ***en cépée***
- **Hauteur :** ***10 à 15 m.***
- **Distance de plantation :** ***10 m.***

❶

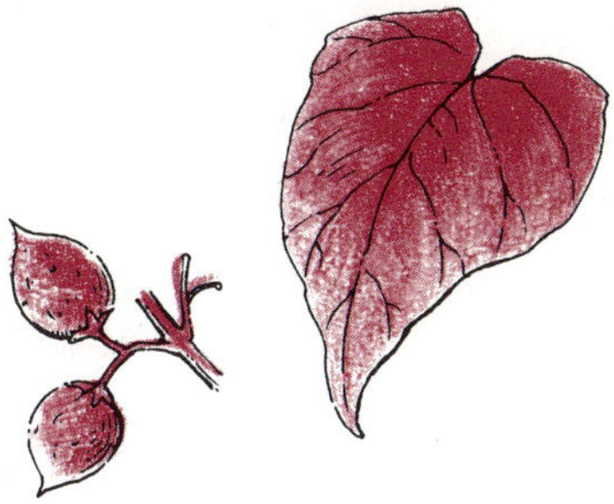

❷

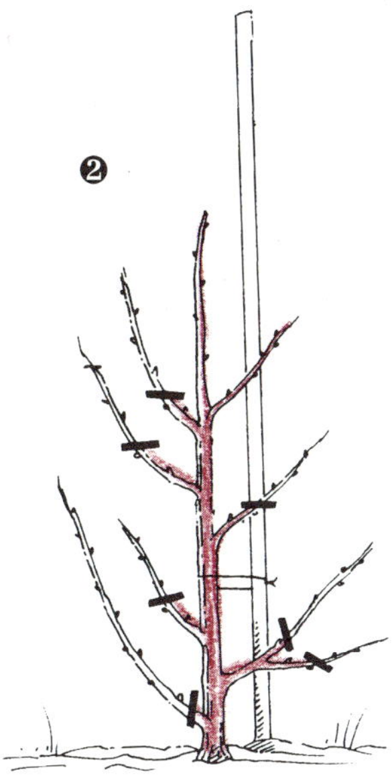

❸

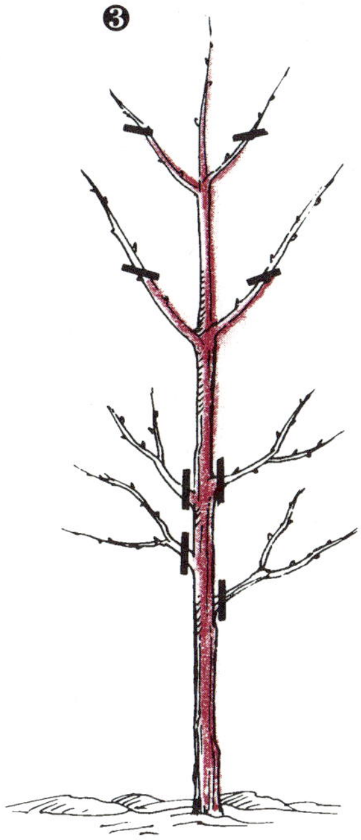

## La taille de formation en parasol

❶ De novembre à janvier, recépez le scion jusqu'à obtenir une tige de grande vigueur. Cette opération peut s'effectuer sur 2 ou 3 ans.

❷ Par la suite, palissez la flèche centrale au fur et à mesure de son développement. De novembre à janvier, taillez les pousses faibles de la base, soit au ras du tronc, soit des 2/3 de leur longueur. Veillez à la prédominance de l'axe central en supprimant les bourgeons concurrents.

❸ En période de repos végétatif, commencez à supprimer les branches les plus basses pour monter le tronc progressivement. Vous pouvez retirer le tuteurage. Supprimez ensuite les premières branches hautes.

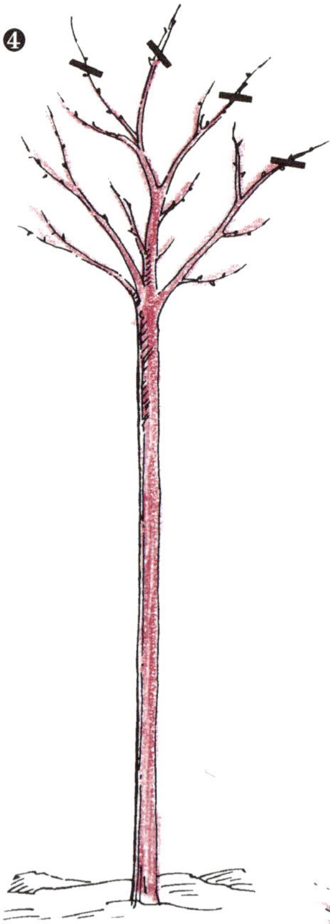


❹ Pour achever la formation en parasol, affaiblissez à l'aide de la taille le prolongement de la tige et les rameaux rapprochés du centre, afin de favoriser le développement des branches les plus extérieures.

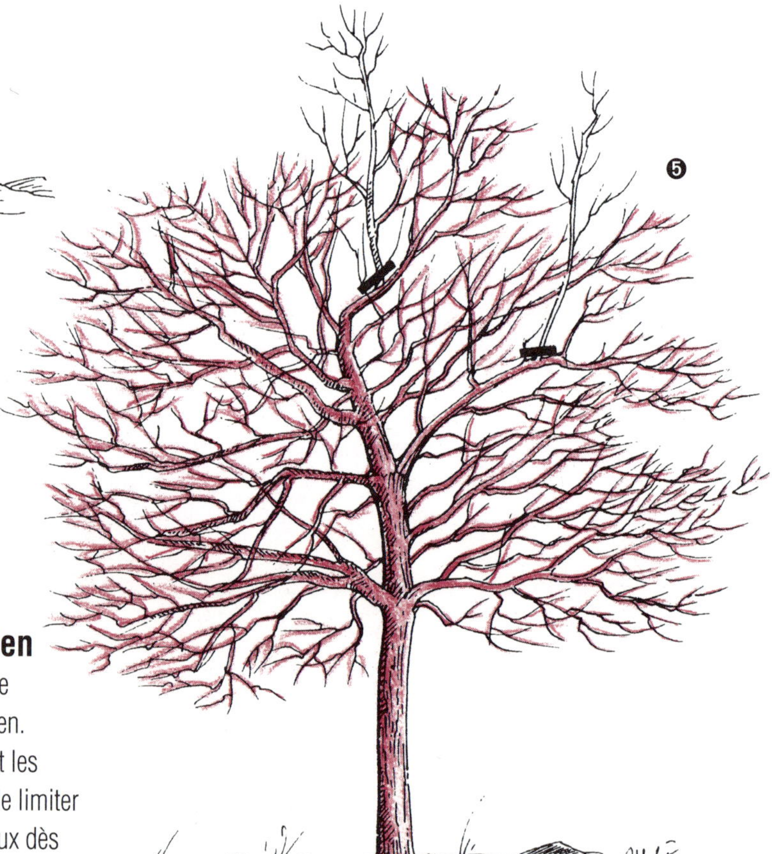


## La taille d'entretien

❺ Évitez les tailles qui ne cicatrisent jamais très bien. Mastiquez abondamment les plaies. Contentez-vous de limiter des départs trop vigoureux dès leur apparition.

## La taille de formation en cépée

❶ La croissance du paulownia est très rapide et on peut rabattre en novembre le jeune arbre à 10-20 cm du sol pour former une belle cépée.

❷ L'année suivante, taillez en janvier les nouvelles pousses très légèrement pour favoriser des départs dans la partie basse et pour renforcer les ramifications de la cépée.

❸ Surveillez par la suite les rameaux vigoureux trop proches du centre pour maintenir la forme.

❶

❷

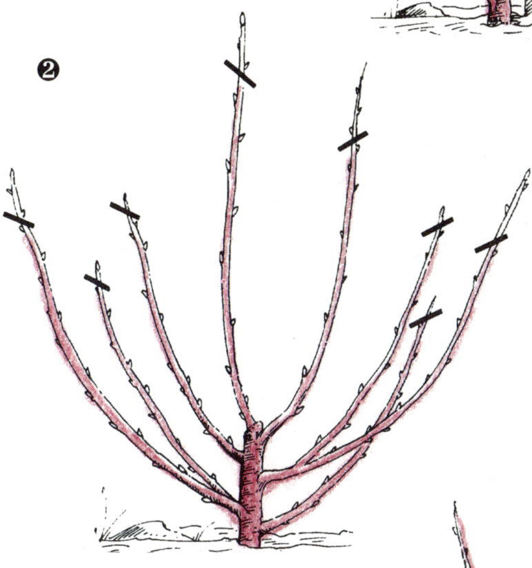

❸

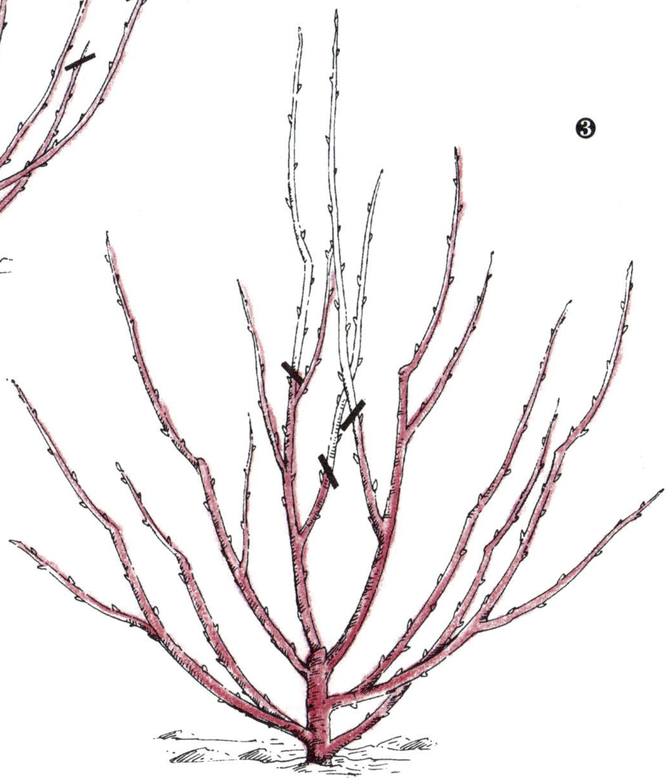

# Pérovskia

***Perovskia atriplicifolia***

Arbuste/Labiées

*Le pérovskia demande un sol léger, même caillouteux et sec, et doit être planté en situation ensoleillée. Son feuillage caduc est odorant lorsqu'on le froisse et ses fleurs bleues paraissent en août-septembre. Plantez-le en devant de massif ou en massif de plantes vivaces.*

- **Taille de formation :** ***en touffe buissonnante dressée.***
- **Durée de formation :** ***1 à 2 ans.***
- **Taille d'entretien :** ***en mars.***
- **Taille de floraison ou de fructification :** ***sans.***
- **Taille possible :** ***sans.***
- **Hauteur :** ***1 à 1,50 m.***
- **Distance de plantation :** ***1 m.***

❶

❷

❸

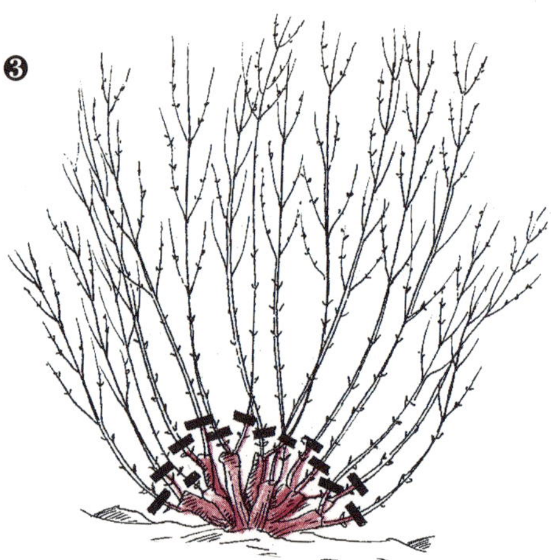

## La taille de formation

### 1re année

❶ A la plantation, habillez les racines si l'arbuste est livré à racines nues et taillez les branches d'un tiers au-dessus de 2 yeux opposés. La floraison apparaîtra sur des rameaux latéraux issus des rameaux conservés et sur les nouvelles pousses issues de la base.

### 2e année

❷ En mars, rabattez toutes les branches le plus près possible du sol, en taillant sur des yeux opposés bien formés.

## La taille d'entretien

❸ Tous les ans en mars, rabattez toutes les branches le plus près possible du sol en taillant au-dessus de 2 yeux opposés bien formés.

# Physocarpus

*Physocarpus opulifolius*

Arbuste/Rosacées

*Le physocarpus demande une bonne terre de jardin non calcaire et humide et une exposition ensoleillée ou mi-ombragée. Son feuillage est caduc et ses fleurs blanches tachées de rose et arborant des étamines pourpres paraissent en juin. Plantez-le en massif.*

- **Taille de formation :** ***en touffe buissonnante.***
- **Durée de formation :** ***1 à 2 ans.***
- **Taille d'entretien :** ***après la floraison.***
- **Taille de floraison ou de fructification :** ***taille courte après la floraison fin juin.***
- **Taille possible :** ***sans.***
- **Hauteur :** ***2 à 3 m.***
- **Distance de plantation :** ***2 m.***

❶

❷

## La taille de formation

### 1re année

❶ A la plantation, de novembre à mars, habillez les racines si l'arbuste est livré à racines nues et taillez les branches des 2/3 pour obtenir des ramifications. La floraison est sacrifiée au bénéfice de la formation.

### 2e année

En mars, ne taillez pas, la floraison apparaîtra en juin.

❷ Après la floraison, en juin, taillez les branches ayant fleuri en revenant sur de jeunes départs situés plus bas et dirigés vers l'extérieur de la touffe. Laissez intactes les jeunes pousses se développant de la base depuis le début du printemps.

❸

Avant

❹

Après

## La taille d'entretien

❸ et ❹ Après la floraison, en juin, taillez les branches défleuries en revenant sur des départs situés le plus bas possible. Éliminez les plus vieilles branches au profit de jeunes rameaux issus de la base. Taillez ces derniers de moitié pour les ramifier. Coupez le bois mort. Laissez intactes les jeunes pousses se développant de la base depuis le début du printemps.

# Pin de Corse

*Pinus laricio*

Conifère/Pinacées

*Ce très bel arbre, à croissance rapide et de grande longévité, au tronc gris-blanc parfaitement droit, est très rustique et résiste aux grandes chaleurs. Il supporte les sols calcaires et les plus arides, ainsi que la sécheresse de l'air.*

- **Taille de formation :** ***naturelle.***
- **Durée de formation :** ***5 à 10 ans.***
- **Taille d'entretien :** ***élagage en février.***
- **Taille de floraison ou de fructification :** ***sans.***
- **Taille possible :** ***sans.***
- **Hauteur :** ***20 à 30 m.***
- **Distance de plantation :** ***10 m.***

❶

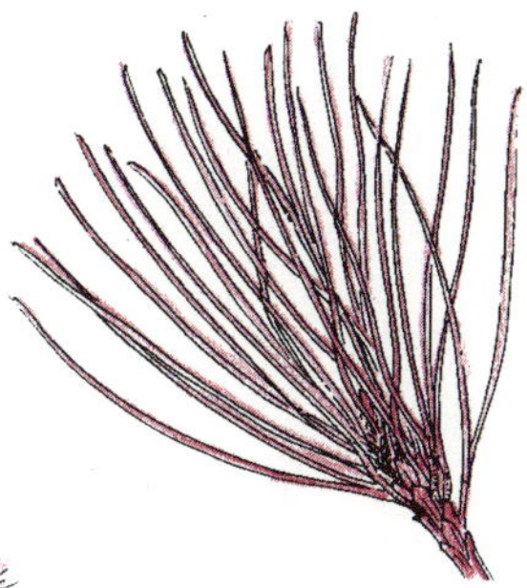

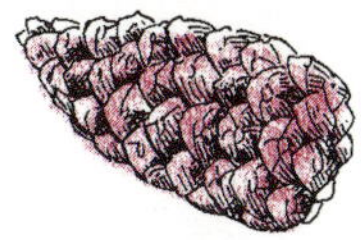

❷

## La taille de formation naturelle

❶ Les premières années, supprimez en février-mars, en les taillant au ras du tronc, les pousses qui peuvent faire concurrence à la flèche. Surveillez par la suite jusqu'en août que cet axe ait toujours la prédominance. Coupez le bois mort et les branches abîmées en septembre.

## La taille d'entretien

❷ Évitez la taille, en effet le pin de Corse ne se régénère pas à partir du vieux bois. Il est possible de supprimer, de préférence au début du printemps (en février), les branches gênantes en les coupant au ras du tronc.

# Pivoine en arbre

*Pæonia suffruticosa*

Arbuste/Renonculacées

*La pivoine demande une bonne terre franche, enrichie d'humus, et doit être plantée à mi-ombre. Son feuillage est caduc et ses fleurs roses, rouges, carmin, lilas, violettes ou blanches s'épanouissent en avril-mai. Plantez-la en isolé.*

- **Taille de formation :** ***en touffe buissonnante.***
- **Durée de formation :** ***2 à 3 ans.***
- **Taille d'entretien :** ***taille de rajeunissement après la floraison en mai.***
- **Taille de floraison ou de fructification :** ***après la floraison, en mai.***
- **Taille possible :** ***sans.***
- **Hauteur :** ***1 à 1,50 m.***
- **Distance de plantation :** ***à planter en isolé.***

❶

❷

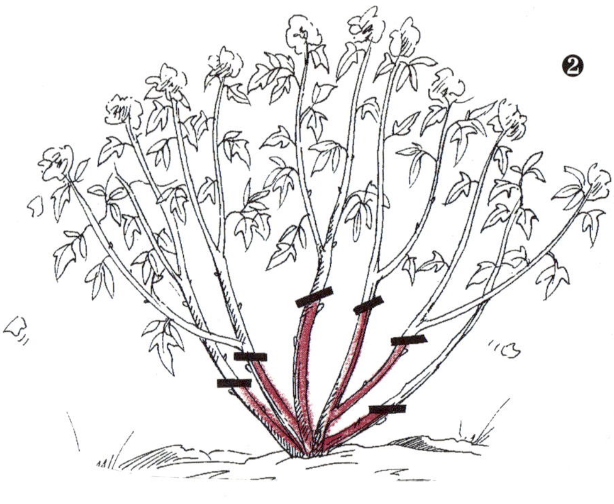

## La taille de formation

Après la plantation en motte et les premières années, ne taillez pas, laissez l'arbuste prendre sa forme naturelle. La floraison n'apparaît qu'après 3 ans au moins.

## La taille d'entretien

❶ Après la floraison, en mai, taillez l'extrémité des branches portant les fleurs fanées sur quelques centimètres au-dessus d'une feuille ou d'un bourgeon bien formé à son aisselle, dirigés vers l'extérieur de la touffe.

❷ Si l'arbuste se dégarnit à la base et devient moins florifère, rabattez les banches à 30-40 cm du sol environ, soit sur un bourgeon bien visible sur le vieux bois, soit au-dessus d'un nœud.

# Plaqueminier
## (Kaki)

***Diospyros kaki***

Arbre/Ébénacées

*Le plaqueminier est rustique au nord de la Loire. Il apprécie les sols fertiles et les expositions ensoleillées à l'abri des vents. Son feuillage est caduc. La longévité moyenne et la croissance lente de cet arbre n'autorisent que des tailles légères et discrètes, hormis la suppression des branches mortes et des branches cassées.*

- **Taille de formation :** ***naturelle.***
- **Durée de formation :** ***10 ans.***
- **Taille d'entretien :** ***élagage de janvier à février.***
- **Taille de floraison ou de fructification :** ***sans.***
- **Taille possible :** ***sur tige.***
- **Hauteur :** ***5 à 10 m.***
- **Distance de plantation :** ***10 m.***

❶

❷

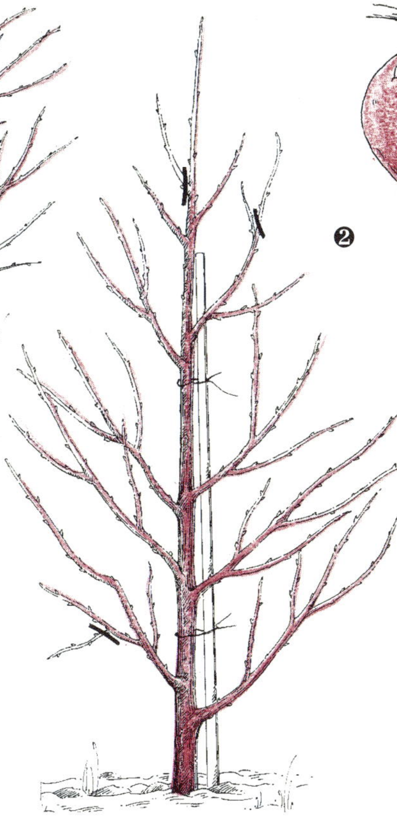

### La taille de formation naturelle

❶ Taillez en novembre les pousses faibles de la base au ras de la tige centrale. Coupez de janvier à février la végétation superflue ou mal placée qui déséquilibre la forme. Veillez à la prédominance de l'axe central.

❷ Taillez toute la végétation en trop, les branches concurrentes à l'axe central et les départs trop fougueux de branches latérales.

❸

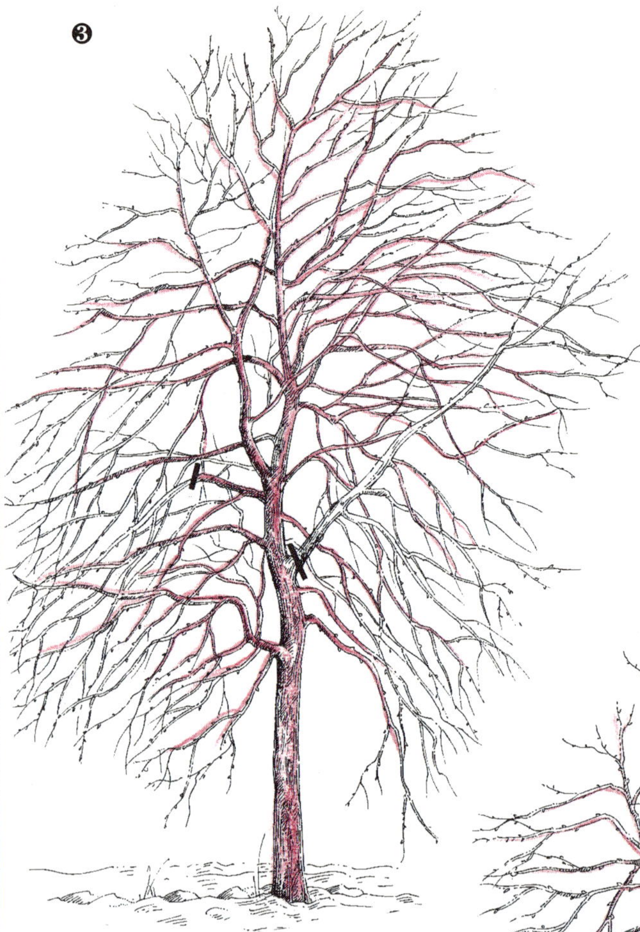

❹

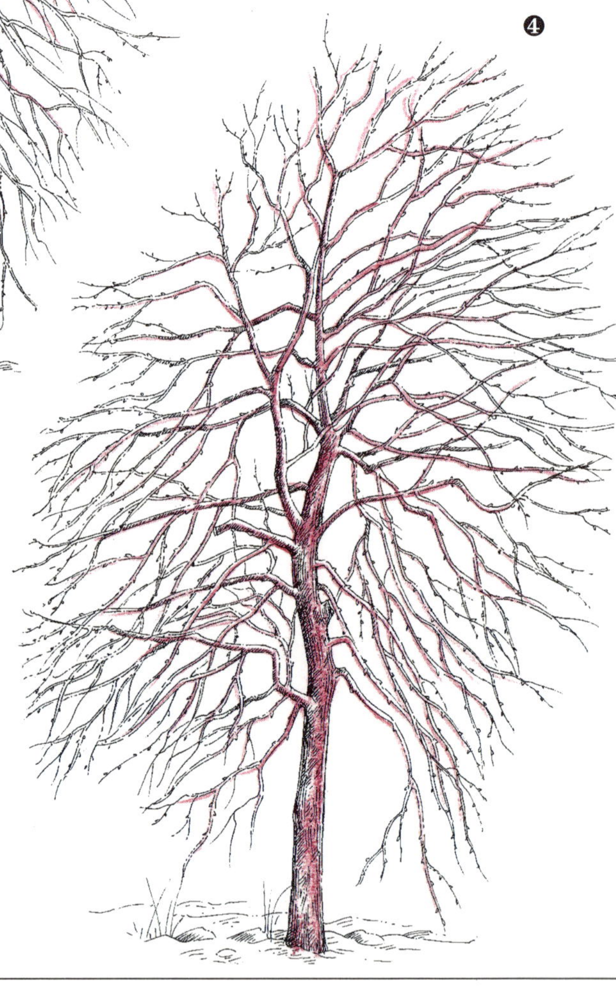

## La taille d'entretien

❸ Évitez la taille, le plaqueminier se régénère mal à partir du vieux bois. Supprimez néanmoins les branches gênantes en les coupant à ras en janvier.

❹ Silhouette du plaqueminier après la suppression des branches déséquilibrant la forme.

❶

Avant

❷

Après

## La taille de formation sur tige (type ovoïde)

❶ et ❷ Taillez les branches les plus basses pour monter le tronc progressivement, rabattez les premières branches hautes pour établir la charpente et forcer la ramification. Maintenez le prolongement de la tige afin que les branches latérales aient toujours environ les 2/3 de la longueur de la tige centrale.

# Platane

*Platanus x acerifolia*

Arbre/Platanacées

*Le platane, trop souvent planté en alignement, mériterait plus de place dans les grands jardins. La transplantation est facile, même sur des sujets âgés. Il est extrêmement rustique, bien qu'il soit de plus en plus souvent attaqué par le chancre coloré, qui tend à le faire disparaître en région méditerranéenne. Il accepte tous les sols, mais il préfère les terres fraîches et profondes. Offrez-lui de la lumière et de l'espace. Son feuillage et son écorce sont caducs.*

- **Taille de formation :** ***sur tige à cime arrondie.***
- **Durée de formation :** ***10 ans.***
- **Taille d'entretien :** ***élagage de novembre à janvier.***
- **Taille de floraison ou de fructification :** ***sans.***
- **Taille possible :** ***à la française.***
- **Hauteur :** ***25 à 35 m.***
- **Distance de plantation :** ***10 à 15 m.***

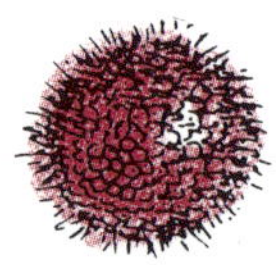

❶

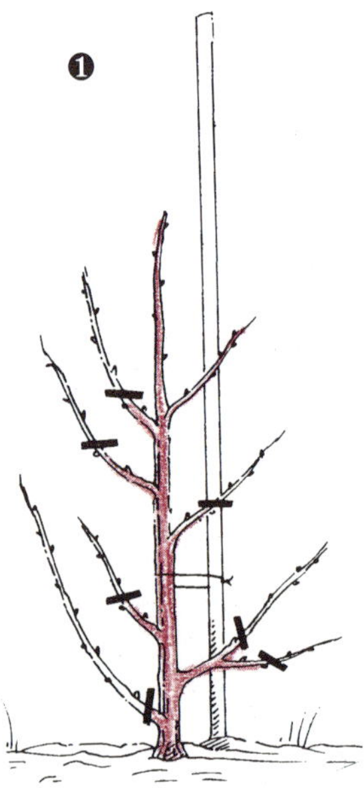

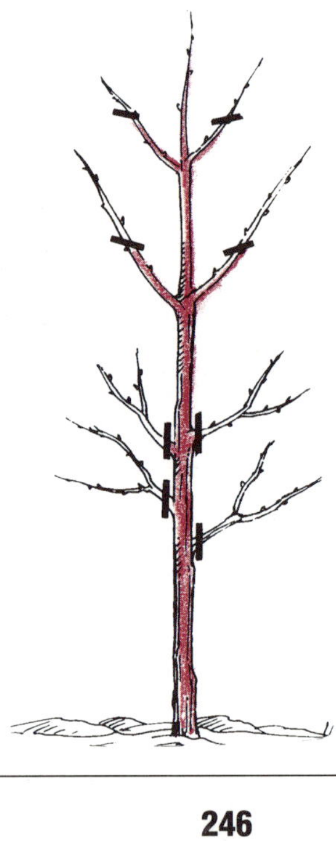

❷

## La taille de formation sur tige à cime arrondie

❶ Les premières années, palissez la flèche centrale au fur et à mesure de son développement. Taillez, de novembre à janvier, les pousses faibles de la base, soit au ras du tronc, soit des 2/3 de leur longueur. Veillez à la prédominance de l'axe central qui forme le tronc en supprimant les bourgeons concurrents.

❷ Par la suite, supprimez le tuteurage. De novembre à janvier, supprimez les branches les plus basses pour monter le tronc progressivement et rabattez les premières branches hautes pour former la charpente.

❸

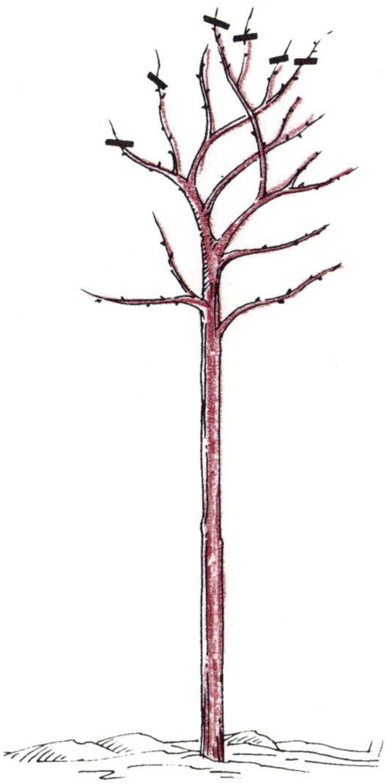

❸ Les années suivantes, maintenez le développement du rameau central pour favoriser l'allongement nécessaire des branches latérales. Coupez, lorsqu'il a atteint la hauteur voulue, le prolongement de la tige, afin de forcer le développement de plusieurs branches bien placées, qui constitueront alors l'ensemble de la charpente. Maintenez l'équilibre nécessaire dans le développement de ces branches, pour la formation régulière de la tête de l'arbre.

❹

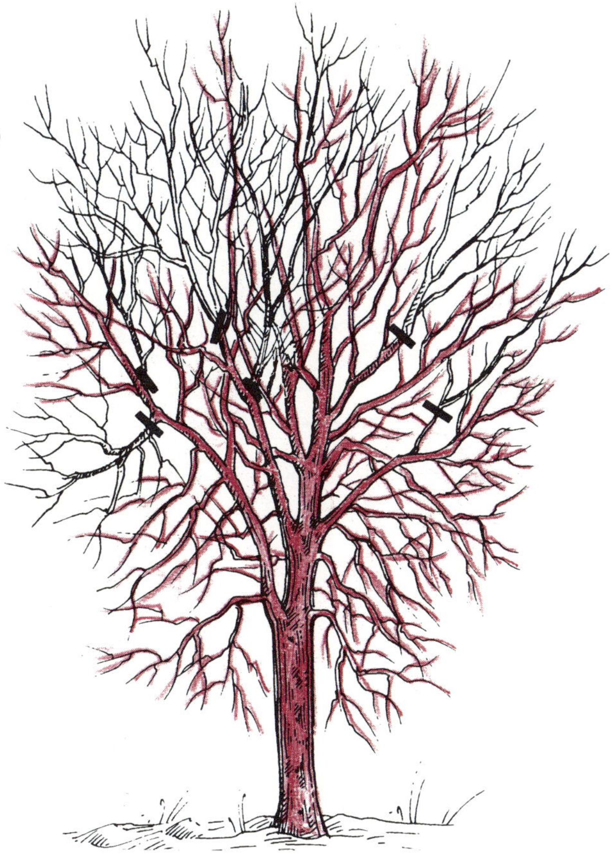

## La taille d'entretien

❹ De croissance très rapide, le platane supporte les tailles bien faites, mais moins bien les élagages sévères. Supprimez dès que possible les grands départs en respectant la forme de l'arbre. L'application de mastic est recommandée.

## La taille à la française

❶ Après les premières années de formation sur tige et dès que l'arbre est suffisamment vigoureux, sélectionnez, dès le mois de novembre, des charpentières et favorisez par une taille légère les ramifications à proximité du tronc.
❷ Laissez s'allonger les charpentières et les ramifications. Ensuite, taillez en janvier définitivement l'arbre à la forme désirée (ci-dessous, une marquise double). Entretenez régulièrement pour maintenir la forme, si possible 1 fois par an, en février-mars.

❶

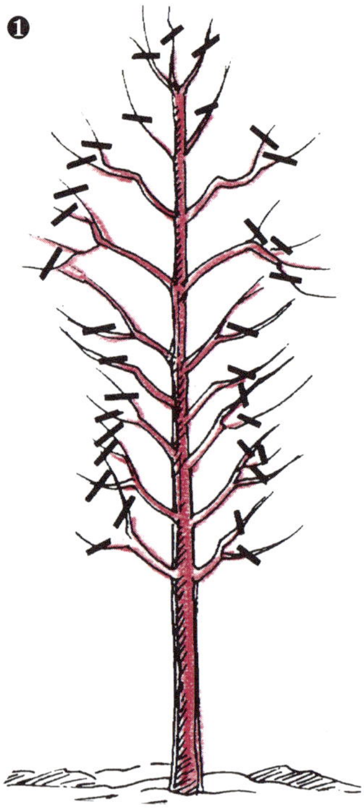

❷

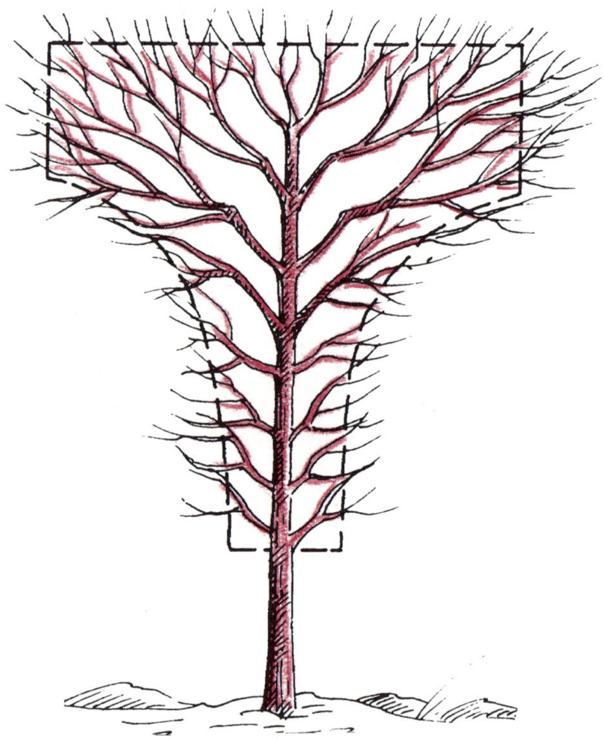

# Pommier d'ornement

**_Malus floribunda_**

Arbre/Rosacées

*Petit arbre originaire du Japon, le pommier d'ornement est l'un des premiers arbres à débourrer au printemps. En mai, il se couvre entièrement de boutons rouge carmin vif. Les fruits de certaines variétés (non comestibles) persistent longtemps en hiver. Son feuillage est caduc. Il accepte tous les sols, mais préfère ceux fertiles et humides, et apprécie une situation ensoleillée. Il faut le planter isolément, car il a tendance à étouffer ses concurrents.*

- **Taille de formation :** ***sur tige à ramure creuse.***
- **Durée de formation :** ***5 à 8 ans.***
- **Taille d'entretien :** ***élagage de novembre à février.***
- **Taille de floraison ou de fructification :** ***sans.***
- **Taille possible :** ***sans.***
- **Hauteur :** ***8 m maximum.***
- **Distance de plantation :** ***10 m.***

❶

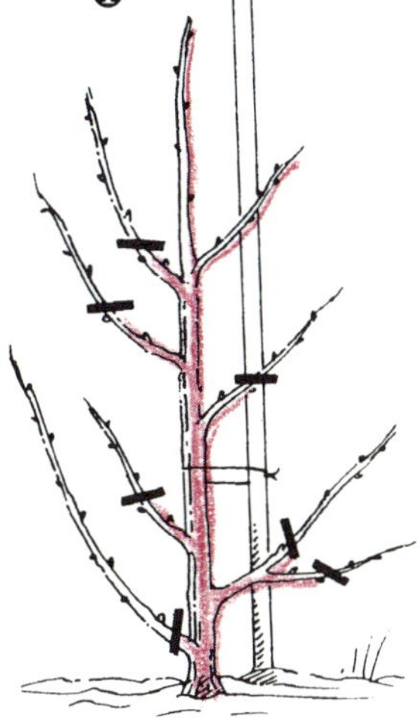

❷

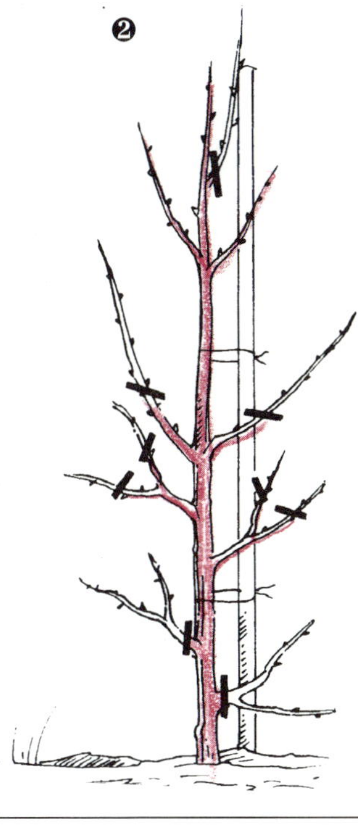

## La taille de formation sur tige à ramure creuse

❶ Les premières années, palissez la flèche centrale au fur et à mesure de son développement. De novembre à février, taillez les pousses faibles de la base. Coupez la végétation superflue ou mal placée qui déséquilibre la forme.

❷ Les années suivantes, veillez à la prédominance de l'axe central qui forme le tronc en supprimant, par des pincements en cours de saison ou par la taille en novembre, les bourgeons concurrents. Taillez durant l'hiver toute la végétation en trop et les départs trop fougueux. Commencez à supprimer les branches les plus basses pour monter le tronc.

❸ Par la suite, durant le repos végétatif, rabattez la flèche et les premières branches hautes, supprimez les branches basses au ras du tronc. Vous pouvez retirer le tuteurage.

❹ Pour achever la formation, établissez une charpente en creux de 5 à 6 branches environ le plus régulièrement espacées. Supprimez, de novembre à février, les pousses trop vigoureuses qui pourraient refaire un axe principal et les branches qui viennent à l'intérieur de la forme.

## La taille d'entretien

❺ Le pommier d'ornement supporte très bien la taille, même sévère, mais enduisez généreusement les grosses plaies de taille de mastic pour éviter la formation de chancres. Intervenez de novembre à février.

❺

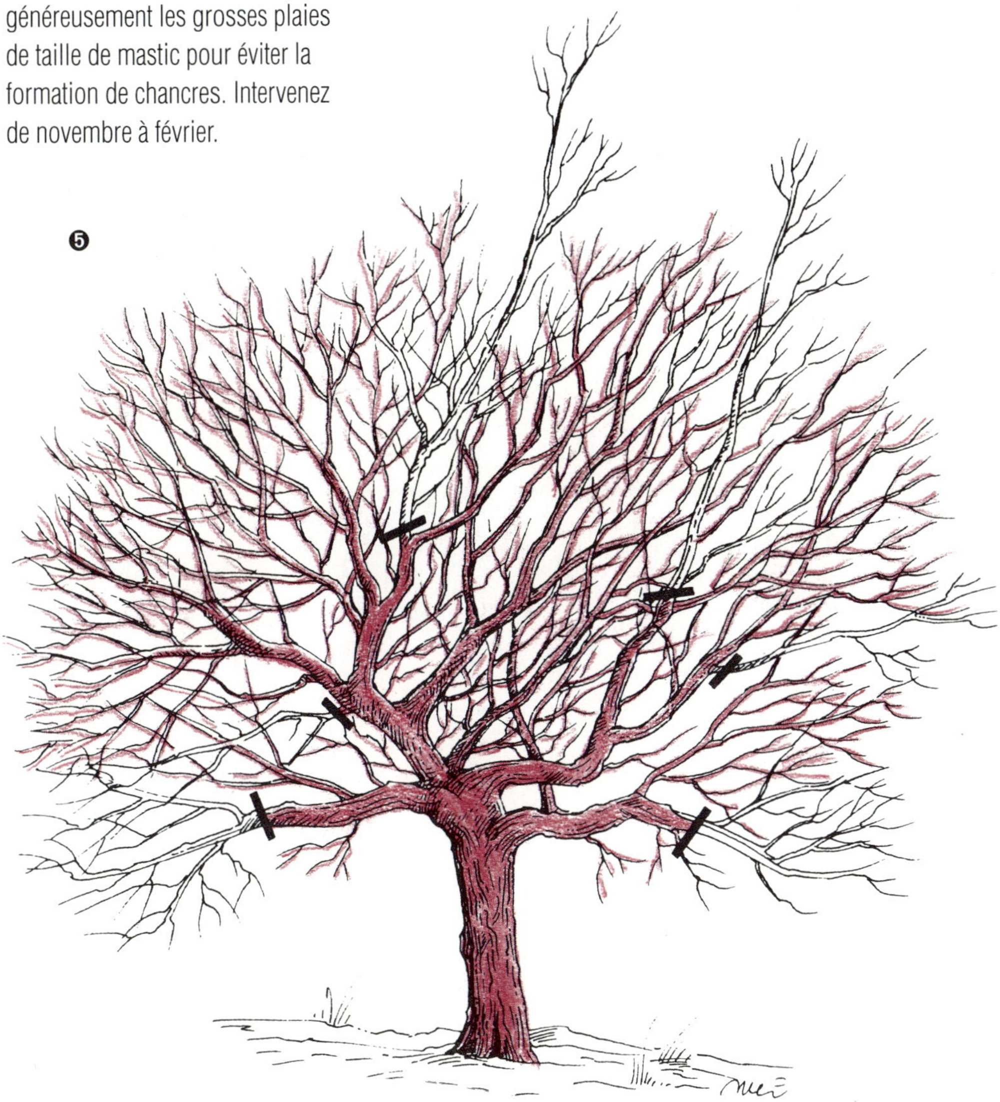

# Potentille

*Potentilla fruticosa*

Arbuste/Rosacées

*La potentille demande un sol léger, bien drainé, et une exposition ensoleillée. Son feuillage est caduc et ses fleurs jaunes s'épanouissent en juillet. Il existe de nombreux hybrides et cultivars à fleurs de couleurs variées allant des différents tons de jaune au blanc, vermillon ou orangé. Plantez-la en devant de massif.*

- **Taille de formation :** ***en touffe buissonnante.***
- **Durée de formation :** ***2 ans.***
- **Taille d'entretien :** ***en mars.***
- **Taille de floraison ou de fructification :** ***sans.***
- **Taille possible : sans**
- **Hauteur :** ***1 m.***
- **Distance de plantation :** ***1 à 1,50 m.***

❶

❷

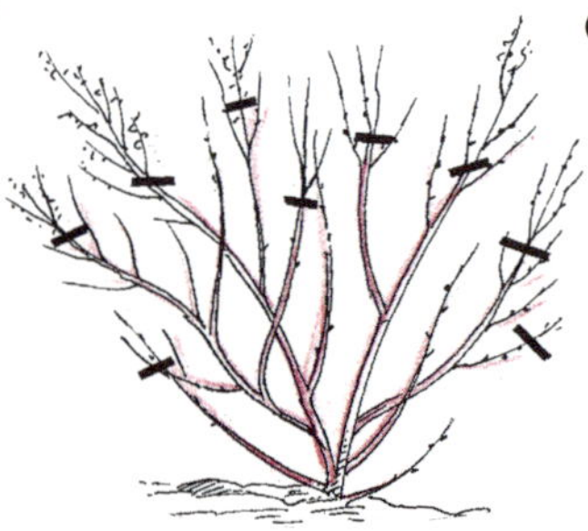

❸

## La taille de formation

### 1re année

❶ A la plantation en motte, de novembre à mars, ne taillez pas, supprimez seulement les rameaux cassés ou endommagés. De nouveaux rameaux naîtront naturellement de la souche.

### 2e année

❷ En mars, raccourcissez seulement sur une vingtaine de centimètres les rameaux ayant fleuri.

## La taille d'entretien

❸ En mars, éclaircissez la touffe en rabattant les branches trop vieilles ou malingres au niveau du sol et raccourcissez les rameaux conservés et ayant fleuri d'une vingtaine de centimètres.

# Prunier pissardi

***Prunus cerasus* 'atropurpurea'**

Arbre/Rosacées

*Très robuste, le prunier pissardi s'accommode de tous les sols et de toutes les situations, même ombragées. C'est un incomparable petit arbre d'ornement, qui embellit agréablement le jardin par son feuillage coloré. Celui-ci est caduc.*

- **Taille de formation :** ***sur tige à ramure creuse.***
- **Durée de formation :** ***5 à 10 ans.***
- **Taille d'entretien :** ***élagage de novembre à février.***
- **Taille de floraison ou de fructification :** ***sans.***
- **Taille possible :** ***en cépée.***
- **Hauteur :** ***6 à 8 m.***
- **Distance de plantation :** ***5 m.***

❶

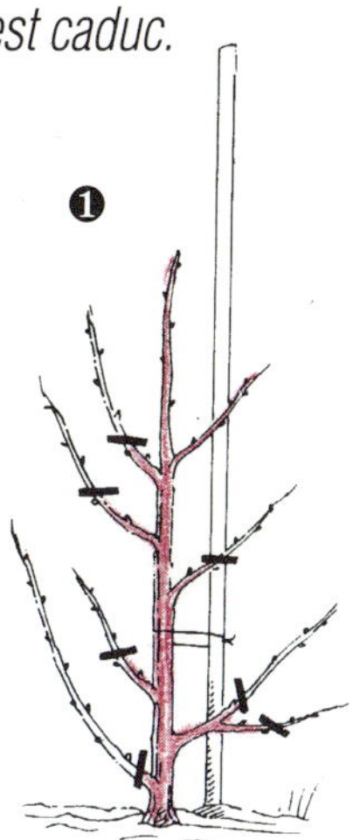

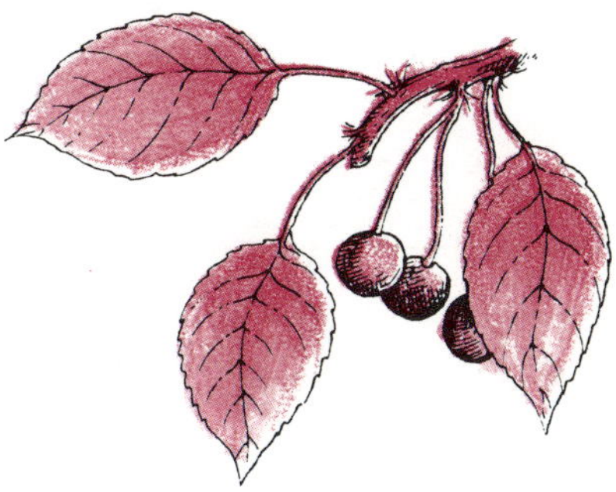

❷

❸

## La taille de formation sur tige à ramure creuse

❶ Les premières années, de juin à septembre, palissez la flèche centrale au fur et à mesure de son développement. En novembre, taillez les pousses faibles de la base et coupez la végétation qui déséquilibre la forme.

❷ Rabattez par la suite, durant le repos végétatif, la flèche et les premières branches hautes, supprimez les branches basses au ras du tronc.

❸ Pour achever la formation, établissez, de novembre à février, une charpente en creux de 5 à 6 branches environ. Supprimez les pousses trop vigoureuses qui pourraient refaire un axe principal, ainsi que les branches qui viennent à l'intérieur de la forme.

❹

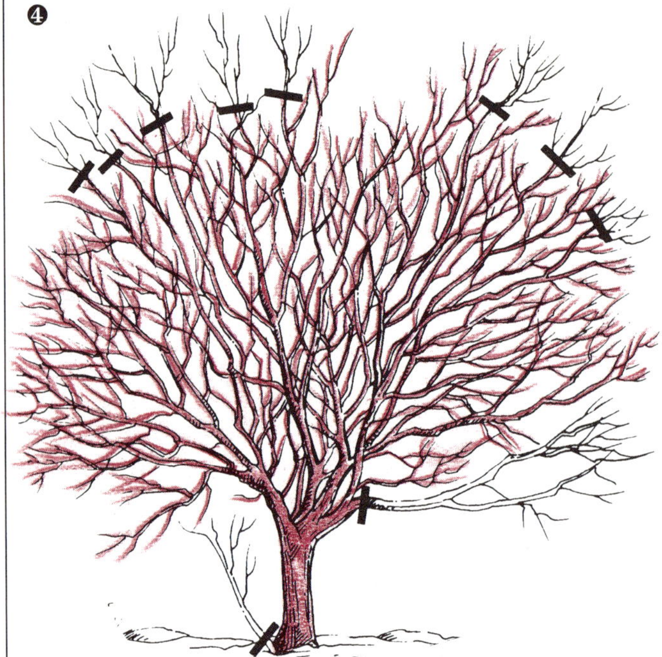

## La taille d'entretien

❹ De croissance rapide, le prunier pissardi supporte bien la taille à condition de bien désinfecter les plaies pour accélérer la cicatrisation. Intervenez pour l'élagage de novembre à février.

❶

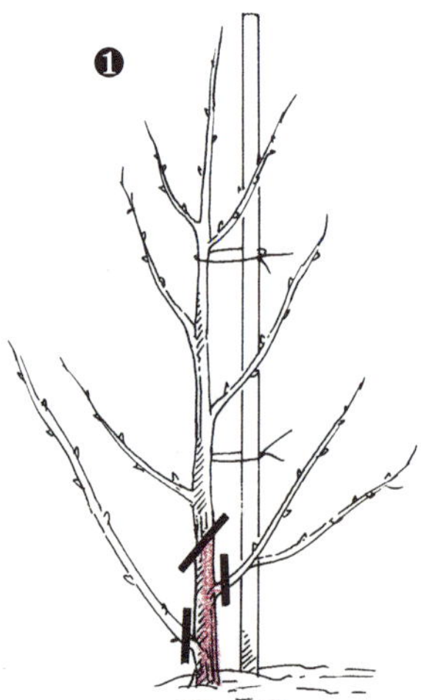

❷

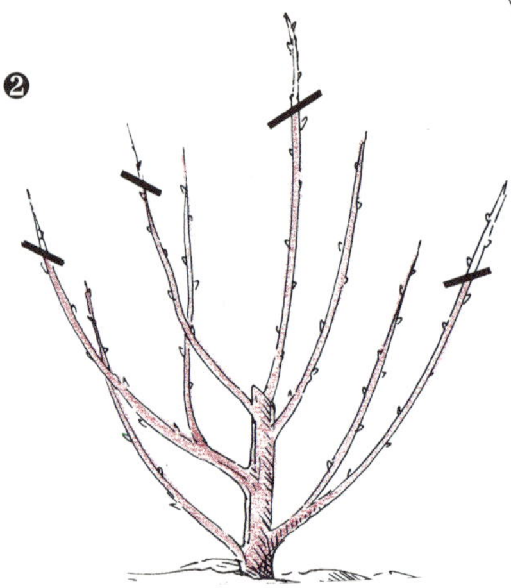

## La taille de formation en cépée

❶ Rabattez en novembre le jeune arbre en supprimant très court le tronc à environ 30 à 50 cm de hauteur.

❷ La taille sévère a fait partir des départs. De novembre à février, épointez très légèrement les plus grands départs (plus sévèrement le plus central) afin de favoriser des ramifications pour étoffer la forme. Les années suivantes, taillez toute la végétation trop fougueuse proche de « l'axe » pour maintenir la forme.

# Prunus triloba

Arbuste/Rosacées

*Le prunus triloba demande un bon sol de jardin pas trop humide et une exposition ensoleillée. Son feuillage est caduc et ses fleurs roses paraissent en mars-avril. Plantez-le en massif.*

- **Taille de formation :** ***en touffe buissonnante.***
- **Durée de formation :** ***2 ans.***
- **Taille d'entretien :** ***après la floraison.***
- **Taille de floraison ou de fructification :** ***dès la défloraison en avril.***
- **Taille possible :** ***sans.***
- **Hauteur :** ***1,50 à 2 m.***
- **Distance de plantation :** ***1,50 m.***

❶

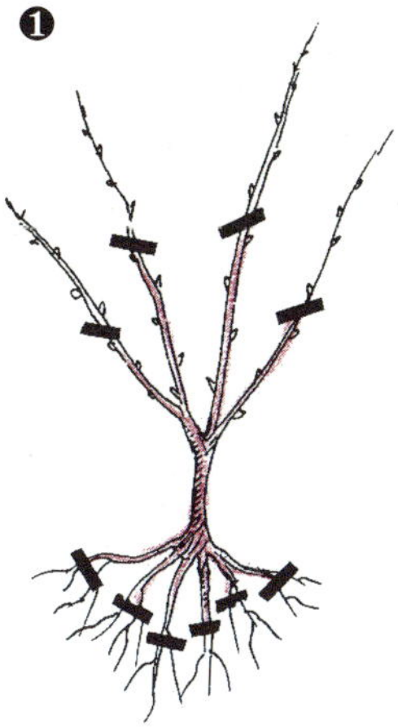

❷

❸

**Avant** **Après**

## La taille de formation

### 1re année

❶ A la plantation, habillez les racines et taillez les branches de moitié sur un œil extérieur.

### 2e année

❷ Après la floraison, fin mars-début avril, rabattez les rameaux ayant fleuri sur des jeunes pousses situées plus bas et dirigées vers l'extérieur de la touffe. Taillez de moitié les pousses issues de la base.

## La taille d'entretien

❸ Après la floraison, taillez les rameaux défleuris en revenant sur de jeunes pousses ou de jeunes bourgeons situés plus bas. Supprimez le bois mort, les branches âgées et grêles.

# Rhododendron hybride

*Rhododendron*

Arbuste/Éricacées

*Le rhododendron ne supporte pas le calcaire et réclame une terre acide, d'un pH de 4,5 à 5,2, légère, fraîche et humifère. Si ce sol fait défaut, il faut le planter en terre de bruyère. Il demande une exposition ombragée, au nord ou nord-ouest. Son feuillage est persistant. Il existe de nombreuses espèces, hybrides et cultivars, qui offrent une gamme de hauteurs et de coloris de fleurs étendue. La floraison a lieu de mars à juillet suivant les variétés. Plantez-le en isolé ou en massif.*

- **Taille de formation :** ***en touffe buissonnante.***
- **Durée de formation :** ***2 à 3 ans.***
- **Taille d'entretien :** ***déconseillée, recépage des plantes dégarnies.***
- **Taille de floraison ou de fructification :** ***cueillette des fleurs fanées.***
- **Taille possible : sans**
- **Hauteur :** ***1,50 à 2,50 m, plus en situation naturelle.***
- **Distance de plantation :** ***1,50 à 2 m.***

❶

❷

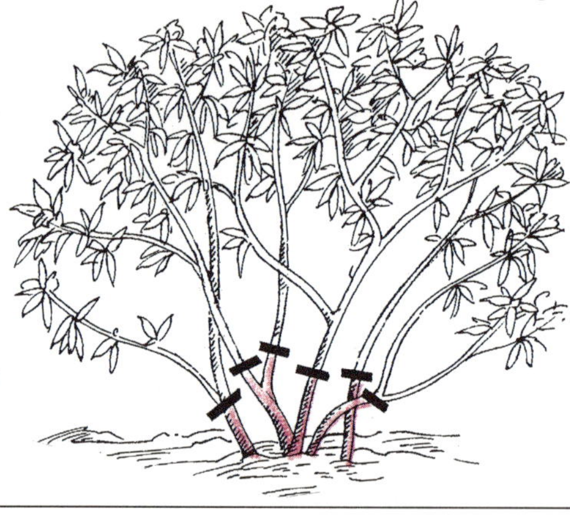

**Rabattez les charpentières au-dessus d'un nœud ou d'un bourgeon apparent**

## La taille de formation

Les premières années, laissez l'arbuste prendre sa forme naturelle. Taillez simplement les branches endommagées et celles risquant de déséquilibrer la touffe.

## La taille d'entretien

❶ Le rhododendron ne se taille pratiquement pas. Coupez simplement le bois mort. Après la floraison, supprimez à la main les fleurs fanées pour éviter la formation de graines qui nuiraient à la formation des boutons floraux.

❷ Si un sujet devient inesthétique, rabattez les branches charpentières, en mars, à 20-30 cm du sol. Au printemps suivant, sélectionnez les rameaux bien placés et vigoureux.

# Rhodotypos

***Rhodotypos scandens***

Arbuste/Rosacées

*Le rhodotypos se contente d'un bon sol de jardin bien drainé et d'une exposition ensoleillée ou mi-ombragée. Son feuillage est caduc. Ses grandes fleurs blanches s'épanouissent de juin à juillet et ses fruits globuleux noirs et brillants sont persistants durant l'hiver. Plantez-le en massif.*

- **Taille de formation :** ***en touffe buissonnante.***
- **Durée de formation :** ***2 ans.***
- **Taille d'entretien :** ***en mars.***
- **Taille de floraison ou de fructification :** ***sans.***
- **Taille possible :** ***sans.***
- **Hauteur :** ***1,50 à 2,50 m.***
- **Distance de plantation :** ***1,50 à 2 m.***

❶

❷

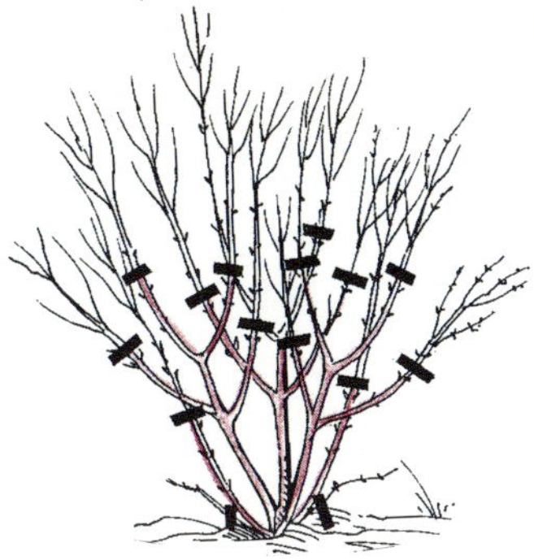

❸

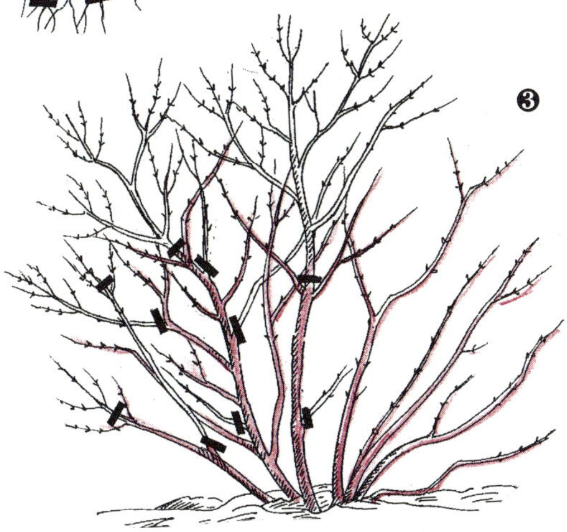

**Avant** **Après**

## La taille de formation

### 1e année

❶ A la plantation, de novembre à mars, habillez les racines si l'arbuste est livré à racines nues et taillez les branches des 2/3.

### 2e année

❷ En mars, taillez les rameaux obtenus des 2/3. Supprimez les pousses gênantes se dirigeant vers l'intérieur de la touffe. Taillez de moitié les rameaux issus de la base. Supprimez les pousses grêles.

## La taille d'entretien

❸ En mars, rabattez les branches ayant fleuri sur de jeunes rameaux situés plus bas afin d'éviter que l'arbuste ne se dégarnisse de la base. Coupez le bois mort, les pousses grêles et celles encombrant l'intérieur.

# Romarin

***Rosmarinus officinalis***

Arbrisseau/Labiées

*Le romarin préfère les sols siliceux, secs et chauds, et une exposition ensoleillée. Son feuillage est persistant et ses petites fleurs bleues paraissent en mai. Plantez-le en devant de massif, en rocaille ou en petite haie.*

- **Taille de formation :** ***en touffe buissonnante.***
- **Durée de formation :** ***2 ans.***
- **Taille d'entretien :** ***après la floraison.***
- **Taille de floraison ou de fructification :** ***après la floraison fin mai.***
- **Taille possible :** ***en haie basse.***
- **Hauteur :** ***1 à 1,50 m.***
- **Distance de plantation :** ***1 m (en haie 0,50 m).***

❶

❷

❸

## La taille de formation

### 1re année

❶ A la plantation, taillez les branches des 2/3 environ pour obtenir de nombreux rameaux le plus près possible du sol. La floraison est sacrifiée.

### 2e année

❷ En mars, de nombreaux rameaux ont poussé. Ne taillez pas.

## La taille d'entretien

❸ Les premières années, la taille n'est pas nécessaire. Lorsque l'arbuste devient trop déséquilibré ou si des branches deviennent moins florifères, effectuez une légère taille de rajeunissement. Supprimez les plus vieilles branches et le bois mort.

# Rosier

***Rosa***

Arbuste/Rosacées

*Les rosiers demandent une exposition ensoleillée et un sol argilo-siliceux perméable et frais en profondeur. En terrain calcaire, leur feuillage jaunit (chlorose). Les feuilles sont caduques ou persistantes et la floraison a lieu de mai à l'automne suivant les variétés.*

- **Taille de formation :** ***en touffe buissonnante, grimpant, pleureur.***
- **Durée de formation :** ***1 an, 2 ans et plus pour les grimpants.***
- **Taille d'entretien :** ***en mars pour les espèces remontantes, après la floraison pour les rosiers non-remontants.***
- **Taille de floraison ou de fructification :** ***coupe des fleurs fanées après la floraison.***
- **Tailles possibles :** ***sur tige, palissé, en haie.***
- **Hauteur :**
  ***buissons : moins de 1,20 m ;***
  ***arbustes : 1 à 2 m ;***
  ***grimpants : 5 à 6 m ;***
  ***greffés sur tige : 0,90 à 1,20 m (jusqu'à 1,80 m pour les pleureurs) ;***
  ***miniatures : 15 à 30 cm.***
- **Distance de plantation :**
  ***buissons : 40 à 60 cm ;***
  ***tiges : 1,50 à 2 m ;***
  ***grimpants : 3 m et plus.***

## Conseils généraux pour bien tailler les rosiers

❶ Effectuez les coupes avec un sécateur bien affûté, à 5 mm au-dessus d'un œil, de préférence orienté vers l'extérieur de la plante. En taillant trop près de l'œil, vous risquez de l'endommager, et en coupant trop haut, vous laissez un « chicot » qui se desséchera.

❶

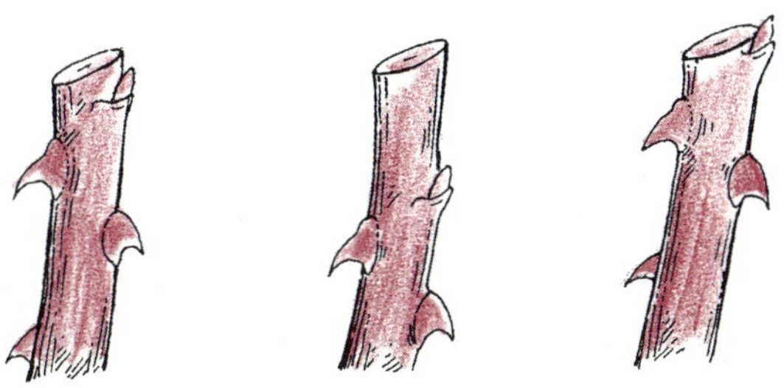

**Bonne coupe** **Coupe trop longue** **Coupe trop courte**

❷

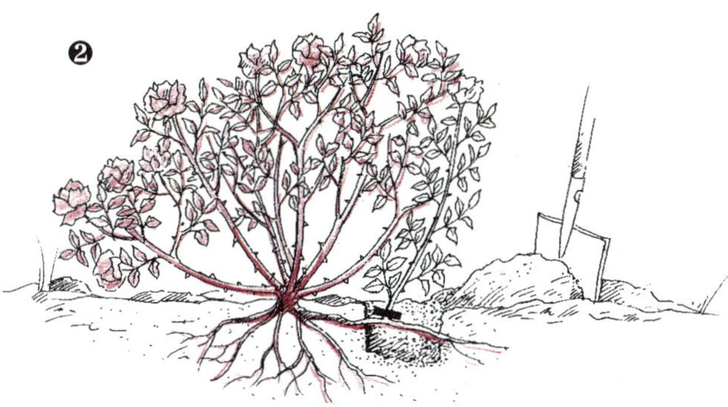

Éliminez dès qu'ils apparaissent les gourmands issus du porte-greffe.

❷ Pour les rosiers buissons, dégagez la terre au pied et coupez l'intrus à son point de départ sur la racine.

Suppression des rejets
du porte-greffe sur un rosier tige

❸ Sur les rosiers tiges, coupez au ras du tronc. Les gourmands sont facilement identifiables. Leur feuillage est plus fin et plus clair, composé de nombreuses folioles, et les épines sont plus fines et très serrées.

Palissez les branches des rosiers grimpants avec du raphia naturel ou synthétique, mais sans trop serrer pour éviter de provoquer des étranglements. En règle générale, les rosiers vigoureux peuvent être taillés plus long que les faibles. Les branches fortes doivent être coupées à 4 ou 5 yeux et les faibles à 2 ou 3 yeux.

## La taille de formation

Plantez les rosiers de novembre à fin-mars. S'ils sont livrés à racines nues, habillez les racines avant de planter et arrosez. Ne taillez pas les branches juste après la plantation, sauf si vous plantez en mars et que des gelées tardives ne sont plus à craindre. Coupez simplement le bois mort et éliminez les branches cassées ou endommagées. Buttez les rosiers avec de la terre fine ou de la tourbe pour protéger les branches du froid et du dessèchement dû au vent. Mi-mars, taillez les branches pour former la plante et assurer la reprise.

## La taille d'entretien

Ne taillez pas les rosiers trop tôt. Une taille précoce en fin d'automne ou en décembre-janvier provoquera le démarrage de la végétation si l'hiver est clément et les jeunes bourgeons pourront alors être endommagés par des gelées tardives. La meilleure époque de taille se situe à partir du 15 mars en région parisienne, environ 3 semaines avant dans le Midi et 15 jours plus tard dans les régions plus froides, sauf pour les rosiers non-remontants qui doivent être taillés après la floraison en juin-juillet et début août suivant les variétés. Si des jeunes pousses sont endommagées par le gel, supprimez-les en taillant au-dessus d'un œil non encore évolué (œil dormant) situé plus bas.

## La coupe des fleurs fanées

❹ Supprimez au fur et à mesure de la floraison les fleurs fanées en coupant la tige au-dessus de la première feuille bien formée possédant à son aisselle un bourgeon bien gonflé. Vous favoriserez ainsi la floraison des boutons en attente et la deuxième floraison des rosiers remontants. Conservez en revanche les fleurs sur les rosiers cultivés pour leur floraison, mais aussi pour leur fructification.

❹

## Le nettoyage d'automne

En fin de saison, supprimez le bois mort, les fruits restants et les dernières fleurs fanées et réduisez éventuellement les branches de moitié pour rendre les plantations plus esthétiques.

# Les rosiers nains à grandes fleurs (polyanthas et floribundas) et les rosiers tiges

❶

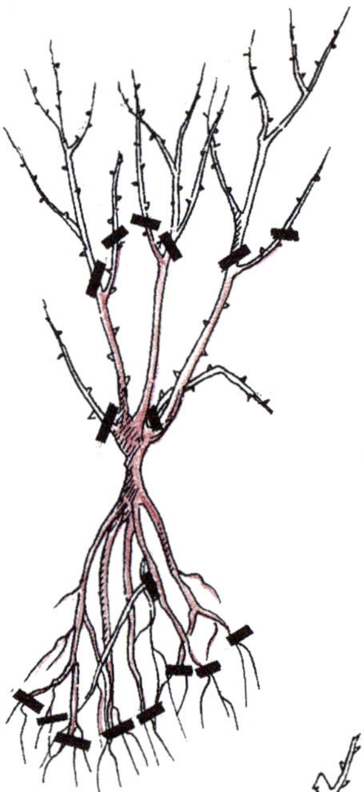

❷

## La taille de formation

### 1re année

❶ et ❷ A la plantation, de novembre à mars, habillez les racines et taillez les branches des 2/3. En mars, taillez court. Conservez seulement 3 ou 4 branches. Supprimez le bois mort et les branches se dirigeant vers l'intérieur. Taillez celles conservées au-dessus de 2 ou 3 yeux à partir de la base, l'œil supérieur orienté vers l'extérieur. En été, coupez les fleurs fanées, et en automne, la fructification restante. Diminuez éventuellement les branches de moitié.

❸

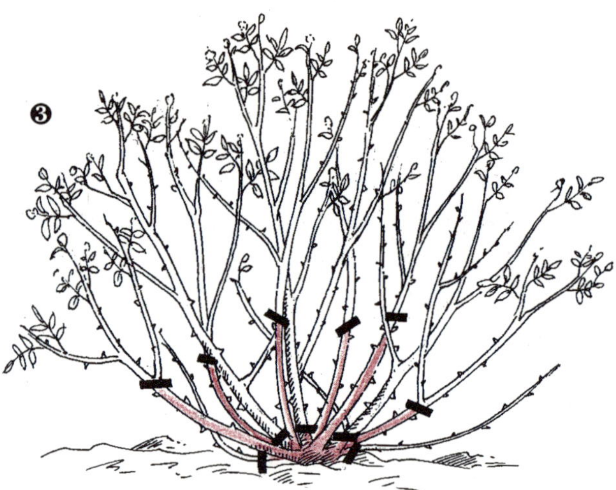

## La taille d'entretien

### 2e année et suivantes

❸ Lorsque les gelées ne sont plus à craindre, que les jeunes pousses à l'extrémité des branches mesurent 2 à 3 cm de longueur et que les yeux de la base n'ont pas encore démarré, taillez au-dessus de 2 ou 3 yeux les variétés faibles et à 4 ou 5 yeux les variétés vigoureuses. Ne conservez que 6 ou 7 branches. Supprimez le bois mort, les pousses grêles et les branches se dirigeant vers l'intérieur. Supprimez de préférence les plus vieilles branches. En été et à l'automne, supprimez les gourmands issus du porte-greffe.

# Les rosiers arbustes

❶

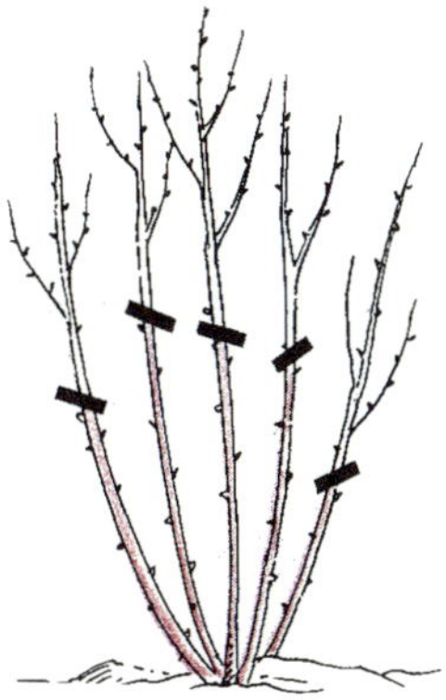

## La taille de formation

### 1re année

❶ A la plantation, de novembre à fin-mars, habillez les racines si le rosier est livré à racines nues et supprimez les rameaux cassés. En mars, taillez les branches d'un tiers. En été, supprimez les fleurs fanées, sauf si la fructification présente un intérêt décoratif. A l'automne, supprimez le reste des fleurs fanées et de la fructification.

❷

## La taille d'entretien

### 2e et 3e années

❷ En mars, supprimez le bois mort et les pousses grêles du centre. Taillez les branches principales des 2/3 et les autres d'un tiers au-dessus d'un œil extérieur pour favoriser la future floraison. En été, supprimez les fleurs fanées et, en automne, effectuez un nettoyage.

### 4e année et suivantes

❸ En mars, coupez au ras du sol 1 ou 2 branches maîtresses sur lesquelles la floraison est moins abondante. Taillez d'un tiers les pousses nées l'année précédente. Taillez les branches principales des 2/3 et les autres d'un tiers au-dessus d'un œil extérieur. Supprimez le bois mort et les poussses grêles. En été, et à l'automne, continuez les opérations de l'année précédente. Surveillez l'apparition des gourmands issus du porte-greffe.

❸

# Les rosiers grimpants remontants

❶

❷

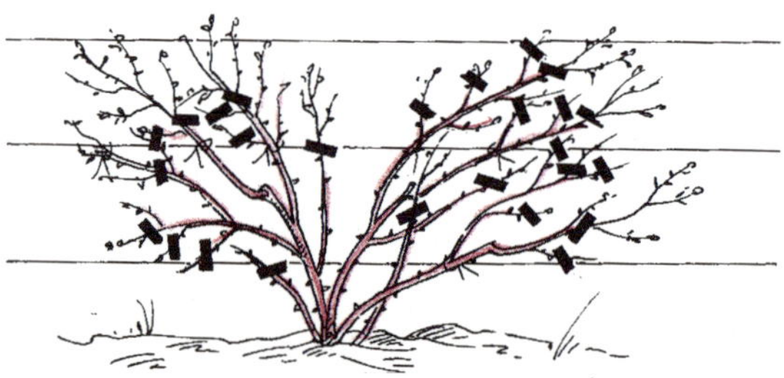

❸

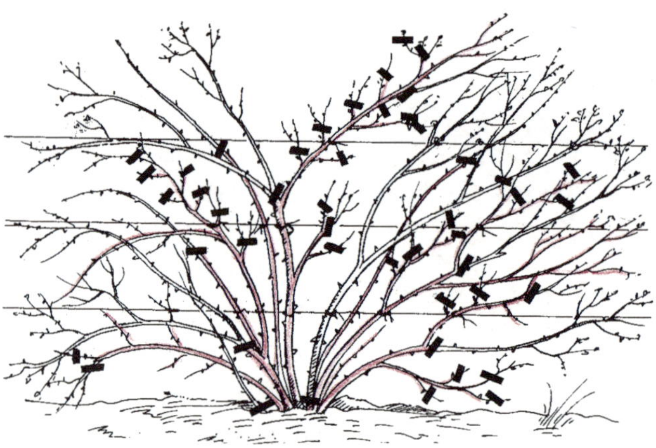

## La taille de formation

### 1re année

❶ A la plantation, habillez les racines et supprimez les rameaux cassés. Taillez pour ne conserver que 2 ou 3 belles branches de 40 à 50 cm. Palissez-les.

En cours de végétation, palissez les nouvelles branches latérales. Supprimez les fleurs fanées.

### 2e année

❷ Réduisez les branches principales d'un tiers et palissez-les. Taillez les rameaux latéraux ayant fleuri à 2 ou 3 yeux pour les faibles ou à 4 ou 5 yeux pour les plus vigoureux. Poursuivez les opérations d'été.

### 3e et 4e années

Opérez de la même façon en continuant de palisser les branches les plus vigoureuses à 45° ou à l'horizontale, ce qui les oblige à se ramifier et évite un dégarnissage de la base. En été, supprimez les fleurs fanées et les gourmands issus du porte-greffe.

## La taille d'entretien

❸ Supprimez une ou plusieurs vieilles branches. Taillez l'extrémité des branches principales et des remplacements d'un tiers et palissez-les. Taillez les rameaux latéraux ayant fleuri. Supprimez le bois mort et les pousses trop grêles. En été, poursuivez les opérations habituelles.

# Les rosiers grimpants non remontants

❶

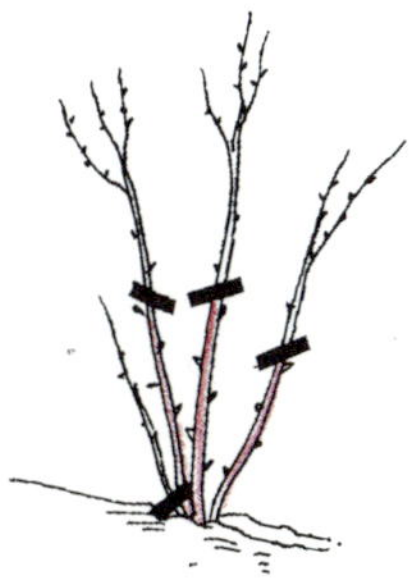

❷

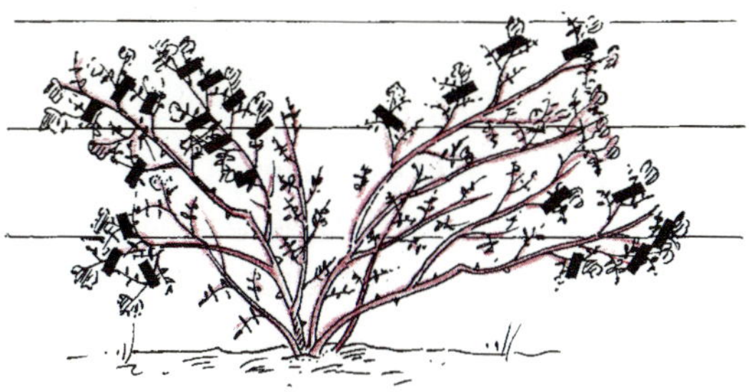

❸

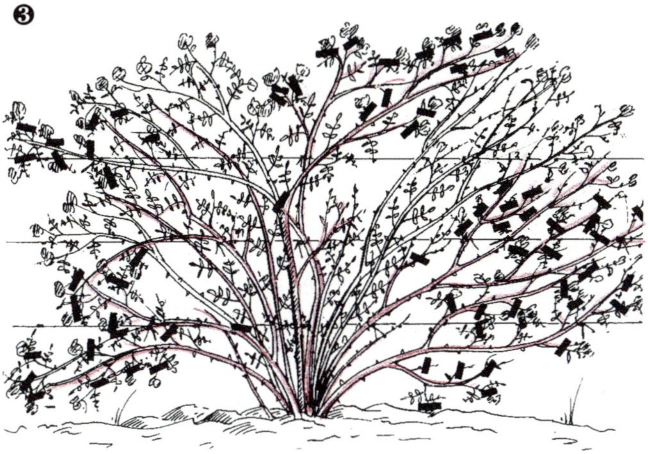

## La taille de formation

### 1re année

❶ A la plantation, de novembre à fin mars, habillez les racines des rosiers livrés à racines nues et supprimez les rameaux cassés. Taillez pour ne conserver que 2 ou 3 belles branches de 40 à 50 cm de longueur. Palissez-les en les arquant. Dans le cas des rosiers sur portique, colonne ou pergola, taillez les branches à différentes hauteurs pour étager les ramifications, palissez-les.
En cours de végétation, palissez les rameaux vigoureux qui se développent sur les branches conservées et à partir de la base.

### 2e année

Au printemps, ne taillez pas.
❷ Après la floraison, taillez les pousses latérales ayant fleuri à 2 ou 3 feuilles. Palissez les nouveaux rameaux.

## La taille d'entretien

❸ Après la floraison, en juillet-août, et dès que les rameaux s'étant développés la saison précédente sont suffisamment nombreux, supprimez une partie des vieilles branches portant la floraison. Taillez les pousses latérales sur celles conservées à 2 ou 3 feuilles. Palissez les branches conservées et les jeunes rameaux. Supprimez le bois mort et les gourmands issus du porte-greffe.

# Les rosiers miniatures

❶

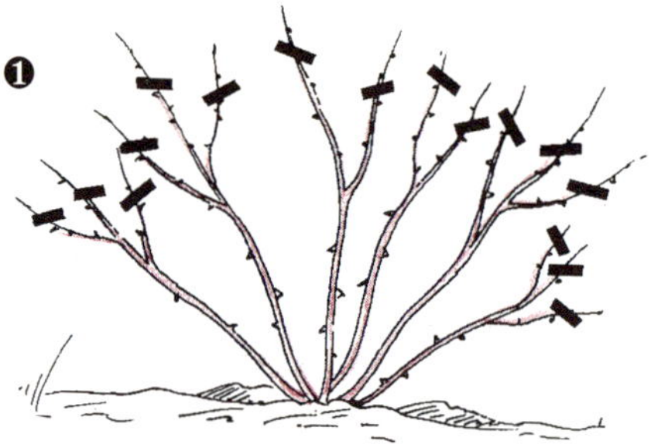

## La taille de formation

**1re année**

❶ A la plantation, de novembre à mars, habillez les racines des rosiers livrés à racines nues. Supprimez le bois mort, les rameaux endommagés et ceux orientés vers le centre de la touffe. En mars, taillez de 2 à 3 cm l'extrémité des rameaux au-dessus d'un œil extérieur. En été, supprimez les fleurs fanées.

❷

## La taille d'entretien

**2e année et suivantes**

❷ En mars, supprimez le bois mort. Éclaircissez la touffe en supprimant les plus vieilles branches trop ramifiées. Taillez celles conservées de 2 à 3 cm au-dessus d'un œil extérieur.

# Les rosiers pleureurs

## La taille de formation et la taille d'entretien

A la plantation, de novembre à fin mars, installez une armature parapluie et habillez les racines si le rosier est livré à racines nues. Conservez 3 branches et taillez-les à 40-50 cm de longueur. Palissez-les sur l'armature. Pendant la saison, palissez les pousses vigoureuses apparaissant sur les branches taillées. Les rosiers pleureurs sont le plus souvent des non-remontants, il faut donc les tailler après la floraison. Pour les remontants, taillez en mars. Les tailles de formation et d'entretien sont analogues à celles des rosiers grimpants. Les branches les plus âgées peuvent être supprimées et remplacées par des rameaux plus jeunes palissés à leur place. Pour obtenir le plus bel effet, il vous faut essayer de conserver de longs rameaux retombant jusqu'au sol. Les pousses latérales ayant fleuri sont taillées à 2 ou 3 yeux.

# Saule

## (Osier jaune)

***Salix alba***

Arbrisseau/Salicacées

*Ce saule doit être planté dans un sol humide et en exposition ensoleillée. L'osier jaune est utilisé par les jardiniers pour palisser les arbres en espalier. Son feuillage est caduc. Plantez-le en massif ou en bordure d'une pièce d'eau.*

- **Taille de formation :** ***touffe buissonnante devenant un petit arbre en vieillissant.***
- **Durée de formation :** ***2 ans.***
- **Taille d'entretien :** ***taille sévère en février.***
- **Taille de floraison ou de fructification :** ***sans.***
- **Taille possible :** ***sans.***
- **Hauteur :** ***4 m.***
- **Distance de plantation :** ***2 à 2,50 m.***

❶

❷

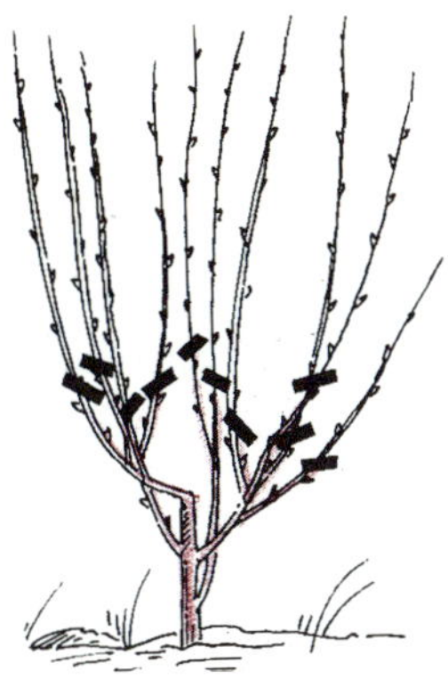

❸

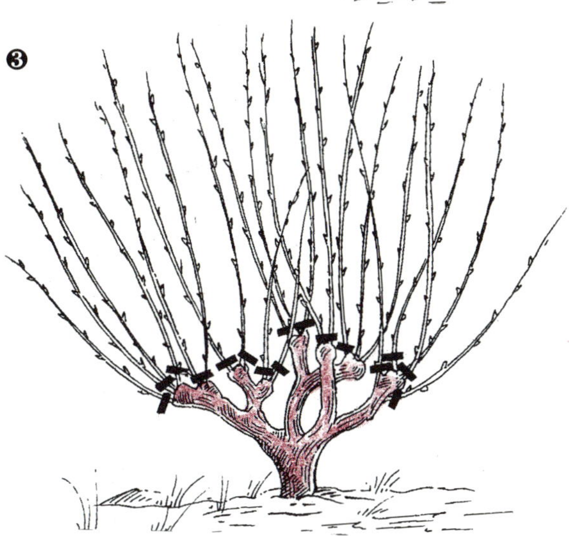

## La taille de formation

### 1^re^ année

❶ Après la mise en place d'une bouture racinée, de novembre à mars, taillez les rameaux des 2/3 pour obtenir des ramifications.

### 2^e^ année

❷ Taillez les rameaux issus des branches taillées l'année précédente à 2 yeux. Taillez les rameaux issus des parties basses des 2/3.

## La taille d'entretien

❸ Rabattez chaque année pendant l'hiver les rameaux de l'année au ras des branches charpentières. Utilisez les rameaux coupés pour le palissage de vos cultures fruitières.

# Saule pleureur

***Salix babylonica***

Arbre/Salicacées

*Le saule pleureur, arbre très robuste, se plaît dans les sols frais et humides, mais il ne craint pas pour autant les sols secs. Il est facile de le maintenir en têtard. Ses rameaux deviennent démesurément longs et souples. D'abord vert pâle, puis vert jaunâtre, ils passent au brun avec l'âge. Son feuillage est caduc.*

- **Taille de formation :** ***type pleureur.***
- **Durée de formation :** ***5 à 10 ans.***
- **Taille d'entretien :** ***élagage de novembre à février.***
- **Taille de floraison ou de fructification :** ***sans.***
- **Taille possible :** ***sans.***
- **Hauteur :** ***10 à 15 m.***
- **Distance de plantation :** ***20 m.***

❶

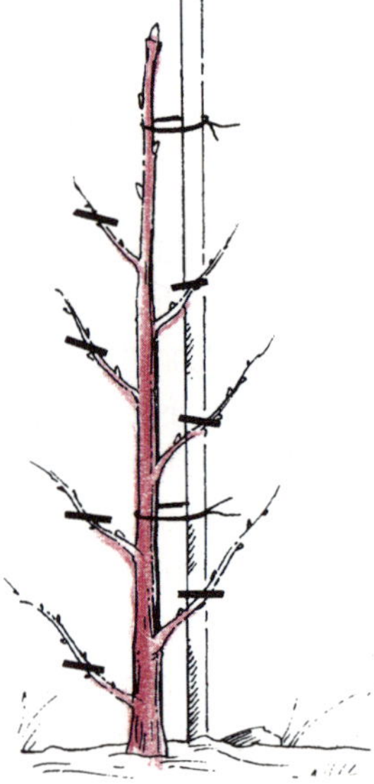

❷

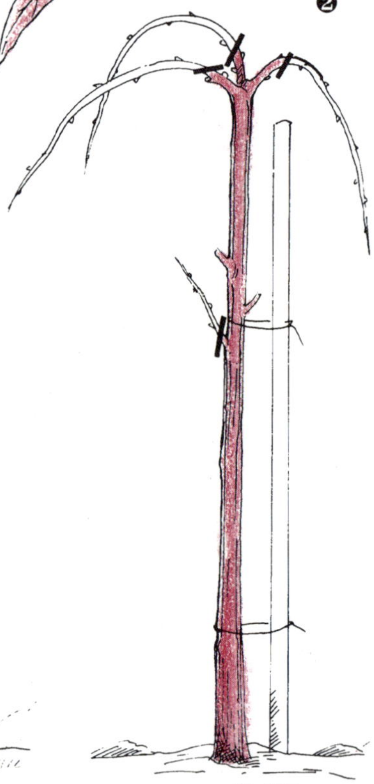

## La taille de formation

❶ Dès la première année suivant la plantation, surveillez que l'axe central ait la prédominance. Supprimez, en février-mars, les pousses latérales qui se sont développées. Palissez la flèche centrale en cours de végétation.

❷ Par la suite, à la même époque de l'année, coupez la végétation superflue ou mal placée qui déséquilibre la forme. Les branches se courbent vers le sol, rabattez la flèche à 2 ou 3 yeux pour renforcer cette tendance naturelle. Si l'arbre ne développe pas spontanément de pousse terminale, accolez au tuteur la pousse centrale la plus longue. Continuez à rabattre chaque année les pousses jusqu'à ce que l'arbre ait atteint la hauteur souhaitée.

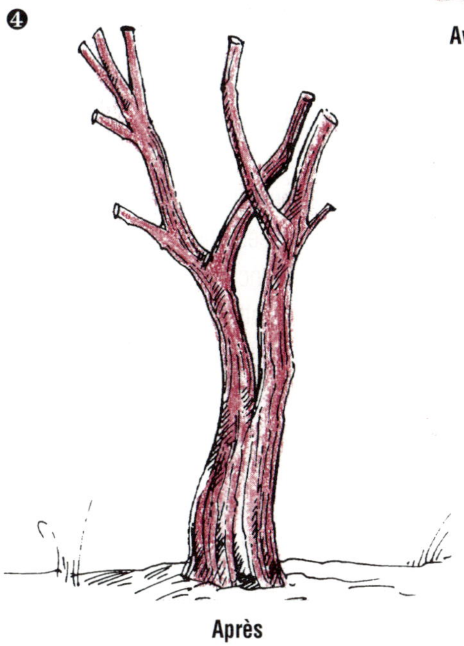

## La taille d'entretien

❸ et ❹ Pour maintenir le saule pleureur en têtard, rabattez, de novembre à février, le tronc à 3 ou 5 m du sol en effectuant des coupes régulières, tous les 2 ans ou tous les 8 ans environ selon l'effet recherché. Ces élagages, qui sont sans problème, nuisent cependant à la beauté naturelle de l'arbre. Sur les arbres greffés, éliminez les rejets du porte-greffe qui pourraient apparaître.

# Savonnier

***Kœlreuteria paniculata***

Arbre/Sapindacées

*Le savonnier est un petit arbre, aux fruits spectaculaires (présents en été et durant tout l'automne) en forme de petites lanternes, qui passent de loin pour une floraison. Son feuillage est caduc. Il convient bien aux zones urbaines, car il supporte la pollution, ainsi que la sécheresse.*

- **Taille de formation :** ***sur tige (type ovoïde).***
- **Durée de formation :** ***5 à 10 ans.***
- **Taille d'entretien :** ***élagage de novembre à janvier.***
- **Taille de floraison ou de fructification :** ***sans.***
- **Taille possible :** ***en cépée.***
- **Hauteur :** ***8 à 10 m.***
- **Distance de plantation :** ***5 à 10 m.***

❶

❷

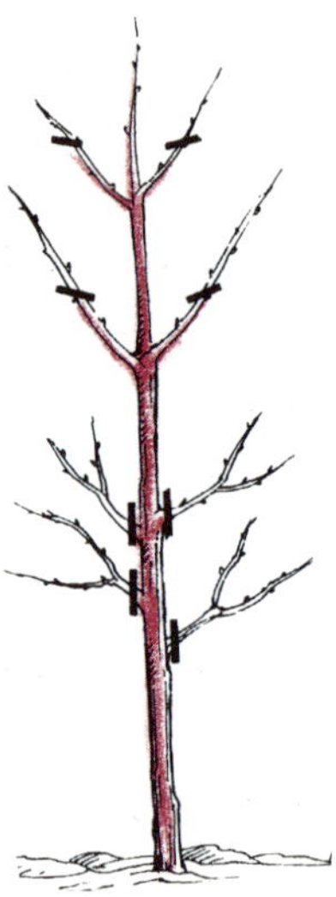

❸

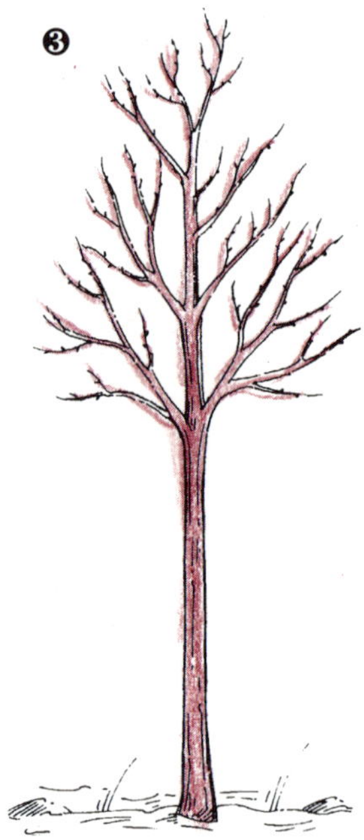

## La taille de formation sur tige (type ovoïde)

❶ Les premières années, palissez la flèche centrale. Taillez, en septembre, les pousses faibles. Veillez à la prédominance de l'axe central en supprimant les bourgeons concurrents.

❷ et ❸ Par la suite, supprimez les branches les plus basses pour monter le tronc progressivement. Rabattez les premières branches hautes pour établir la charpente. Les branches inférieures devront être taillées en décembre pour forcer la ramification nécessaire, qui devra être maintenue dans une direction redressée jusqu'à l'obtention de la forme ovoïde.

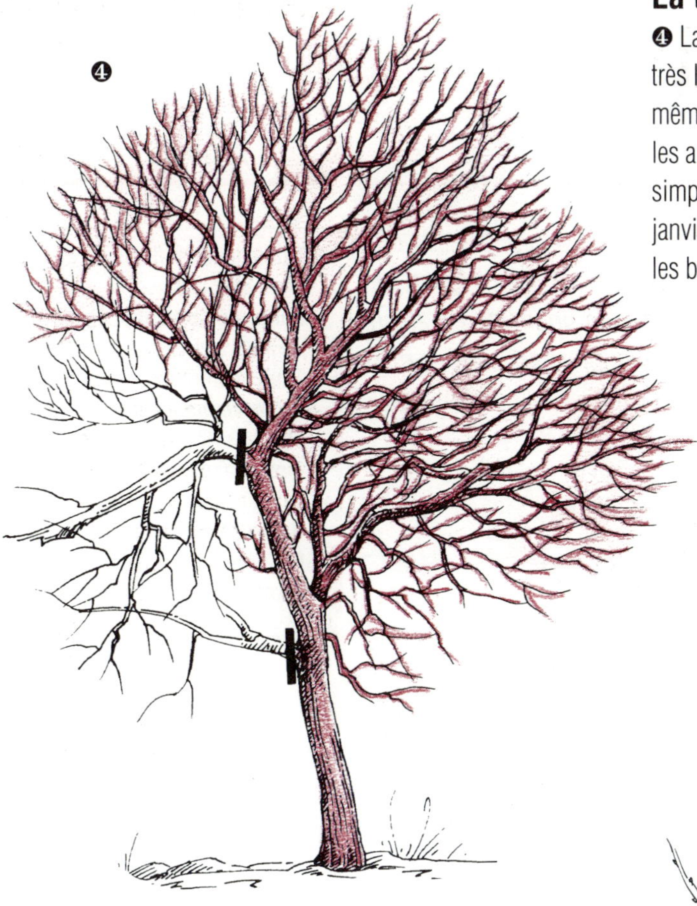

## La taille d'entretien

❹ La croissance du savonnier est très lente, mais on peut tout de même le traiter en cépée. Pour les arbres formés sur tige, taillez simplement, de novembre à janvier, les branches mortes et les branches cassées.

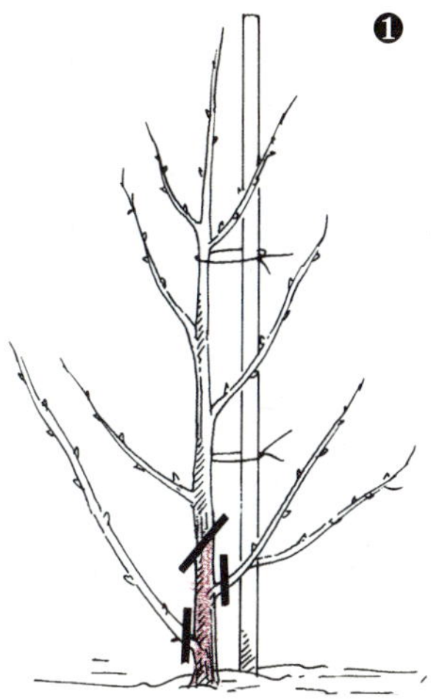

## La taille de formation en cépée

❶ En novembre, rabattez le jeune arbre en supprimant très court le tronc à environ 10 cm de hauteur.
❷ Par la suite, en janvier, épointez très légèrement les plus grands départs (plus sévèrement le plus central) afin de favoriser des ramifications pour étoffer la forme. Les années suivantes, taillez toute la végétation trop fougueuse proche de « l'axe » pour maintenir la forme.

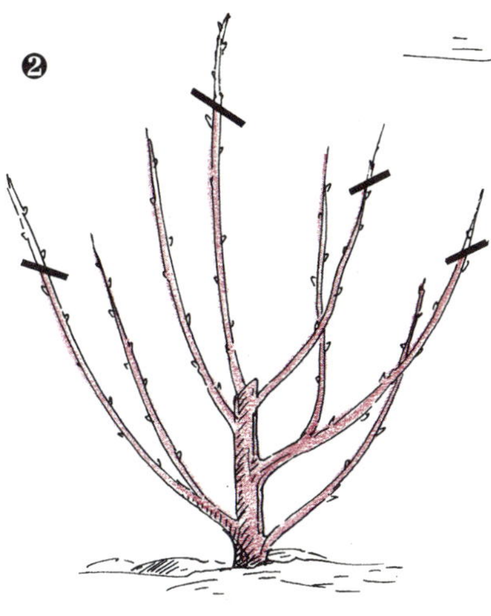

# Seringat des jardins

***Philadelphus coronarius***

Arbuste/Saxifragacées

*Le seringat s'accommode d'un sol ordinaire bien drainé, même sec et calcaire, et se plante en exposition ensoleillée ou mi-ombragée. Son feuillage est caduc et ses fleurs simples, blanches et odorantes, paraissent de mai à juin. Il existe de nombreux cultivars à fleurs simples ou doubles. Plantez le seringat des jardins en massif.*

- **Taille de formation :** ***en touffe buissonnante.***
- **Durée de formation :** ***2 ans.***
- **Taille d'entretien :** ***après la floraison.***
- **Taille de floraison ou de fructification :** ***suppression des rameaux ayant fleuri après la floraison.***
- **Taille possible :** ***sans.***
- **Hauteur :** ***3 m et plus.***
- **Distance de plantation :** ***2,50 m.***

❶

❷

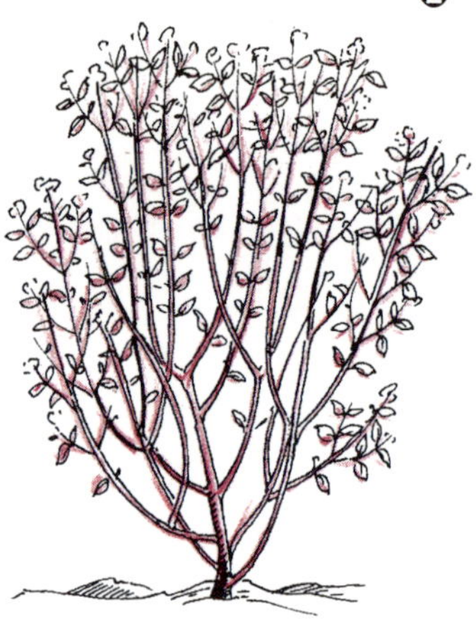

## La taille de formation

### 1re année

❶ A la plantation, de novembre à mars, habillez les racines et taillez les branches des 2/3 pour provoquer des ramifications. La floraison est sacrifiée au bénéfice de la formation.

### 2e année

❷ De nombreux rameaux se sont développés sur les branches taillées l'année précédente, ainsi que de forts rameaux depuis la base de l'arbuste. La floraison apparaîtra en mai ou début juin. D'autres pousses vigoureuses se développeront à la base des rameaux portant les fleurs et sur la partie inférieure des branches les plus anciennes. Ne taillez pas.

❸

Avant

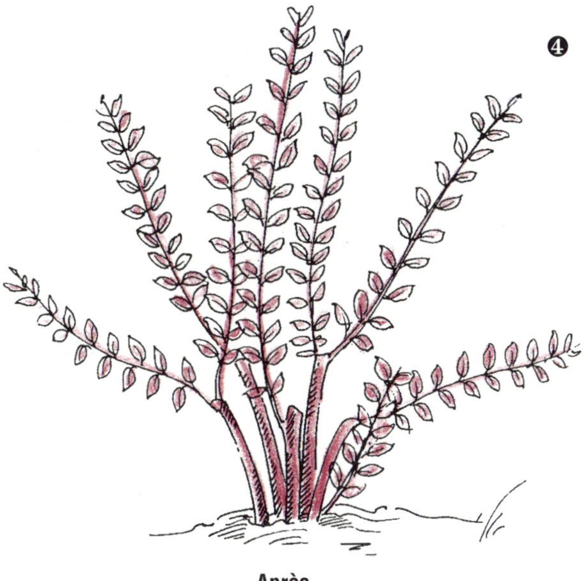

Après

❹

## La taille d'entretien

❸ et ❹ En juin, après la floraison, taillez les branches ayant fleuri sur de jeunes départs à leur base. Taillez également de moitié les pousses issues de la base. Supprimez les pousses faibles et inutiles risquant de déséquilibrer la touffe.

**3e année et suivantes**

Taillez après la floraison comme l'année précédente et supprimez quelques vieilles branches à la base pour permettre l'apparition de nouvelles pousses.

# Skimmia du Japon

***Skimmia japonica***

Arbuste/Rutacées

*Le skimmia redoute le calcaire, il faut donc le planter en terre humifère, dans un mélange de terre de bruyère et de terreau de feuilles par exemple. Il demande une exposition ensoleillée ou mi-ombragée. Son feuillage est persistant. Le skimmia est une plante dioïque, il faut planter un pied mâle pour plusieurs pieds femelles pour obtenir une fructification. Ses fleurs blanches s'épanouissent en avril-mai et ses baies rouge vif paraissant dès l'automne persistent tout l'hiver. Plantez-le en devant de massif, en rocaille ou sous-bois.*

- **Taille de formation :** ***en touffe buissonnante étalée.***
- **Durée de formation :** ***2 à 3 ans.***
- **Taille d'entretien :** ***sans, éventuellement taille de rajeunissement.***
- **Taille de floraison ou de fructification :** ***sans.***
- **Taille possible :** ***sans.***
- **Hauteur :** ***1 à 1,50 m.***
- **Distance de plantation :** ***1,50 m.***

## La taille de formation

Après la plantation en motte et les 1res années, ne taillez pas. Supprimez simplement les branches cassées ou endommagées et les branches risquant de déséquilibrer la touffe.

## La taille d'entretien

Le skimmia ne nécessite aucune taille. Coupez simplement le bois mort et les branches trop grêles. Si un sujet devient inesthétique effectuez une taille sévère sur les branches charpentières en mars, en les rabattant à 30-40 cm du sol au-dessus d'un nœud. Au printemps suivant, sélectionnez les rameaux les mieux placés et les plus vigoureux. Supprimez ceux inutiles.

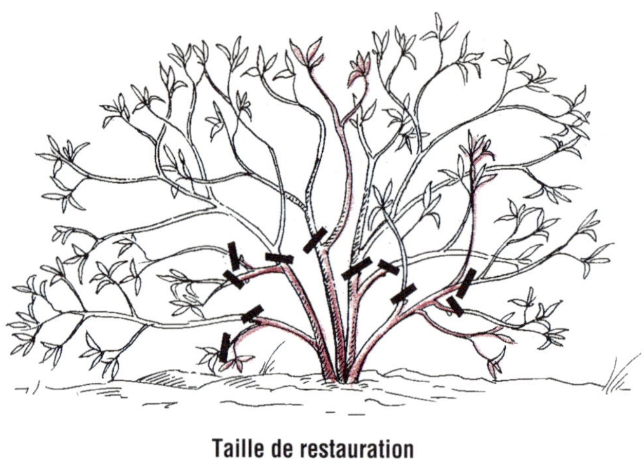

**Taille de restauration**

# Sorbaria

***Sorbaria sorbifolia***

Arbuste/Rosacées

*Le sorbaria affectionne les sols profonds et humides et une exposition ensoleillée ou mi-ombragée. Son feuillage est caduc et ses fleurs blanches en grandes panicules dressées, de 20 à 25 cm de longueur, paraissent en juin-juillet. Plantez-le en massif ou au bord des pièces d'eau, ses drageons maintiennent en effet les berges.*

- **Taille de formation :** ***en touffe buissonnante.***
- **Durée de formation :** ***2 ans.***
- **Taille d'entretien :** ***en mars.***
- **Taille de floraison ou de fructification :** ***sans.***
- **Taille possible :** ***sans.***
- **Hauteur :** ***2 m.***
- **Distance de plantation :** ***2 à 2,50 m (espèce drageonnante).***

❶

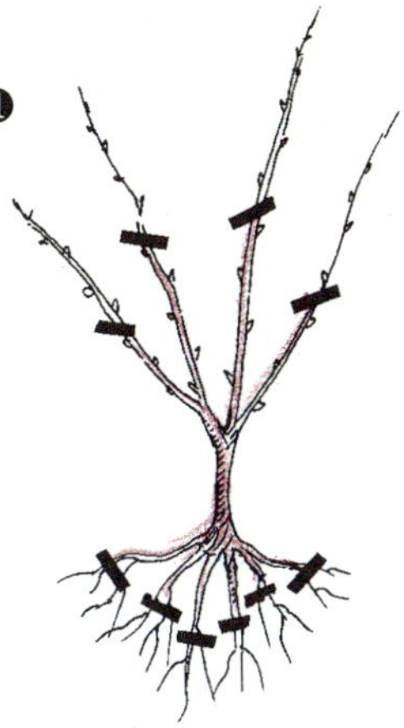

❷

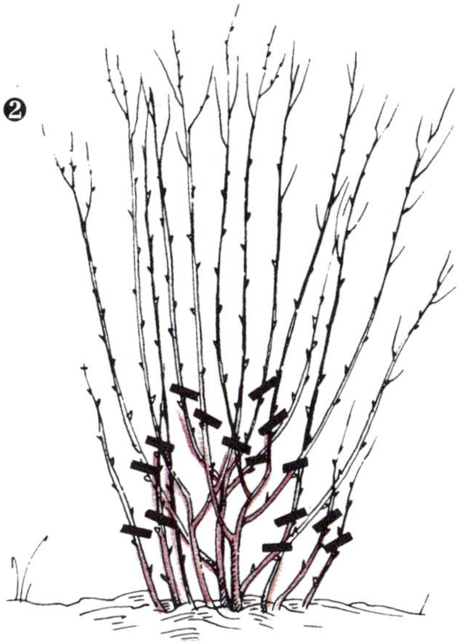

## La taille de formation

### 1re année

❶ A la plantation, de novembre à mars, habillez les racines si la plante est livrée à racines nues et taillez les branches à 20 cm du sol environ sur un œil extérieur pour obtenir des ramifications. Coupez les fleurs fanées après la floraison en juillet.

### 2e année

❷ En mars, la souche a émis de nombreux rameaux dressés. Taillez les branches issues des rameaux taillés et de la souche à 15-20 cm du sol au-dessus d'un œil.
En juillet, coupez les fleurs fanées après la floraison.

## La taille d'entretien

❸ En mars, supprimez les branches mortes et celles trop vieilles. Taillez les branches à 15-20 cm du sol. Si la touffe devient trop envahissante, supprimez les drageons en les sectionnant à la bêche.

Après le démarrage de la végétation, éclaircissez la touffe en supprimant éventuellement une partie des nouvelles pousses.

En juillet, coupez les fleurs fanées après la floraison.

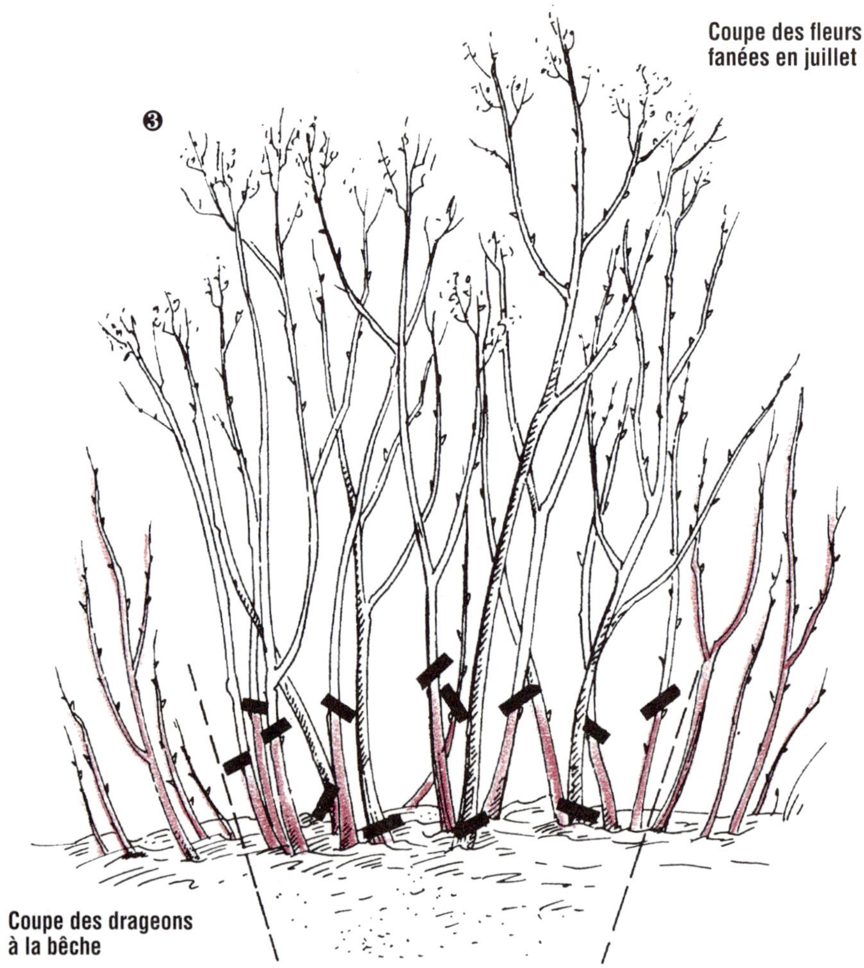

# Spirée (x arguta, x vanhouttei)

***Spiræa x arguta, x vanhouttei***

Arbuste/Rosacées

*Les spirées demandent un sol profond, humifère, peu calcaire et une exposition ensoleillée. Elles tolèrent la mi-ombre où elles fleurissent cependant moins abondamment. Leur feuillage est caduc et des fleurs blanches paraissent fin avril-début mai pour S. x arguta et en juin pour S. x vanhouttei. Plantez-les en isolé ou en massif.*

- **Taille de formation :** ***en touffe buissonnante (arrondie pour S. x vanhouttei).***
- **Durée de formation :** ***2 ans.***
- **Taille d'entretien :** ***après la floraison.***
- **Taille de floraison ou de fructification :** ***après la floraison.***
- **Taille possible : sans**
- **Hauteur :** ***1 à 2 m.***
- **Distance de plantation :** ***1,50 à 2 m.***

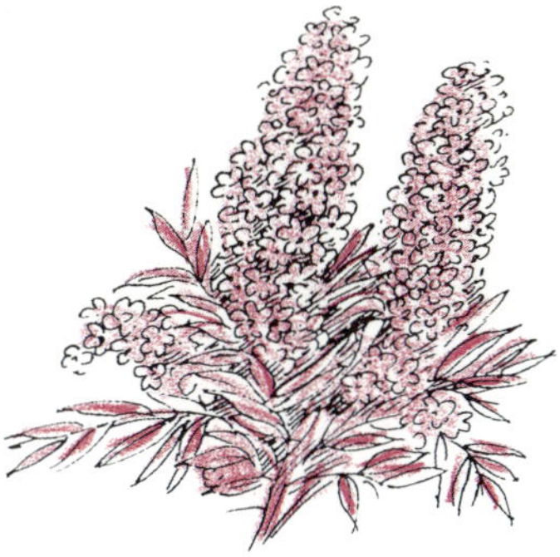

***Spiræa x vanhouttei***

***Spiræa x arguta***

❶

❷

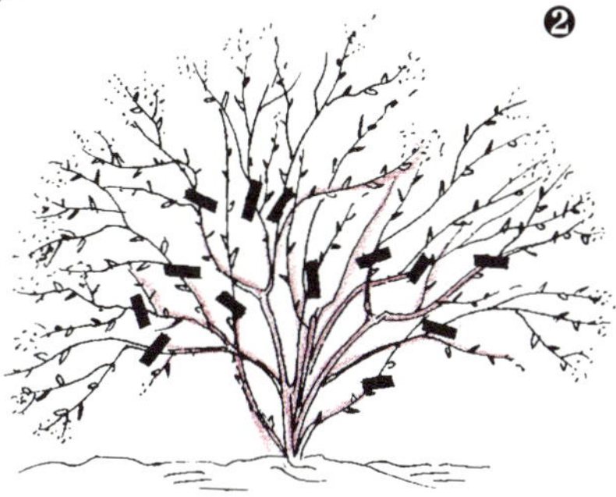

## La taille de formation

### 1re année

❶ A la plantation, de novembre à mars, habillez les racines si l'arbuste est livré à racines nues et taillez les branches des 2/3 pour obtenir des ramifications. La floraison est sacrifiée au bénéfice de la formation.

### 2e année

En mars, ne taillez pas.

❷ Après la floraison, taillez les branches ayant fleuri en revenant sur de jeunes départs situés plus bas et dirigés vers l'extérieur de la touffe. Taillez de moitié les rameaux issus de la base. Laissez intactes les jeunes pousses se développant de la base depuis le début du printemps.

❸

**Avant** **Après**

## La taille d'entretien

❸ Après la floraison, en mai pour *S. x arguta* et en juin pour *S. x vanhouttei,* taillez les branches défleuries en revenant sur des départs situés le plus bas possible. Éliminez les plus vieilles branches au profit de jeunes rameaux issus de la base. Taillez ces derniers de moitié pour obtenir des ramifications.

Coupez le bois mort. Laissez intactes les jeunes pousses se développant de la base depuis le début du printemps.

# Spirée (x billiardii, x bumalda)

***Spiræe x billiardii, x bumalda 'Anthony Waterer'***

Arbuste/Rosacées

*Les spirées demandent un sol profond, humifère, peu calcaire et une exposition ensoleillée. Elles tolèrent la mi-ombre où elles fleurissent cependant moins abondamment. Leur feuillage est caduc. Les fleurs rose-rouge en panicules de* S. x billiardii *paraissent en juillet et celles rouge carmin de* S. x bumalda 'Anthony Waterer' *s'épanouissent de juin-juillet à septembre. Plantez-les en massif.*

- **Taille de formation :** ***en touffe buissonnante.***
- **Durée de formation :** ***2 ans.***
- **Taille d'entretien :** ***taille sévère en mars.***
- **Taille de floraison ou de fructification :** ***coupe des fleurs fanées pour prolonger la floraison.***
- **Taille possible : sans**
- **Hauteur :** ***0,60 à 2 m.***
- **Distance de plantation :** ***1 à 1,50 m.***

❶

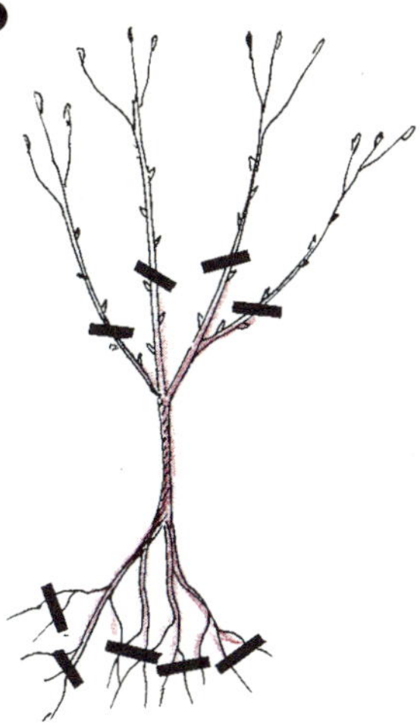

❷

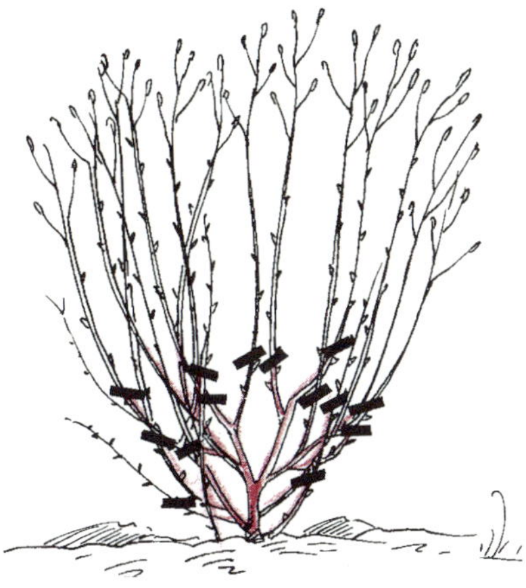

## La taille de formation

### 1re année

❶ A la plantation, de novembre à mars, habillez les racines si l'arbuste est livré à racines nues et taillez les branches très courtes, des 2/3 environ, pour ramifier l'arbuste.

En juin-juillet, la floraison apparaît. Coupez les fleurs fanées dès la fin de la floraison pour la prolonger sur des rameaux secondaires juste en dessous.

### 2e année

❷ Début mars, taillez les branches ayant fleuri en les rabattant sur 2 ou 3 yeux au-dessus de leur point de naissance.

❸

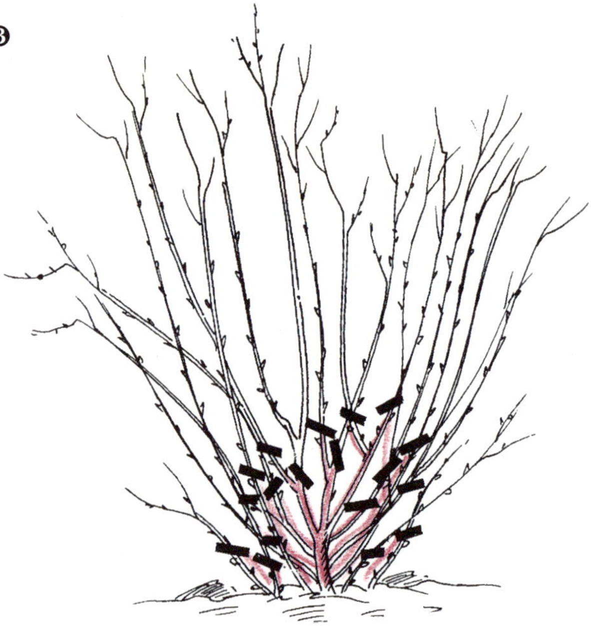

## La taille d'entretien

❸ Coupez les inflorescences terminales dès qu'elle sont fanées pour prolonger la floraison.
Début mars, rabattez tous les rameaux ayant fleuri sur 2 ou 3 yeux au-dessus de leur point de naissance. Supprimez le bois mort et les rameaux grêles.
Une spirée à floraison estivale négligée peut être rabattue sévèrement à une dizaine de centimètres du sol. De nombreux rameaux naîtront de la souche.
Supprimez environ une pousse sur 2 pour équilibrer la touffe.

# Sumac de Virginie

***Rhus typhina***

Arbrisseau/Anacardiacées

*Le sumac de Virginie demande un bon sol de jardin sablonneux, bien drainé, non humide et une exposition ensoleillée. Son feuillage est caduc. Ses fleurs, estivales, sont insignifiantes. Il présente un intérêt par ses rameaux tapissés de poils roux, par son feuillage composé virant au rouge puis à l'orangé et au jaune en automne et par ses panicules fructifères dressées se prolongeant en hiver. Plantez-le en isolé, en groupe ou en surplomb des massifs d'arbustes.*

- **Taille de formation :** ***en buisson ou petit arbre.***
- **Durée de formation :** ***2 à 3 ans.***
- **Taille d'entretien :** ***taille éventuelle en mars.***
- **Taille de floraison ou de fructification :** ***sans.***
- **Taille possible :** ***sans.***
- **Hauteur :** ***5 à 7 m.***
- **Distance de plantation :** ***2 m.***

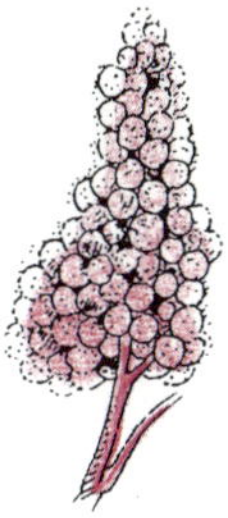

## La taille de formation

Après la plantation en motte, de novembre à mars, ne taillez pas. Supprimez simplement les branches endommagées. Le rhus est de croissance assez lente les premières années, mais devient très vigoureux par la suite. De nombreuses branches apparaîtront sur les parties basses des branches principales et depuis la base.

## La taille d'entretien

Ne taillez que très légèrement et si nécessaire. Rabattez, en mars, les branches trop hautes déséquilibrant l'arbuste. Supprimez les rameaux inutiles issus de la base. Sélectionnez les plus vigoureux et les mieux placés pour remplacer les branches mortes ou trop vieilles.

# Symphorine

***Symphoricarpos doorenbosii***

Arbuste/Caprifoliacées

*La symphorine se contente d'un sol ordinaire bien drainé et demande une exposition ensoleillée ou mi-ombragée. Son feuillage est caduc. Ses fleurs roses paraissant de juin à septembre sont sans grand intérêt. Elles sont suivies de nombreuses baies sphériques persistantes jusqu'en février-mars, rose carminé, blanc rosé, blanc pur suivant le cultivar choisi. Plantez la symphorine en massif.*

- **Taille de formation :** ***en touffe buissonnante.***
- **Durée de formation :** ***2 ans.***
- **Taille d'entretien :** ***en mars.***
- **Taille de floraison ou de fructification :** ***sans.***
- **Taille possible :** ***sans.***
- **Hauteur :** ***1,50 à 2 m.***
- **Distance de plantation :** ***1,50 m.***

❶

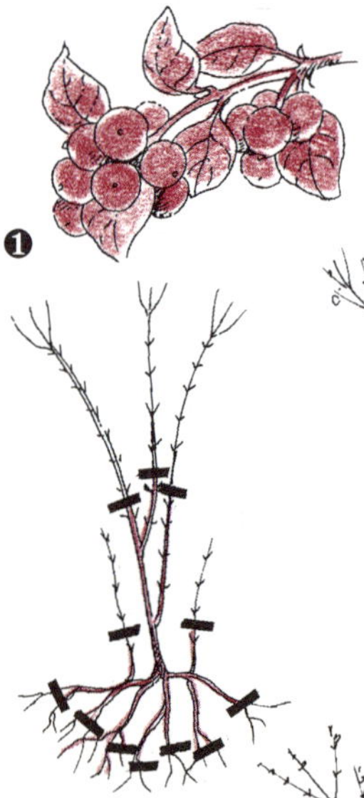

❷

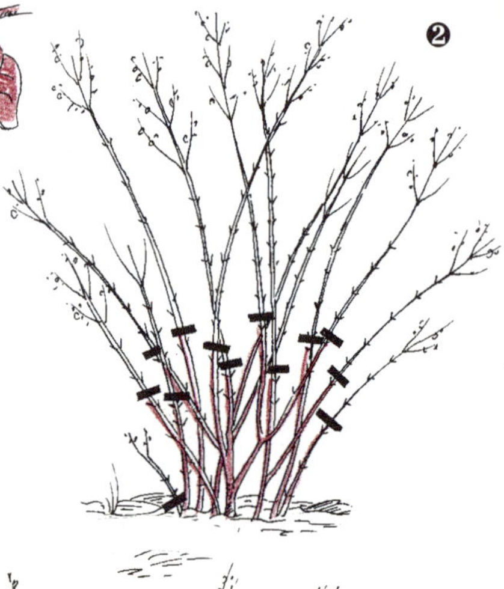

❸

## La taille de formation

### 1re année

❶ A la plantation, de novembre à mars, habillez les racines et taillez les branches des 2/3.

### 2e année

❷ La symphorine est très drageonnante. De nombreux rameaux dressés sont issus des racines traçantes. Taillez les branches ayant fructifié et les rameaux issus de la base des 2/3. Supprimez les rameaux grêles et ceux enchevêtrés.

## La taille d'entretien

❸ En mars, rabattez les branches ayant fructifié sur des départs situés plus bas. Coupez le bois mort, les rameaux encombrant le centre de la touffe. Taillez des 2/3 les rameaux issus de la base.

# Tamaris (parviflora)

***Tamarix parviflora***

Arbrisseau/Tamaricacées

*Le tamaris préfère les sols sableux, même secs, et une exposition ensoleillée. Il supporte le bord de mer, les embruns, le vent et une forte salinité du sol. Le feuillage de* Tamarix parviflora *est caduc. Ses fleurs rose vif, nombreuses et regroupées en grappes le long des rameaux, apparaissent avant les feuilles en avril-mai. Plantez-le en isolé ou en arrière-plan d'un massif d'arbustes.*

- **Taille de formation :** ***en touffe buissonnante.***
- **Durée de formation :** ***2 ans.***
- **Taille d'entretien :** ***après la floraison en mai.***
- **Taille de floraison ou de fructification :** ***après la floraison.***
- **Taille possible :** ***sans.***
- **Hauteur :** ***3 à 4 m.***
- **Distance de plantation :** ***3 m.***

❶

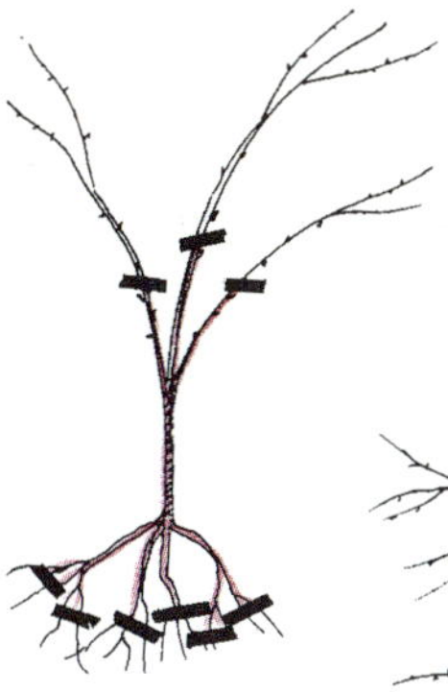

❷

❸

**Avant** **Après**

## La taille de formation

**1re année**

❶ A la plantation, de novembre à mars, habillez les racines si l'arbuste est livré à racines nues et taillez les branches de moitié pour obtenir des ramifications. La floraison est sacrifiée au bénéfice de la formation.

**2e année**

❷ Laissez l'arbuste fleurir et, après la floraison, en mai, taillez les branches des 2/3.

## La taille d'entretien

❸ Chaque année en mai, réduisez des 2/3 les branches trop longues en taillant au-dessus de jeunes départs pour éviter que l'arbuste ne se dégarnisse. Coupez le bois mort et taillez de moitié les rameaux issus de la base.

# Tamaris (pentandra)

***Tamarix pentandra***

Arbrisseau/Tamaricacées

*Le tamaris préfère les sols sableux, même secs, et une exposition ensoleillée. Il supporte le bord de mer, les embruns, le vent et une forte salinité du sol. Le feuillage de* Tamarix pentandra *est caduc. Ses fleurs rose carminé paraissent en juillet-août. Pantez-le en isolé ou en arrière-plan d'un massif d'arbustes.*

- **Taille de formation :** ***en touffe buissonnante.***
- **Durée de formation :** ***2 ans.***
- **Taille d'entretien :** ***début mars.***
- **Taille de floraison ou de fructification :** ***sans.***
- **Taille possible :** ***sans.***
- **Hauteur :** ***3 à 4 m.***
- **Distance de plantation :** ***3 m.***

❶

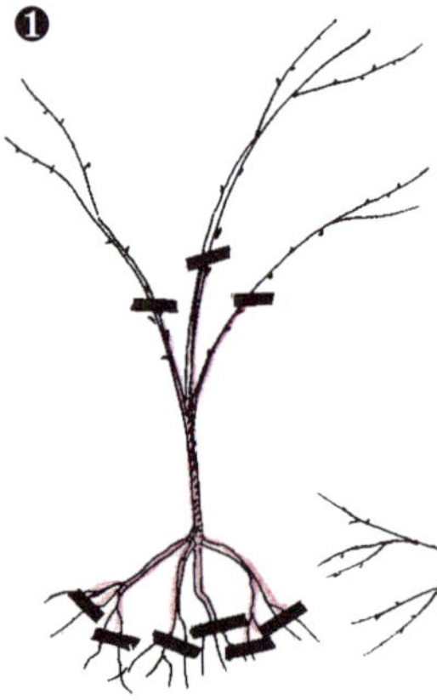

❷

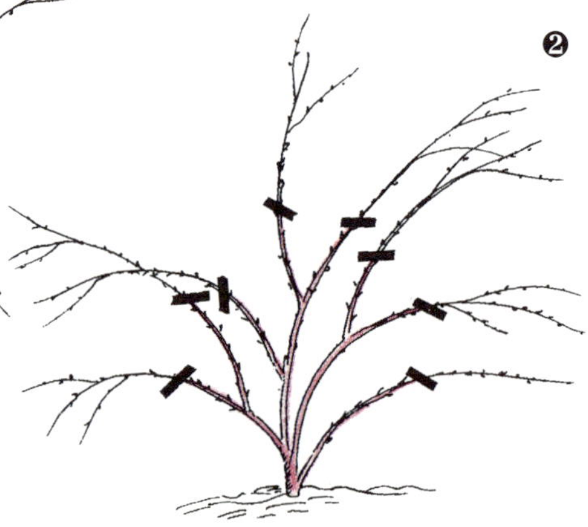

## La taille de formation

**1re année**

❶ A la plantation, de novembre à mars, habillez les racines si l'arbuste est livré à racines nues. Taillez les branches de moitié environ.

**2e année**

❷ Début mars, taillez les branches des 2/3.

❸

## La taille d'entretien

❸ Début mars, réduisez des 2/3 les branches trop longues en taillant au-dessus de jeunes rameaux situés plus bas. Taillez de moitié les rameaux issus de la base. Cette taille est nécessaire chaque année pour éviter que l'arbuste ne se dégarnisse. Supprimez également le bois mort et les pousses trop grêles à la base.

# Thuya du Canada

*Thuja occidentalis*

Conifère/Cupressacées

*Espèce très rustique, le thuya présente une croissance lente. Il résiste bien aux atmosphères polluées. Il est rarement malade ou attaqué par les insectes. Il se plaît dans les sols profonds, humides et neutres. Une situation abritée des vents violents lui est favorable.*

- **Taille de formation :** ***naturelle.***
- **Durée de formation :** ***5 à 10 ans.***
- **Taille d'entretien :** ***au printemps.***
- **Taille de floraison ou de fructification :** ***sans.***
- **Taille possible :** ***en haie.***
- **Hauteur :** ***8 à 15 m.***
- **Distance de plantation :** ***10 m (en haie 0,80 à 1 m).***

❶

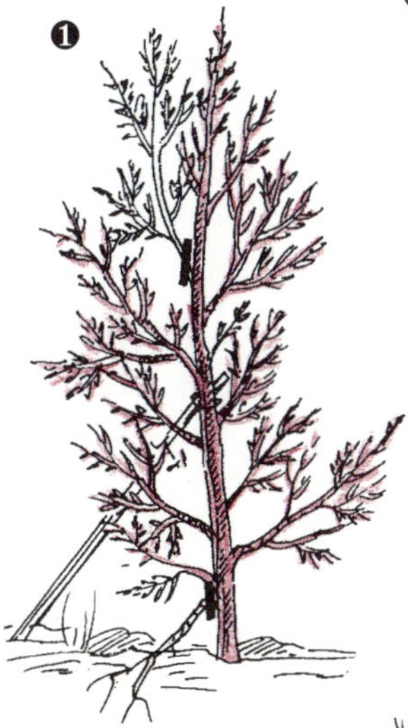

❷

## La taille de formation naturelle

❶ Les premières années, si 2 pousses terminales se font concurrence, supprimez-en une, en février-mars, en la taillant au ras du tronc (si possible la plus faible des 2). Par la suite, continuez à surveiller que l'axe central ait la prédominance. Supprimez (à la base) le bois mort ou malade. Haubanez l'arbre, puis surveillez les attaches et évitez les étranglements.

## La taille d'entretien

❷ Supprimez simplement les rameaux malades, irréguliers ou desséchés, au printemps. Les variétés destinées aux haies seront taillées fréquemment pour rester bien denses.

## La taille des haies

❶ Dès la plantation, en novembre, épointez les rameaux les plus vigoureux et la tête pour favoriser la reprise et obliger la formation de divisions.

❷ Les années suivantes, égalisez grossièrement les faces de la haie en novembre. Laissez quelques centimètres de plus en dessus et surtout sur les 2 faces.

❸ Lorsque la hauteur désirée est atteinte, supprimez les pousses de l'année, au printemps et en novembre.

❶

❷

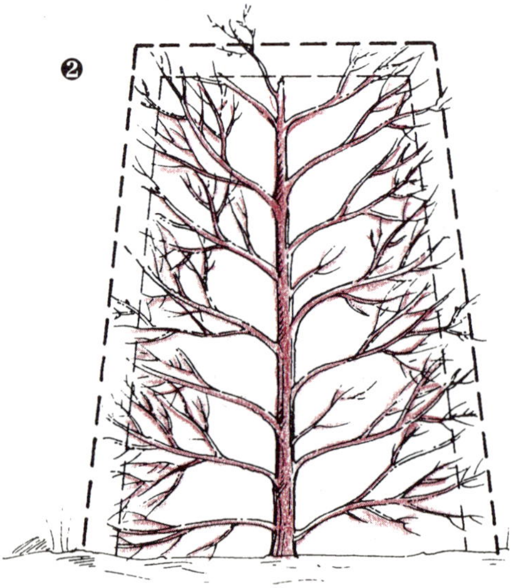

❸

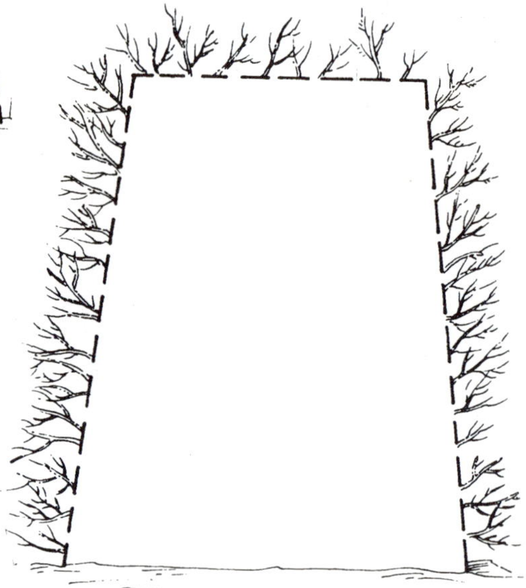

# Tilleul de Hollande

***Tilia platyphyllos***

Arbre/Tiliacées

*Le tilleul de Hollande demande une certaine humidité de l'air et du sol pour bien prospérer. Son enracinement est étendu et profond. Son feuillage est caduc. C'est l'arbre forestier par excellence, mais il est aussi souvent employé dans les jardins de ville, où il résiste bien à la pollution. Il supporte toutes les expositions.*

- **Taille de formation :** ***sur tige à cime arrondie.***
- **Durée de formation :** ***10 ans.***
- **Taille d'entretien :** ***élagage de novembre à février.***
- **Taille de floraison ou de fructification :** ***sans.***
- **Tailles possibles :** ***en cépée, à la française.***
- **Hauteur :** ***20 à 30 m.***
- **Distance de plantation :** ***10 m.***

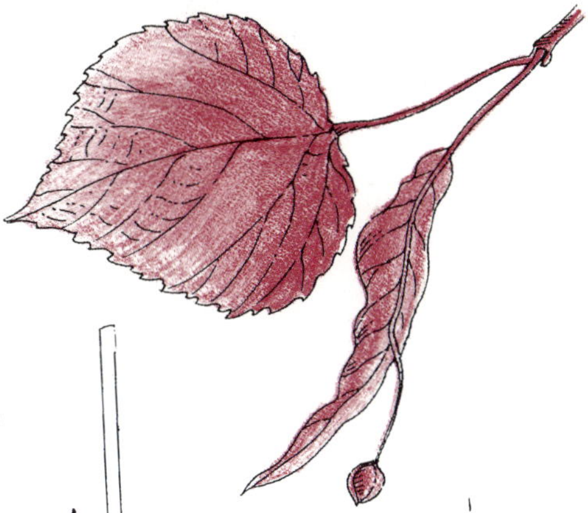

❶

❷

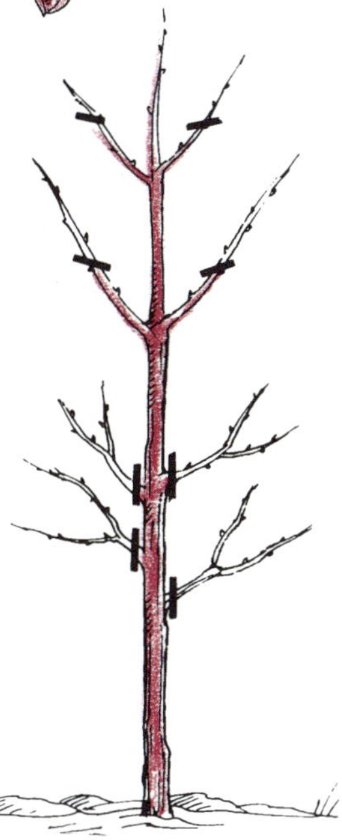

## La taille de formation sur tige à cime arrondie

❶ Les premières années, palissez la flèche centrale au cours de son développement. De novembre à février, taillez les pousses faibles de la base, soit au ras du tronc, soit des 2/3 de leur longueur. Veillez à la prédominance de l'axe central qui forme le tronc en supprimant les bourgeons concurrents.

❷ Par la suite, en période de repos végétatif, taillez toute la végétation en trop. Supprimez les branches les plus basses pour monter le tronc progressivement. Rabattez les premières branches hautes. Vous pouvez supprimer le tuteurage.

❸ et ❹ Les années suivantes, maintenez le développement du rameau central pour favoriser l'allongement des branches latérales. Maintenez l'équilibre nécessaire dans le développement de ces branches pour obtenir la formation régulière de la tête de l'arbre.

❸

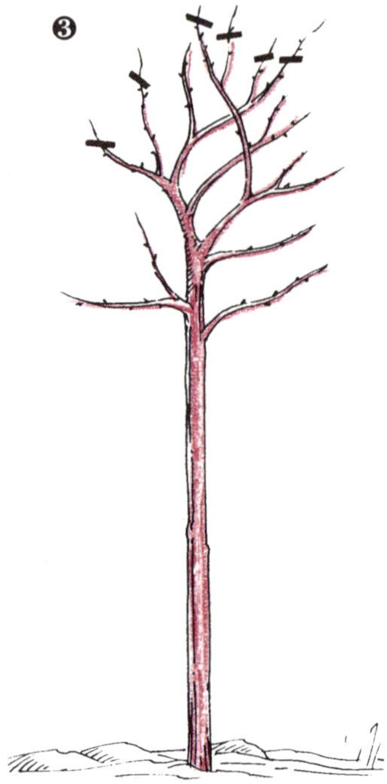

❹

## La taille d'entretien

❺ De croissance assez rapide, le tilleul de Hollande supporte bien les tailles, même les plus sévères. Supprimez, dès que possible, les grands départs en respectant la forme de l'arbre. L'application de mastic est recommandée. L'élagage se pratique de novembre à février.

❺

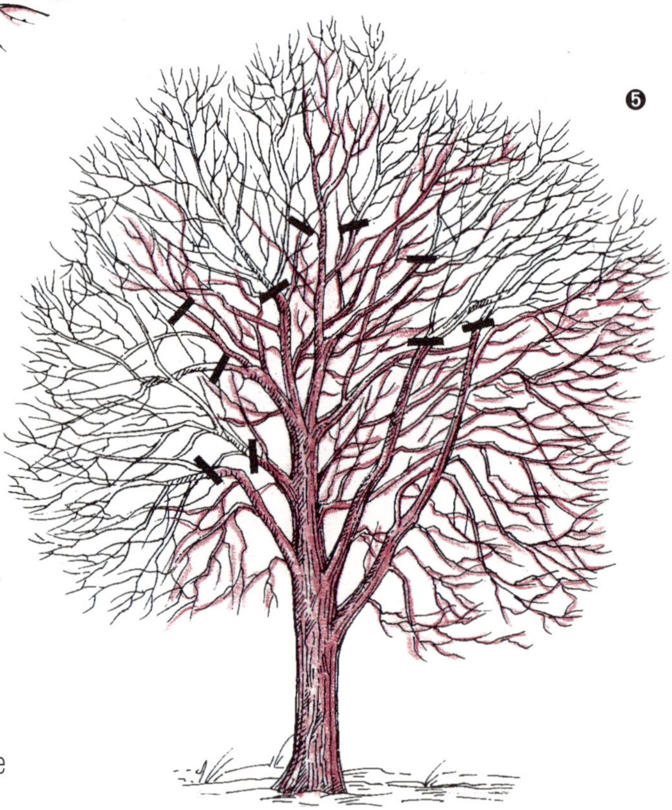

## La taille de formation en cépée

❶ Le tilleul repousse vigoureusement de souche, ce qui permet une utilisation en cépée. Favorisez le développement de plusieurs tiges et de rejets en recépant le jeune plant à la base (entre 20 et 30 cm) en septembre.

❷ Taillez en septembre de l'année suivante les départs pour favoriser la ramification de la touffe. Surveillez par la suite la végétation trop fougueuse proche de « l'axe », pour maintenir la forme.

❶

❷

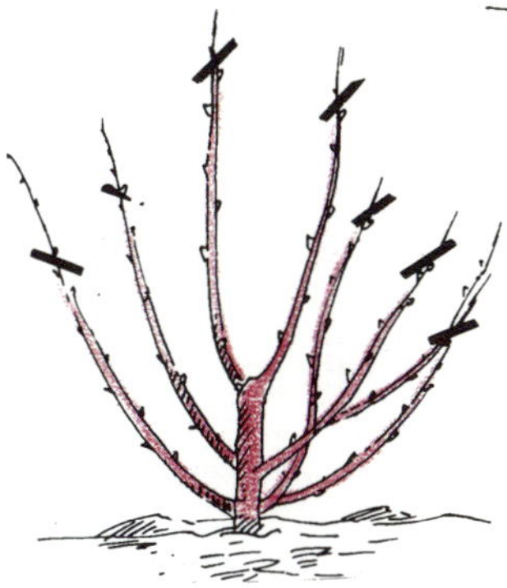

## La taille à la française

❶ Après les premières années de formation sur tige et lorsque l'arbre a atteint une hauteur de tronc suffisante, sélectionnez dès le mois de novembre des charpentières et favorisez par une taille légère les ramifications à proximité du tronc.

❷ Laissez s'allonger les charpentières et les ramifications. Ensuite taillez en janvier définitivement l'arbre à la forme désirée (ci-contre, une marquise simple). Entretenez régulièrement, si possible 1 fois par an, en février-mars.

❶

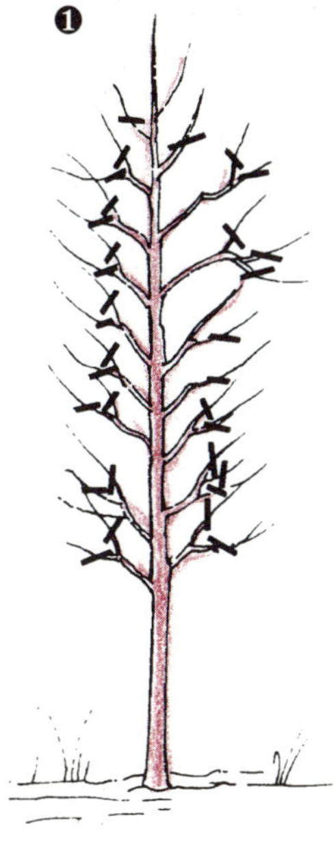

❷

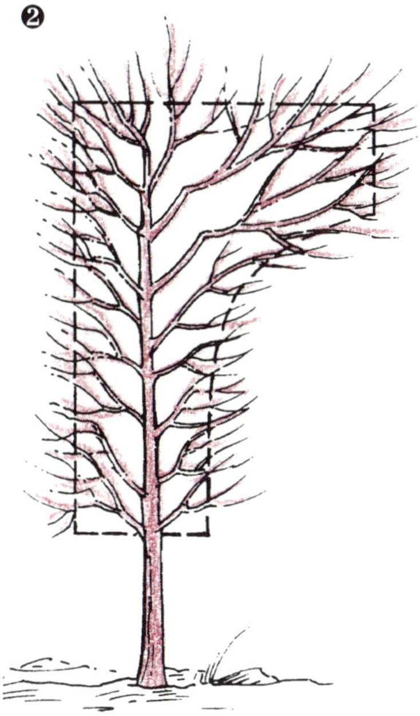

# Troène de Californie

*Ligustrum ovalifolium*

Arbuste/Oléacées

*Le troène de Californie s'adapte à tous les sols et peut être planté au soleil ou à l'ombre. Son feuillage est semi-persistant. Ses fleurs odorantes en panicule paraissent en juillet. Plantez-le en massif ou en haie.*

- **Taille de formation :** ***en touffe buissonnante.***
- **Durée de formation :** ***2 ans.***
- **Taille d'entretien :** ***en février-mars (mai et août-septembre pour les haies).***
- **Taille de floraison ou de fructification :** ***sans.***
- **Taille possible :** ***en haie.***
- **Hauteur :** ***3 à 5 m.***
- **Distance de plantation :** ***1,50 m (en haie 0,60 m).***

➊

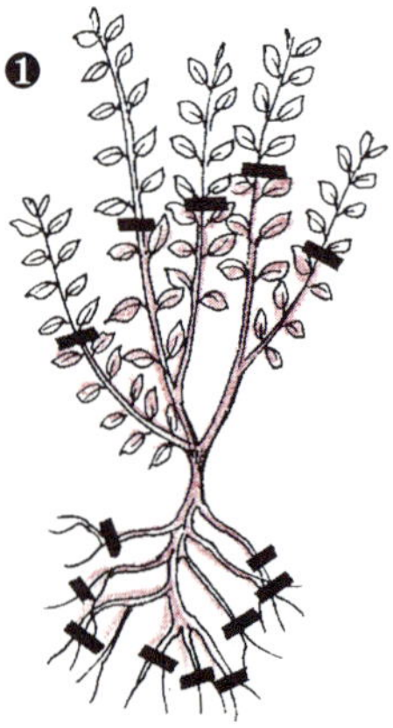

➋

➌

## La taille de formation en touffe buissonnante

### 1re année

➊ Si l'arbuste est livré à racines nues, habillez les racines. Après la plantation, de novembre à mars, taillez les branches principales de moitié sur 2 feuilles opposées.

### 2e année

➋ En février-mars, éliminez les rameaux conservés, ainsi que les nouvelles pousses issues de la base. Supprimez celles trop grêles.

## La taille d'entretien

➌ En février-mars, éclaircissez la touffe en rabattant les plus vieilles branches trop ramifiées sur des rameaux situés plus bas.

## La taille de formation en haie

### 1re année

❶ Habillez les racines si les arbustes sont livrés à racines nues. Après la plantation, de novembre à mars, rabattez toutes les branches sur 2 feuilles opposées à 20-30 cm du sol et en épaisseur pour continuer à densifier la végétation à la base.

❷ En juin, taillez à 50-60 cm du sol et en épaisseur pour densifier la végétation à la base.

### 2e année

❸ En février-mars et en juin, taillez les nouveaux rameaux aux 2/3 environ en allongeant progressivement la taille en hauteur et en largeur jusqu'aux dimensions désirées et jusqu'à l'obtention d'une végétation compacte.

## La taille d'entretien

❹ Effectuez à la cisaille une première taille en mai et une seconde en août-septembre.

❶

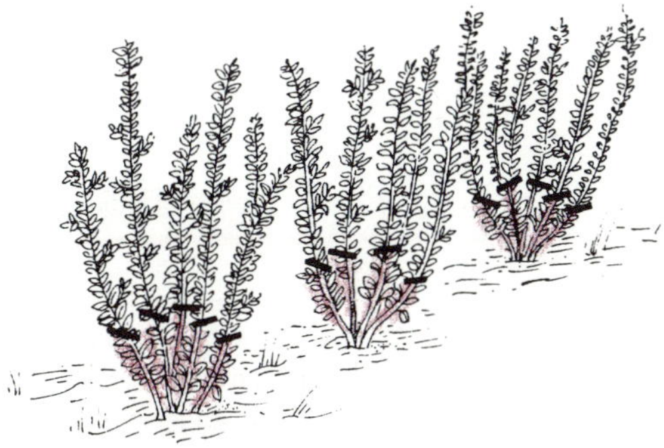

❷

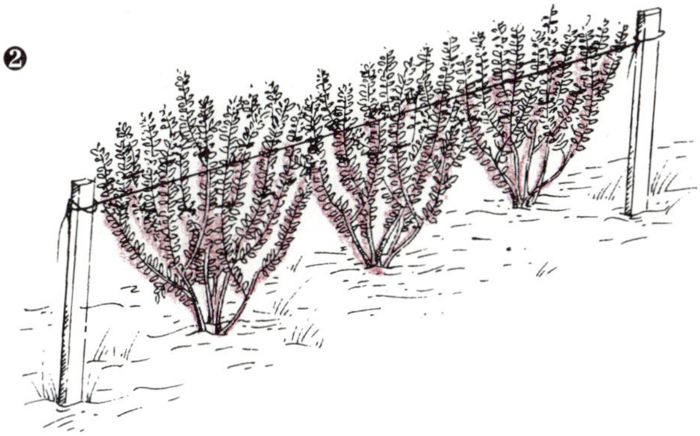

❸

❹

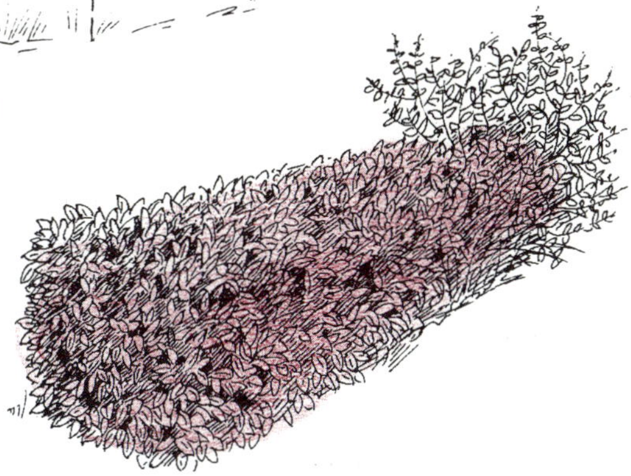

# Tulipier de Virginie

***Liriodendron tulipifera***

Arbre/Magnoliacées

*Le tulipier de Virginie est un arbre rustique supportant les hivers froids, mais ayant besoin de chaleur et de soleil l'été. En sol sain et riche, il pousse vite. De la même famille que le magnolia, la belle fleur du tulipier est malheureusement trop discrète, se perdant dans la masse des larges feuilles. Le feuillage est caduc.*

- **Taille de formation :** ***naturelle.***
- **Durée de formation :** ***10 ans.***
- **Taille d'entretien :** ***en octobre-novembre.***
- **Taille de floraison ou de fructification :** ***sans.***
- **Taille possible :** ***sur tige.***
- **Hauteur :** ***20 à 35 m.***
- **Distance de plantation :** ***20 m.***

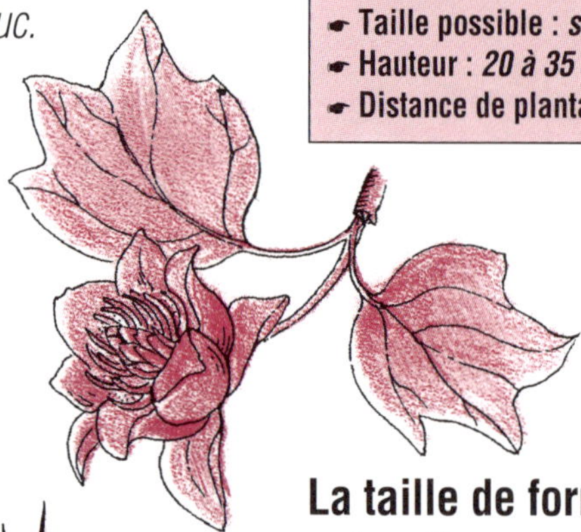

❶

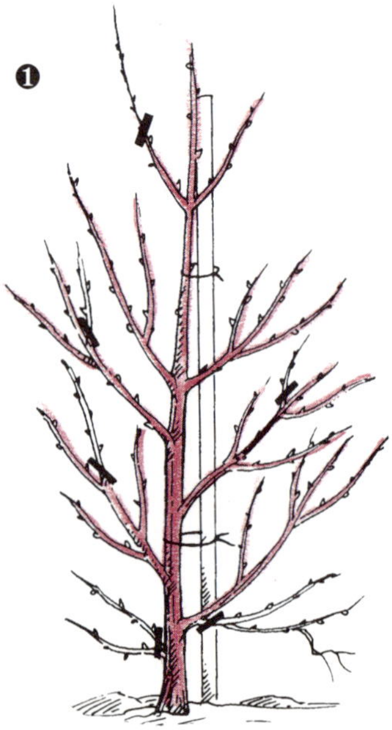

❷

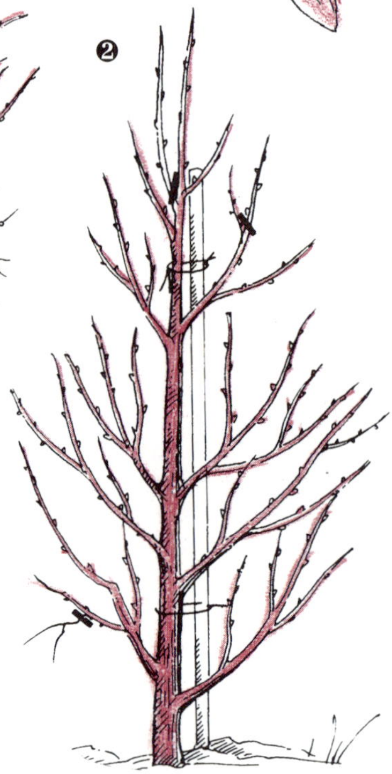

## La taille de formation naturelle

❶ Les premières années, veillez à la prédominance de l'axe central qui forme le tronc en palissant la flèche centrale au fur et à mesure de son développement et en supprimant, par des pincements en vert ou par la taille en novembre, les bourgeons concurrents. Taillez les pousses faibles de la base.

❷ Les années suivantes, de novembre à février, taillez toute la végétation en trop et les départs vigoureux. Taillez les branches pouvant faire concurrence à l'axe central. Supprimez le bois mort ou malade.

❶

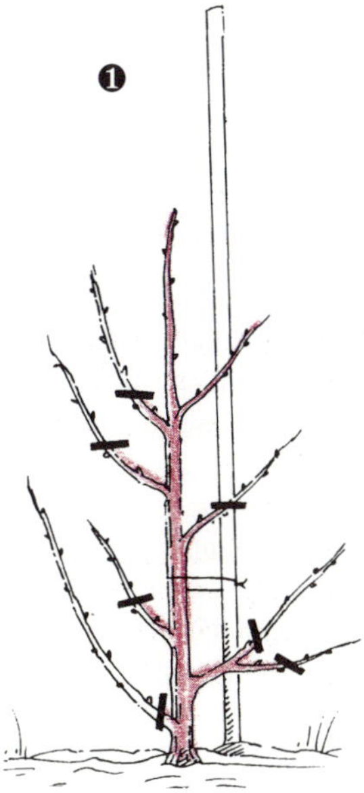

❷

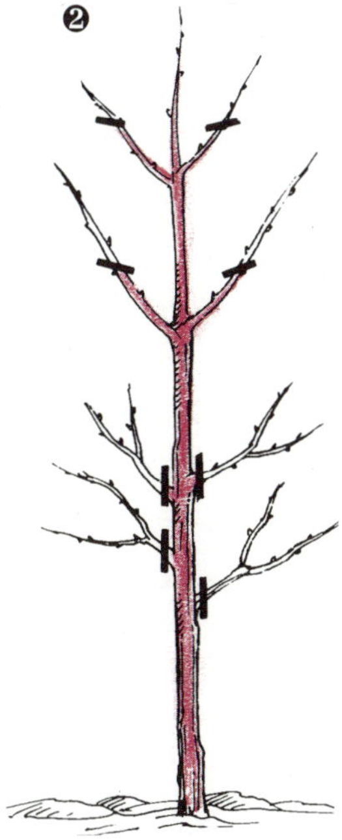

❸

## La taille de formation sur tige

❶ Les premières années, palissez la flèche centrale au fur et à mesure de son développement. En novembre, supprimez à la base les pousses latérales qui se développent. Coupez la végétation superflue ou mal placée qui déséquilibre la forme. Supprimez, par des pincements en cours de végétation ou par la taille en novembre, les bourgeons concurrents. Évitez les étranglements dus aux attaches.

❷ Par la suite, de novembre à février, commencez à supprimer les branches les plus basses pour monter le tronc progressivement. Rabattez les premières branches hautes pour établir la charpente. Le tuteurage peut être supprimé.

## La taille d'entretien

❸ Bien que rejetant de souche, ne taillez pas le tulipier, sauf pour corriger sa forme dans les premiers temps, et seulement si cela est nécessaire. Plus tard évitez les grosses tailles. Conservez à l'arbre sa forme régulière et dense qu'il prend naturellement par des petites tailles légères en octobre-novembre.

# Vigne vierge

***Ampelopsis brevipedunculata***

Grimpante/Vitacées

Ampelopsis brevipedunculata *est une liane vigoureuse aux jeunes pousses garnies de poils rudes. Les feuilles, caduques, ont une quinzaine de cm de longueur et de largeur. En automne, la plante se couvre de fruits bleu sombre très décoratifs. Plantez-la à toutes les expositions. Préférez le cultivar 'Elegans', très proche du type mais de moindre développement (environ 2 m), pour une culture en pot. Les feuilles sont tricolores vert, crème et rouge.*

- **Taille de formation :** ***palissage.***
- **Durée de formation :** ***2 à 4 ans.***
- **Taille d'entretien :** ***de décembre à mars.***
- **Taille de floraison ou de fructification :** ***sans.***
- **Taille possible :** ***sans.***
- **Hauteur :** ***8 à 10 m.***
- **Distance de plantation :** ***10 m.***

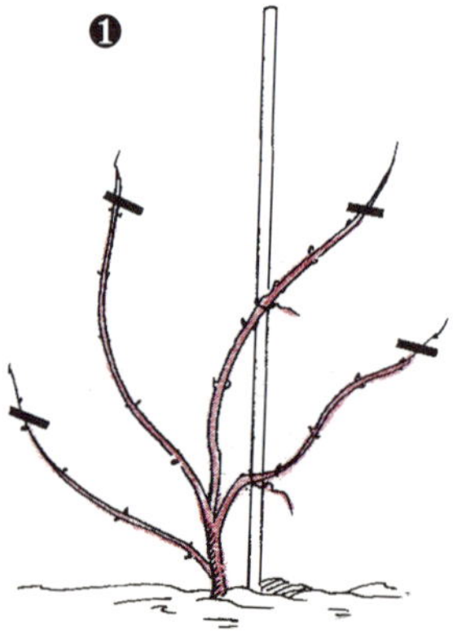

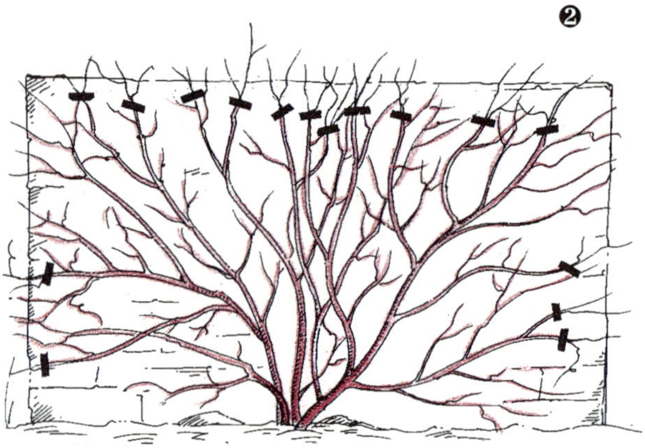


## La taille de formation

❶ A la réception de la plante, en novembre, dépotez et plantez en gardant si possible un tuteurage pour faciliter l'accroche des premiers rameaux. Vous pouvez épointer les flèches trop longues pour faciliter la reprise et la densification des tiges. Par la suite, laissez pousser.

## La taille d'entretien

❷ Évitez de tailler en fin de saison pour profiter des couleurs automnales. Supprimez, de décembre à mars, les mèches folles qui dépassent des limites imposées (gouttières, fenêtres...). Taillez sans hésiter, la plante repercera toujours. Une fois coupés, détachez les rameaux à supprimer en tirant doucement pour éviter d'abîmer le support.

# Vigne vierge vraie

*Parthenocissus quinquefolia*

Grimpante/Vitacées

*La vigne vierge vraie est un arbuste grimpant très vigoureux aux rameaux largement sarmenteux se fixant à l'aide de vrilles ramifiées dont les extrémités adhèrent très fermement au support. Les feuilles, caduques, longues et grossièrement dentées, rougissent en automne. Plantez-la au soleil ou à mi-ombre.*

- **Taille de formation :** ***palissage.***
- **Durée de formation :** ***4 ans.***
- **Taille d'entretien :** ***de mai à septembre.***
- **Taille de floraison ou de fructification :** ***sans.***
- **Taille possible :** ***sans.***
- **Hauteur :** ***10 à 15 m.***
- **Distance de plantation :** ***10 m.***

❶

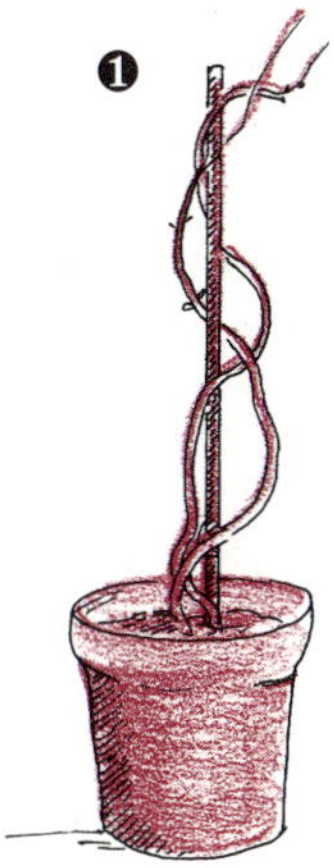

❷

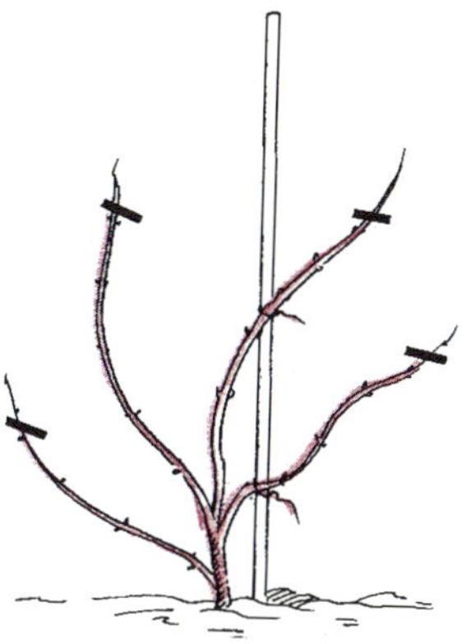

## La taille de formation

❶ et ❷ A la réception de la plante, en novembre, dépotez et plantez en gardant un tuteurage pour faciliter la fixation des premiers rameaux.

❸

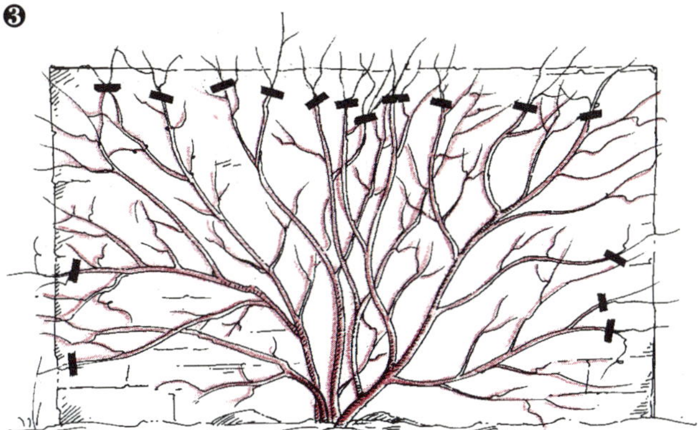

## La taille d'entretien

❸ Raccourcissez les rameaux trop exubérants de mai à septembre. Ne rabattez pas trop sur le vieux bois, car il émet rarement de nouvelles pousses. Ne détachez pas entièrement la plante de son support, car elle ne pourrait pas retrouver ses points d'attache.

# Viorne de Carles

*Viburnum carlesii*

Arbuste/Caprifoliacées

*La viorne de Carles demande un sol profond et frais, peu calcaire, et supporte la mi-ombre. Son feuillage est caduc, il devient rouge orangé vif en automne. Ses fleurs en ombelles apparaissent en avril-mai, elles sont d'abord roses, puis passent au blanc pur. Elles sont suivies de baies bleu noir. Plantez la viorne de Carles en massif.*

- **Taille de formation :** ***en touffe buissonnante.***
- **Durée de formation :** ***2 ans.***
- **Taille d'entretien :** ***après la floraison en mai.***
- **Taille de floraison ou de fructification :** ***après la floraison en mai.***
- **Taille possible : sans**
- **Hauteur :** ***1 à 1,50 m.***
- **Distance de plantation :** ***1,50 m.***

❶

❷

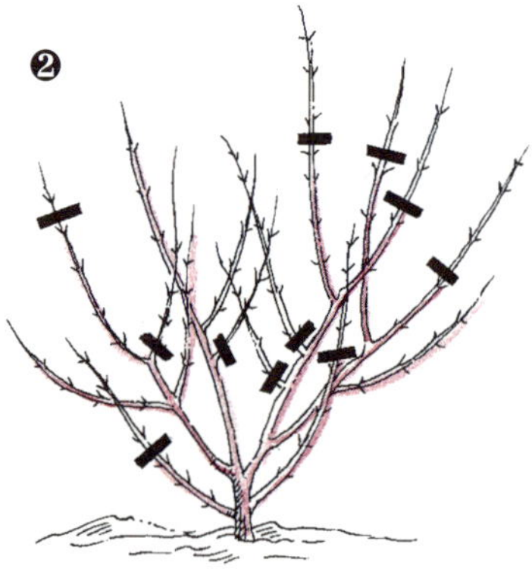

❸

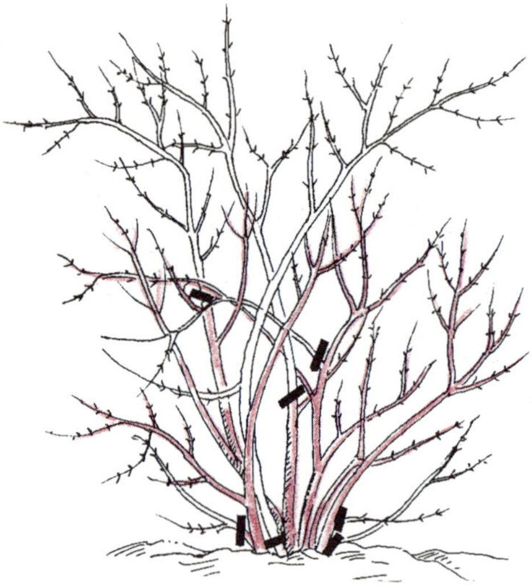

## La taille de formation

### 1re année

❶ A la plantation, habillez les racines et taillez les branches des 2/3. La floraison est sacrifiée.

### 2e année

❷ Après la floraison en mai, taillez légèrement. Rééquilibrez l'arbuste en taillant les branches trop longues. Éclaircissez le centre de la touffe. Taillez les rameaux issus de la base de moitié.

## La taille d'entretien

❸ Ne taillez pas chaque année pour profiter de la fructification. Coupez le bois mort. Supprimez après la floraison, lorsque cela devient nécessaire, quelques vieilles branches en taillant au-dessus de plus jeunes branches situées plus bas.

# Weigelia

***Weigelia florida***

Arbuste/Caprifoliacées

*Le weigelia demande un sol profond, frais, bien drainé, et une exposition ensoleillée ou légèrement ombragée. Son feuillage est caduc. Ses fleurs, paraissant fin mai-début juin, sont blanches, roses ou rouges suivant les cultivars. Plantez-le en isolé ou en massif.*

- **Taille de formation :** ***en touffe buissonnante.***
- **Durée de formation :** ***2 ans.***
- **Taille d'entretien :** ***en juin.***
- **Taille de floraison ou de fructification :** ***après la floraison, en juin.***
- **Taille possible : sans**
- **Hauteur :** ***2 à 2,50 m.***
- **Distance de plantation :** ***2 m.***

❶

❷

❸

**Avant** **Après**

## La taille de formation

### 1re année

❶ A la plantation, habillez les racines et taillez les branches de moitié pour obtenir des ramifications. La floraison est sacrifiée au bénéfice de la formation.

### 2e année

❷ En juin, taillez les branches ayant fleuri en revenant sur des départs situés plus bas et s'étant développés depuis le début du printemps. Taillez les branches issues de la base de moitié.

## La taille d'entretien

❸ En juin, taillez toutes les branches défleuries au-dessus de la plus basse des pousses nées depuis le début du printemps. Coupez le bois mort et les pousses trop grêles à la base.

# GLOSSAIRE

**Alternes :** se dit de feuilles insérées isolément sur un axe (le contraire d'opposées).

**Aoûté :** qualifie l'état d'un rameau dont le bois est bien constitué et qui a effectué son durcissement avant l'hiver ; cette expression provient du fait que c'est le plus souvent en août que les éléments du bois achèvent de se former.

**Appel-sève (ou tire-sève) :** pousse conservée à l'extrémité d'un rameau pour entretenir le mouvement de sève.

**Arbre :** végétal ligneux possédant un tronc et pouvant atteindre une dimension importante.

**Arbrisseau :** petit arbre à plusieurs troncs dont la hauteur ne dépasse pas 5 m.

**Arbuste :** végétal ligneux, sans tronc, de petite dimension, buissonnant, rejetant souvent de souche.

**Axe :** tige, par opposition aux feuilles.

**Bourgeon :** germe de pousses nouvelles contenant les feuilles et les tiges à l'état rudimentaire et entouré le plus ordinairement d'écailles. Pour le jardinier, bourgeon signifie une pousse ou un rameau jeune.

**Branche :** division du tronc d'un arbre, subdivisée ordinairement elle-même en rameaux.

**Brindille :** rameau mince et court terminé par un bourgeon.

**Caduc (que) :** se dit des parties végétales qui tombent très promptement après avoir rempli leur fonction.

**Cépée :** touffe formée par des tiges ligneuses se développant à partir de la souche.

**Cernage :** action de couper dans un rayon donné les racines d'une plante que l'on veut enlever en motte ultérieurement.

**Charpentière :** l'ensemble ou l'un des rameaux fondamentaux et durables d'un arbre.

**Cime :** partie supérieure ramifiée d'un arbre, supportée par le tronc.

**Coursonne :** branche taillée court, destinée à porter le fruit.

**Débourrage :** période où les bourgeons s'allongent hors de la bourse qui les protège.

**Dioïque :** plante dont un individu porte les fleurs femelles et un autre les fleurs mâles.

**Drageon :** pousse ou rejet issus des racines des souches de certaines espèces.

**Éclaircir :** alléger la ramure d'un arbre ou d'un arbuste.

**Élagage :** suppression de certaines branches d'un arbre pour alléger sa ramure ou pour en modifier la forme.

**Flèche :** partie terminale de la tige d'un arbre.

**Fructification :** phénomène de mise à fruit.

**Gourmand :** pousse très vigoureuse qui se développe au détriment des branches qui l'environnent.

**Habiller :** opération consistant à raccourcir ou à supprimer les parties blessées des racines et de la partie aérienne d'une plante avant de la replanter.

**Louchet :** forte bêche (plus longue et plus étroite que la bêche ordinaire) utilisée en pépinière.

**Maladie cryptogamique :** maladie provoquée par un champignon que l'on traite avec un fongicide.

**Nœud :** niveau de l'insertion d'une feuille sur une tige, souvent délimité par un renflement correspondant au point d'articulation de la feuille sur la tige.

**Œil :** les jardiniers désignent sous ce nom le jeune bourgeon terminal ou axillaire des arbres ou arbustes : il devient bourgeon à bois ou bouton à fleur.

**Œil dormant :** œil qui reste à l'état latent durant une période (hiver).

**Palissage :** opération qui consiste à fixer les rameaux d'une plante sur un mur ou tout autre support pour les guider ou leur donner une forme déterminée.

**Parer une plaie :** nettoyer le contour de la plaie à l'aide d'un greffoir.

**Peinture fongique :** produit (laque, mastic) à base de produit anticryptogamique.

**pH :** notation pour désigner le degré d'acidité ou d'alcalinité d'un milieu.

**Pincement :** opération qui consiste à couper, avec les ongles, l'extrémité des jeunes rameaux pour favoriser le développement des autres branches.

**Plant :** jeune végétal destiné à être repiqué.

**Porte-greffe :** plante qui a reçu ou recevra une greffe.

**Pousse :** jeune rameau en voie d'évolution (le jardinier l'appelle souvent bourgeon).

**Rabattre :** supprimer les branches ou les gros rameaux d'un arbre ou d'un arbuste dans le but de provoquer le développement de pousses nouvelles.

**Radicelle :** fine ramification de la racine.

**Ramure :** ensemble des branches d'un arbre à partir de l'endroit où le tronc se divise.

**Remontant :** se dit des espèces fleurissant deux fois dans la même année.

**Scion :** première pousse verticale d'un jeune arbre de pépinière.

**Sève :** liquide absorbé par les plantes au moyen des poils radicaux de leurs racines (sève brute ou ascendante). Après son élaboration sous l'influence de la fonction chlorophyllienne, ce liquide devient propre à l'assimilation (sève élaborée ou descendante).

**Silhouette :** forme d'une plante.

**Taille en vert :** taille accomplie pendant que la plante porte des feuilles, elle consiste à couper des rameaux de l'année antérieure.

**Terminal :** qui termine la tige ou le rameau.

**Têtard :** végétal que l'on tronque à une certaine hauteur et qui présente à sa partie supérieure une tête sur laquelle se développent les pousses.

**Tête de saule :** groupe de pousses verticales.

**Tige :** la pousse porteuse de feuilles chez les plantes supérieures par opposition à la racine.

**Tire-sève :** voir appel-sève.

**Tuteur :** support contre lequel on attache une plante faible pour la soutenir ou la redresser.

# INDEX

# INDEX THÉMATIQUE

## ARBRE

### CADUC



### PERSISTANT



### SEMI-PERSISTANT



## ARBRISSEAU

### CADUC



### PERSISTANT



## ARBUSTE

### CADUC

**PERSISTANT**



## GRIMPANTE

**CADUC**



**PERSISTANT**



## SOUS-ARBRISSEAU

**CADUC**



Achevé d'imprimer en janvier 1995
par l'imprimerie Jean-Lamour, 54320 Maxéville
N° d'imprimeur : 94120102
Dépôt légal : février 1995